A Theory of System Justification
체제 정당화의 심리학

체제 정당화의 심리학

초판 1쇄 인쇄일 2024년 1월 15일 **초판 1쇄 발행일** 2024년 1월 25일

지은이 존 T. 조스트 | **옮긴이** 신기원
펴낸이 박재환 | **편집** 유은재 | **마케팅** 박용민 | **관리** 조영란
펴낸곳 에코리브르 | **주소** 서울시 마포구 동교로15길 34 3층(04003) | **전화** 702-2530 | **팩스** 702-2532
이메일 ecolivres@hanmail.net | **블로그** http://blog.naver.com/ecolivres
출판등록 2001년 5월 7일 제201-10-2147호
종이 세종페이퍼 | **인쇄·제본** 상지사 P&B

ISBN 978-89-6263-267-5 93180

책값은 뒤표지에 있습니다. 잘못된 책은 구입한 곳에서 바꿔드립니다.

체제 정당화의 심리학

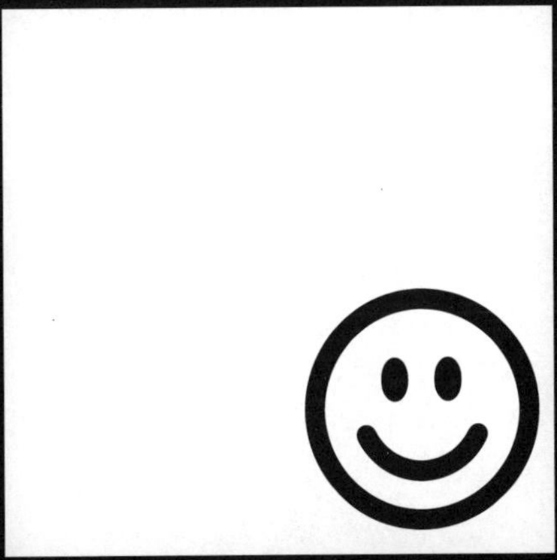

존 T. 조스트 지음 | 신기원 옮김

에코리브르

오르시(Orsi), 이바(Eva), 사이먼(Simone)을 위해

주머니 속의 물고기에게 사랑을 전하며

차례

머리말

내가 어렸을 때 가장 좋아했던 놀이는 카우보이와 인디언 흉내였다. 나무 그늘이 드리운 오하이오주 신시내티의 동네에서 카우보이모자를 쓰고, 조끼를 입고, 배지와 권총집을 찬 채 장난감 총을 쏘며 적으로 변신한 친구들을 향해 돌격하곤 했다. 나는 텔레비전 드라마 〈포연(Gunsmoke: 미국에서 1955년부터 20년간 방영한 서부극—옮긴이)〉을 너무나 좋아했다. 위스키가 뭔지는 잘 몰랐지만, 마법의 약일 거라고 상상했다. 적어도 그건 맞았다.

하지만 내 카우보이 꿈은 갑자기 벽에 부딪쳤다. 진보주의자이자 거의 히피에 가까웠던 부모님이 진지하게 이야기해보자며 나를 식탁으로 불렀다. 부모님은 나를 의자에 앉히고 어른에게 하듯이 말했다. (혹은 그런 것처럼 느껴졌다.) 그때 유일하게 부모님과 이런 대화를 했던 것으로 기억한다. 부모님은 말씀하셨다. "네가 카우보이를 좋아하는 걸 알아. 그런데 카우보이가 사실 착한 사람은 아니라는 걸 알아야 해……." 부모님은 학살(카우보이들의 미국 원주민 학살—옮긴이)이라는 단어를 쓰지 않았지만, 나는 도덕적 교훈을 그대로 빨아들였다. 대화를 마치면서는 부모님이 이런 민감한 역사를 이야기해줄 만큼 나를 믿는다는 것에 대한 자랑스러움과, 박차를 벗고 은퇴해야만 한다는 데 대한 실망감을 동시에 느꼈다. 부모님이 얼마나 중요한 말씀을 하셨는지 와닿은 것은 많은 시간이 지난 뒤 내가 대학원에 다니고 있을 때, 제임스 볼드윈(James Baldwin, 1965)의 말을 발견하고 나서였다.

> 미국 흑인의 경우, 당신이 태어난 순간부터 당신을 괴롭히는 모든 얼굴은 하얗다. 아직 거울을 보지 않았을 때는 자신도 역시 그렇다고 생각한다. 5세, 6세, 아니면 7세쯤 되면 모두와 함께 충성을 다짐했던 깃발이 당신에게는 충성을 다짐하지 않는다는 것이 큰 충격으로 다가온다. 게리 쿠퍼(Gary Cooper)의 원주민 학살에 대해 알았을 때, 당신은 게리 쿠퍼의 편이지만 그 원주민이 사실은 당신이라는 게 큰 충격으로 다가온다.

우리가 미처 깨닫지 못한 채 주류 집단과 개인 편을 들고, 그렇게 함으로써 그들의 영향력 아래 있는 사람들의 관점을 평가 절하하는 수많은 방식이 내 연구의 주된 주제였고, 이 책의 주제이기도 하다. 어떻게 보면 나는 볼드윈이 그토록 영민하게 지적해냈던 충격적인 현상을 이해하고, 설명하고, "체제가 피지배 계급에게 하는 일이" (그리고 내가 덧붙이자면 '지배 계급에게도') "현실 감각을 무너뜨린다"는 것, 최소한 극적으로 왜곡한다는 것에 대한 그의 통찰을 밝혀내려고 노력하면서 지난 25년을 보냈다.

내가 이 책을 통해 하고 싶은 일은 관심 있는 독자들에게 다양한 배경과 관심사—만약 일이 전부 잘 풀린다면 철학, 사회 이론, 사회학, 정치학, 정치 이론, 문화인류학, 역사, 경제학, 조직 행동, 심리학(나의 전공)—를 아우르는, 접근 가능하지만 깊이 있는 연구 개관을 소개하는 것이다. 이는 1990년대 초반, 내가 예일 대학 박사과정 학생이었을 때부터 발전시켜온 이론적 관점에 기반한다. 내가 제시한 연구 대부분은 순수한 실험사회심리학 연구로 볼 수 있지만, 성격(개인차)과 대중의 여론, 비주류 집단 구성원의 인터뷰를 포함한 질적 연구 성과도 참고했다.

이 모든 것은 내가 사회·성격심리학뿐만 아니라 임상·인지·발달심리학, 그리고 철학, 사회학, 정치과학 등 다른 전공 강의와 세미나를 들으면서 마음속에 떠오른 여러 질문과 함께 시작되었다. 나는 나 자신에게 묻기 시작했다. 왜 어떤 여성들은 자신이 남성보다 낮은 임금을 받는 게 마땅하다고 느낄까? 왜 사람들은 해로운 관계를 지속할까? 왜 어떤 아프리카계 미국인 아이들은 백인 인형이 흑인 인형보다 더 매력적이고 바람직하다고 믿게 될까? 왜 사람들은 부정의(injustice)로 인한 희생자를 비난하고, 부정의로 인한 희생자는 때로 자신을 비난하는 걸까? 왜 사람들이 자신과 서로의 권리를 위해 싸우는 게 그토록 어려운 걸까? 왜 개인과 사회의 변화는 우리에게 그토록 도전적이고 고통스럽게 느껴지는 것일까?

계속해서 되돌아오는, 정치경제학의 민감한 질문도 여럿 있다. 왜 가난한 사람을 포함해 그렇게 많은 사람들이 부의 재분배에 반대하는 걸까? 왜 우리는 권력형 정치, 경제 비리를 참고 넘어가는 걸까? 세계적 금융 위기, 경제 붕괴, 은행에 대한 정부의 구제 금융이 이어지고, 미국과 유럽의 정치가 몇 년 전만 해도 상상할 수 없었던 심히 우려스러운 방향으로 나아가고 있는데, 그에 대한 분노는 어디 있는가? 기후 관련 재앙이 점점 더 많은 생명체에 영향을 미치고 있는데도, 왜 인간이 초래한 기후 변화 문제에 대한 진정한 진보를 이루는 것은 사회적·정치적 이유 때문에 불가능할 것처럼 보이는가? 여기에 어떤 공통분모, 이해하기 어려운 이 모든 불평등, 부정의, 착취의 사회적·심리적 발현을 설명하는 데 도움이 되는 무언가가 있는 걸까? 나는 그것을 알고 싶었고, 지금도 여전히 알고자 한다.

몇 년 뒤 나는 나의 예일 대학 교수님 중 한 분이던, 트위드 재킷을 즐겨 입는 다혈질의 레너드 두브(Leonard W. Doob)가 쓴 글을 읽었다. 내가 20대였을 때—그리고 그가 80대였을 때—우리는 그의 버클리 칼리지(Berkeley College) 지하 사무실에서 매주 만나 사회심리학사와 20세기 정치에 대해 읽고 토론했다. 나는 그가 이야기해주는, 플로이드 올포트(Floyd Allport)와 고든 올포트(Gordon Allport) 형제, 해들리 캔트릴(Hadley Cantril), 무자퍼 셰리프(Muzafer Sherif), 막스 베르트하이머(Max Wertheimer)를 비롯한 우리 분야 개척자들의 개인적 일화를 들으며 큰 놀라움을 느꼈다. 1930년대 박사후연구원으로 독일에 있던 두브는 동네 맥줏집에서 위험한 정치 선동가가 연설을 하고 다닌다는 소문을 들었다. 그 사람은 물론 아돌프 히틀러였다. 시간이 흘러 노먼 토머스(Norman Thomas: 미국의 장로교 목사, 사회주의자—옮긴이)를 계승하는 열정적인 진보적 사회주의자가 된 두브 교수는 미국과학재단이 그를 '섣부른 반파시즘주의자'로 규정해 검열한 것을 알고 좌절했다.

레너드 두브가 (제임스 볼드윈과 마찬가지로) 내 연구의 기초를 이루는 생각의 상당 부분을 얼마나 풍부하게 예측했는지, 분명 나는 잘 모르고 있었다. 어쩌면 그는 내가 의식하지 못한 범위에서 그러한 생각을 전해주었는지도 모른다. 그랬다고 해도 나는 놀라지 않을 것이다. 내가 태어나기 몇 해 전, 두브는 《애국주의와 국가주의(Patriotism and Nationalism)》라는 책에 이렇게 썼다.

> "원래 그런 거고, 그걸로 끝이야." 단순히 지금 존재하고 있다는 이유만으로 현재 상황을 정당화하는 경우, 무언가를 **기정사실**로 놓고 있음을 감지할 때가 많다. "우리는 여기 있고, 움직이지 않을 거고, 아무도 우리에게 그러라고 강요할 수 없고, 우리가 가진 것에 대한 권리가 있어." 아마 이러한 생각은 자연주의 윤리학의 판결로 인해 외현적으로든, 암묵적으로든 유지될 것이다. 무엇이든 간에 지금이 옳고, 그렇지 않았다면 지금처럼 되지 못했다는 것이다.
>
> 현상 유지의 호소력은 과거의 요소 쪽에 더 기울어 있다. 만약 관습이 잘 기능한다면, 또는 충분히 잘 기능한다면, 거기에 미래 변화에 포함되는 미지의 요소를 더하는 위험을 왜 감수해야 하는가? 선례 구속력의 원칙은 일부 서구 국가의 법 논리에서 중요한 역할을 하며, 일정 부분 현재와 미래에 대한 길잡이로서 과거에 대한 자신감을 반영한다. 거칠게 핵심을 요약하면, 사람들은 관습에 익숙해진다. 더구나 세대가 바뀌면서 오랫동안 존재해온 것은 전통으로 포장되기 때문에, 흔들지 말아야 하는 것이라고 믿게 된다.
>
> 그러나 현 상태를 이유로 한 그런 정당화는 만족과는 거리가 멀 때가 많다는 의심을 표현해야 한다. 사람들이 도덕적으로 정당하다고 느끼기 전에 다른 화음을 연주해야 한다. 법의 10분의 9는 소유라고 한다. 아마 나머지 10분의 1은 다른 주장을 더해야만 없앨 수 있는 불안을 만들어낼 것이다 (Doob, 1964, p. 190).

만약 사람들 대다수가 사회의 현 상태를 옹호하고, 강화하고, 정당화하도록 동기화되어 있다는 내 생각이 옳다면, 그들에게 나머지 10분의 1을 합리화할 수단을 여럿 찾는 것은 쉬운 일이어야 한다.

나에게 특별히 영향을 준 또 다른 인물은 학위 논문 지도 교수이던 윌리엄 맥과이어(William J. McGuire)였다. 윌리엄은 탁월하고, 재치 있고, 인습을 추종하지 않는 사회심리학자였으며, 정치심리학을 향한 나의 첫 시도—특히 허위의식(false consciousness)—에 대해 분명 복잡한 감정을 갖고 있었지만 세심하게, 효율적으로, 그러면서도 매섭게 지도해주었다. 그의 지도를 받은 후 언젠가 나는 그의 논문 모음집 《사회심리학의 구성: 창조적·비판적 과정(Constructing Social Psychology: Creative and Critical Processes)》에서 인지 부조화 이론에 대한 근본적 통찰 중 하나—사람들이 "〔자신의〕 행동과 **현재 상태에 대한** 눈에 띄지 않는 사후의 인지적 정당화"(McGuire, 1999, p. 107, 강조 추가)를 만들어낸다는 것—를, 공격자와의 동일시에 대한 안나 프로이트(Anna Freud)나 브루노 베텔하임(Bruno Bettelheim)의 초기 정신분석 연구와 연결 지은 부분을 발견했다. 어쩌면 결국 우리는 같은 페이지를 읽고 있었는지도 모른다. 비록 한 페이지뿐이었더라도 말이다.

내가 체제 정당화 이론을 발전시키도록 격려해준 또 다른 사람은, 역시 예일 대학의 특별한 멘토이며 지금은 하버드 대학의 '사회 윤리 리처드 클라크 캐벗 교수(Richard Clarke Cabot Professor of Social Ethics)'로 있는 마자린 바나지(Mahzarin R. Banaji)였다. 나의 학생들이 잘 아는 대로, 체제 정당화 이론은 한 쪽짜리 반론에서 시작해 내가 1991년 봄 그녀의 고정 관념 및 편견 세미나 수업 때 제출한 학기 말 리포트로 확장되었다. 마자린 교수는 리포트를 마음에 들어 했고, 부족한 이론을 두 번 발표할 수 있도록 연구실 세미나에 초대해주었다. 이 모임은 코네티컷주 뉴헤이븐(New Haven)에 있는 네이플스 피자(Naples Pizza)에서 열렸다. 〔모순적이게도 지금은 월스트리트 피자(Wall Street Pizza)가 되었다: 'Naples'는 이탈리아

도시 나폴리의 영어 이름인데, 그것이 뉴욕 금융가인 월스트리트로 바뀌었다는 말—옮긴이.〕 역시 예일 대학 학생이던 커티스 하딘(Curtis D. Hardin), 알렉산더 로스먼(Alexander J. Rothman), 아이린 블레어(Irene V. Blair)는 열정적으로 그에 대해 논의하고, 내가 계속 연구해나갈 수 있도록 영감을 주었다.

이제 보게 되겠지만, 나는 대학원에서 나에게 충격을 주었던 여러 중요한 질문을 지금도 품고 있고, 이러한 질문은 내 학생들 그리고 동료 연구자들과 내가 이 책에 쓴 다양한 연구를 통해 답하고자 했던 것이기도 하다. 나는 독자 여러분이 이 책에서 이런 질문에 대해 완전히 만족스러운 답을 찾을 것이라고 약속할 수는 없다. 하지만 이론적·경험적 측면 모두에 대한 답을 제시하고자 했던, 선의에서 비롯된 나의 노력은 알아줄 것이라 생각하며, 관련 주제에 대한 여러분의 생각을 어떤 식으로든 확장시킬 수 있기를 진심으로 바란다. 시인 릴케(Rilke, 1984)가 말했듯이, 당신은 "질문을 그 자체로 사랑하려고 노력해야 하며"(p. 34), 나는 자신 있게 그렇다고 말할 수 있다. 아마 당신은 내가 지금까지 제안한 것보다 더 나은 해결책을 생각해낼 것이다. 나는 그러기를 희망한다. 사실 그것이 내가 이 책을 쓴 주된 이유다. 다가오는 시대에 다른 사람들이—어떻게 체제 정당화 동기를 건설적으로 억제하고 인간과 다른 종들에게 더 이상의 해를 끼치지 않게끔 할 수 있는지를 비롯해—체제 정당화 동기에 대해 남아 있는 여러 어려운 질문에 답하는 데 더 많은 진보를 이루도록 하기 위해서다.

가장 잔인한 식당이나 술집은

그 자신 가난한 주인이 운영하는 곳으로,

틀림없이 이런 잔혹한 질문이 벽에 붙어 있을 것이다.

"당신이 그렇게 똑똑하다면, 왜 부자가 아닌가?"

아이 손바닥보다 크지 않은 성조기도

사탕 막대기에 붙어

금전등록기 위에서 흔들리고 있을 것이다.

-커트 보니것(Curt Vonnegut), 《제5도살장(Slaughterhouse-Five)》 중에서

01

새로운 '자발적 노예에 대한 담론'

16세기 중반, 22세의 프랑스 법학도 에티엔 드 라 보에티(Etienne de la Boétie)는 〈자발적 노예에 대한 담론(Discourse of Voluntary Servitude)〉(2008)이라는 제목의 글을 썼다. 그 뒤 여러 세기에 걸쳐 학자들은 이 글을 인용했다. 여기서 드 라 보에티는 아래와 같은 현상을 이해하고자 했다.

> 그토록 많은 사람, 많은 마을, 많은 도시, 많은 국가가 그들이 부여한 권력 말고는 다른 권력이 없는, 한 명의 독재자 아래서 고통받는 일은 왜 생기는 것일까? 그가 그들에게 해를 끼칠 수 있는 이유는 그들이 그를 견뎌내길 원한다는 것밖에 없다. 충격적인 상황이 아닐 수 없다! 하지만 이런 일은 너무나 흔해서, 수백만 명의 사람이 불행 속에서 목에 멍에를 쓰고, 바깥세상으로 눈을 돌리지 않은 채, 그들이 두려워할 필요 없는 권력을 가진 한 사람의 이름으로 기꺼이 봉사하는 광경 앞에 슬픔은 점점 더해지고, 의

문은 점점 줄어든다(pp. 40~41).

왜 사람들은 강압이 없을 때에도 지배를 견디고, 심지어 포용하는 것처럼 보일까? 드 라 보에티는 복종의 정치학을 설명하기 위해 세 가지 주요 가설을 제시했다. 사회학자 스티븐 룩스(Steven Lukes, 2011)에 따르면, 이는 (a) "문화적 타성" 또는 "관습과 습관의 힘", (b) "생산된 합의(manufactured consent)", 즉 이념(이데올로기)과 선전(프로파간다), (c) "후원(patronage)"이다. 여기서 '후원'은 "독재자가 주변에 추종자를 거느리고, 그들은 다시 자신의 추종자를 거느리는 것"을 말한다(p. 20). 문화인류학 기록을 보면, 문명 초기에 인신 공양을 포함한 종교 의식 또한 "절대적 권위의 과시(목숨을 빼앗는 것), 권위는 신이 부여한 것이라고 천명하는 초자연적 정당화"를 통해 "계층화된 사회의 수립과 유지에 강력한 역할을 했다"(Watts et al., 2016, pp. 228~230).

드 라 보에티의 〈자발적 노예에 대한 담론〉 이후 450년 동안 일군의 유명 지식인들—데이비드 흄(David Hume), 레오 톨스토이(Leo Tolstoy), 헨리 데이비드 소로(Henry David Thoreau), 빌헬름 라이히(Wilhelm Reich), 한나 아렌트(Hannah Arendt), 미셸 푸코(Michel Foucault), 바츨라프 하벨(Vaclav Havel)—이 왜 사람들은 권력자의 지배에 복종하는 수치를 자발적으로, 심지어 열성적으로 받아들이는지에 대한 근본적인 질문을 거듭 제기했고, 그들이 내린 결론은 드 라 보에티의 결론, 즉 습관·이념·의존을 되풀이했다. 일부 비판에서는 드 라 보에티의 〔'자발적 피지배(self-domination)'라고도 하는〕 자발적 노예 개념이 마르크스의 이념적 헤게모니 및 허위의식과 공통점이 많다고 보기도 했다(Rosen, 1996). 예를 하나만 들자면, 이탈리아의 유명한 마르크스주의자 안토니오 그람시(Antonio

Gramsci, 1971)는 “대규모 군중이 지배 계급이 규정하는 사회적 삶의 일반적 방향에 ‘자발적으로’ 동의하는 것”을 놀라워했으며, “이러한 동의는 지배 계급이 생산 체계에서 점하는 위치와, 그들의 기능 때문에 향유하는 특권(그리고 그 결과로서 자신감)으로 인해 ‘역사적으로’ 생겨나는 것”이라고 했다(p. 12).

오늘날의 정치경제학자들은 소위 불평등의 역설에 놀라워한다. 지난 수십 년 동안 부자와 빈자 사이의 경제적 격차가 크게 벌어졌음에도 불구하고, 불평등에 대한 우려는 낮아지고 있는 것으로 보이며, 시민들은 소득 격차는 열심히 일하는 것, 재능, 야망 같은 능력으로 결정된다는 믿음을 더 굳혔다(Kelly & Enns, 2010; Luttig, 2013; McCall, 2013). 불평등의 역설에 대한 설득력 있는 설명은 자본주의 사회를 살아가는 사람들이 바꿀 수 없는 어려운 경제 현실에 대처하기 위해 불평등을 감내하고, 심지어 정당화하는 방법이라는 것이다(Trump, 2018). 〔노예제, 카스트 제도, 분리, 아파르트헤이트(Apartheid), 가부장제같이〕 명백히 억압적인 사회 체제조차, 마침내 집단이 그것들을 무너뜨리기 위해 노력하게 되기까지 충격적일 만큼 긴 시간 동안 안정적으로 유지되고, 정당하다고 여겨지기까지 한다.

사람들이 부당한 권위에 등을 돌릴 때도 분명 있지만(Gurr, 1970), 하워드 진(Howard Zinn, 2002) 같은 사회역사학자들은 불평등과 착취의 유지에 대해 “인류 역사에서 저항은 고통에 대한 일시적 반응일 뿐이다. 우리는 저항의 예시보다는 착취에 대한 감내, 권위에 대한 복종에 관해 끝없이 많은 예시를 찾을 수 있다”(p. 16)고 결론지었다. 문제는 사람들이 왜 사회 부정의를 그대로 받아들이느냐 하는 것이다. 우리는 어떤 사람들이 의존, 물질적 이익을 위한 냉소적 타협을 통해 그렇게 한다고 볼 수도 있지만, 인간은 무엇보다도 이념의 동물이다. 이념은 수많은 개인과 집단의 정서, 인지, 동기, 행동에 의미 있는 역할을 한다. 그러니까 사람들은 많은 이유로, 그들이 불이익을 당할 때조차도 몸담고 있는 사회 질서에 맞는 규준을 내면화하고(Fehr & Gintis, 2007), 그렇게 함으로써 "사회 질서의 근본적 오류에 대한 정신적 저항"(Kuran, 1991, p. 32)을 발전시킨다.

체제 정당화 이론의 필요성

드 라 보에티가 법학도였을 때, 즉 르네상스 시대에 쓴 글이 왜 그리고 어떻게 인간이 독재 체제에 복종하는지에 대한 완전하고 적절한 이론을 제공하기에 부족하다는 것은 놀라운 일이 아니다. 오히려 인간 본성에 대한 그의 관찰은 체제 정당화 이론의 틀을 예측했다고 볼 수 있다. 체제 정당화 이론은 사회심리학적 관점으로, 마르크스가 이야기한 '허위의식' 개념처럼, 사람들이 사회·경제 체제의 본질을 보지 못하게 되는 데 영향을 미치는 개인 및 집단 수준의 메커니즘을 설명해보려는 이론이다. 사람들이 자신이 받고 있는 억압을 보지 못하는 데 더해, (모든) 사회 체계는 심리적 이익을 줄 수 있다. 그람시는 "이미 존재하는 사회 질서"를 "안정적이고, 조화롭게 조절된 체계"로 보려는 보편적 경향을 강조했다(Fiori, 1970, pp. 106~107). 체제 정당화 이론에 따르면, 사람들은 (보통 무의식적 수준에서) 그들이 의지하는 사회적·경제적·정치적 관습 및 실행을 방어하고, 강화하고, 정당화하도록 동기화된다. 프랑스의 역사고고학자 폴 벤(Paul Veyne, 1992)은 "이미 존재하는 것을 정당화하고자 하는 경향은—위계의 적법성, 불평등, 착취에 대한 의견을 포함해—의견을 형성하는 데 영향을 미치는 요인 중 하나"(p. 379)라고 했다. 기존의 것을 정당화하는 이러한 심리적 경향이 이 책의 핵심 주제다.

뒷부분에서 더 자세히 다룰 경험적 연구에 따르면, 예를 들어 여성이 사회 체제에 특히 의존하고 있다고 느끼게 만들면, 정치 및 업무에서의 젠더 불평등을 자연스럽고, 바람직하고, 공정하다고 여기게끔 된다. 다시 말해, 사람들은 필요한 것에서 좋은 점을 아주 잘 찾아내며, 바꿀 수 없는 것을 수용하게 (심지어 감사하게) 된다. 예를 들면, 아파르트헤이트 이후 남아프리카공화국 가정에서 집안일을 하는 노동자와 인터뷰한 결과, 대부분 흑인이던 여성들은 임금이 너무 적다든지 착취당한다고 생각하는 것과는 거리가 멀었으며, 부유한 백인 고용주와 상생 관계를 이룰 수 있어 행운이라고 생각했다. 마찬가지로 소득이 적은 미국의 라틴계와 아프리카계 어머니들은 가난이 사회 체제 때문이라고 생각하는 대신, 약물 및 알코올 남용 등 가난한 사람들의 개인적 단점 때문이라고 생각했다. 그리고 뉴질랜드의 지위 낮은 소수 집단—마오리족, 아시아인 및 태평양 섬 원주민—은 소득·교육·고용·건강에서의 뚜렷한 불평등에도 불구하고, 인종 집단의 위계를 유럽계 주류 집단 구성원만큼이나 정당화했다. (그들보다 더하면 더했지 덜하지 않았다.)

자신이 부정의 혹은 착취 속에 살고 있다고 자각하는 것은 너무 고통스럽기 때문에, 불이익을 받는 사람들은 현실을 왜곡하고 방어하려는 동기가 생긴다. 즉, 상황이 사실상 보기보다 그렇게 나쁘지는 않다고 결론 내리는 것이다. 심리학 연구에 따르면, 이러한 합리화 과정은 개인에게 일시적으로 정서적 위안을 준다. 부정 정서는 누그러지고 긍정 정서가 더해지며, 현 상태에 대한 만족도가 커지기 때문이다. 하지만 합리화 과정은 체제를 바꾸기 위한 집단행동에 대한 지지를 낮추기도 한다. 말하자면—불이익을 받는 집단 구성원을 포함해—사회 체제의 정당성을 변호하고 옹호하는 사람은 그 체제의 정당성에 질문을 던지는 사람에 비해 불이익을 받는 사람들 편에 서서 저항하고자 하는 의지가 약하다.

시간이 가면 일종의 "종속의 습관화"(de la Boétie, 2008, p. 54)가 이루어질 수 있다. 불이익을 받는 사람들은 부정의를 감내하고, 기대를 낮추고, 불운한 환경에 적응해간다. 이는 특히 그들이 처한 상황을 벗어날 수 없거나 필연적이라고 볼 때 그렇다. (노예 생활이나 나치 강제 수용소 같은) 진정 고통스러운 상황에서조차 생존자들은 "체제에 대한 어떤 적응"을 하기 때문에, "복종에 의문을 품지 않게 된다. ……그들은 저항하지 않는다. ……그들은 자신의 주인을 '증오할' 수 없다"(Elkins, 1967, p. 410). 한편 브루노 베텔하임(Bruno Bettelheim, 1943)과 안나 프로이트는 많은 사람이 "공격자와의 동일시"를 하게 된다고 결론지었다. 많은 복종 행동에 이성적 기반이 어떤 기능을 한다는 데는 의심의 여지가 없다. 부상이나 죽음의 위험을 감수하는 것보다는 권력자에게 복종하는 것이 나을 때가 많다. 동시에 사회심리학적 관점에서 볼 때는 노르웨이의 사회 이론가 욘 엘스테르(Jon Elster, 1982)의 표현대로 "지나친 침묵(excessive meekness)과 적절한 침묵(proper meekness)", 또는 미국의 역사가 티모시 스나이더(Timothy Snyder, 2017)가 말한 "예측 가능한 복종(anticipatory obedience)과 강요된 복종(compulsory obedience)"을 구분하는 것이 중요하다.

많은 사람이 사회 체계와 그 권위자들을 (허용할 수 있는 범위에서) 비판하기보다는, 자기 자신과 불운한 다른 피해자들을 탓한다. 예를 들면, 그들은 가난하고 착취당하는 사람이 게으르거나, 무지하거나, 아니면 곤경에 처할 만하다는 식의 고정 관념을 받아들이지만, 부유하고 권력 있는 사람은 높이 대우한다. 불이익을 받는 집단 구성원은 열등감을 내면화해, 그들이 혜택받는 집단 구성원을 보는 것보다 자기 자신을 더 부정적으로 보게 된다. 드 라 보에티가 지적한 것처럼, 지배자들은 이러한 믿음을 여러 시대에 걸쳐 조장해왔다. "존경과 감탄"을 끌어내고, "하층민의 마음속에 인간 이상의 대우를 받고 있는 것은 아닌지 하는 의심을" 심기 위해 "작은 꾀"를 쓰는 것이다(de la Boétie, 2008, p. 66). 예를 들면, 로마 황제 칼리굴라(Caligula)는 신의 모습을 따라 옷을 입었고, 몸은 신이고 머리는 자신인 조각상을 주문했으며, 자신의 백성들이 그를 숭배할 수 있는 신전을 지었다. 그리고 2018년 미국 대통령 도널드 트럼프는 존경을 이끌어내고 권위를 세우기 위해 온라인 플랫폼 트위터에서 그가 "똑똑하다고 인정받은 게 아니라, 천재라고 인정받은 것"이라고 주장했고, 적국에 비해 "훨씬 크고 더 강력한" 핵 공격 시설을 자랑했다. 권력자가 그들이 쥔 헤게모니를 유지하기 위해 열심히 일한다는 것은 아마 놀랍지 않겠지만, 드 라 보에티가 대중의 "편리한 기만 가능성"(de la Boétie2008, p. 66)이라고 했던 것은 어떻게 이해하면 좋을까?

체제 정당화 이론의 핵심

체제 정당화 이론은 드 라 보에티의 질문에 새롭고 실증적인 연구를 통해 추적할 수 있는 방법으로 답하고자 하며, 심리학 분야의 여러 중요한 발견에 기반한다. 대니얼 카너먼(Daniel Kahneman)과 리처드 세일러(Richard Thaler)는 둘 다 인간 추론 능력의 취약점을 정리해 노벨상을 받았다. 사람들은 자신을 둘러싼 세상에 대한 정보를 처리하고 판단을 내리는 데 있어서는 순수하게 이성적이지 않다. 오히려 반대로 비이성적일 것이라고 예측할 수 있으며, 이미 분명히 확립되어 있는 것의 가치를 과대평가하는 경향과도 관련이 있다. 우리는 이 중 현 상태에 대한 강력한 편향, 지금보다 못한 결과를 보게 될지도 모를 위험을 감수하는 것에 비해 이미 가진 걸 선호하는 것에 대해 살펴보고자 한다.

사회·정치 관련 정보 처리의 경우, 기만 가능성에 다른 이유가 더해진다. 신념의 체계와 이념이 우리가 사회·경제·정치 체제를 지각하고 해석하는 방식을 왜곡한다. 현 상태에 대한 선호(인지적 보수주의와 위험 회피)가 진화의 역사에서는 적응적이었을 수 있지만, 현대 사회에서는 문제—심지어 심각한 문제—를 일으킬 수 있다. 이는 특히 부정의를 허용하거나 합리화할 때 그렇다. 심리학자들은 다양한 사고 과정이 동기화(또는 목표 지향화)될 수 있으며, 이것이 우리의 사고와 판단에 미치는 진정한 영향을 깨닫지 못할 때가 많다는 걸 계속해서 보여주었다.

목표 지향적인 인간의 인지에는 세 가지 주된 방향이 있는데, 이를 설명하는 것이 이 책의 목적이다. 첫 번째는 자기만족(self serving)으로, 우리가 다른 사람보다 우월하다고 우리 자신을 설득하는 것이다. 두 번째는 집단 만족(group serving)으로, 우리가 속한 집단이 다른 집단보다 우월하다고 우리 자신을 설득하는 것이다. 세 번째는 체제 만족(system serving)으로, 사회의 현 상태가 대안에 비해 우월하다고 우리 자신을 설득하는 것이다. 이러한 편향의 결과는 "사람들 대부분이 자기가 속한 사회 위계는 자연스럽고 정당하지만, 다른 사회는 거짓되고 부조리한 기준에 기반하고 있다고 주장하는"(Harari, 2015, p. 136) 것이다. 달리 말하면, **우리는 전통적이고 우리에게 익숙한 사회·경제·정치 체제, 우리—그리고 우리의 친구와 가족들—가 생계를 기대고 있는 체제를 방어하고 정당화한다는 것이다.** 우리는 이 책을 통해 '체제'라는 말을 스티븐 비코(Steven Biko: 아파르트헤이트 반대 운동에 전념한 남아프리카공화국 활동가—옮긴이)와 비슷한 뜻으로 사용할 것이다. 그는 체제가 "당신의 존재를 통제하고, 행동을 지시하고, 권위를 행사하는, 제도화되었거나 제도화되지 않은, 사회에서 기능하는 힘"(Steven Biko, 1987, p. 51)이라고 했다.

체제 정당화 이론에서 출발한 연구를 보면, 사람들은 기존의 사회적·경제적·정치적 제도와 관습을 방어하고, 강화하고, 정당화하도록 동기화된다. (이는 반드시 의식할 수 있는 수준에서 일어나지는 않는다.) 이렇게 함으로써 근본적인 심리적 욕구를 충족할 수 있기 때문이다. 확실성, 안정성, 사회적 소속감을 얻고자 하는 인식론적·실존적·관계적 욕구를 계속해서, 또는 일시적으로 인식할 때 사람들은 체제를 정당화하는 사고방식을 수용할 가능성이 특히 높다. 국기·군대 같은 사회 체계의 상징에 충성을 맹세할 때, 우리는 우리가 매우 원하는 (심지어 환상일 수도 있는) 질서·의미·소속감의 감각을 느낀다.

진화의 측면에서 보면, 개인이 잘 확립된 사회 체제의 구성원일 때 생존 적합도가 높아진다. 이는 아마 사회 체제가 확실성, 안전, 연대를 어느 정도 제공하는 한 **어떤** 체제에서도 마찬가지일 것이다. 이는 인간이라는 종의 근본적 욕구인 만큼, 개인은 드 라 보에티가 거의 500년 전에 쓴 대로 "원하는 대로 살 수 있다는 불확실한 희망"보다는 "비참하지만 안정적인 삶"을 택할 것이다(de la Boétie, 2008, p. 44). 또한 이미 존재하는 체제를 정당화하고자 하는 동기로 인해, 우리의 신념과 생각

중 일부가 우리에게 좋지 않은 영향을 미치고 심지어 고통을 부추기기 때문에, 그러한 면에서는 우리가 이루고자 하는 목표에 맞지 않는다고 할 수 있다.

그러나 불행히도 기성 관습과 대립하거나 그에 도전하는 사람들(지역 사회 활동가, 언론인, 시위 참여자)은 신체적 처벌(체포, 많은 국가에서 나타나는 구타와 투옥), 사회적 따돌림의 우려 등 불확실성과 위험을 무릅써야 한다. 2012년 뉴욕에서 벌어진 월가 점령 시위(Occupy Wall Street rally) 기간의 트윗을 분석한 나와 동료들은 시위 참여자를 거부하고 비난하는 메시지 수백 건을 찾았다. 그중에는 다음과 같은 것도 있었다. "아직도 월가 점령 시위에 참여하고 있다면, 당신은 할 일이 없거나, 스스로를 생각할 능력이 없거나, 관종이거나, 멍청이다" "#월가점령시위(#OWS)는 나나 나머지 시민을 대변하지 않는다. 우리 삶을 살게 놔두고 꺼져" "이 멍청이들은 앞잡이일 뿐이다. 우리나라 교육 체계에 침투한 진보주의자들에게 세뇌된 좌파다"(Langer et al., 2019). 반동(backlash)을 동기화된 체제 방어로 보면, 설명을 요구하며 울부짖는 현상이라고 할 수 있다.

물론 모두가 똑같이 기존 체제를 방어하고 보호해서 현 상태를 유지하려고 하는 것은 아니다. 전체적으로 보면 비판하는 사람이 훨씬 많았다고 해도, 상당수 사람들이 월가 점령 시위를 지지했다. 심리학에서 다루는 모든 다른 동기와 마찬가지로, 체제 정당화 동기의 강도는 상황 및 기질 요인에 따라 다양하다. 수많은 사회심리학 실험에서 사람들은 사회 체제에 대한 비판이나 위협에 노출된 뒤 그 사회 체제를 방어하려는 경향이 더 컸으며, 이는 특히 비판한 사람이 (외국 언론인이나 외부의 적 같은) 국외자일 때 더욱 그러했다. 아마 우리는 우리가 생각하는 것보다 더, 우리가 기대는 사회의 제도와 관습을 방어할 준비가 되어 있는 것 같다.

사람들은 제약을 피하거나 벗어날 수 없다고 지각할 때, 자유와 평등이 제약되는 것을 포함해 달갑지 않은 사회적·정치적 결과도 더 많이 받아들였다. 연구에 따르면 사람들은 인도의 카스트 제도부터 유럽과 북미의 자본주의까지 다양한 체제를, 이러한 체제가 전통적으로 오래전부터 유지되어왔다고 느끼게 만들었을 때, 비교적 최근에 일어난 역사적 사건이라고 느낄 때보다 더 많이 지지했다. 또한 무력하다거나 체제에 의존하고 있다고 느낄 때, 사회·경제·정치 체제 안의 적법한 불평등을 더 많이 인정했다. 가족을 먹여 살려야 하는 사람은 경제 체제는 그만두고서라도 상사나 회사를 비판하는 사치를 누리기 어렵다.

심리학 연구에서는 복잡한 사고를 적게 하거나, 죽음에 대한 불안이 높거나, 생각이 비슷한 사람들과 현실을 공유하고자 하는 욕구가 높은 사람들이 그렇지 않은 사람들에 비해 현존하는 관습과 제도를 정당화하는 경향이 있음을 밝혔다. 다시 말해 (항상 그렇든, 일시적이든) 확실성, 인지 종결(cognitive closure), 안전, 보호, 동조, 친애(affiliation)를 갈망하는 사람들은 현 상태를 받아들이고 합리화하며, 현대 학자들이 정치적 보수의 사고방식이라고 부르는 걸 수용할 가능성이 특히 높다는 것이다. 이와 다르게, 복잡한 생각을 즐기거나, 다른 사람보다 외부 위협에 민감하지 않거나, 동조보다 독특성을 가치 있게 여기는 사람들은 사회 체제를 비판하고, 현 상태를 바꾸기 위한 저항 운동을 용인할 가능성이 더 크다. 그러므로 달갑지 않은 현실에 적응하려는 사람들의 전반적 경향에 더해 성격의 개인차와 상황적 단서도 체제 변화를 위한 집단행동 참여 확률을 높이거나 낮추는 인식론적·실존적·관계적 동기에 영향을 미친다고 할 수 있다.

또 다른 중요한 핵심은 체제 정당화가 사람들이 사회의 현 상황에 대해 더 나은 기분을 느끼게끔 만드는 진통제 기능을 한다는 것이다. 이러한 생각은 "종교는 민중의 아편"이라는 마르크스의 유명한 말과 비슷한 구석이 있다. 종교적 신념이 사람들을 달래고 누그러뜨린다는 점에서 그렇다. 실제로 종교에 대한 믿음이 더 강하고, 더 보수적이고, 사회·경제 체제의 적법성이 높다고 생각하는 사람들은 현재 삶의 상황이 더 행복하고 만족스럽다고 응답했다. 이러한 체제 정당화의 정서적 이점은 가능한 사회 변화 및 불평등 완화의 가능성을 줄이는 대가와 함께 온다.

우리는 '자민족중심주의(ethnocentrism)' 또는 내집단 편향에 대해 한 세기 넘게 들어왔고, 사람들이 외집단에 비해 자신이 속한 내집단을 더 선호한다는 것을 이미 알고 있다. 연구에 따르면 내집단 선호는 자존감을 높이지만, 간접적인 (또는 그리 간접적이지 않은) 형태의 다양한 편견·적대감·차별도 유발한다. 이는 집단 간 관계와 관련해 중요한 사실이지만, 사회적 불이익을 받는 비주류 집단보다 이익을 보는 주류 집단 구성원에게 더 보편적으로 적용된다. 이는 (주류 집단에) 체제 정당화(현 상태를 유지하고자 하는 욕망)가 자기 및 내집단을 정당화해, 개인과 집단의 자존감을 유지하거나 높이고자 하는 동기와 들어맞기 때문이다. 주류 집단 구성원에게 체제 정당화는 자존감, 내집단 선호, 심리적 안녕과 양(+)의 상관관계가 있다.

한편 비주류 집단 구성원에게 체제 정당화는 자기 및 집단 정당화 동기와 상충한다. 이들에게 체제 정당화는 낮은 자존감, 낮은 내집단 선호, 장기적인 심리적 안녕 악화와 관련이 있다. 이는 우울증, 불안, 신경증, 양가감정, 낙인의 내재화를 통해 나타난다. 동시에 비주류 집단 구성원은 체제 정당화의 진통제 효과를 경험하기도 한다. 체제 정당화는 비주류 집단의 안녕에 대한 위협이자, 그 위협에 대처할 수 있는 방법 둘 모두의 기능을 하는 것으로 보인다.

체제 정당화 이론은 1994년 왜 비주류 집단과 그에 속하는 사람들이 스스로에 대한 부정적 고정 관념 및 평가를 믿고, 사회적 지위의 위계에서 낮은 위치를 받아들이는지를 설명하기 위해 나왔다. 그때부터 이론의 범위는 공정성, 정의, 정당성, 자격, 권리에 대한 평가, 개인·집단·사회 체제에 대한 일시적 또는 숙고적인 사회적 판단, 정치 및 종교 이념의 내용으로까지 크게 확장되었다. 체제 정당화 과정은 전쟁, 폭력, 테러리즘을 지속시키는 신념 체계의 사회적 공유에도 핵심 역할을 한다(이를테면 Bar-Tal, 2013; Hedges, 2002; Jost et al., 2015; Kruglanski et al., 2014). 갈등 해결 전문가 다니엘 바르탈(Daniel Bar-Tal)은 집단 간 갈등에 대해 아래와 같이 언급한다.

> 정당화는 …… 역사적·국가적·신학적·문화적·경제적 측면에서 일어날 수 있으며, 사회의 생존에 필수적 역할을 하는 국가적 또는 민족적 이념에 포함되어 있는 경우가 많다. 따라서 정당화 논리의 인식론적 기초는 경쟁자에게 성공적으로 대응해나가는 데 꼭 필요한 기반이 된다. 반대로 조금이라도 목표를 부정하는 것, 그들의 정의에 대한 믿음이 부족한 것은 움직이고, 싸우고, 희생하고자 하는 의지를 약화시킬 수 있다(Bar-Tal, 2013, p. 177).

어떤 결과가 따라오든, 이념적 정당화를 통해 군인과 납세자의 자발적 참여를 이끌어내기 전에는 전쟁을 일으키는 것이 불가능하다. 그리고

그림 1.1 사회과학 학술지에 게재된 논문 중 체제 정당화를 언급한 논문의 수

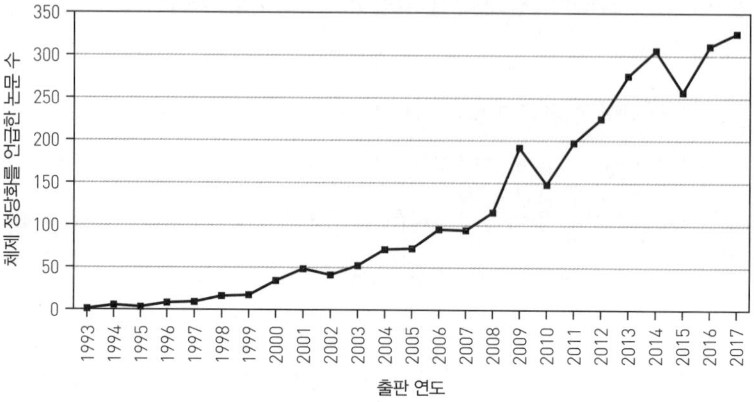

출처: Osborn et.(2019b)의 허가를 받아 게재함.

(북아일랜드나 중동 같은) 오랜 갈등 끝에 평화를 찾기 위해서도 강력한 이념적 정당화와 과거 전쟁을 일으켰던 명분의 정당성에 대한 무력화가 필요하다.

그렇다면 체제 정당화 이론의 요체는 다양한 사회적·경제적·정치적 맥락에서 왜 사람들이 그들이 하는 모든 일(그리고 누군가 그들에게 했거나 그들의 이름으로 한 일)을 받아들이고, 견디고, 정당성을 주장하고자 하는지 설명하는 것이 된다. 오스본과 동료들(Osborne et al., 2019b)의 연구에 따르면, 지난 25년 동안 3000편가량의 사회학·심리학 논문에서 **체제 정당화**를 언급했으며, 그 횟수는 해마다 조금씩 늘고 있다(그림 1.1). 이어지는 장들에서 우리는 체제 정당화에 대한 이들 논문을 (이론의 핵심 내용을 뒷받침하거나 잘 보여주는 경험적 연구에 특히 초점을 맞추어) 자세히 살펴볼 것이다.

이 책의 개관

이어지는 두 장에서는 이념, 사회 정의, 집단 간 관계 연구에 접근하기 위해 체제 정당화 이론의 기반이 된 생각의 역사적 배경을 더 깊이 파헤쳐볼 것이다. 2장에서는 사회 정의에 대한 이론 및 연구의 발전을 살피고, 이를 철학·실험사회심리학을 비롯한 사회과학의 통찰과 통합할 것이다. 체제 정당화 동기는 기존 관습과 그 실행에 대한 근거를 지탱함으로써 사회 정의를 위해 작동할 수도, 그와 반대로 작동할 수도 있다. 사회의 공정하고 정의로운 요소를 촉진할 수도 있지만, 사람들이 분배적·절차적 공정성의 기준을 저해하는 현 상황의 여러 측면을 방어하고, 지지하고, 정당화하게 함으로써 사회 정의 성취를 가로막을 수도 있는 것이다. 3장에서는 체제 정당화 이론을 역사적 맥락에서 더 깊이 알아본다. 지성사에서 철학, 마르크시즘, 페미니즘, 사회심리학을 포함한 사회 이론 선행 연구를 살펴볼 것이다. 그리고 〔확실성(인식론적 욕구), 안정성(실존적 욕구), 친애(관계적 욕구)에 대한 사람들의 근본적 욕구가 체제 정당화로 이어진다는 추정을 포함해〕 체제 정당화 이론의 주요 가정도 다룬다. 마지막으로 체제 정당화 이론을 실제로 사회 개선에 어떻게 활용할 수 있는지 몇 가지 방법을 논의할 것이다.

체제 정당화 이론의 구조는 4~6장에서 밝힌다. 여기서는 이 이론을 지지하는 핵심적인 경험적 증거를 제시한다. 체제 정당화 이론은 다른 사회심리학의 관점과는 구분되는 지점이 있는데, 자기 및 집단 정당화 동기, 즉 사람들이 자신의 이익 및 행동과 마찬가지로 내집단 구성원의 이익 및 행동도 변호하고자 하는 경향을 강조하는, 이들 여러 이론의 강점과 약점도 4장에서 살펴본다. 이러한 이론은 많은 사회적 고정 관념에 대해 사람들이 합의한 본질, 외집단 선호 현상, 허위의식의 표출에 대해서는 적절히 다루고 있지 않다. 따라서 우리는 이러한 이론을, 사람들이 왜 자신과 내집단 구성원이 대가를 치르더라도 사회·경제·정치 체제의 적법성과 바람직성을 방어하는지, 어떻게 그렇게 하는지 설명하는 데 도움이 되는 체제 정당화 이론으로 보완할 필요가 있다고 본다. 5장에서는 체제 정당화 이론이 다른 집단 간 관계, 억압에 대한 사회심리학 이론, 즉 사회 정체성 이론(social identity theory) 및 사회 지배 이론(social dominance theory)과 어떤 주요한 차이가 있는지를 더 깊이 분석한다. 또한 현 상태에 대한 합리화, 불평등의 내면화에 대한 체제 정당화 관점의 18가지 가설도 살펴본다. 예상되는 비판에 대해서도 반론할 것이다. 6장에서는 무력하다는 느낌이 (적어도 어떤 환경에서는) 사람들로 하여금 사회·인종·젠더 관련 불평등, 경제 및 정치 분야에서 권위 있는 인물들을 정당화하게 만든다는 많은 현장·설문·실험 연구 결과를 정리할 것이다.

이어지는 세 개 장에서는 체제 정당화 이론을 실제 세계에 적용한, 서로 관련된 몇 가지 연구 결과를 요약한다. 7장에서는 부자와 가난한 사람에 대한 고정 관념, 8장에서는 젠더 관련 태도, 9장에서는 체제 정당화 과정에서 종교의 역할을 다룬다. 7장에서 우리는 경제적 지위가 다른 사람들에 대한 고정 관념(이를테면 가난하지만 행복한 사람들, 부유하지만 부정직한 사람들)에 노출되면 현 사회 상황에 대한 이념적 지지가 높아지는 과정에 집중할 것이다. 8장에서는, 여성은 따뜻하고 공동체적이며(하지만 주체적이고 자기주장이 강하지는 않으며) 남성은 주체적이고 자기주장이 강하다는(하지만 따뜻하고 공동체적이지는 않으며 여성에 대해 온정적이라는) 보완적 고정 관념을 접하면, 여성이 사회 체제, 특히 사회와 가정에서 성별에 따른 노동 분배를 더 지지하게끔 되고, 자기 대상화와 자기 신체에 대한 감시도 늘어난다는 데 대한 증거를 살펴본다. 9장에서는 7000명의 인터넷 설문 조사 참여자(그리고 다른 실험 집단)를 대상으로 한 대규모 연구 결과를 정리한다. 여기서는 종교 이념이 인식론적·실존적·관계적 욕구와 관련 있으며, (정치적 보수주의와 마찬가지로) 기존 제도와 관습이 적법하고 공정하며, 따라서 복종하고 지켜갈 만하다고, 현존하는 사회 질서를 정당화하는 수단을 제공한다고 주장한다.

계속되는 두 개 장에서는 사회 변화의 전망에 초점을 맞춘다. 10장은 체제 정당화 이론을 전통적인 사회심리학적 접근 속에 놓고, 개인적·사회적 변화에 대한 저항을 어떻게 극복하는지 알아보는 데서 시작한다. 다음으로 실제 기후 변화 문제와 관련해, 지구 온난화에 대한 과학적 증거의 질에 대한 회의주의를 동기화하는 데 있어 정치 이념과 체제 정당화의 역할을 검증할 것이다. 환경론자 입장에서 어떻게 체제 정당화를 억제할 수 있을까? 어쩌면 이는 그들의 주장을 미국적 삶의 방식에 대한 애국적 보존으로 재구성함으로써 가능할 수도 있다. 11장에서는 저항을 이해하기 위해, 사회 정체성과 체제 정당화 관점에 기반한 시위 및 집단행동 모형을 통합한다. 체제 정당화를 많이 하는, 또는 적게 하는 사람들이 기존 사회·경제·정치 체제에 저항하기를 원하는 경우(그리고 마찬가지로 중요한, 원하지 않는 경우)는 언제일까? 우리는 미국·영국·그리스·뉴질랜드에서 이루어진 현장·설문·실험 연구에서 나온 증거를 바탕으로, 저항 활동 지지—그리고 반동—에 대한 체제 정당화의 역할을 검증할 것이다.

마지막 장에서는 지난 25년 동안 이뤄진 체제 정당화 이론의 이론적·실증적 발전을 자세히 살펴보고, 남아 있는 수많은 질문과 비판도

다룰 것이다. 그리고 2016년 도널드 트럼프 미국 대통령 당선을 포함해, 정치적 결과에 대한 노동 계급의 보수주의와 체제 정당화의 중요한 역할도 짚고 넘어갈 것이다. 그리고 이론의 미래를 위해 자발적 노예, 허위의식, 체제 정당화라는 복잡한 문제에 대한 철학과 사회과학 연구를 제안하는 것으로 끝을 맺는다.

02

사회 정의란 무엇인가

사회 정의는 철학의 담론에서 나온 용어이지만, 일상 대화나 사회과학에서도 명확하게 정의되지 않은 채 널리 쓰인다. 우리는 일반적 정의를 제시하고 싶은 유혹을 독자 여러분이 용서하리라 믿는다. 개념의 (완전한 암흑이 아니라면) 어스름 속을 끈질기게 헤치고 나가는 대안이 매력적이기는 어렵기 때문이다. 이렇게 볼 때, 사회 정의는 (실제 또는 이상에서) (a) 사회가 주는 혜택과 의무를 합당한 분배 원리에 맞게 분산시키는 상태, (b) 정치 관련 의사 결정을 포함한 모든 의사 결정의 과정, 규준, 규칙이 개인과 집단의 기본권을 비롯한 권리 및 자유를 (침해하기보다) 보호하는 상태, (c) 권력자뿐만 아니라 동료 시민들도 인간(그리고 다른 종)을 존엄하게 대하고 존중하는 상태를 가리킨다고 할 수 있을 것이다(Feinberg, 1973; David Miller, 1999). 이러한 세 가지 정의는 적어도 대강은 분배의 정의, 절차의 정의(procedural justice), 상호 작용의 정의에 맞는다고 할 수 있으므로, 이 장에서는 이들 용어를 사용할 것이다.

위와 같이 이해하면 사회 정의는 아널드 토인비(Arnold Toynbee, 1976)도 제안한 것처럼 **사회 체제**의 특징, 또는 "사회에 대한 서술부(predicate of societies: 여기서 '서술부'는 문장에서 주어를 설명하는 부분을 뜻하며, 사회 정의가 사회를 설명할 수 있다는 뜻으로 쓰였다—옮긴이)"(Frankena, 1962, p. 1)라고 할 수 있다. 토인비는 "파시즘에 대한 최선의 방책은 사회 정의를 가능한 한 최대한도로 수립하는 것이다"라고 주장했다. 그렇다면 정의로운 사회 체제는 불필요하거나 부정의한 고통, 착취, 학대, 독재, 억압, 편견, 차별을 조장하는 체제와는 반대된다고 할 수 있다.

사회 정의를 연구하는 학자와 이를 실천하려는 사람들에게 가장 큰 문제는 몇 세기에 걸친 논쟁에도 불구하고 위에서 제시한 세 가지 정의를 구성하는 여러 요소에 대한 합의가 여전히 이루어지지 않았다는 것이다. 사회적 혜택과 부담을 어떻게 분배하는 것이 진정 공정한가? 왜 그런가? 자원 분배는 공평성, 평등, 필요 중 어느 것에 기초해야 하는가? 또는 다른 원리에 기초해야 하는가? 적절한, 또는 합리적인 권리와 자유를 구성하는 요소는 무엇인가? 타자의 존엄을 존중한다는 것은 무슨 뜻인가? 이들 질문은 서로 연결되어 있으며 플라톤, 아리스토텔레스, 홉스, 로크, 흄, 루소, 칸트, 헤겔, 마르크스, 밀, 롤스를 비롯해 서구 문명의 가장 위대한 사상가들이 도전했지만 합의를 이룰 수는 없었다. 이러한 역사적 맥락을 고려하면, 심리과학이 사회 정의 연구에 어떤 가치 있는 기여를 할 수 있다고 생각하는 것은 (주제넘는 일이 아니라면) 매우 야심 찬 일이겠지만, 우리는 길게 보면 그럴 수 있다고 감히 주장한다.

사회 정의에 대한 심리학 연구의 어려움

우리는 이미 사회 정의의 개념을 확립하는 데 따르는 어려움에 부딪혔으며, 이로 인해 사회 정의와 다른 소수의 주제를 연구하는 방식에서 사회과학의 강점과 과제 모두가 뚜렷하게 드러난다. 하나는 사회 정의를 연구하려면 개인, 집단, 체제 수준의 분석에서 나온 통찰을 통합해야 한다는 것이다. 사회 정의를 공부하는 사람들은 (감히 합리성이나 진리에 대한 질문을 던지는 사람들과 마찬가지로) 주관성과 객관성의 쉽지 않은 관계를 놓고 씨름해야 한다. 이는 사람들이 실제로 정의에 대해 어떻게 생각하고, 느끼고, 행동하는지(사실의 기술)와 그들의 행동이 정의롭게 보이려면 어떻게 행동해야 하는지(규범이 되는 기준) 사이의 관계다. 아리스토텔레스는 이 문제를 이렇게 표현했다. "사람들은 자신이 부정의하게 행동할지는 스스로에게 달려 있다고 생각한다. 따라서 정의롭게 행동하는 것도 쉽다고 생각한다. 사실은 그렇지 않다"(1137a4~6).[1] 다시 말해, 정의롭게 행동한다는 것은 옳은 이유로 옳은 일을 하는 것이고, 따라서 기술적으로 연구할 수 있는 주관적 측면과 규범적으로 접근할 수 있는 객관적 측면이 있다고 할 수 있다.[2]

또 다른 어려움은 합리적인 (그리고 비합리적인) 집단들이 정의란 무엇인가에 대해 서로 동의하지 않을 수 있다는 것이다. 해묵은 갈등은 무엇이 공정하고 정당한지에 대한 사람들, 혹은 집단들 사이의 논쟁과 관련 있는 경우가 많다. 동시에 정의는 (진리나 아름다움처럼) 보기 나름이라고 간단히 결론 내리는 것은 비록 유혹이 있다고 해도 만족스럽지는 않다. 데이비드 밀러(David Miller, 1999)가 관찰했듯이, "사회 정의에 대한 일반적 믿음은 여러 가지로 문제가 있는 것으로 보인다. 이를테면 근본적 모순이나 사실 관계에 심각한 오류가 있을 수 있다"(p. x).[3] 그러므로 우리는 정의가 사람들이 정의롭다고 **생각하는** 것으로 구성되어 있다고 간단하게 가정할 수 없다. 비록 (철학자들이 알고 있다시피) 어떤 상황에서든 무엇이 진짜 정의로운 것인지 결정하는 것은 특히 어려운 일이기는 해도 말이다. (하지만 이론적으로는 불가능하지 않다.)

왜 주어진 상태를 주관적으로 수용하는 걸 올바름의 객관적 증거로 해석할 수 없는 것일까? 한 가지 이유는 어떤 때는 사람들이 제삼자가 보기에, 또는 공정한 대우에 대한 통상적 기준으로 보았을 때 분명히 부정의한 환경도 견디기 때문이다. 이렇게 부정의를 감내하는 것은 사회 체계의 진짜 특성을 이해하지 못해서 그러는 경우(즉, 허위의식을 반영하는 경우)도 있다. 또는 체제 정당화 동기, 즉 기존 사회 체계를 변호하거나 작든 크든 부정의를 최소화하거나 그냥 넘김으로써 결국 부정의한 사회 체제를 유지하려는 동기의 신호일 수도 있다. 사회 정의 연구자들은 최소한 정의의 객관적 기준이 있을 가능성은 존재한다는 점을 명심해야 한다. 어떤 기준에는 논쟁의 여지가 있을 수 있다 해도 말이다(이를테면 Feinberg, 1973; Hare, 1981; David Miller, 1981; Rawls, 1971 참조). 연구자들이 행복(주관적 안녕)의 객관적 원인을 연구하기 위해 과학적 방법을 쓸 수 있는 것과 같이, 사회과학자들은 사회 체제의 어떤 특성이 사회 정의의 기준, 즉 형평·평등·필요·자유와 같은 요소를 최대화하는지, 그리고 어떤 특성이 고통·착취·학대·편견·억압과 같은 부정의한 결과로 이어지게 되는지를 연구하기 위해 과학적 방법을 적용할 수 있다. 우리는 이미 존재하는 것은 옳은 것이라고 가정할 수는 없다. 미국의 도덕철학자 프랑케나(W. Frankena, 1962)가 지적했듯이, "사회의 도덕 원리도 부정의하거나 억압적일 수 있기"(p. 3) 때문에 객관적·과학적인 접근이 필요하다. 사회의 도덕 원리가 부정의하거나 억압적인 경우, 체제 정당화 동기는 사회 정의를 향한 길을 가로막을 것이므로 연구자들은 시민의 주관적 지각에만 의존할 수 없다. 우리는 이런 근본적 진실을, 뒤에서 사회 정의에 대한 사회심리학 이론 및 연구를 살펴볼 때 염두에 두어야 한다. 정의에 대한 주관적 개념과 객관적 개념은 다를 때가 많으며, 그래서 경험적 연구는 특히 어려워진다.

심리학의 주요한 이론적·실제적 관심사로서 사회 정의

그리 오래되지 않은 때, 사회 정의에 대한 물음은 사회심리학의 이론적·경험적 탐구에서 맨 앞자리에 있었다. 현대 실험사회심리학의 아버지 쿠르트 레빈(Kurt Lewin)은 사회 정의 연구를 민주적·평등주의적 규준을 장려하고 사회적 힘을 얻어 독재와 억압을 예방하는 과학적 수단으로 격상시켰다. 그는 이러한 목표가 사회 정의를 위한 것이라고 (설령 말했다고 해도) 거의 언급하지 않았지만, (가장 분명한 몇 가지 예만 들면) 편견, 외집단에 대한 적대감, 유대인의 자기혐오 극복을 목적으로 한 그의 연구는 사회 정의에 대한 헌신, 1930년대 그의 모국 독일 시민들의 마음을 사로잡았던 권위주의와 파시즘에 대한 매서운 비판을 명확히 하고 있다. 실제로 레빈(Lewin, 1947a)은 이론상의 목표와 실제 목표를 통합하기 위해 노력했으며, 이를 "이론가들이 현실 사회 문제를 눈썹을 치켜 올리며 피하거나 두려워하지 않는다면, 물리학에서 그랬듯이 심리학에서도 성취할 수 있다"(p. 169)고 믿었다.

전후 시대의 또 다른 중요한 사회심리학자 고든 올포트(Gordon Allport,

1968)는 "실제적이고 인본주의적인 동기는 사회심리학의 발달에서 언제나 중요한 역할을 해왔다"고 했다. 그는 다음과 같이 썼다.

> 사회심리학은 제1차 세계대전 직후 번창하기 시작했다. 그 뒤 공산주의의 확산, 1930년대의 대공황, 히틀러의 등장, 유대인 학살, 인종 폭동, 제2차 세계대전에 따른 도덕적 공황 상태가 이어지며 사회과학의 모든 분야를 자극했다. 사회심리학에는 어려운 과제가 떨어졌다. 사회적 속박과 획일화가 확대되는 상황에서 자유와 개인의 권리라는 가치를 어떻게 지킬 수 있을지, 과학이 답을 내는 데 도움이 될지에 대한 의문이 제기되었다(p. 4).

올포트의 저서 《편견의 본질(The Nature of Prejudice)》(1954)—그리고 그 시초인 아도르노와 동료들(Adorno et al., 1950)의 《권위주의적 성격(The Authoritarian Personality)》—은 사회심리학 이론과 연구 방법을 통해 편견과 편협함을 비롯한 사회 정의의 명백한 장애물을 진단하고, 궁극적으로 이를 넘어서려 애썼다. 유감스럽게도 20세기 사회심리학의 발달에 가장 큰 영향을 미친 사람은 아돌프 히틀러라는 지적이 여러 번 있었다.

솔로몬 애시(Solomon Asch, 1959)는 사회심리학자들이 불의한 행동뿐만 아니라 "사람들이 다른 사람들을 생각하고, 배려하고, 그들을 위해 일하는 걸 가능케 하는 벡터(vector: 크기와 방향이 모두 있는 물리량을 뜻하는데, 여기서는 '내적 힘'이라는 의미로 쓰였다—옮긴이)"(p. 372)도 연구한다고 주장했다. 더 자세히 살펴보면, 그는 "사람들이 타인 또는 다른 집단의 안녕을 생각하는 것, 그리고 이것이 자기 자신이 느끼는 안녕과 어떻게 관련되어 있는지에 대한 기반을 닦은 것은 사회심리학의 주목할 만한 성과다"(p. 368)라고 썼다. 이러한 언급은 이타주의(altruism), 친사회적 행동(prosocial behavior), 그리고 이른바 정의 동기(justice motive) 연구, 즉 사람들이 어떻게 자기 이익을 고려해서뿐만 아니라 다른 사람을 공정하게 대우하도록 동기화되는지에 대한 연구를 예견한 것과 같다(Lerner, 2003). 여기서 핵심은 정의와 개인의 이익은 언제나 상충되는 것이 아니라는 점이다. 명백히 그렇지 않다. 오히려 인간과 영장류에게서 나타나는 정의감은 합당한 대우를 받기 위한 자기 보호의 동기에서 나오는 것으로 보인다(Brosnan, 2006). 부당한 대우를 받는 집단 구성원이 시민권, 또는 다른 삶의 질 개선을 위해 함께 뭉칠 때, 그들은 사회 정의와 동시에 개인 또는 집단의 이익을 위해 싸우고 있는 것이다. 그러나 인간의 정의 동기에 대한 가장 순수한 증거는 타인이 공정하게 대우받도록 하기 위해 자신의 안녕을 걸거나 희생하는 경우에 나타난다(Lerner, 2003).

제2차 세계대전은 사회 부정의와 이를 극복하고자 하는 인류의 의지와 능력에 대한 절망적인 결과를 너무나 분명하게 보여주었다. 그렇다면 전쟁이 끝난 뒤 사회 정의가 사회심리학 연구의 중심 주제가 되고, 교재에서 도덕성, 양심, 범죄와 처벌, 편견, 권위주의, 선전·선동(프로파간다), 전쟁과 평화, 혁명을 결정하는 조건을 계속해서 다룬 것은 놀랄 일이 아니어야 한다. 하지만 레빈의 글처럼 이러한 주제에 대해 사회 정의 연구의 명확한 틀이 없는 상태에서 접근한 경우가 많았으며, 글쓴이들은 **정의**와 **공정성**이라는 용어를 잘 사용하지 않았다. 사회 정의 연구는 수십 년 뒤 사회심리학의 하위 분야, 또는 특화된 영역이 되었다. 그 전의 사회 정의 연구는 사회심리학 분야 전체에 퍼져 있었으나 뚜렷하게 나타나지는 않았다.

1960년대 중반 몇몇 사회심리학자들은 인류의 발전과 사회 정의를 위한 레빈의 인본주의적 행동 연구를 진지하게 재고하기 시작했다. 예를 들어, 윌리엄 맥과이어는 "실용적인 연구를 하는" 동료들이 "베를린 장벽, 도시의 쇠퇴, 인구 폭발, 남부 흑인의 곤경에 지나치게 빠져 있다"고 지적하며, 사회 문제를 해결하고자 하는 학생들은 "법조인이나 공무원이 되어야 한다"고 농담을 던졌다(McGuire, 1999, p. 42). 오늘날에는 과학자들이 어떤 도덕적 또는 정치적 입장을 옹호하는 걸 피해야 하고, 연구자들은 사회 정의에 대한 자신의 가치관과 바람을 드러내지 말아야 한다는 주장이 어느 때보다 더 일반적이다. 이 문제에 대해서는 새로운 세대의 사회심리학자들과 레빈, 올포트, 애시〔그리고 레너드 두브, 무자퍼 셰리프, 모턴 도이치(Morton Deutsch), 허버트 켈먼(Herbert Kelman), 스탠리 밀그램(Stanley Milgram), 멜빈 러너(Melvin Lerner), 헨리 타이펠(Henri Tajfel), 앨리스 이글리(Alice Eagly), 데이비드 시어스(David Sears), 수전 피스케(Susan Fiske), 다니엘 바르탈, 마자린 바나지〕와 같은 학자들의 견해 차이가 두드러진다. 여기서 홀로코스트 생존자 엘리 위젤(Elie Wiesel)이 한 말을 생각하지 않을 수 없다. "중립은 언제나 희생자가 아닌 억압자를 돕는다. 침묵은 언제나 피해자가 아닌 학대자에게 힘을 실어준다."

20세기 중반의 개척자들이 사회 정의 연구에 헌신한 것은, 적어도 일부는 유럽을 비롯한 세계에서 파시즘을 물리쳐야 한다는 사회적 요구와 절박함의 결과였다. 그렇지만 열의 있는 독자는 이렇게 물을 것이다. 지금도 우리는 사회 정의와 관련해 정말 긴급한 문제를 마주하고 있지 않나? 만약 무언가 할 수 있는 일이 있다면, 자본주의 아래서 커지고 있는 사회적·경제적 불평등, 성폭력과 젠더 갈등, 경찰 및 사법 체제에서 나타나는 인종 차별, 성 소수자에 대한 차별, 종교·민족 관련 갈등을 비롯해 전쟁·테러리즘·고문 같은 해소 불가능해 보이는 갈등, 세계적 기후 변화, 환경 파괴, 생물종 감소, 유럽과 미국에 여전히 남아 있는 편견과 우익 권위주의(right-wing authoritarianism, RWA: 체제 전복을 추종하는 경향인 좌파 권위주의도 있으며, 알테마이어에 따르면 나치는 사회 체제를 장악하기 전에는 좌파 권위주의, 장악한 뒤에는 우익 권위주의를 나타냈다—옮긴이)의 재등장에 대해 무엇을 해야 할까? 다행히 레빈과 올포트를 계승하는 심리학자들이 이러한 질문에 답하기 위해 이론과 연구 방법을 개발했고, 그 과정에서 세계가 사회 정의를 좀더 실현하는 방향으로 움직이도록 도왔다.

사회 정의의 연구 주제 분류

사회학·심리학에서 이론에 기초한 첫 번째 사회 정의 연구는 공정성(fairness), 특히 자원 분배의 형평성에 대한 것이었다. 그다음은 절차의 정의에 대한 연구로, 분배의 결과뿐만 아니라 그러한 의사 결정의 규칙도 다루었다. 오래 지나지 않아 정의의 세 번째 유형인 상호 작용의 정의, 또는 대인 관계에서의 정의 연구가 등장한다. 여기서는 일상생활에서 다른 사람들을 비공식적, 공식적으로 어떻게 대우하느냐의 문제를 다룬다. 마지막 연구 주제는 응보의 정의(retributive justice) 또는 회복의 정의(restorative justice)다. 아리스토텔레스는 이러한 정의를 거의 24세기 전에 언급했지만, 심리학과 관련 분야에서 연구를 시작한 것은 얼마 되지 않았다.

분배의 정의

분배의 정의는 (특히 희소한 조건에서) 자원을 어떻게 공정하고 적절하게 분배하는지를 가리킨다. 여기에 대한 영향력 있는 초기의 설명 중 하나는 아리스토텔레스의 접근이다. 그는 《니코마코스 윤리학(Nicomachean Ethics)》 5권에서 "우리는 행복, 그리고 시민 공동체에서 행복의 그 자리를 창조하고 보존하는 것을 정의롭다고 한다"고 썼다. 또한 정의의 여러 유형, 정의로운 것과 불의한 것의 양상에 대한 질문을 던졌다. 아래는 아리스토텔레스의 유명한 해석 중 하나다.

> 정의로운 분배의 한 가지 표식은 **평등**(equality)이다. 분배에서, 이는 수량화한 상품이나 부담부터 수량화한 이득까지를 모든 사람에게 같은 비율로 유지하는 것이다. 다시 말해, 평등은 한 집단이 다른 집단을 해하기 전에 여러 집단의 상대적 위치를 유지하는 것이다(Broadie, 2002, p. 36).

고전 그리스어〔Attic Greek: 아테네를 포함한 고대 그리스 아티카(Attica) 지역의 방언—옮긴이〕에서 한 단어, 즉 이소테스(isotes)가 정의와 평등을 동시에 뜻하기 때문에 해석이 모호해지는데, 이는 **지리적 평등**(geometrical equality)이나 **비례의 원칙**(proportionality)으로 해석할 수 있다(Vlastos, 1962). 즉, 아리스토텔레스는 정의로운 분배를 '같은 것을 같은 것으로 취급하는 것'과 분리할 수 없는 것으로 보았다. 그러나 그가 생각한 분배 정의에서는 오늘날의 사회과학자들이 평등의 원칙, 또는 비례의 원칙이나 능력의 원칙이라고 부르는 것을 강조했다.

아리스토텔레스는 정의 이론에서 가장 어려운 점이 공평의 원칙 또는 비례의 원칙에서 비롯하리라는 것을 예측했다. 의사 결정 당사자들이 산출물(보상)을 결정할 때 어떤 투입물(능력)을 기준으로 할 것인지에 대해 의견 일치를 보지 못할 수 있다는 것이다.

> '능력에 따른' 분배의 문제 또한 이를 분명히 보여준다. 정의로운 분배는 능력에 따른 것이어야 한다는 데 모두가 동의하지만, 각자 다른 종류의 능력을 이야기하기 때문이다. 민주주의자들에게는 모두가 자유인으로 태어났다는 것이 중요하다. 권력자에게는 재산이, 그들 중 귀족의 후손에게는 혈통이 중요하다(1131a4~29).

이념 관련 요인은 개인이 생각하는 사회 정의의 개념에 영향을 미친다. 이것은 이번 장의 중심 주제이며, 사실 이 책의 주제이기도 하다. 하지만 이념이 개인적으로 선호하는 (주관적인) 정의에 영향을 미친다고 해서, 무엇이 (객관적으로) 정의로운가에 대한 의견 충돌이 곧 이념의 갈등이라는 것은 아니며, 이러한 충돌을 실증적인 연구 방법으로 이해하거나 해결할 수 없다는 뜻도 아니다.

아리스토텔레스의 정의 이론에서 언급해야 할 부분이 몇 가지 더 있는데, 바로 사회과학의 중요한 공헌과 쟁점을 예측한 부분이다. 첫째로 아리스토텔레스는 **합법적**(legal)인 것과 **정의로운**(just) 것의 관계를 지적했고, 분명히 둘 사이에 밀접한 관련성이 있다고 보았다. 예를 들면 그는 아래와 같이 썼다.

> 사람들은 법을 어기는 사람과 탐욕스러운, 즉 공평하지 않은 사람 모두를 '불의하다'고 본다. 그러므로 법을 따르는 사람과 공평한 사람은 둘 다 정

의로운 것이다. 그렇다면 정의는 합법적이고 공평한 것이며, 불의는 불법이고 불공평한 것이다(1129a32~1129b1).

"탐욕스럽고" "불공평한"〔플레오넥시아(pleonexia: '자기가 더 많이 가지려는 경향'을 뜻하는 말)〕 사람들에 대한 아리스토텔레스의 논의는, 이기심의 개인차와 이것이 정의와 관련해 어떤 결과를 내는지에 대한 연구로 이어졌다.

아리스토텔레스는 정의를 평등주의에 기초해(비이기적으로), 그리고 법을 준수하며 행동하는 것으로 보았지만, 만약 사례의 특수성을 무시할 경우, 법에 필요한 불편부당함(impartiality)—혹은 아마도 보편성(universality)—이 이상한 결과로 이어질 수 있음을 지적했다. 그는 합리적인 사람은 경우에 따라 더 나은 결과에 도달하기 위해 합법적인(따라서 정의로운) 것을 고수하지 않을 수도 있다고 주장했다.

그렇다면 무엇이 합리적인지가 명백해진다. 또한 이는 어떻게 보면 더 정의로운 것이다. 그리고 합리적인 사람이 어떤 사람인지도 알 수 있다. 그는 합리적으로 결정하고 행동하는 사람이고, 바람직하지 않은 정의에 매달리기보다 덜 완고한 시각을 취하면서도 법의 뒷받침을 받을 수 있는 사람이다(1137b33~1138a3).

따라서 정의로움은 "가장 강력한 탁월함(excellence)"(1129b27~8)이지만 유일한 탁월함은 아니다. 용기, 지혜, 자제력도 정의로움과 함께 중요한 덕목이다. 존 스튜어트 밀 또한 비슷하게 정의와 관대함, 자선 같은 도덕 원리를 구분했다. 아리스토텔레스는 응보적〔또는 교정적(rectificatory)〕 정의의 필요성을 인식했으나 정의는 합법적인 것이라고 개념화함으로써, 비록 그 동기가 정의에 대한 열망이었다고 해도 보복(또는 사적 복수)을 정의로운 행동으로 볼 수 있는 가능성을 제외시켰다.

사회주의 학파

카를 마르크스의 저술은 종교 경전을 제외하면 그 어떤 글보다도 정의를 위한 사회 운동에 많은 영감을 주었을 것이다. 모순적이게도 (법학을 공부했던) 마르크스 자신은 **정의**라는 용어의 의미와 사용에 대해 의심하는 것으로 악명이 높았다. 그는 정의는 법에서 사용하는 개념이라고 보았다. 마르크스는 정의는 본질적으로 노블리스 오블리주(noblesse oblige)와 마찬가지로 (아마도 진보주의자일) 부르주아의 관심사라고 보았으며, "적정 노동에 적정 임금을"과 같이 그가 보기에는 공허한 구호를 지지하는 동시대의 "엉터리 사회주의자들"에 대한 불신을 표했다. 또한 그는 사회적·역사적 환경을 초월한 추상적이거나 보편적인 정의 개념을 만들려는, 칸트나 헤겔이 한 것 같은 철학적 시도에 대해서도 회의적이었다. 따라서 마르크스의 견해에 동의하는 학자들은 대부분 혁명의 당위성을 주장하고, 자본주의 체제를 혁파하는 데 있어 정의에 기초한 논의를 피했다(그렇지만 Husami, 1980도 참조). 대신 마르크스는 자기 집단의 이익에 호소했는데, 이는 《공산당 선언》의 유명한 문장에 잘 나타나 있다. "만국의 노동자여, 단결하라. 당신들이 잃을 것은 사슬뿐이다!" 마르크스는 분명히 자본주의 체제를 무너뜨리는 것이 노동 계급에 객관적 이익이 된다고 보았으며, 객관적 현실이 변하면 결국 체제에 대한 노동자들의 주관적 지각도 삶의 새로운 물질적 환경에 맞추어 변할 것이라고 가정했다. 이렇게 함으로써 마르크스는 사실 허위의식의 문제를 과소평가한 셈이다.

마르크스 자신은 사회 정의에 대한 혁명의 잠재적 영향력은 거의 없다고 보았지만, 그를 따르는 많은 사람은 그의 저술에서 정의에 기초한 강력한 자본주의 비판의 씨앗을 찾아냈다. 예를 들면, 마르크스는 자본주의 존재 자체가 노동 과정에서 생겨난 잉여 가치에 의존한다고 보았다. 어떤 노동자도 그 또는 그녀의 일이 고용주에게 주는 진짜 가치, 즉 노동의 가치만큼 급여를 받지는 않는다. 그렇지 않다면 영업 이익(또는 영업할 동기)이 없을 것이다. 자본주의 사회에서 생존과 가족 부양을 원하는 노동자는 사실 선택의 여지 없이 생산 수단을 통제하는 자본가를 위해 부를 생산해야 한다. 마르크스는 이러한 상황이 착취의 한 형태라고 분명하게 비판했으며, 이는 그가 자본주의에서 사회주의와 공산주의로의 이행을 예견한(그리고 열망한) 이유 중 하나였다. 그는 사회주의, 공산주의가 계급에 기초한 착취를 끝내리라고 믿었다. 그러므로 마르크스는 필연적으로 자본주의 체제에서의 생산을 규정하는 사회 계급 사이의 경제적 불평등에 반대했다고 볼 수 있는데, 이는 기본적 차원에서 사회 정의와 떼려야 뗄 수 없는 문제이며, 우리가 사회 정의라는 용어를 사용할 때도 경제적 불평등의 의미가 들어 있다. 동시에 마르크스는 정의를 개념화할 경우, 현 상태에 대한 이념적 방패막이를 제공하는 데 이용될까 봐 걱정했다.

《고타 강령에 대한 비판(Critique of the Gotha Program)》에서 마르크스는 사회주의 체제에 적합한 분배 원리는 "그들의 능력에 따른 것에서, 그들의 필요에 따른 것으로!"라고 주장했다. 러너(Lerner, 1974)와 도이치(Deutsch, 1985)가 짚어냈듯이, 개인의 필요를 고려하는 것은 아리스토텔레스 이론과 같은 다른 사회 정의 이론에는 분배 정의 원리로 포함되지 않는 경우도 있다. 슈윙거(Schwinger, 1986)는 "필요에 대한 고려는 실제 자원 부족에 대한 반응 이상의 것이다"(p. 223)라고 말하며, 필요가 (자원 부족에 대한 반응보다) 다른 분배 정의 원리와 훨씬 비슷한 기능을 하고, 특히 신뢰가 있을 때는 대인 관계에서 바람직하다고 했다. 다른 학자들도 그와 유사한 주장을 했다. 비슷하게, 많은 사회 정의 이론에서는 사람들, 그리고 사회 계급 사이의 결과의 평등 원리(그리고 기회의 평등 원리)를 가치 있게 본다. 학자들은 계급 없는 사회에 대한 마르크스에 대한 요구를, 분배의 결과에 대한 완전한 평등주의를 요구하는 것으로 해석하는 경우가 많다. 마르크스는 "계급 구분을 철폐하면, 그에 따른 모든 사회적·정치적 불평등이 자연히 없어질 것"이라고 믿었지만, 비평가들이 평가하는 것만큼 순진하지는 않았다. 그는 모든 새로운 사회 체제는 "경제적·도덕적·지적인 것을 비롯해 모든 면에서, 그 체제를 수태한 자궁 안에서부터 구체제의 표식을 지니고 있다"고 분명히 밝혔다. 현 상태는 흔적을 남긴다.

또한 마르크스는 체제를 정당화하려는 사람들이 공정성과 평등에 대한 추상적 논의를 남용할까 우려했다. 이들은 정부를 대표하는 사람들과 "정부와 뗄 수 없는 모든 것"을 포함해 "**기존 사회 상황**에서의 승리자들"을 가리킨다. 그는 이들을 "사회 질서를 유지하는 사회의 구성 기관(organ)"이라고 보았다. 마르크스는 이렇게 물었다. "부르주아가 아닌 사람들이 현재의 분배가 '공정'하다고 주장하는가? 그리고 유일하게 '공정한' 분배는 사실 현재의 생산 조건에 기초한 것이 아닌가? 법적 개념이 경제적 관계를 통제하는 것인가? 아니면 반대로 법적 관계가 경제적 관계에서 나오는 것인가?" 마르크스가 보기에 법은 체제 정당화의 한 예였다.

그러나 현실적 관점에서, 막연한 또는 이상적 사회주의자들에 대한 마르크스의 비판으로 인해, 그는 (평등이나 필요의 원리와 관련한) 사회 부정의의 지각과 그에 따르는 도덕적 분노에 잠재한 혁명적 영향력을 과소평가하기에 이르렀다. 사회과학 연구 결과 부정의하다고 느꼈을 때 그에 반응해 느끼는 분노, 즉 도덕적 분노는 집단행동 참여, 사회 변화에 대한 동기를 예측할 때 가장 강력한 요인이 된다(이를테면 Gurr, 1970; McGarty et al., 2014; van Zomeren et al., 2008). 마르크스 자신은 자본주의 사회에서 나타나는 노동자 착취에 깊이 분노했으나, 역사적 분석에서 정서를 배제했으며, 따라서 그게 좋은 것이든 나쁜 것이든 사회 정의에 대해 할 수 있었던 것보다 훨씬 적은 언급을 했다.

자유주의-진보주의 학파

적어도 부분적으로는 마르크스의 회의주의로 인해 데이비드 밀러(David Miller, 1999)의 말처럼 "'사회 정의'라는 개념을 사회주의자들보다 자유주의자와 진보주의자들이 수용하기 쉬워졌다"(p. 3). 사회 정의에 대한 질문과 관련한 학술적·실제적 관심사를 가장 많이 제시한 것은 2개의 주된 서구 자유주의 학파였다. 샌델(Sandel, 1998)이 이들의 논의를 간명하게 정리했다. "정의는 제러미 벤담이나 존 스튜어트 밀이 주장한 것처럼 공리성(utility)에 기초해야 할까, 아니면 칸트나 롤스가 주장한 것처럼 공리성을 떠나 개인의 권리에 기초해야 할까?"(p. 184) 이들 두 가능성을 일반적으로 정의에 대한 공리주의적(utilitarian) 관점과 의무론적(deontological) 관점이라고 한다. 이제 둘을 차례로 살펴볼 것이다.

공리주의는 결과주의적 정의 이론으로, 다양한 결정이 쾌락과 도덕의 측면에서 사회에 어떤 이득과 부담을 주는지를 강조한다. 가장 공정한 결과와 과정은 최대 다수의 최대 행복을 이끌어내는 것이다. 하지만 공리주의 철학자들은 행복(또는 복지, 그와 관련한 공공의 이익, 공동선)을 어떻게 측정할 것인지에 대해서는 서로 의견이 다르다. 벤담은 행복이란 간단히 기쁨에서 고통을 뺀 것이라 생각했고, 밀은 덕·합리성·진실과 같은 특성을 포함한 보다 풍부한 개념이라 생각했다. 오늘날에도 부를 비롯한 가치 있는 자원을 최악의 상황에 놓인 사람들의 고통을 덜어주고, 상황이 더 나은 사람들의 고통을 최소화하는 방식으로 분배하는 복지국가는 공리주의의 기반 위에서 정당화 또는—프랑케나(Frankena, 1962)와 파인버그(Feinberg, 1973)의 표현을 빌리면—"정당한 것으로 간주"된다(Sen, 1979).

의무론자들은 인간 행동의 옳고 그름은 결과뿐만 아니라, 보편적이고 초월적인 정의 원칙에 따라서도 결정된다고 본다. 이러한 정의 원칙의 예는 어떤 경우라도 죄 없고 건강한 사람을 죽이는 일은 옳지 않다는 것이다. 정의에 대한 의무론을 주장한 인물 중 가장 유명한 이마누엘 칸트는 추상적 추론을 통해 객관적·보편적으로 적용 가능한 정의 원리("정언 명령")를 찾을 수 있다고 보았다. 예를 들어 그는 "언제나 자신과 타인을 똑같이, 절대적 수단으로 대하지 말라"(Sedgwick, 2008, p. 137)는 도덕 원칙을 제안했다. 서로 다른 다양한 문화에서 보편적 정의 원칙을 적용할 수 없다고 생각하는 사람들도 있으나, 이성적이고 객관적인 정의 개념을 만들고자 했던 칸트의 생각은 여전히 매력적이고 성공을 보증한다. 존 롤스의 저작에서도 그러한 생각을 읽어낼 수 있다.

롤스(Rawls, 1971)는 가장 정의로운 사회 체제는 합리적인 사람들이 "무지의 베일" 아래서 선택한 것이라고 주장했다. 무지의 베일이란, 자신이 새로운 사회 체제에서 어떤 지위 또는 위치에 있게 될지 모르는 상태를 뜻한다. 그는 이러한 가상의 의사 결정 상황을 "원초적 입장(original position)"이라고 했다. 롤스는 피아제(Piaget)와 콜버그(Kohlberg) 같은 심리학 이론 및 연구도 참고해 이러한 상황에서는 합리적인 사람들이 (a) 사회적·경제적 불평등을 최소화하고〔평등의 원리(equality principle)〕, (b) 새로운 체제에서 가장 불리한 위치에 있는 사람들의 사회적·경제적 이득을 최대화하며〔최빈자의 최대 행복 원리(maximin principle)〕, 나머지 모든 것은 평등한 상황을 선택해야 한다고(아울러 그렇게 할 것이라고) 결론지었다. 두 가지 원리를 종합해보면, 사회에서 어느 정도의 불평등은 용인되지만, 이는 어디까지나 상대적으로 불이익을 받는 사람들에게 궁극적으로 이득이 될 때라는 것이다. 예를 들면, 모두에게 이익이 되는 부의 창출과 같은 것이다. 이러한 결론은 정치적 자유주의의 표식이라 할 수 있다. (사회주의에 비해) 평등주의를 제한하고, 인간의 복지를 위한 기본 필요를 충족하는 데 적어도 최소한의 관심을 둔다는 점에서 그러하다. 따라서 롤스의 이론은 심리학의 법칙과 일관되는, 정의의 규준적 이론을 만들기 위한 것이라고 볼 수 있다. 이는 사회에 참여하겠다는 개인의 동의, 즉 합리적 사회 계약을 추구한다는 점에서 칸트가 말한 자유주의에 대한 철학적 변론이다.

롤스가 사회 정의 이론에 얼마나 깊이 영향을 미쳤는지는 그 이론에 대한 비판 사례와 저명함으로 알 수 있다. 그러한 2차 저술을 모두 살펴보는 것은 논점에서 지나치게 벗어나는 것이므로, 우리는 롤스 이론에서 나온 실증적 연구를 살펴볼 것이다. 여기에서 우리는 (대부분의 연구자가 알고 있는 것처럼) 롤스의 가설에 나오는, 무지의 베일 또는 그가 설정한 조건 아래서 의사 결정하는 사람들이 어떤 결정을 할지 실증적 연구를 통해서는 알 수 없다는 걸 확실히 해두어야 한다. 현실에서는 의사 결정하는 사람을 자신의 특성, 경험, 신념, 의견 등으로부터 분리할 수 없다. 어떤 철학자들은 이것이 롤스 이론의 치명적 결함이라고 본다. 다시 말해, 완전히 쓸모없지는 않더라도, 실제 세계의 사람들이 어떤 정의 원리를 선호할지 밝히는 데는 그다지 유용하지 않다는 것이다. 우리는 이러한 비판의 설득력을 간과하지 않으면서도, 의사 결정을 당사자로부터 분리할 수 없다는 것을 명심하고 자기 편향, 집단 편향, 체제 편향 동기와 같은 편향을 배제함으로써 사회 정의의 객관적 개념을 세우고자 했던 원래의 목적에 다가갈 수 있다. 롤스 이론에서 영감을 받은 실험 및 설문 연구 결과를 보면, 사람들이 어떤 분배 정의 원리를 선호하는지, 또한 편향을 완전히 제거할 수는 없어도 어떻게 잠시 중단시킬 수 있는지 알 수 있다.

여러 실험 연구 결과는 실제 의사 결정자들이 자신의 이익을 최대화하는 다른 대안이 있을 때도 평등과 최빈자의 최대 행복 원리를 선호한다는 생각을 뒷받침할 때도 있고, 아닐 때도 있다. 일부 연구에서는 자기 이익과 그에 관련된 동기를 위해 행동할 수 있을 만큼 충분한 정보가 없었던 참여자들이, 롤스가 생각한 것과 적어도 비슷하게 여러 분배 대안 중 공정성을 고려하기도 했다. 예를 들어, 연구 참여자 대부분은 그들 사회의 최저 생계 수준을 최고로 끌어올리는 것을 선호했다. 그러나 어떤 연구에서는 롤스가 기대한 것과 명백한 차이가 나타난 적도 있다. 미국, 캐나다, 폴란드에서 이루어진 프롤리히와 오펜하이머(Frohlich & Oppenheimer, 1992)의 연구 결과, 실험 참여자 대다수는 최소한의 사회 안전망(floor constraint)은 있고 천장(최대 소득에 대한 제한)은 없는 것을 선호했다. 달리 말해, 이들은 롤스의 이론에서 주장한 것보다 불평등을 더 용인하는 사회 체제를 좋아했다.

이러한 증거가 무엇이 (객관적으로) 정의로운지에 대한 롤스(Rawls,

1971) 이론이 틀렸음을 증명하는 것은 아니지만, 실제 의사 결정자들이 개인적 경험과 문화적 배경을 다 남겨두고 무지의 베일 뒤로 들어가기는 어렵다는 걸 분명하게 보여준다. 가상 사회를 설정한 실험에서는 이념과 사회 집단에 따른 차이가 자주 나타났는데, 이는 사람들이 자신이 살고 있는 사회의 경제 현실과 정의에 대한 믿음에 기초해 생각했기 때문으로 보인다. 이는 그러한 것을 무시하라고 실험에서 직접 지시할 때도 마찬가지였다. 즉, 롤스 이론에 대한 실증적 연구에서 정의에 기반해 추론하고자 하는 선의의 시도가 나타났지만, 자기·집단·체제 정당화의 동기가 드러났다고도 할 수 있다. 이는 이러한 동기를 배제하는 것이 목적인 무지의 베일을 실제로 적용하는 게 어렵다는 걸 보여준다.

현대 보수주의와 자유주의-사회주의 학파의 비판

사회 정의의 철학적 개념은 대부분 기존 사회, 경제, 정치의 관습에 비판적인 자유주의자 또는 좌파 사회주의자들이 만들었다. 이는 평등주의, (필요에 기반한) 복지 원리를 강조하는 개념의 경우 특히 그렇다. 사회 정의를 요구하는 사람들은 사회 체제에 문제가 있다고 생각하며 이에 도전하고자 하는 경우가 많다. 예를 들어, 데이비드 밀러(David Miller, 1999)는 "사회 정의는 언제나 더 큰 정의를 위해 제도와 관습을 개혁하고자 하는 비판적인 생각이었다. 또는 그래야 한다"(p. x)고 했다. 이렇게 보면, 기존 제도 및 관습을 대변하는 정치적 보수주의자, 자유지상주의자(libertarian)를 비롯한 우파가 사회 정의 개념 자체를 거부하는 경우가 많은 이유를 이해할 수 있다. 이들은 기존 제도와 관습이 항상 정의롭다고 할 수 없더라도, 적어도 효과적이거나 자연스러운 것처럼 어떤 면에서 바람직하다고 주장한다(Heyek, 1976). 우리 시대에 자유주의자와 좌파들은 사회 정의의 전사라는 야유를 받곤 한다.

역사가들은 현대 정치적 보수주의의 기원을 에드먼드 버크(Edmund Burke)로 볼 때가 많다. 그는 프랑스 혁명에 반대하고, 동료 시민들에게 혁명으로 돌아서기보다 "조상들[그들의 권위]을 돌아보도록" 장려한 것으로 유명하다(Burke, 1987, p. 30). 따라서 버크와 그를 따르는 사람들은 자유주의, 사회주의 사상, 그리고 이런 사상을 배양한 과학적 계몽이라는 더 넓은 지성의 맥락도 받아들이지 않는다. 버크는 "모든 형태의 평등주의에 대한 거부감"을 표현했다. 평등주의가 "자연과 역사의 모든 증거와 본질적으로 반대되는 주의"라고 보았기 때문이다(Shapiro, 2003, p. 152). 또한 그는 전통의 중요성을 강조했고, 점진적 개혁을 급진적 사회 변화보다 선호했다. "본질적으로 불완전한 세계를 인류가 더 불완전하게 만드는 걸 방지하는 것은 정치 지도자의 일"(Burke, 1987, p. 152)이라고 믿었기 때문이다. 오늘날에 이르기까지, 정치적 보수주의의 두 가지 주요 원리는 전통주의(또는 사회 변화에 대한 저항)와 불평등(또는 위계)을 수용하는 것이다.

조너선 하이트(Jonathan Haidt, 2012)는 자유주의자와 보수주의자는 도덕의 기반이 다르다고 주장했다. 즉, 자유주의자의 도덕이 공정의 중요성을 강조하고 피해 회피(avoidance of harm)를 중요시하는 데 비해, 보수주의자의 도덕은 권위에 대한 존중, 내집단에 대한 충성, 순결의 규칙을 중시한다. 분명 자유주의와 보수주의의 가치에는 차이가 있으며, 보수주의 가치는 에드먼드 버크의 후기 저술로 거슬러 올라갈 수 있다. 그러나 전통, 관습, 권위, 내집단 규준을 지키는 걸 이념에 대한 헌신이 아닌 도덕적 행위 또는 정의 원리로 보아야 할지에 대해서는 의문의 여지가 있다. 역사를 보면, 내집단·권위·순수성에 대한 미화는 권위주의, 심지어 집단 학살로 이어지기도 했다(Rummel, 1997). 이렇게 보면 전통, 관습, 권위, 내집단 규준 수호가 도덕 또는 정의 원리의 규준이 될 가능성은 극히 낮다고 할 수 있다. 중도 보수주의의 원리인 능력(merit), 자격(deservingness), 성공(prosperity), 개인의 자유가 (사회 정의의 규준으로서) 더 강력한 근거가 될 수 있다. 이러한 보수의 가치는 필연적으로 평등과 복지, 그리고 사회에서 가장 불리한 위치에 있는 사람들의 생활을 큰 폭으로 개선하는 것과 같은 자유주의-사회주의 원리와 갈등하며, 이때 이념 논쟁이 일어난다.

사회심리학 이론과 그 증거

공평, 평등, 필요의 원리

논란의 여지가 있겠지만, 사회 정의에 대한 실증적 연구에 공평 이론(equity theory)보다 더 광범위한 영향을 미친 이론은 아마 없을 것이다. 우리가 이미 살펴보았듯이, 아리스토텔레스는 정의로우려면 투자와 그 결과의 비율이 일정해야 한다고 주장했다. 이것이 "비율의 평등(equality of ratios)"(1131a31)이다. 이러한 통찰이 평등 이론의 시작점을 제공한다. 이는 분배 정의 판단과 관련된 것으로, 사람들은 자신이 투자한 것(이를테면 노력의 정도, 능력, 시간, 훈련)과 얻은 결과(이를테면 보답, 보상, 비용, 처벌) 사이에 비례의 원칙이 성립하는지 알고자 한다. 이를 위해 사람들은 보통 비슷하거나 관련 있는 사람과의 대인 비교(interpersonal comparison), 또는 자신의 이전 경험과 기대에 기반한 개인 내 비교(intrapersonal comparison)를 하게 된다.

이론상으로 만약 개인이 투자 대비 결과가 비례하지 않는다고 생각하면 심리적 스트레스가 계속된다. 이러한 스트레스로 인해 개인은 공평성을 회복하고자 동기화한다(Walster et al., 1973). 공평 이론의 중요한—하나의 이론을 귀인(attribution, 歸因), 사회적 판단, 선호 관련 이론이 아닌 사회 정의 이론으로 만드는—측면은 사람들이 투자 대비 이득이 적은 것만큼 넘치는 것(즉, 비례의 원칙에 맞지 않지만 유리한 것)도 좋아하지 않는다고 가정하는 것이다. 투자 대비 이익이 적은 것은 특히 사람들이 꺼리는 일인데, 정의와 이익에 모두 부합하지 않기 때문이다. 정서 반응을 생각해보면, 투자 대비 이익이 적은 사람들은 분노할 테고, 더 큰 사람들은 죄책감을 느낄 것이다. 짚고 넘어가야 할 점은 분노는 접근 지향적(approach oriented)이고 외부로 발산하는 정서로 저항과 연결되는 경우가 많지만, 죄책감은 그렇지 않다는 것이다. 그러므로 우리는 투자 대비 이익이 더 많은 사람보다 적은 사람이 저항에 참여할 것이라고 예측할 수 있다.

평등 이론을 뒷받침하는 근거는 많지만, (이론적으로나 경험적으로나) 몇 가지 한계점이 있다. 그중 하나는 사람들이 평등 같은 다른 분배 원리보다 공평을 선호하는지에 문화적·이념적 차이가 있다는 것이다. 또한 원래 이론에서는 사람들이 언제 (그리고 왜) 객관적 공평성을 지키기 위해 능동적으로 환경을 바꾸거나, 혹은 주관적 합리화 과정으로 들어가는지 구분하지 않는다. 사회의 조화를 유지하는 데 특히 관심 많은 사람들이 저항이라는 (객관적) 수단보다 합리화를 통해 공평성을 지각하는 (주관적) 수단을 사용한다는 증거가 있다. 이는 심리적으로 공정성을 과도하게 지각하면, 현 상태가 지속되고 사회 정의를 촉발하는 변화가 지연된다는 생각과 일치한다.

많은 학자가 공평성이 유일한 분배 정의 원리가 아님을 지적했다. 러너(Lerner, 1974)는 사람들이 정의를 다양하게 개념화할 수 있으며, 상황에 따라 다른 정의가 필요할 수 있다고 주장했다. 가족의 경우처럼 이해 당사자들이 공동의 정체성을 공유할 때는, 그런 정체성이 없을 때보다 필요에 기초하는 마르크스의 분배 원리를 따를 가능성이 훨씬 높다. 자녀들에게 (나이, 체격, 식욕과 상관없이) 성적표(즉, 능력)에 따라 저녁밥을 분배한다고 하면 부조리하거나 부당하다는 느낌을 바로 줄 것이다. 그보다 필요에 따른 분배가 훨씬 적절하게 느껴진다. 비슷하게, 밀접한 관련이 있는 집단 구성원 여럿이 이익과 부담의 분배에 평등의 원리를 적용하고자 한다면, 아마도 사람들 사이에 조화로운 관계를 유지하는 데 가치를 두기 때문일 것이다.

추정하건대 모든 정의의 원리 중 평등이 철학의 관심을 가장 많이 받았을 것이다. 평등한 권리와 대우를 법으로 보장하라는 요구는 정치 혁명, 그리고 계몽주의 시대 이후 유럽과 미국 헌법 수립의 근본적 이유였다. 우리가 살펴본 것처럼, 평등은 자유주의-사회주의 전통의 핵심이었으며, 오늘날 좌파를 규정하는 특징은 사회적·경제적·정치적 평등(또는 더 직접적으로 말하면, 불평등의 감소)을 주장하는 것이다. 버크를 포함한 이전 세대의 보수주의자들은 다양한 방식으로 평등주의에 반대했지만, 현재 대부분의 보수주의자들은 정치적 평등(이를테면 한 사람에 한 표씩 선거권 행사), 평등한 교육과 소득의 기회를 지지한다. 하지만 데릭 파핏(Derek Parfit, 1998)이 짚었듯이, 평등을 정의 원리로 채택하려면 "사람들이 평등하게 부유한지" 확인해야 한다. 다시 말해 "만약 어떤 사람들이 다른 사람들보다 가난하다면 그 자체로 나쁜 것"이라고 믿는 것이다(p. 3). 해리 프랭크퍼트(Harry Frankfurt, 2015)는 대부분의 평등주의자들이 정말로 용납하기 힘들어 하는 것은 다른 사람보다 덜 가진 사람이 있다는 게 아니라, 어떤 사람들은 기본적인 필요를 충족할 만큼도 가지지 못한다는 것이라고 주장했다. 이렇게 보면 왜 자유주의-사회주의 전통에서 사회 정의를 개념화할 때 평등과 필요의 원리를 함께 묶는 경우가 많은지를 이해할 수 있다.

보수주의자와 자유지상주의자를 비롯해 평등주의를 비판하는 사람들은, 결과의 평등을 보장하자는 주장은 너무 많이 나아간 것이라고 본다. 예를 들어, 에런 윌다브스키(Aaron Wildavsky, 1991)는 미국에서 급진적 평등주의가 학업 성취 수준을 급격히 떨어뜨렸다고 주장했다. 좌파와 우파가 이 문제로 얼마나 이념적으로 대립하고 있는지를 생각해보면, (사회적 또는 경제적 평등 같은) 특정한 사회 정의 원리에 대한 논쟁은 영원히 끝나지 않고, 그러한 원리를 적절하게 도입하는 날은 오지 않을 것만 같다. 동시에 모든 사람의 선거권, 여성의 참정권, 노예제 폐지, 소수자의 시민권 보호 등 이전의 많은 정치적 문제는 더 이상 논쟁거리가 아니다. 이제 서구 사회 대부분은 사회 정의에 무엇이 필요한지 알고 있다. 정치적 저항, 민주적 숙의처럼 시간이 걸릴 뿐이다.

여러 개인의 목표가 갈등하거나 경쟁할 때, 사람들은 가장 공정한 자원 분배를 위해 (법에 나와 있는 것과 같은) 공식적인 규칙에 기대는 경향이 있다(Lerner, 1974). 이는 체제 정당화 이론과 비슷한 관찰 결과이며, 규준으로서 기초는 법에 따르는 것이 정의의 필수 측면이라고 한 아리스토텔레스와 흡사하다. 러너와 도이치에 따르면, 사람들은 서로 의존하고, 다른 사회적 행위자와 동등하지 않다고 느끼는 상황에서 공평성을 가장 공정하다고 지각한다. 연구 결과는 이와 일관적으로, (다른 정의 규준과 비교했을 때) 공평성의 중요성에 대한 인식은 사회관계의 지각에 달려 있었다. 즉, 사람들이 스스로를 다른 사람과 관련되어 있다고 보는

지가 공평성을 중시하는지 여부를 좌우했다.

일상에서 단연 많이 활용하는 공평성 원리는 기여 원리다. 이는 개인의 공헌이나 자격, 즉 능력·노력·동기·성취에 기초해 보상하는 것이다. 이 원리를 정당화하는 논리는 본질적으로 공리주의적인 경우가 많았는데, 이는 지금까지 능력주의 체계가 생산성을 촉진하고, 그러면 사회 전체에 이득이라고 보았기 때문이다. 데이비드 밀러(David Miller, 1999)는 사회 정의에는 평등과 기여의 원리가 둘 다 필요할 것이기 때문에 공존할 길이 있을 것이라고 보았다. 예를 들어, 평등과 기여는 모두 "운에 기반한 이득의 분배와 반대된다"(p. 201). 따라서 자본주의 체계가 (최소한 일부는) 정당성을 확보하려면 결과를 운에 맡겨서는 안 된다〔즉 족벌주의, 정실(nepotism, 情實), 행운〕. 밀러는 기여 원리를 "사람들이 필수적이라고 생각하는, 예를 들어 건강 보험 같은 상품이나 서비스"(p. 200)를 분배하는 규범으로는 절대 사용해서는 안 된다고 주장했다. 이 부분에 대해서는 공정성의 주관적·객관적 개념화에서 최소한의 합의가 이루어지는 셈이다. 연구 참여자들은 유형이 다른 자원은 다른 정의 원리에 따라 분배해야 하며, 의무와 필수 자원은 기여도보다는 필요와 평등을 고려해 나누어야 한다고 느꼈다.

정의 원리와 사회 체제는 서로 독립적이지 않다. 도이치(Deutsch, 1985)의 **사회관계의 일반 법칙**(crude law of social relation)에 따르면, "어떤 사회적 관계의 과정과 결과에서 나타나는 특성은 다시 그러한 유형의 사회적 관계를 낳는 경향이 있다"(p. 69). 예를 들면, 경쟁적인 체제는 경쟁적인 행동을 낳고, 협동적인 체제는 협동적인 행동을 낳는다. 이러한 경향은 체제 정당화 관점과 일관적이다. 사회 체제가 (경쟁적이든 협동적이든) 현 상태를 바꾸기보다 강화하는 태도를 만들어낸다고 보기 때문이다.

도이치(Deutsch, 1985)는 공평성 원리를 "경제적 생산성이 최우선 목표"(p. 143)인 상황에서만 강조해야 한다고 주장했다. 공평성 원리의 부산물은 경쟁, 심지어 갈등인 경우도 많기 때문이다. 이와 대조적으로 개인의 발전, 공동체의 복지, 협동을 우선순위에 놓는 사회 체제에서 가장 건설적인 자원 분배 방법은 마르크스의 사회 이론과 마찬가지로 필요와 평등에 기반하는 것이다. 도이치는 집단이 구성원의 필요를 파악하는 데 실패하는 것은 "분명 구성원의 발전과 복지를 우선하는 집단에 해가 될 것"(p. 147)이라고 주장했다. 사회적 관계의 조화를 최대화하는 것이 목표라면, 선택해야 하는 분배 원리는 평등이다. 공평성에만 기반한 자원 분배는 좋은 사회적 관계의 뿌리가 되는 상호 신뢰를 저해한다. 보상과 처벌을 똑같이 분배해야 한다고 생각하는 경우가 많지만, 이는 (사람들이 자신의 노력과 상관없는 보상을 받기 때문에) 효율성이나 생산성의 손실로 이어진다. 이는 평등주의 원리가 협동을 증진하고, 따라서 집단 수행이 좋아지는 것과 대비된다(Deutsch, 1985).

연구 결과를 보면, 일반적으로 공평성·평등·필요의 세 가지 원리는 적용해야 할 때가 다르고, 개인차처럼 맥락과 관련된 요인의 함수로 나타난다. 하지만 분배 원리에 대한 선호가 상황에 따라 다른 것이 정의 때문인지, 아니면 자기 이익을 위한 것인지가 늘 분명한 것은 아니다. 사람들은 정의와 거리가 멀다는 이유로 어떤 분배 원리를 다른 것보다 선호하기도 한다. 사람들의 선택에는 여러 정의 원리와 자기 이익에 대한 고려가 섞여 있을 때가 많다. 그리고 사람들은 자신이 이전에 택하지 않아도 되었던 분배 원리와 그 결과에 대해 나중에 합리화하는 경향이 있다(Diekmann et al., 1997).

진보와 보수의 핵심적 이념 차이 중 하나는 그들이 평등한 결과에 가치를 두는 정도다. 그래서 정의에 대한 선호 및 판단이 정치 성향과 관련 있다는 것도 놀랍지 않다. 예를 들어, 소위 가상 사회 패러다임(hypothetical society paradigms)을 보면, 진보는 부의 평등주의적 분배와 가장 필요한 사람에 대한 보호를 더 선호하는 반면, 보수는 공평성과 효율성 및 개인의 기여도를 우선한다. 선호하는 정의에서 나타나는 이러한 차이는 우리가 살펴본 몇 세기 전 사회주의자, 자유주의자, 보수주의자들의 철학적 차이와 동일하다. 가상 사회의 능력주의가 중간 정도일 때 이념의 극화(ideological polarization)가 가장 크게 나타난다(Mitchell et al., 1993, 2003). 아마도 이는 같은 상황에서 진보주의자는 정의의 잔이 반쯤 비었다고 여기고(즉, 운의 역할이 크다고 생각하고), 보수주의자는 그 잔이 반쯤 찼다고 여기기(즉, 능력과 노력을 강조하기) 때문인 것으로 보인다.

상대적 박탈감 이론

앞에서 살펴본 접근과는 다르게, 상대적 박탈감 이론(relative deprivation theory)은 사람들이 주어진 조건에서 어떤 분배 정의 원리를 선호할지에 대한 이야기가 아니다. 그보다 주어진 상황이 정의로운지, 부정의한지를 평가하는 사회적·심리적 과정에 초점을 둔다. 핵심만 살펴보면, 이 이론은 사람들이 상대적 박탈감을 지각하면 도덕적 분노를 느끼고, 부당한 현 상태를 바꾸기 위해 집단행동에 나설 것이라는 내용이다(Davies, 1962; Gurr, 1970). 상대적 박탈감에 중심을 둔 여러 이론은 어떻게 사회 정의를 인식하거나 적용할 것인가에 대한 이론이 아니다. 이러한 이론에서는 사람들이 언제 사회 부정의를 지각하거나 혹은 지각하지 않는지를 이해하고자 한다. 사람들의 주관적 인식이 객관적으로도 옳은지에 대해서는 언급하지 않는다. 상대적 박탈감 이론의 관점에서는 사람들이 상대적 박탈감을 느끼고 행동할 때 공평성·평등·필요의 원리를 적용하는지(아니면 정의 원리를 적용하지 않는지)는 중요치 않다. 중요한 것은 그들이 주관적인 박탈감을 느끼는지 여부다.

상대적 박탈감 이론은 단순한 관찰에서 시작되었다. 미국 육군 소속 군인들에게 승진 체계에 얼마만큼 만족하는지 물었을 때, 그들의 판단은 현재 계급, 승진율, 실제 승진 가능성과 거의 관계가 없었다. 그보다 비슷한 계급의 다른 군인과 비교했을 때 자신의 위치가 판단 근거였다. 그들은 다른 군인에 비해 뒤떨어지면 박탈감을 느꼈다(Stouffer et al., 1949). 즉, 군인들의 만족감(또는 불만족감)은 체제 자체의 특성에 대한 치밀한 분석에 따른 것이 아니라, 사회적 비교에 따른 것이었다. 그렇다면 상대적 박탈감 이론의 핵심 통찰은, 공정성과 만족감(또는 반대로 불공정함과 불만족감)의 판단은 어떤 추상적이거나 절대적인 기준에 근거하지 않는다는 것이라고 할 수 있다. 오히려 그러한 판단은 자신이 처한 상황을 다른 사람의 상황과 자발적으로 비교한 결과였다. 또는 공평성 비교의 관점에서 보면, 자신의 이전 상태와 기대를 현재 상태와 비교한 결과라고도 할 수 있다.

제임스 데이비스(James Davies, 1962)는 영향력 있는 혁명 이론을 제안했다. 그는 이 이론을 통해 사회적·정치적 충돌의 가능성이 가장 높은 때는 생활 조건이 계속해서 향상하다 짧지만 고통스러운 침체기가 올 때라고 했다. 사람들의 주관적 기대는 높아져 있는데 객관적 환경이 나빠지면, 그 괴리를 견딜 수 없게 되는 것이다. 이러한 주장은 (a) 혜택받지 못한 집단(이를테면 노동 계급) 구성원이 극심한 박탈감으로 인해 "잃을 것은 사슬밖에 없다"는 것을 깨닫고 현 상태에 저항하게 된다는 마르크스의 주장, (b) "가장 강력한 억압이 조금 풀리는 순간 그 멍에에 대한 저항이 터져 나오는 경우가 많다"는 토크빌(A. Tocqueville)의 관찰을 통합하기 위한 시도다. 데이비스는 이러한 주장을 증명하기 위해 자신의 이론으로 〔1842년 미국에 일어난 도어 반란(Dorr's Rebellion), 1917년 러시아 혁명을 포함해〕 몇 가지 역사적 사건을 해석했다. 테드 거(Ted Gurr, 1970)는 이러한 논의에 기반해, 사람들의 기대와 능력 사이에 어느 정도 이상의 괴리가 있을 경우 이것이 정치적 갈등의 필수 선행 조건이 된다고 했다. 그는 여러 국가를 비교한 연구를 통해, 단기적인 경제적 어려움, (차별 같은) 장기적인 압력이 좌절감을 키워 결국은 정치적 저항의 가능성을 높인다는 것을 알아냈다.

월터 런시먼(Walter G. Runciman, 1966)이 상대적 박탈감을 자기중심적(개인적) 형태 및 형제애와 비슷한 (집단적) 형태로 구분한 것은 잘 알려져 있는데, 이러한 구분은 사회심리학 연구에서 결실을 맺었다. 예를 들어, 사회심리학 연구에 따르면, (개인 수준이 아닌) 집단 수준 분석에서 나타나는 상대적 박탈감은 편견, 외집단에 대한 적대감의 강력한 결정 요인이다. 이러한 결과의 일관성 수준을 보면, 반대의 경우(내가 속한 집단이 다른 집단에 비해 상대적으로 만족스러운 조건일 때) 적대감이 낮아지는지 질문을 던져볼 만하다. 유감스럽게도 대답은 '아니요'다. 집단이 지각하는 상대적 만족감 (또는 아마도 우월감) 또한 외집단에 대한 적대감과 관련이 있다. 혜택받는 집단이 객관적으로 혜택받지 못하는 집단 구성원을 위한 정부 개입에 대항해 행동하는 이유를, (아마도 사실이 아닌) 상대적 박탈감의 지각(그리고 이러한 지각이 일으키는 분노)을 통해 설명할 수 있을 것으로 보인다(Major et al., 2002). 꼭대기에 있는 사람들이 아래로부터의 부정의와 차별을 주장할 때, 이러한 주장이 진정 공정성을 생각해서인지, 아니면 자신들의 기득권을 유지하기 위한 전략인지 구분하는 것은 쉽지 않다. 하지만 이러한 구분은 중요하다.

혜택받지 못한 사람들이 상대적 박탈감을 지각하고 자기 집단의 지위를 개선하려고 할 때, 더 일반적으로 말하면 집단행동에 나설 때는 언제일까? 답은 놀랍지 않다. 개인적 박탈감보다 집단적 박탈감이 더 영향력이 크다. 이는 아마 집단적 박탈감 지각이 분노 같은 부정적이고 외부로 향하는 정서를 유발할 가능성이 크기 때문일 것이다. 반면 개인적 박탈감 지각은 우울, 불안같이 내부로 향하는 정서와 이어질 것이다. 대부분의 연구에서 (개인보다) 집단의 상대적 박탈감을 집단행동 참여와 연결 지었지만, 집단행동이 나타날 가능성은 개인과 집단의 상대적 박탈감을 모두 경험할 때 가장 높다는 연구도 있다.

페이 크로스비(Faye Crosby, 1976)는 다섯 가지 조건을 충족해야만 개인이 상대적 박탈감을 느낀다고 했다. (1) 다른 사람이 더 많이 가졌다는 것을 인지함, (2) 다른 사람이 가진 걸 자신도 갖길 바람, (3) 자신은 그걸 가질 자격이 있다고 느낌, (4) 그걸 실제로 가질 수 있다고 믿음, (5) 그걸 갖지 못한 것이 자기 책임이라고 생각하지 않음. 크로스비와 동료들(Crosby et al., 1986)은 설문 조사 결과를 반영해 조건을 두 가지로 줄였다. 바로 무언가를 원하고, 그걸 가질 자격이 있다고 느끼는 것이다. 연구자들은 나머지 세 조건은 상대적 박탈감을 일으키는 보다 간접적 원인이고, 그 효과는 두 직접적 원인의 영향으로 수렴된다는 가설을 세웠다. 정말로 상대적 박탈감을 느끼는 선행 조건이 무엇인지에 대해서는 알려진 바가 적다. 그러나 개인적 박탈감을 느끼는 것은 직업 생활 중단, 실업자의 스트레스 증상, 가사 분담에 대한 여성의 불만 같은 다양한 결과와 연관이 있다.

상대적 박탈감 이론가들은 보통 간접적으로 혜택받지 못한 집단 구성원이 혁명에 참여할 준비가 되어 있으며, 타인이나 그렇게 될 수도 있었던 상태와 비교해 박탈감의 정체가 뚜렷해지면 현 상태에 대항해 싸울 것이라고 가정한다. 테드 거(Ted Gurr, 1970)는 "사람들은 자신이 가진 사회적 수단 이상의 것을 빠르게 원하고, 그 수단이 부적절하다는 것이 증명되었을 때 빠르게 분노하지만, 그 한계를 받아들이는 데는 느리다"(p. 58)고 결론 내렸다. 문제는 이런 강력한 주장을 증거를 통해 뒷받침하지는 못했다는 것이다(Kinder & Sears, 1985). 한 가지 이유는 상대적 박탈감 지각이 분노, 저항 행동, 집단행동 참여의 충분한 이유가 되지 않기 때문인 것으로 보인다. 사람들이 불평등에 저항하려면 최소한 그것이 부당하다고 지각해야 하는데, 부당함의 지각은 이념을 비롯한 여러 요인과 매우 밀접한 관련이 있다. 결과적으로 현 상태에 대한 저항은 상대적 박탈감 이론에서 가정하는 것보다 훨씬 드물게 나타난다. 사람들은 자신이 가진 것 이상의 수단을 "빠르게 원한다"(p. 58)는 테드 거(Ted Gurr, 1970)의 가정과 달리, 사회심리학 연구에서는 브렌다 메이저(Brenda Major, 1994)가 말했듯이 "사회 비교에서 나타나는 편향은 부당함에 대한 인식을 가로막고, 귀인에서 나타나는 편향은 부당함을 정당화하는 경향이 있다"(p. 294). 따라서 여성이 남성에 비해 매우 적은 임금을 받으며 다양한 차별에 시달리고 있음에도 불구하고, 많은 여성은 임금과 고용 상황에 대한 불만족이나 분노를 거의 드러내지 않으며 남성과 비교했을 때 전반적 만족도가 떨어지지 않는다.

토머스 페티그루(Thomas Pettigrew, 2002)가 상대적 박탈감 이론은 "아직 완전히 개발되지 않은 이론"이지만 "다양한 수준의 분석과 연결 지을 수 있는 핵심 구성 개념"이라고 한 것은 시사하는 바가 있다. 스토퍼와 동료들(Stouffer et al., 1949)을 비롯해 존경받는 연구자들도, 어떤 조건에서 상향 사회 비교가 혜택받지 못한 사람들의 사회 변화를 위한 집단행동 참여로 이어지는지 밝혀내지 못했다(Kinder & Sears, 1985). 집단행동은 일어나야 하는 경우보다 적게 일어나며, 단순히 개인이 기대에 어긋나는 걸 지각한다고 해서 일어나지도 않는다. 그보다 집단행동은 다양하고 복잡한 사회적·심리적·정치적 변인의 역동적 상호 작용의 결과다. 우리는 이 책 전체에 걸쳐, 특히 11장에서 이 주제를 다시 다룰 것이다.

세상이 정의롭다는 믿음

인간은 누군가 자신의 노력과 투자를 알아보고 보상해줄 것이라고 철석같이 믿는다. 이게 세상이 정의롭다는 믿음(belief in a just world, BJW)의 초석이다. 멜빈 러너(Melvin Lerner, 1975)는 발달심리학 이론을 기반으로 정의 동기와 세상이 정의롭다는 믿음 이론을 만들었는데, 그의 설명은 아래와 같다.

> 아동은 (더 좋은 결과를 보장받기 위해) 자기 자신과 개인적 계약을 맺는다. 이 계약의 조건은 자신이 원하는 결과가 따라올 것이라는 가정 아래 무언가를 하거나 포기하는 것이다. 아동은 이 계약을 바탕으로 목표를 추구하고, 성인은 이 계약을 중심으로 자기의 삶을 구성한다. 이는 이런 자격의 심리학을 발달시키는 게 개인에게 이득이 되기 때문으로 보인다. 사람들은 자신이 받아 마땅한, 얻을 자격이 있는 결과를 원한다. 이런 자신의 자격, 또는 개인적 계약에 대한 관심은 정의에 대한 헌신(그리고 타인도 그들

이 받아 마땅한 것을 받고 있다는 주장)과 다양하게 연결된다. ……이러한 자격의 심리학은 필연적으로 타인의 정의에 대해 갖는 관심의 기초를 제공한다(p. 13).

러너가 보기에 사람들은 자신이 개인적 만족을 지연하고 문명화한 사회의 일원이 되면, 사회에서 혜택으로 보상을 해줄 것이라고 믿으려 한다. 이러한 개인적 계약은 자연스럽게 사람들이 얻는 결과(즉, 보상 또는 처벌)는 그들의 특성이나 그들이 한 일에 따른 것이라는 믿음으로 확장된다. 러너에 따르면 사람들은 이러한 근본적 환상을 매우 강하게 믿고 있기 때문에, (만성 질환을 앓는 아이나 희생자가 된 무고한 사람처럼) 그와 반대되는 정보에 심리적 스트레스를 느낀다. 이러한 스트레스에 대처하기 위해 사람들은 받을 만한 걸 받는 것이고 그들이 받는 건 받을 만한 것이라며, 사회적 세계가 자격의 법칙에 따라 돌아간다고 자기 자신을 설득한다. 따라서 (자신과 타인 모두를 위한) 정의를 얻고자 하는 바람(또는 동기)은 장기 목표 추구에 헌신하고자 하는 인간 욕구의 영역과 연결된다. 클라우디아 달베르트(Claudia Dalbert, 2002)는 세상이 정의롭다는 믿음은 사람들이 일상에서 마주하는 부정의한 일들에 대처할 수 있도록 도와주는 개인적 자원의 역할을 한다고 주장했다. 이는 결국 세상이 정의롭다는 믿음의 보편성과 높은 사회적 바람직성을 설명하는 데 도움을 줄 수 있다.

정의로운 세상 이론을 검증하기 위한 실증적 연구는 50년 동안 이어져왔다. 이 중에는 희생자를 폄하하거나 사람들이 불운한 일을 겪은 걸 그들의 부정적 특성 탓으로 돌리는 심리 과정을 다룬 연구가 많다. 예를 들어, 어떤 고통받는 여성의 이야기를 들었을 때, 그녀를 직접 도와 줄 수 있는 기회가 차단된 사람들은 어떻게든 그녀를 도와줄 수 있었던 참여자들에 비해 그녀의 성격을 비난하는 경우가 많았다. 이러한 유형의 연구 결과를 보면 사람들은 보통 부정의가 존재한다는 것에 위협감을 느끼고, 따라서 정의(이를테면 피해자에 대한 보상)를 보전하기 위해 동기화된다. 하지만 그렇게 할 수 없는 경우, 그들은 부정의한 사건을 부정하거나 최소화하기 위해 (합리화 같은) 정신의 곡예를 할 것이다. 도움의 기회가 막히면 사람들은 빈곤한 사람, 불운한 사람, 직업이 없는 사람, 암·폐렴·에이즈에 걸린 사람, 성폭행과 배우자의 학대 그리고 전기 충격의 희생자들에게 잘못을 돌릴 것이다. 세상이 정의롭다는 믿음을 유지하고자 하는 욕구는 심지어 자신의 불운에 대해서도 스스로를 탓하게 만든다. 반대로 이러한 욕구는 권력 있고 외모가 매력적인 사람을 포함해 운이 좋았던 사람들은 칭찬하도록 만든다.

세상이 정의롭다는 믿음에 대한 실험 연구는 주로, 자주 나타나는 희생자 비난에 초점을 맞추어왔다(Hafer & Bègue, 2005). 아마도 이는 정의에 대한 바람이 타인을 그토록 부당하게 대우하게끔 만든다는 게 너무나 모순적으로 보이기 때문일 것이다. 원래 이론의 다른 가정에 대한 실험 검증, 자세한 심리 과정과 정의 동기를 만족시킬 수 있는 다른 수단이 있는지에 대한 연구는 상대적으로 거의 이루어지지 않았다. 다행스럽게도 여기에 대한 예외도 있다. 예를 들면 우리가 7장에서 살펴볼 것처럼, 비주류 집단의 긍정적 특성과 주류 집단의 부정적 특성을 강조해 평등에 대한 환상을 만들어낸 보완적 고정 관념에 노출되는 것도, 사회가 공정하고 정의롭다는 믿음을 유지하는 데 도움이 되었다.

서구의 이념 중 개인의 자격(deservingness)보다 일반적으로 신성시하는 주제는 없을 것이다. 이는 세상이 정의롭다는 믿음, 청교도적 노동 윤리(Protestant work ethic, PWE)에 대한 믿음, 능력주의 이념, 아메리칸드림에 대한 믿음을 비롯한 많은 체제 정당화 신념 체계 형성에 기여했음이 분명하다. 사람들은 사회적 분배(이를테면 부와 가난)가 개인이 받아 마땅한 대로 이루어진다고 보기 때문에, 현재의 사회·경제·정치 체제가 공정하고 정의롭다고 느낄 가능성이 아주 높다. 사람들은 개인적으로 통제할 수 있다고 보는 특성으로 인해 낙인찍힌 사람, 예를 들면 비만인 사람을 차별하는 것은 더 정당해진다고 여긴다.

사회심리학자들은 자격 있다는 생각이 귀인, 고정 관념과 편견, 차별 지각, 정치 이념, 사회 체제 정당성 평가에 어떻게 영향을 미치는지 이해하기 위해 많은 관심을 기울여왔다. 연구 결과 사람들은 개인적 원인과 자격을 지각하면, 어느 정도는 높든 낮든 대상자의 지위에 대해 더 이해할 만하다는 태도를 취하는 것으로 나타났다. 세상이 정의롭다는 믿음과, 자격을 강조하는 체제 정당화 이념에 대한 지지는 아프리카계 미국인, 비만인 사람을 비롯해 낙인찍힌 집단에 대한 높은 편견과 관련이 있다(이를테면 Crandall, 1994, 1995; Quinn & Crocker, 1999). 정치적 보수주의는 개인의 자격과 책임에 비중을 크게 두는 경우가 많은데, 보수주의 또한 아프리카계 미국인을 포함한 사회의 비주류에 대한 평가 절하를 은연중에, 혹은 공공연하게 드러낸다. 여기에 대해서는 5장에서 더 자세히 논의할 것이다.

상대적 박탈감과 사회 비교 과정 연구를 포함해 많은 연구에서 사람들이 사회 정의와 관련해 자격을 어떻게 지각하는지 탐색했다. 그중 하나가 비주류, 또는 지위 낮은 집단 구성원(이를테면 여성)이 자신은 자격이 없음을 지각하고, 다른 사람보다 적게 받는 것에 만족하게끔 만드는 조건에 대한 연구였다(Major, 1994). 다양한 이념의 신념 체계, 특히 능력주의와 자격에 대한 신념을 강화하는 체계를 지지하는 것은 지위 낮은 집단 구성원이 자신들의 상황을 정당하다고 여기는 경향과 연관이 있다. 예를 들어, 세상이 정의롭다는 믿음 척도 점수가 높은 여성은 직업과 관련된 불만족을 보고하는 확률이 낮고, 지위의 위계에 편입하는 것이 가능하다고 믿는 소수 민족 구성원은 부정적 결과가 차별이나 불공정함 때문이라고 볼 확률이 낮았다. 다른 연구에서는, 지위 낮은 집단 구성원에게 능력주의 관련 이상을 점화시키자, 지위 높은 집단 구성원의 불공정한 처사가 차별로 인한 것이라고 간주하는 확률이 낮아졌다(McCoy & Major, 2007).

절차의 정의, 상호 작용의 정의, 응보의 정의, 회복의 정의

사회 정의와 분배 정의라는 용어는 서로 대신해 쓸 때가 많지만, 철학자와 사회과학자들은 정의가 비단 자원의 분배만이 아닌 결정을 내리는 절차의 문제이기도 하다는 것을 알고 있다. 현대 사회심리학 연구에서 정의에 대한 평가가 분배의 결과 못지않게 절차의 공정성에 대한 지각에도 달려 있다는 것이 드러났다(Tyler, 2006). 이 분야의 연구는 공정한(그리고 불공정한) 대우에 대한 주관적 지각에 초점을 맞추지만, 연구자들은 이제 사회 구조를 비롯해 이러한 지각의 선행 결정 요인을 탐색함으로써, 사회 정의를 규범화하는 객관적 환경을 밝히는 방향으로 나아가고 있다. 또는 반대로 생각해볼 수도 있다. 다시 말해, 만약 사람들이 어떤 처우에 대해 일관적으로, 그리고 강하게 정말 부정의하다고 느낀다면, 우리는 그런 처우가 정말로 부정의한 것은 아닌지를 생각해보아야 한다. 다양한 상황을 고려했을 때, 사람들이 절차의 정의에서 우선시하는 규범은 일관성(consistency), 정확성(accuracy), 도덕성(ethicality)이다.

프랑케나(Frankena, 1962)는 "사회는 단순히 법이나 조건으로 구성되지 않는다. 사회에는 그보다 비공식적인 측면, 즉 문화적 제도, 관습, 도덕적 규칙과 도덕적 제약으로 구성된 측면이 있다"고 했다. 따라서 그는 "사회가 완전히 정의로워지려면, 공식적 측면뿐만 아니라 비공식적 측면에서도 정의로워야 한다"고 주장했다(p. 2). 만약 이 주장이 옳다면, 사회 부정의는 정치인, 판사, 경찰, 사장, 교사와 같이 제도를 통해 권위를 부여받은 인물들의 부당한 처신의 결과일 뿐만 아니라, 시민들이 서로를 어떻게 대우하는지로 인한 것이기도 하다. 평범한 시민들의 편견·차별·권위주의는 비민주적이고, 근본적으로는 부정의한 사회를 만드는 길이다. 레빈은 이것을 파시스트 사회의 특성이라고 했다. 수년에 걸쳐 상호 작용의 정의에 대한 몇 가지 모형이 도출되었다. 이 중 소수만이 파시즘과 관련된 것과 같은 극단적 행동이나 환경을 다루고 있지만, 상호 작용의 정의 모형은 분배 및 절차의 정의 모형보다 사회 정의의 폭넓은 개념화와 분명하게 관련이 있다.

사람들은 단지 공정한 절차만을 원하는 것이 아니다. 훨씬 넓은 의미에서의 공정한 대우를 원한다. 그런데 서로를 공정하게 대우한다는 것은 무엇일까? 초기 접근에서는 사회적 상호 작용의 네 가지 측면, 즉 존중(respect), 진실함(truthfulness), 합당함(justification: 결정에 대해 시의적절한 설명을 해주는 것), 적절함(propriety: 민감성, 적합성, 그리고 편견 있는 대우를 하지 않는 것)을 강조했다. 나중에 학자들은 품위(dignity), 피드백, 타인의 관점을 고려하는 것과 같은 후보를 몇 가지 더했다. 어떤 학자들은 상호 작용의 정의가 두 가지 구성 개념으로 이루어졌다고 보았다. 첫 번째로 정보의 정의(informational justice)는 진실함, 합당함과 같이 소통 관련 측면을 강조하는 것이고, 두 번째로 관계의 정의(interpersonal justice)는 존중과 적절함을 토대로 민감성 있는 대우를 보장하는 것이다. 이상적인 경우 완전한 사회 정의는 상호 작용의 이러한 모든 측면을 포함할 것이다.

명백하게 부정의한 행동에 대해서는 개인, 집단, 사회가 처벌을 하는 경우가 많다. 부정의한 행동을 한 사람을 체포해 유죄를 선고하면, 그는 수감되거나 벌금을 내는 등 잘못된 행동에 대한 대가를 받는다. 보통 대중은 이러한 처벌 형식을 합리적이고 정당한 사법 체계의 초석이라고 본다. 하지만 이러한 처벌 체제가 어떻게 정당화, 보다 정확하게는 합리화되어 합당한 것으로 여겨지는 것일까? 이 질문을 가장 직접적으로 탐구한 것은 응보의 정의 연구자들로, 이들은 "사람들이 도덕적으로 옳지 않다는 것을 알면서도, 직간접적으로 남에게 피해를 주는 행동을 한 사람들을 어떻게 처벌하는지"(Carlsmith & Darley, 2008, p. 194)에 관심을 가졌다.

처벌에 대한 정당화는 크게 두 가지로 나뉘는데, 둘 다 도덕철학자들의 유명한 저술에서 나왔다. 제러미 벤담은 처벌이 정당화되려면 공리주의적인 목적에 부합해야 한다고 주장했다. 즉, 사회 전체에 이득이 되어야 하며, 사회를 보다 낫게 혹은 행복하게 만들어야 한다는 것이다. 어떻게 처벌이 사회에 이득이 될 수 있을까? 아마 처벌에 대한 두려움이나 그 집행이 미래의 부정의한 행동을 예방하거나 감소시키는 방식일 것이다. 부정의한 행동을 줄여 사회에 이득을 주는 방법으로는 특수 예방(specific detterence: 부정의한 행동을 한 사람이 미래에 다시 그러한 행동을 못하도록 막기 위해 효과적인 처벌을 가함), 무력화(incapacitation: 수감 같은 방법을 통해 일시적 또는 영구적으로 가해자가 다른 부정의한 행동을 하지 못하게 함), 일반 예방(general deterrence: 부정의한 행동을 한 사람을 처벌함으로써 다른 사람들이 그런 행동을 하지 않도록 막음)이 있다.

두 번째로, 칸트는 처벌의 정의를 아주 다르게 내렸다. 그는 사람들이 처벌받을 만한 부도덕한 행동을 했을 때 처벌이 정당해진다고 주장했다. 말하자면, 처벌이 저울의 균형을 잡는 것이다. 이러한 **응보**(just deserts)의 관점에서는 가해자의 죄가 클수록 처벌도 가혹해야 정의를 보존할 수 있다. 칸트의 말처럼 "모든 범죄에 대한 처벌은 그 심각성에 맞게 선고해야 한다". 앞의 공리주의 접근과 달리 여기서 처벌의 목적은 가해자에게 가해 정도에 상응하는 피해를 주는 것이다. 사회 전체의 이득(또는 손해)과는 상관이 없다.

연구자들은 처벌을 지지하게 되는 동기로 칸트의 응보 관점보다 공리주의적인 예방 관련 관점을 지목했다. 연구를 통해 하나의 결론이 명확해졌다. 사람들은 처벌을 결정할 때 특수 예방인지 일반 예방인지보다, 범죄의 심각성과 도덕에 미치는 영향에 훨씬 관심이 많았다. 보복하고자 하는 욕구는 부정의한 행동의 부도덕성 지각과 그에 따르는 도덕적 분노가 동기화했다. 사람들은 처벌을 정할 때 도덕과 관련된 정보를 적극적으로 탐색한다. 가해의 도덕적 책임 및 심각성이 처벌을 제안할 때 그 가혹성에 영향을 미쳤으며, 도덕적 분노가 가해의 심각성과 처벌 제안 사이의 관계를 매개했다(Carlsmith & Darley, 2008).

칸트의 관점과 주로 관련 있는, 처벌에 대한 태도의 객관적 결정 요인과 (공리주의 관점 쪽에 가까운) 사람들이 처벌을 지지하는 이유를 설명할 때 대는 주관적 이유 사이에서 흥미로운 대조를 엿볼 수 있다. 예를 들어, 외국에 있는 미국 군대의 포로 수용소에서 고문을 허용할 것인가에 대한 논쟁을 보자. 고문에 찬성하는 사람들은 그 이유로 미래의 가해를 막는 데 고문이 도움이 되기 때문이라고 말하지만, 실험에서 나온 증거에 따르면 가혹한 심문 전략의 예측 요인은 심문자가 지각한 대상의 도덕적 지위였고, 심문 과정의 효과성에 대한 정보가 아니었다(이를테면 Janoff-Bulman, 2007).

체제 정당화 동기 또한 고문에 대한 대중의 지지에 일정한 역할을 한다. 미국 시민이 고문을 현 사회 상태의 일부로 볼 때, 즉 미국 군대가 수십 년 동안 고문을 활용해왔다고 했을 때, 고문을 허용하고 정당화할 수 있다고 보는 비율이 높았다(Crandall et al., 2009). 정치적 보수주의자들은 진보주의자들에 비해, 시민권 침해와 환경법 위반을 제외한 광범위한 범죄 행위에 훨씬 엄격한 선고를 지지한다(Rossi & Berk, 1997). 이 연구에 따르면 사람들은 실제로 (의식적이든 무의식적이든) 매우 공격적인 형태의 처벌(이를테면 고문, 투옥, 사형)에 동기화될 가능성이 있다. 이는 정의와 관련된 이유(이를테면 공정함과 합당함에 대한 직관)에서일 수도 있지만, 정의와 관련되지 않은 복수심, 권위주의, 사회적 지배, 인종에 대한 편견 같은 이유에서일 수도 있다. 이러한 까닭에 가혹한 처벌을 지지하지만 사후 합리화로서 완전히 다른 일련의 정의와 관련된 이유(이를테면 공리주의, 범죄 예방)를 지지할 수 있다는 것은 걱정스러운 일이다.

응보의 정의 동기에 대한 훨씬 낙관적인 이미지는, 집단이나 공동체의 가치 또는 기준을 재확인하고자 하는 바람을 강조하는 이론적 모형에서 찾아볼 수 있다. 핵심적인 생각은 부정의한 행동이 사회적으로 합의한 정의와 도덕이 있다는 가정을 위협하고, 처벌은 공유하는 가치를 재확인하는 효과적인 방법이라는 것이다. 이렇게 보면 처벌은 집단의 가치를 전달함으로써, 집단 구성원이 집단의 가치에 대한 외부의 도전에 맞닥뜨렸을 때 손상될 수 있는 사회 정체성의 느낌을 재정립하는 데 도움을 준다. 그러나 만일 처벌에서 우선하는 목표가 사회적 가치와 집단 규준에 대한 합의를 재확인하는 것이라면, 전통적 형태의 처벌에 대해 친사회적인 대안을 제안하는 **회복의 정의**가 목적에 더 잘 맞는 선택지일 수 있다.

회복의 정의에 따른 선고를 할 때는 다양한 집단에게 느낌을 표현하고, 피해에 대한 합의를 이루며, 정의가 회복되었음을 느끼기 위해 어떻게 해야 할지를 함께 결정하도록 장려한다. 이러한 정책의 목표는 열린 논의, 합의, 용서를 통해 치유와 정의를 촉진하는 것이다. 단순한 처벌보다(처벌도 회복의 정의에 따른 결과에서 일부일 수 있으나, 필수적인 것으로 보지는 않는다) 합의하에 가해자가 정의 회복에 직접 관련된 활동(이를테면 지역사회 봉사)에 참여하도록 하는 경우가 많다. 사례에 맞게 적용하는 경우, 이러한 과정은 피해자와 지역 사회 구성원이 정의가 회복되었다고 느끼는 것, 가해자를 지역 사회에 재통합시켜 미래에 그 규칙을 보다 존중하게끔 하는 것에 한층 도움이 될 것으로 보인다. 잘 알려진 예시로 남아프리카공화국에서 아파르트헤이트 이후 꾸린 '진실과 화해 위원회(Truth and Reconciliation Commission)'가 있다.

회복의 목적과 그 방법이 진정 정의라는 명분에 부합하는지에 대한 의문은 중요하다. 케이프하트와 밀로바노비치(Capehart & Milovanovic, 2007)는 이렇게 설명했다.

> 분명한 질문은 "무엇으로 돌아갈 것인가?"이다. 예를 들어, 만약 공동체 조직의 어떤 구조나 형태가 자기 발전 및 실현을 가로막는다면, 사회 변화를 주장하는 이론가들은 단순히 사회적 관계를 예전 상태로 되돌리는 것은 억압적인 관습을 유지하는 데 기여하는 것이라고 주장할 터이다(p. 61).

이 문제는 회복의 정의 연구에 국한되지 않는다. 언제나 큰 그림을 염두에 두어야 한다. (분배, 절차, 상호 작용, 응보, 회복의 정의의 이름으로) 어떤 원리나 기제를 도입해 실제 사회 체제를 만들거나 강화하는 과정 전체가 정의다. 사회과학 이론은 객관성을 이유로 이러한 문제를 피해가는 경우가 너무나 많다. 하지만 사실 이는 현상 유지에 힘을 보태는 것이다.

사회 정의 실현의 난관

권위주의와 사회적 지배

아도르노와 동료들(Adorno et al., 1950)은 한 가지 성격 증후군이 사회 정의뿐만 아니라 민주주의 자체에도 위협을 준다고 보았다. 바로 권위주의적 성격(authoritarian personality)이다. 그들은 다른 여러 동인 중 특히 경제적 어려움, 가혹한 양육 방식으로 인해 파시스트〔또는 파시스트 원형(protofascist)〕 경향을 발달시키는 사람들(나치 독일 같은 특정한 조건에서는 대다수 사람들)이 있다고 주장했다. 파국적 결과로 이어지는 경우 인구의 일정 비율 이상이 완고하고 편견에 치우친 사고방식에 경도되고 타인, 특히 반항적이거나 편리한 희생양이라고 여기는 사람들에 대해 극단적 편견과 불관용을 보인다. 후속 연구 결과, 환경이 심하게 위협적이면 전체 인구 집단에서 권위주의가 높아지는 것으로 나타났다.

밥 알테마이어(Bob Altemeyer, 1981)는 고전 권위주의 이론에 더해, 권위주의적 성격의 세 가지 주요 특성, 즉 (1) "정당하게 인정받는다고 여기는 권위자에게 순응하는 경향이 강한 것", (2) "권위자들이 인정한다고 여기는, 다양한 사람들에 대한 전반적인 공격성", (3) "사회에서 인정한다고 간주하는 관습에 순응하는 성향이 강한 것"(p. 148)을 강조했다. 우익 권위주의 척도 점수는 경험적 연구에서 인종 관련 편견, 성차별주의, 동성애에 대한 공포, 피해자 비난, 비순응적인 사람들에 대한 처벌, 가혹한 사법적 처벌을 지지하며, 시민의 권리와 자유의 제한, 도·감청, 경찰의 불법 침입, 정치적 핍박이나 협박 같은 정부의 불법 행위에 대한 용인 등 폭넓은 태도 및 행동과 관련이 있는 것으로 나타났다. 권위주의는 (성격이나 기질 같은) 개인차가 매우 크게 나타나는 변인으로, 사회 정의에 대한 매우 낮은 관심을 예측한다.

제임스 시다니어스와 펠리시아 프라토(James Sidanius & Felicia Pratto, 2001)가 개념화하고 측정한 사회적 지배 지향성(social dominance orientation, SDO)도 마찬가지다. 이 구성 개념은 "특정 사회 집단이 다른 집단을 지배하는 것을 일반적으로 지지하는 정도"의 개인차를 알아보기 위한 것으로, "인종, 성별, 종교, 사회 계급, 지역, 피부색, 친족, 카스트, 혈통, 부족, 최소 집단 등 인간이 생각해낼 수 있는 모든 집단 구분"에 기반한다(p. 61). 사회적 지배에 대한 지지는 두 가지 하위 요인으로 구분할 수 있는데, 첫 번째는 집단 기반 지배(group-based dominance), 두 번째는 일반적 평등 반대(generalized opposition to equality)이다(Jost & Thompson, 2000; Kugler et al., 2014). 이 두 가지 모두 사회 정의 실현에 장애물이 될 수 있다. 통계 모형에서 합산한 연구 참여자의 우익 권위주의, 즉 RWA와 SDO 척도 점수는 편견과 자민족중심주의의 변량(variation)에서 절반 이상을 설명했다(Altemeyer, 1998).

하지만 내집단이 우월하고 사회에 위계가 있었으면 하는 바람으로 움직이는 것이 정말 그렇게 **부정의**한 일일까? 사회적 지배가 사회 정의에 보이지 않는 위협이 되는 이유를 가장 간명하고 설득력 있게 설명한 사람은 아마도 마이클 왈저(Michael Walzer, 1983)일 것이다. 그는 아래와 같이 관찰했다.

> 우월성과 지배에 대한 비판은 열린 분배 원리를 가리킨다. **사회적 자원 x를 다른 자원 y를 가지고 있는 사람들에게, y를 소유했다는 이유만으로 x의 의미를 고려하지 않고 분배해서는 안 된다.** 이는 아마 지배 집단이었던 모든 y에 대해 계속해서 반복되는 원리일 것이다. 그렇지만 이를 일반적인 용어로 정의한 경우는 많지 않다(p. 20).

왈저에 따르면, 지배 집단이나 하위 집단에 속한 것과 같은 어떤(아마도 상관없는) 특성 때문에 이익이나 부담을 불공평하게 나눠 받는 것은 개개인에게 부정의하다. 이는 공평 및 기여의 원리와 같은 기본적인 합당함의 관념에 어긋난다. 제인 맨스브리지(Jane Mansbridge, 2005)는 이러한 관념을 "공식적 정의의 논리"라고 했다. 즉, "불평등한 대우와 관련해 합당한 이유가 없는 한 모두를 평등하게 대하라"는 것이다(p. 337). 시다니어스와 프라토(Sidanius & Pratto, 2001)는 우리의 사회 체제(그리고 물론 넓게 보면 전 세계)에서 일부 사람들이 "정치적 권위와 권력, 양질의 풍부한 식량, 멋진 집, 최상의 의료와 부, 높은 사회적 지위" 같은 "긍정적인 사회적 가치의 상당 부분"을 가지는 반면, 다른 사람들은 "낮은 권력과 사회적 지위, 위험은 높고 지위는 낮은 직업, 상대적으로 나쁜 의료, 좋지 못한 음식, 간소하거나 형편없는 집, 심각한 부정적 제약(이를테면 투옥, 사형 선고) 같은 부정적인 사회적 가치의 상당 부분을 소유한다"는 것은 비난까지는 아니더라도 유감스러운 사실이라고 지적했다(pp. 31~32).

체제 정당화: 진통제로 기능하는 이념

서양 문명사를 통틀어 아리스토텔레스보다 명민한 정의 이론가, 또는 윤리적 행동의 권위자를 찾기는 어려울 것이다. 그러나 그의 신념 체계의 어떤 측면은 현대 독자에게는 이상하고 분명 잘못되었으며, 심지어 부도덕할 수도 있다. 아마 가장 명확한 예시는 그의 동료인 아테네 시민 대다수가 따랐던 노예제에 대한 그의 열정적인 변호일 것이다(이를테면 Lippmann, 1922, pp. 96~98 참조). 어떻게 그처럼 뛰어난 도덕적 정신이 야만적이고 착취적인 노예제 같은 관습이 필요할 뿐만 아니라 정의롭다고까지 할 수 있을까? 고대 그리스에서 노예제에 대해 도덕을 이유로 반대한 사람이 전혀 없었던 것은 아니다. 아리스토텔레스와 동시대(혹은 그 이전)에 살았던 몇몇 철학자가 노예제를 비판했으나, 아리스토텔레스는 그러한 비판을 거부하거나 반대했다. 해답은 체제 정당화와 깊은 관계가 있는 것으로 보인다. 리처드 크라우트(Richard Kraut, 2002)는 이렇게 썼다.

> 아리스토텔레스가 노예제의 정당성을 믿었던 이유 중 일부는 그것이 그에게 편리했기 때문이라는 데 의심의 여지가 없다. 만약 그가 반대 결론에 이르렀다면, 그가 큰 가치를 두었던 (그러나 또한 강하게 비판하기도 했던) 그리스 정치 제도가 정당하게 얻거나 쓸 수 없는 자원에 기초한다고 그리스 시민에게 말해야만 했을 것이다. 급진적인 생각과 사회적 관습에 대한 혁명을 회피하고자 하는 너무나 인간적인 경향이 여기서 모종의 역할을 하고 있다. 하지만 …… 아리스토텔레스가 노예제는 정당하다는 진정한 신념에 도달하기 위해서는, 어떤 면에서 그를 둘러싼 사회가 그 가설을 지지해야

만 했다(p. 279).

아리스토텔레스는 여러 가지 사회·인지·동기 관련 요인으로 인해 어떤 사람들은 아이처럼 무력하게 타고난 노예인 반면, 다른 사람들은 이성의 덕을 갖춘 타고난 주인이라는 결론에 도달한 것으로 보인다. 그래서 노예제를 통해 노예와 주인이 모두 혜택을 받는다고 주장했다. 이러한 믿음 덕분에 아리스토텔레스와 그의 동료 아테네 시민은 만약 그들이 다르게 생각했다면 느꼈을 수도 있는 죄책감, 인지의 부조화, 부정 정서를 합리화하고 자신들의 사회를 더 훌륭하게 생각할 수 있었다. 더 나쁜 점은 아리스토텔레스 철학의 명성 때문에 그의 주장이 16세기 에스파냐에서 부활해, 그들이 발견한 신대륙 원주민을 노예로 만드는 걸 정당화하는 데 이용되었다는 것이다.

만약 아리스토텔레스마저 그가 사랑하는 자신의 사회 체제에 내재한 부정의를 변호하려 한 것이라면, 몇 가지 사회 문제에 대해서만이라도 비슷한 운명을 피하기 위해 우리는 무엇을 할 수 있을까? 체제 정당화 이론에 따르면, 우리 모두는 (정도는 다르지만 기질, 상황 관련 요인 둘 모두에서) 우리의 사회·경제·정치 제도의 도덕적 실패를 비롯한 여러 오점을 합리화하고, 현상에 대한 대안을 비판하는 데 동기화되어 있다. 그리하여 미국인 대부분이 평등주의적 이상을 지지하며 사회에 근본적인 소득 불평등이 있음을 인지하고 있음에도 불구하고, 설문 조사 결과에 따르면 미국 응답자 대다수는 경제 체제가 공정하고 정당하다고 여긴다. 사회 정의 측면에서 볼 때, 2017년 정책연구소(Institute for Policy Studies) 보고서에 따르면 〈포브스(Forbes)〉에서 선정한, 미국에서 최고로 부유한 백만장자 400명이 인구 하위 64퍼센트(2억 400만 명)의 부를 합친 것보다 더 많은 부를 차지하고 있다는 사실을 상기해볼 만하다. 이 정도 수준의 경제적 불평등을 정당화할 수 있는 정의 원리(이를테면 공평, 평등, 필요)를 찾는 것은 불가능하지 않다고 해도 어려울 것이다. 사실 이 정도의 불평등은 개개인이 그걸 공정하다고 믿어서가 아니라, 시민 대부분이 (마음속으로든 드러내놓고든) 정당하다고 인정하는 자본주의 체제에서 작동하는 시장의 힘 때문에 나타나는 것이다(Bénabou, 2008).

그러나 체제를 정당화하고자 하는 태도는 사회를 보호하려는 **도덕적** 동기를 반영하며, "체제 정당화의 이점은 단지 진통제 같은 기능뿐만 아니라, 의미를 부여하는 것도 있으며 인간의 성장에 중요할 수 있다" (Haidt & Graham, 2009, p. 391)는 주장도 제기되었다. 체제 정당화가 사회의 안정성에 기여하고 개인, 어떤 사회 집단, 그리고 아마도 전체 사회에 사회적·심리적 이득을 줄 것이라는 점을 내세우지 않더라도, 그 자체로는 도덕적이지도 비도덕적이지도 않다는 걸 염두에 두는 것이 중요하다. 분명 사람들은 체제 정당화로 인해 진실로 정당한 제도와 관습을 누리고 옹호할 수 있다. 다만 우리가 이 책을 통해 살펴볼 것처럼, (아리스토텔레스가 그랬듯) 체제 정당화로 인해 규범적으로 보았을 때 없어져야 마땅한 관습·전통·제도 등의 사회 체제 구성 요소를 맹신하게 될 수도 있기 때문에, 이는 사회 정의 실현의 장애물이 될 때도 많다.

결론

우리는 모든 사회 및 행동 과학 분야를 통틀어 사회 정의만큼 경험적 연구가 어렵고 중요한 주제는 없다는 가정으로 이 장을 시작했다. 존

스튜어트 밀(John Stuart Mill, 2910)은 비록 그의 가장 강력한 철학적 적수들을 만족시킬 만한 해결책을 내놓지는 못했지만, 언제나처럼 문제를 명확하게 진단했다.

> 여러 국가, 여러 개인의 정의 개념이 다를 뿐만 아니라, 한 사람의 마음속에서도 정의는 단지 하나의 규칙이나 원리가 아니고 다양하다. 그리고 이는 그들이 말하는 것과 언제나 같지는 않다……(p. 51).

우리는 정의에 대한 논의를 포기하지 않고도 이 중요한 논점을 받아들일 수 있다. 사회과학자들을 매혹시키는 많은 주제(예를 들면 동기, 자기 통제, 사회적 영향, 합리성, 행복, 문화, 정치심리학 같은)에는 하나의 결정 요인이나 관련 문제에 대한 간단한 해결책이 없다. 이런 다양한 현상은 결정의 복잡함, 주관적 양가감정, 개인의 내부와 외부에서 서로 갈등하는 여러 힘 때문에 생기는 긴장으로 인해 파악하는 데 어려움이 많다. 사회 정의를 연구할 때는 다른 중대한 주제에 대해 연구할 때와 마찬가지로 한 가지가 아닌 여러 가지 답을 찾아야 한다(Walzer, 1983). 다시 말해, 가장 설득력 있는 규범적 사회 정의 이론은, 공리주의적이고 도덕 의무론적 접근의 여러 요소, 그리고 (공평, 평등, 필요, 기여, 자유 같은) 상충하는 다양한 정의 원리를 맥락 관련 변인과 각각의 유관성(contingency) 함수로 구성해 체계적인 구조 속에 잘 조화시키는 것이다.

사회 정의 규범에 대한 질문은 철학자와 변호사를 비롯해 비경험적인 분야 전문가들에게만 맡기기에는 너무 중요하다. 이는 관련 있는 사람들과 과학적 자료(데이터)를 공유하지 않는 것과 마찬가지다. 경험주의자들이 사실과 가치의 철 지난 이분법에 매달리는 것은 흔한 일이지만 도움이 되지 않는다. 실상 이는 언어 및 과학 철학에서 논리실증주의자(logical positivist)들이 남긴 가장 불행한 유산 중 하나다. 경험적 연구는 (인간 행동의 원인에 대한 잘못된 가정, 고정 관념, 그릇된 해석을 포함해) 널리 퍼진 오해를 바로잡는 데서 해야 할 역할이 있다. 그것은 사회 정의와 도덕 문제에 대한 대중 담론에 새로운 정보를 제공하고 그 수준을 끌어올리는 것이다(Blasi & Jost, 2006). 세월의 흐름과 함께 과학 연구의 결과를 통해 자유 의지와 책임감 등의 문화적 정의가 바뀌어왔으며, 이러한 변화는 결국 법의 변화로 나타난다. 오언 플래너건(Owen Flanagan, 1991)과 콰메 앤서니 아피아(Kwame Anthony Appiah, 2008) 같은 철학자들은 인간 심리학과 일관적인 규범적 정의 이론을 발전시키고자 했다. 법조계에서도 시민 대부분이 따를 수 있는, 심리학의 관점으로 보았을 때 현실적인 법을 만드는 데 관심을 가져왔다.

하지만 사회과학자들은 무엇이 정말 정의로운 것인지 결정할 수 없고, 사람들이 무엇을 정의롭다고 생각하는지에 대해 순수하게 기술적이거나 주관적인 접근을 취하는 데만 노력을 기울여야 한다고 할 때가 많다. 샘슨(E. E. Sampson, 1983)이 "축약형 객관주의(truncated subjectivism)" (p. 146)라고 부른 이러한 접근은 학자로서의 신중함으로 보면 이해할 수 있지만, 사회과학이 해야 할 일을 생각해보면 지나친 겸손으로 보인다. 우리는 콰인〔Quain: 영향력 있는 미국 철학자 윌러드 밴 오먼 콰인(Willard Van Orman Quine)—옮긴이〕 이후 철학(그리고 심지어 형이상학)에서 다루던 인식론과 관련해, 합리성의 규범적 이론을 재정립하는 데 인지심리학자를 포함한 과학자들이 크게 기여했음을 쉽게 떠올릴 수 있다. 최근 철학자들은 아리스토텔레스를 비롯해 다른 규범적 (그리고 기술적) 윤리, 덕, 도덕적 성격 이론 평가에 사회성격심리학 연구 결과를 적용하고 있다. 도덕철학과 법학의 오랜 단골 주제였던 정의와 부정의의 규범적 개념화에 사회과학 연구가 유용하지 않다고 추정할 이유는 없다.

이는 우리가 이 장을 시작할 때의 거대한 포부로 되돌아간다. 쿠르트 레빈(Kurt Lewin, 1948)은 과학과 사회 정의의 목표가 사실은 높은 확률로 공존 가능하다고 주장했다.

> 이성을 믿는다는 것은 민주주의를 믿는 것이다. 민주주의는 합리성과 함께 평등을 보증하기 때문이다. 그러므로 미국과 프랑스에서 혁명이 일어난 뒤 '이성'의 여신이 현대 사회의 왕좌를 차지했다는 것은 우연이 아니다. 그리고 여러 국가에서 나타난 현대 파시즘의 모든 첫 번째 움직임이 이 여신의 왕좌를 빼앗고, 대신 정서와 복종을 유치원에서 죽음까지 그리고 교육과 삶 전체를 지배하는 원리로 만들었다는 점 또한 우연이 아니다.
>
> 나는 실험과 경험적 이론의 조화에 기초한 과학적인 사회학과 사회심리학이 인류 발전에 자연과학만큼, 어쩌면 그보다 더 많이 기여할 수 있다고 생각한다. 하지만 그러한 현실적이고 신비주의와 관련 없는 사회과학의 발전, 그리고 그 학문을 유익하게 적용할 수 있는 가능성을 위해서는 먼저 사회가 이성을 믿어야 한다(p. 83).

그러므로 레빈은 사회 정의를 위해, 나아가 사회 개선을 위해 사회과학을 활용하는 걸 변명하지 않았다고 할 수 있다. (누군가는 이러한 행동이 영웅적이라고 했다.) 이 장에서 살펴본 증거에 따르면, 이 야심적인 목표와 관련해 주목할 만한 발전이 있었다. 동시에 사회심리학 이론과 경험적 연구 결과가 (철학, 법, 역사, 문화인류학, 사회학, 경제학, 조직 행동, 정치과학 등에서 나온 통찰과 결합해) 가장 높은 수준의 사회 정의를 이루는 데 대체 불가능하고 필수 불가결한 통찰로 이어질 수 있다는 데 대한 의심도 여전히 있을 것이다. 우리는 레빈의 뒤를 이어 그렇게 될 수 있다고 낙관적으로 가정할 것이다. 다음 장에서는 (레빈과 다른 많은 사람에게서 영감을 받은) 체제 정당화 이론이 어떻게 여기에 기여할 수 있는지 자세히 설명할 것이다.

03

체제 정당화 이론의 선행 연구, 주요 가정, 그리고 실제 적용의 가능성

대다수 사람들은 놀랍도록 다양한 관계망, 집단, 사회 체제에 참여하고 있다. 혼자 있을 때라도 우리의 생각·느낌·행동은 사회의 규준, 기대, 그리고 이것들을 연결하는 많은 매듭을 반영한다. 하지만 이러한 관계 속에 불평등, 착취, 사회 부정의의 요소가 있다면 어떻게 해야 할까? (전면적인 반항 아니면) 저항이 이런 상황에 대한 가장 분명하고 적절한 반응인 것 같지만, 이는 우리가 2장에서 살펴보았듯 대부분의 사람들이 기대하는 것보다 훨씬 적게 나타난다. 사회 체제를 집단 이익에 좀더 부합하는 방향으로 개혁하려는 시위, 집단행동 같은 납득 가능한 시도는 (20세기에 걸쳐) 철학과 사회과학에서 많이 연구했지만 잘 이해하지 못한 주제였다. 우리가 이 장에서 살펴볼 것처럼 다양한 이론적 전통의 학자들이 혜택받지 못하는 비주류 집단을 포함한 사람들은 사회 질서에 마지못해 순응함으로써 자신들의 객관적 이익을 침해당한다고 결론지었다.

그러나 현 상태에서 혜택받지 못하는 사람들의 순응을 적절하게 설명하거나, 사고와 행동(또는 행동하지 않는 것)을 통합한 분석과 연결시킨 적은 없었다. 주류 이념에 대한 수동적 수용에 간단하게 귀인한 적도 없지 않았다. 연구자들은 거의 예외 없이 (최상층뿐만 아니라) 개인 대다수가 사회 체제의 정당성을 옹호할 심리적 이유 또는 동기가 있을 가능성을 지적하는 데 실패했다.

이것이 바로 체제 정당화 이론에서 제안하는 바이다. 즉, (기질, 상황 관련 요인에 기초해볼 때) 정도는 다양하지만, 사람들은 (의식적 또는 무의식적으로) 현존하는 사회·경제·정치 제도를 변호하고, 강화하며, 정당화하도록 동기화된다는 것이다. 체제 정당화 이론은 다른 수많은 사회과학 이론에서 경고하고자 하는 바와 같이, 우리가 왜 그토록 자주 변화와 사회 개선을 밀고 나아가기보다 현재의 사회에 적응하기를 택하는지를 스스로 설명하고자 하는 시도다. 체제 정당화 이론은 허위의식과 정치적 순응에 대한 철학과 과학의 여러 관점에서 나온 통찰을 종합해, 일종의 우산 이론(umbrella theory) 기능을 하고자 한다.

이 장에서 우리는 체제 정당화 이론의 역사적·지적 기원을 주요한 영향과 이론에 초점을 맞춰 살펴볼 것이다. 또한 현재까지 발전시킨 체제 정당화 이론의 기본 원리(또는 전제)를 요약하고, 마지막으로 이 이론을 사회에 실제로 적용할 수 있는 몇 가지 가능성을 짚어볼 것이다.

역사적 기원과 선행 연구

사람들이 어떻게, 그리고 왜 자신이나 자기 집단의 이익에 반할 때라도 현 상태에 대해 이념적 지지를 보내는지 생각해보면, 사회심리학과 다른 분야에서 역사적·지적 영향을 받았음을 알 수 있다. 우리의 생각에 가장 중요한 영향을 미친 사상가들이 이전에 한 번도 함께 묶인 적이 없다는 점은 "모든 작가는 자신의 선구자를 창조한다"(p. 365)는 호르헤 루이스 보르헤스(Jorge Luis Borges, 1999)의 관찰을 강력하게 입증한다. (사회과학 전반을 제외하고) 마르크스, 엥겔스, 그람시, 루카치, 레빈, 올포트, 버거와 루크먼(P. Berger & T. Luckmann), 타이펠, 모스코비치(P. Moscovici), 페스팅거(L. Festinger), 러너, 도이치, 엘스테르, 매키넌(C. MacKinnon), 켈먼, 이글리, 피스케, 시다니어스, 잭맨, 메이저의 저술에서 유일한 공통분모는 아마 내가 체제 정당화라고 이름 붙인 이론적 구성 개념에 대한 연관성일 것이다. 사실 나는 이들 중 일부를 체제 정당화 이론의 초기 가정을 세우고 난 뒤 발견했으며, 그들의 통찰은 이론이 개념적·경험적으로 발전하면서 그 안에서 통합되었다.

주류 이념과 허위의식에 대한 접근

체제 정당화 개념은 허위의식 개념에 어느 정도 기반을 두고 있다. 허위의식은 카를 마르크스의 인본주의적·사회학적인 초기 저작, 특히 《독일 이데올로기(The German Ideology)》를 위시한 1840~1850년대 저술에 뿌리를 두고 있다. 마르크스와 엥겔스는 사회 주류 집단이 선호하는 생각이 우위를 점하는 이유는 그 집단이 생각을 전파하는 문화적·제도적 수단을 통제하기 때문이라고 주장했다. 또한 그 결과는 (청년 헤겔주의자 같은 철학자들을 포함해) 엘리트를 이념 기계로 만듦으로써 "사람들과 그들을 둘러싼 환경이 카메라 옵스큐라(camera obscura)에서처럼 거꾸로 보이는 것"이라고도 했다. 사회와 정치의 현실은 체제를 통해 뒤집히고 왜곡된다. 엥겔스는 마르크스가 세상을 떠나고 몇 년 뒤 쓴 편지에 '허위의식'이라는 말을 사용했다. "이념은 소위 의식 있는 사람이 생각할 때 거치는 과정이지만, 그것은 허위의식이다. 그는 그를 움직이는 진짜 힘이 무엇인지 모른다. 그렇지 않으면 그것은 이념의 과정이 아니다."

마르크스는 노동 계급이 결국 이념의 환상을 꿰뚫어보고, 자본주의 체제를 극복할 것이라 믿었다. 그는 합리적인 자기 이익 추구라는 관점에서, 빈곤층이 "잃을 것은 사슬뿐"이라고 확고하게 가정했다. 하지만 억압받는 사람들이 그 억압의 근원을 인식하고, 그에 대항해 행동할 것이라는 그의 기대는 사회 변화에 대한 여러 사회적·심리적 장애물, 예컨대 부정·합리화와 같은 체제 정당화 경향을 고려했을 때 지나치게 낙관적이었던 것으로 보인다.

그람시, 루카치, 프롬(E. Fromm), 마르쿠제(H. Marcuse), 런시먼, 커닝엄(F. Cunningham), 매키넌 같은 후기 이론가들은 고도로 산업화한 국가에서 자본주의(그리고 착취가 일어날 가능성이 있는 다른 체제)에 대항하는 혁명이 일어나지 않은 이유를 알아내기 위해 주류 이념, 문화 헤게모니, 허위의식을 분석했다. 이러한 구성 개념, 그중에서도 허위의식은 체제 정당화 이론가들이 탐구한 현상을 예측한 것이라고 볼 수 있다. 그렇지만 체제 정당화의 개념을 통해 이들 사회학의 구성 개념을 심리과학에 정착시키고, 단순히 이념 관련 활동의 결과(또는 결과물)뿐만 아니라 과정도 포착하고자 했다. 부록 A.1에 주류 이념과 허위의식을 연구한 많은 이론가들이 체제 정당화 관점에 기여한 주요 요점을 정리했다.

마르크스주의자이자 사회 이론가로, 이탈리아 무솔리니 독재 아래 투옥되어 사망한 안토니오 그람시는 "대중의 신념은 물질의 힘에 맞먹는 힘이 있는 경우가 많다"는 마르크스의 생각을 진지하게 받아들였다. 더 자세히 살펴보면, 그람시(Gramsci, 1971)는 "근본적인 주류 집단이 결정하는 사회생활의 방향에 영향을 주는, 인구 대부분을 차지하는 대중의 '자발적' 동의"(p. 12)를 이해하고자 했다. 그의 분석은 사회적 영향과 설득의 역할을 강조하고, 사회 체제 지지의 능동적(동시적) 형태와 수동적 형태를 구분했다. 그람시는 또한 이념이 진보적인, 또는 혁명적인 역할을 할 수 있음을 알았다. 이는 비주류 집단 구성원을 조직화하고, "그들의 지위를 의식하게"(p. 377) 하며, 그가 (그리고 다른 마르크스주의자들이) 필수적인 투쟁이라고 간주한 것을 동기화할 수 있는 잠재력이었다. 동시에 그는 현 상태를 유지하는 편에 서는 사람들이 이념 면에서 이득을 누릴 수 있음을 명확하게 인식했다.

> 기존 사회 질서는 안정되고 조화로운 것으로 보이며, 사람들 대다수는 급진적 변화가 어떤 결과로 이어질지를 생각하면 망설이고 흔들리게 된다. ……그들은 현재가 산산조각 나는 것만 상상할 수 있고, 기존 질서보다 더 잘 조직화되고 생명력 있는, 실현 가능한 새로운 질서를 생각하지 못한다(Fiori, 1970, pp. 106~107).

우리가 알기로, 체제 정당화 신념(system-justifying belief)이라는 말은 클루에겔과 스미스(Kluegel & Smith, 1986)가 그람시 학파의 사회학 이론과 대중의 의견을 담은 자료 분석을 통합한 책 《불평등에 대한 신념(Beliefs about Inequality)》에서 딱 한 번 처음으로 언급되었다. 지은이들은 지나가는 말로 "노동 계급이 자신의 이익과 그들의 체제를 정당화하는 신념이 부딪친다는 걸 알게 될 것이라고 가정하는 마르크스주의 이론"(p. 15)이라는 표현을 썼다. 클루에겔과 스미스는 처음으로 어떤 이념에 대한 믿음이 주관적인 통제감 같은 정서적 이득과 관련 있음을 경험적으로 검증하기도 했다. 이는 가난한 사람들에게도 마찬가지였다. 이러한 생각은 종교 이념이 '민중의 아편'이라는 마르크스의 흥미로운 주장과 멜빈 러너가 만든 '세상이 정의롭다는 믿음' 개념에서 간접적으로 나타나며, 체제를 정당화하는 신념 및 이념의 진통제 기능을 이론적·경험적으로 검증하는 데 영감을 주었다.

때때로 헝가리를 지배했던 공산주의자들에게 인정을 받았지만, 그렇지 못했을 때가 더 많았던 루카치는 허위의식 개념을 탐구하기에는 그람시보다 유리한 위치에 있었다고 말할 수 있다. 루카치(Lukács, 1971)는 어떤 계급의 주관적 이익(또는 지각한 이익)과 객관적(또는 실제) 이익을 구분해야 할 필요성을 인지했다.

> 사람들이 어떤 상황과 거기에서 발생하는 이익을, 이것들이 즉각적 행동과 사회 전체 구조 둘 모두에 미치는 영향을 염두에 두고 평가할 수 있는 경우, 의식을 사회 전체와 연관 지음으로써 주어진 상황에서 사람의 생각과 감정을 추론할 수 있다(p. 59).

루카치를 비판하는 사람들은 그가 이러한 사상을 충분히 발전시키지 않았다고 생각하지만, 그는 이념과 허위의식을 경험적·사회과학적으로 분석해야 하고, 교조적이거나 논쟁 위주이거나 순수하게 추론에 기초하는 철학적 접근은 피해야 한다는 마르크스의 주장에 찬성했다.

욘 엘스테르(Jon Elster, 1982)는 이념을 믿는 것의 사회적 기능에 대한 마르크스의 가설에 과학적으로 접근해야 한다고 분명히 주장했다. 이는 사회 계급, 착취, 노동, 가치, 이념 같은 주제에 대한 마르크스 이론에서 비롯되었으며, 반증 가능성이 있는 주장을 발전시키고 경험적으로 검증하고자 한 분석적 마르크스주의 (또는 더 직접적으로 말해 '거짓말이 아닌' 마르크스주의) 운동의 일부였다. 엘스테르는 마르크스주의 사상을 재구성한 여러 가설을 발전시키기 위해 실험사회심리학자들의 연구를 통합하면서 의심의 여지 없이 심리학의 언어를 사용했는데, 여기에는 인지 및 동기와 직접 관련된 체제 정당화 이론의 형성에 영향을 미친 다음의 두 진술도 포함된다.

> 억압받고 착취당하는 사회 계급이 그들을 억압하는 사회 질서가 정의롭다고 믿는 경향[이 존재한다]. 이러한 믿음은 주로 혼란, 즉 합리화 같은 정서 관련 기제로 인한 것으로 보인다. 하지만 순수하게 인지에서 비롯되는 환상, 편향의 요소도 있다(p. 131).

> 하위 계급이 그들의 낮은 지위를 정당화하는 이념을 계속해서 만들어내는 것이 상위 계급에는 더 이익이 된다. 이 이념은 인지 부조화를 낮춘다는 점에서는 하위 집단에 이익이지만, 순응의 정도가 적절함을 넘어 지나치게 되는 경향으로 인해 그들의 이익에 반한다(p. 142).

따라서 엘스테르는 개인들이 "그들(하위 계급—옮긴이)의 복종 상태에 이념적으로 적응하는 것은 내생적(endogenous, 內生的)이고, 지배자들의 의도적 이념 조작이 필요 없을 뿐만 아니라 그것과는 양립할 수 없다"(p. 124)고 주장했다.

캐서린 매키넌(Catharine MacKinnon, 1989)은 페미니즘 관점에서 마르크스주의를, 그리고 마르크스주의 관점에서 페미니즘을 예리하게 비판했다. 그 결과는 **의식 고취** 활동의 사회적·정치적 중요성에 대한 통찰력 있는 분석이었다. 이는 노동 계급 구성원뿐만 아니라 여성을 포함한 피지배 집단 구성원에게도 해당하는 내용이었다. 그녀는 "어떤 여성도 성별을 구분하는 사회 체제 안에서 여성으로 산다는 것의 의미를 벗어날 수 없"으며, 여성이 성차별주의적 규준 및 기준을 내면화하면서 "남성의 권력이 스스로를 강화하게 된다"고 주장했다(p. 99).

매키넌의 분석은 성차별주의 이념이 무의식 수준에서 드러나지 않게 작동하는 것으로 보인다고 지적한 벰과 벰(Bem & Bem, 1970)의 분석과 비슷하다. 자본주의, 가부장제, 핵가족, 회사 조직 같은 여러 사회 체제 및 제도가 사람들에게 계속해서 내면화된다는 생각은 체제 정당화 이론 전반을 발전시키려는 시도에 아주 중요하게 작용하는 통찰이다. 이론의 목표는 개인과 집단의 생각·느낌·행동에 대해 단순히 하나의 체제 또는 제도(이를테면 자본주의나 가부장제)의 독특한 효과를 설명하는 것이 아니라, (가족부터 사회 전체까지) 매우 다양한 사회 체제에서 작용하는 일반적 기제 또는 과정을 밝히는 것이다.

다양한 사회주의-페미니즘 접근을 지배 이념과 허위의식 연구에 통합하려고 노력하는 과정에서, 조스트(Jost, 1995)는 허위의식에 대해 "자신의 사회적 이익과 반대되고, 따라서 자기 또는 집단의 혜택받지 못하는 위치를 유지하게끔 하는, 거짓이거나 옳지 않은 믿음을 유지하는 것"(p. 400)[1]이라는 정의를 제안했다. 문헌 연구 결과에 따르면, 허위의식에 대한 믿음에는 적어도 여섯 가지 다른 유형이 있다. (1) 부정의나 착취에 대한 부정, (2) 사회 변화는 운명에 달린 것이라는 생각, (3) 사회적 역할에 대한 합리화, (4) 잘못된 대상에 대한 비난, (5) 억압자와의 동일시, (6) 사회 변화에 대한 저항이 그것이다. 많은 저술가, 특히 포스트모더니즘 철학을 따르는 사람들은 사회적·정치적 세계에서 진실과 거짓의 진술을 구분하는 것이 어렵다(또는 심지어 불가능하다)는 이유로 허위의식 개념을 거부해왔다. 우리는 매우 회의적인 인식론이 담긴 이러한 주장을 그대로 받아들이지 않으면서도, 사회 체제를 유지시키는 믿음과 이념이 (전부 또는 부분적으로) 진실인지 거짓인지의 문제를 피해가는 것에 실질적 이점이 있을 것이라 본다. 그보다는 이러한 믿음과 이념의 기반을 이루는 동기, 그리고 체제 유지라는 결과에 초점을 맞춘다.

고정 관념, 편견, 열등감의 내면화

체제 정당화 이론에서는 처음부터 지배 이념과 허위의식에 대한 분석을 고정 관념, 편견, 열등감의 내면화에 관한 사회심리학 연구와 통합하려는 노력이 엿보였다. 쿠르트 레빈도 고든 올포트도 마르크스주의자라고 할 수 없지만, 둘 다 위계적 사회 체제가 개인의 생각·느낌·행동에 영향을 깊이 미친다는 데 주목했다(부록 A.2). 예를 들어, 레빈(Lewin, 1948)은 "자기혐오는 (유대인, 아프리카계 미국인을 비롯해) 많은 혜택받지 못한 집단에서 나타나는 현상"(p. 186)이라고 했다. 그는 현장 이론가로서 문제가 맥락(context)과 체제 수준의 환경에 있다는 것을 분명히 알았고, "유대인의 자기혐오는 유대인이 아닌 사람들과 지위가 평등해질 때에만 사라질 수 있다"(p. 198)고 썼다. 올포트(Allport, 1954) 또한 열등감의 내면화 문제를 언급했고, 무엇보다도 고정 관념이 "합리화 및 정당화 기능"(p. 196)을 한다고 주장했다.

독일의 사회 이론가 노르베르트 엘리아스(Norbert Elias)는 넓은 사회적·문화적 맥락에서 기득권자 집단(established group)과 외부자 집단(outsider group)을 구분 지었고, "외부자 지위인 집단은 그들을 억압하는 사람들의 기준으로 스스로를 평가한다"(Elias & Scotson, 1994, p. 26)고 썼다. 프란츠 파농(Frantz Fanon), 알베르 멤미(Albert Memmi: 튀니지의 작가—옮긴이), 스티븐 비코 같은 반식민주의 이론가들도 의견이 같았다.

헨리 타이펠(Henri Tajfel, 1981)은 집단의 고정 관념이 "관련 범주 안에서 우리의 행동을 정당화(합리화)하는 기능"(Allport, 1954, p. 191)을 한다는 올포트의 주장을 발전시켰다. 타이펠은 고정 관념이 "실행한 것이든 계획한 것이든 외집단에 대한 행동"(p. 156)을 정당화시킨다고 했으나 고정 관념과 편견의 (집단 정당화와 대비되는) 체제 정당화 기능까지는 논의하지 않았다. 하지만 그는 분명 사회 체제에 대한 인식과 여러 집단의 서로에 대한 태도 사이에 상관이 있다는 걸 알고 있었다.

> 자원 배분의 사회적·구조적 차이를 사회 구성원들이 합의해 받아들인 지위 체계(또는 적어도 인지적 대안을 생각하는 걸 막을 만큼 견고하고 설득력 있는 지위 체계)를 통해 제도화·적법화·정당화하는 경우, 그 결과 서로 다른 지위 집단들의 자민족중심주의는 낮아지고, 더 높아지지 않는다(Tajfel & Turner, 1986, p. 12).

이런 일(현 상태의 인지적 대안을 생각할 가능성을 밀어내는 것)이 매우 전형적이라는 데 주목한 쪽은 타이펠보다 솔로몬 애시(Solomon Asch, 1959)라고 할 수 있다.

> 모든 사회 질서는 그 구성원에게 한정된 물리적·사회적 자료를 제공한다. 이러한 제한성의 가장 기만적인 특징은 지각할 수 있는 대안이 부족한 상황을 제시한다는 것이다. 어떤 집단의 언어, 친척끼리의 관습, 사람들의 식생활, 선호하는 예술에 대해서는 대안이 없다. 개인의 장(field)은—특히 상대적으로 닫힌 사회에서는—상당 부분 주어진 문화적 환경에 제한된다.
> 이러한 조건은 말하자면, 사회적으로 구성한 현실을 만들어낸다. 이는 환경의 대부분이 지형과 기후인 것과 같다. ……심리학의 관점에서 볼 때, 이런 조건의 중요한 특성은 독점, 또는 대안을 모른다는 것이라고 할 수 있다(p. 380).

이후 연구자들은 현 상태의 대안이 될 수 있는 이념이 없을 때 나타나는 결과를 탐색했다. 여기에는 비주류 집단 구성원의 외집단 선호 현상도 포함되는데, 조스트와 바나지(Jost & Banaji, 1994)는 허위의식이 이를 초래할 수도 있다고 보았다. 체제 정당화 이론은 사회 체제가 '제도화, 적법화, 정당화되는' 사회심리학적 과정, 즉 사회에서 판이하게 다른 지위 또는 위치를 점하고 있는 사람들이 열성적으로 현 상태를 껴안을 이유를 찾는, 나중에 돌아보거나 역사적으로 거리를 두고 보았을 때는 이해하기 어려운 그 과정을 이해하기 위해 만들어졌다. 또한 체제 정당화 이론은 이를 통해 유럽에서 셰리프(Sherif, 1936), 레빈(Lewin, 1947a), 타이펠(Tajfel, 1981), 모스코비치(Moscovici, 1988)가 연구해온 사회적 공유나 집단적 규준의 구성 과정, 그리고 북미에서 올포트(Allport, 1954), 페스팅거(Festinger, 1957), 애시(Asch, 1959), 하딘과 히긴스(Hardin & Higgins,

1996), 맥과이어(McGuire, 1999)가 연구해온 개인의 정당화 및 합리화 과정을 포착해 이 두 연구 전통을 통합하고자 한다.

사회 부정의에 대한 감내

찰머스 존슨(Chalmers Johnson), 하워드 진, 배링턴 무어 주니어(Barington Moore Jr.) 같은 사회사가(social historian)들은 사회적 안정, 부정의의 허용이 시위와 저항보다 훨씬 흔하다는 것을 관찰했다(부록 A.3). 의문은 앞 장에서 살펴보았듯이 "왜?"이다. 사회학자와 정치과학자를 비롯한 많은 사람은 부정의한 사회 질서가 힘으로, 또는 힘을 쓸 것이라는 위협으로 유지된다고 여기지만, 심리학자들은 적어도 페스팅거(Festinger, 1957)의 인지 부조화 이론 이후로는 사람들이 스스로에게 고통을 주는 합리화를 할 수도 있다는 걸 깨닫기 시작했다. 예를 들어, 도이치(Deutsch, 1985)는 안나 프로이트의 "공격자와의 동일시"라는 생각을 레빈(Lewin, 1948)의 "집단 자기혐오"와 결합해 "부정의의 감각을 깨우는 것"이 왜 그렇게 어려운지 설명하고자 했다. 사회 정의 연구자들은 사람들이 왜 부정의와 결핍을 감내하는지에 대한 심리 이론을 많이 개발했다. 여기에는 부정(denial) 과정, 합리화, 사회 비교가 모두 포함된다. 브렌다 메이저(Brenda Major, 1994)는 "사회 정의와 관련해 가장 흥미로운 현상은 사람들이 현 상태가 자신에게 불리할 때조차도 그걸 정당화하는 경향이 있다는 것"(p. 309)이라고 했다.

러너(Lerner, 1980)는 세상이 정의롭다는 믿음 이론에서 사회에 질서가 있고, 예측 가능하고, 무엇보다도 **정의롭다**고 믿고자 하는 강력한 경향을 처음으로 제시했다. 러너는 사회적 현실(사회가 "이러하다")의 자리에 사회가 "이래야 한다"는 관념을 채워 넣는 인간의 성향에 대해 깊이 생각했다. 그는 이렇게 썼다. "사람들은 정의로운 세상에 살고 있다는 걸 믿고 싶어 하고, 믿어야만 한다. 그래야 일상에서 믿음, 희망, 미래에 대한 자신감을 유지할 수 있다"(p. 14; Laurin et al., 2012도 참조).

그러나 정의로운 세상 관점과 체제 정당화 관점 사이에는 중요한 차이가 있다. 러너는 그의 이론에서 정의 동기가 가장 먼저 사람들로 하여금 죄 없는 피해자를 돕고 부정의를 바로잡게끔 만들 것이라고 보았다. 사람들이 이렇게 하지 않는 것은 정의로운 세상에 대한 믿음을 유지하기 위해 부정, 합리화, 피해자 비난 전략을 쓸 때에 국한될 것이라고 러너는 생각했다. 반면 체제 정당화 이론에서는 사람들이 기존 사회·경제·정치 제도와 관습의 공정성 및 바람직성을 과장해서 지각하도록 동기화되며, 이러한 경향은 사회 정의를 실현하고자 하는 진정한 바람과 **정반대**라고 본다. 체제 정당화 이론에 따르면, 사람들은 부정의를 교정할 기회가 있고, (인지 부조화 이론에서 지적했듯이) 부정적인 결과에 개인적 책임을 지지 않을 때라도 피해자를 비난하고 체제를 변호할 것이다. 이를 보여주는 한 예는 보수주의 텔레비전 해설가 빌 오라일리(Bill O'Reilly)가 2005년 뉴올리언스(New Orleans)를 덮쳤던 태풍의 불운한 피해자들에 대해 보인—분명하게 체제를 정당화하는—반응이었다.

> 미국의 모든 학교에서 카트리나(뉴올리언스를 덮친 허리케인의 이름—옮긴이)의 교훈을 가르쳐야 한다. 그것은 만약 교육을 받지 않고, 능력을 키우지 않고, 열심히 일하려는 의지를 갖지 않으면, 언젠가는 가난해져—상징적으로 표현하면—지붕 위에서 도움과 오지 않을 기회를 기다리게 된다는 것이다.

사회 질서에 대한 제도적 정당화

심리학자들이 현상 유지에 있어 개인적 생각·느낌·행동의 역할을 강조한 반면, 사회학자들은 일반적으로 사회 질서가 문화적·이념적 그리고 강제적 과정을 통해 사회적 안정성을 키워감으로써 정당성을 얻는 방식에 집중한다(부록 A.4). 예를 들어, 버거와 루크먼(Berger & Luckmann, 1991)은 《현실의 사회적 구성(The Social Construction of Reality)》에서 "제도는 일단 만들어놓으면 유지되는 경향이 있다"(p. 9)고 했다. 이는 상당 부분 사람들이 사회적 현실—아동기부터 지속적으로 접하는 공유된 가정과 이해—을 '당연한 것'으로 받아들이기 때문이다. 이러한 생각은 하딘과 히긴스(Hardin & Higgins, 1996)의 공유 현실 이론(shared reality theory), 바르탈(Bar-Tal, 2000)의 집단 갈등의 유지 및 해결에 대해 사회적으로 공유하는 신념 체계의 분석에서 더 발전했다. 사람들은 현 상태에 대해 생각하고 말할 때 정당성을 기본으로 가정할 때가 많다. 따라서 탈정당화(delegitimation)는 이념과 관련한 노력이 어느 정도 필요한 과정이다. 체제 정당화 이론 관점에서 '응집력(cohesion)'—또는 인식론적 일관성—에 대한 개인의 욕구는 정당성에 대한 사회 체제의 욕구를 만족시키며, 그 역도 성립한다.

철학자 위르겐 하버마스(Jürgen Harbermas, 1975) 또한 국가 같은 사회 체제에 대한 "정당화 욕구(need for legitimation)"와 "사회 체제가 규준적 구조의 도움을 받아 〔인간〕 내면의 본성을 사회에 맞추어가는" 방식에 대해 논의했다(p. 9). 하버마스는 마르크스주의와 비슷한 관점에서 사회 체제도 "정당화 위기"를 경험하며, "가치에 대한 합의"는 오직 특정한 사회 갈등이 효과적으로 억압되거나 보이지 않는 상태로 남아 있을 때만 이루어진다고 보았다. 이렇게 사회적 통합이 이루어질 때, 가치에 대한 합의는 전통적인 마르크스주의 관점에서 본질적으로 이념적인 것이 되며, 보수주의와 같이 어떤 형태의 정당화를 필요로 한다(Habermas, 1989; Jost et al., 2003b; Moscovici, 1988).

피에르 부르디외(Pierre Bourdieu, 1986) 또한 어떻게 사회 안에서 지배와 복종의 관계가 시간이 지나도 유지되는지에 주목했다. 부르디외는 법 같은 공식적인 기제에 더해 "가장 성공적인 이념의 효과는 …… 공모의 침묵"(p. 188)이라고 했다. 단순히 순응하는 것도 현 상황에 도전하지 않는 것처럼 보이기 때문에 정당성을 부여하는 행동이 될 수 있다는 것이다. 이렇게 다양한 사회학의 관점이 체제 정당화 이론에 시사하는 바는—사회 체제가 (실제로는 언제나 그렇지 않더라도) 대다수 대중의 동의를 얻는 것처럼 보임으로써—정당성과 그에 따르는 안정성을 누리기는 놀랍도록 쉽다는 것이다. 사람들이 의식적으로든 무의식적으로든 자신에게 영향을 미치는 사회 체제에 적응하는 한 그들은 그 체제를 강화할 수밖에 없다.

20세기 말 체코의 초대 대통령 바츨라프 하벨(Václav Havel, 1991)은 공산주의 사회에 대해 비슷한 관찰을 했다.

> 전체주의 이후의 체제에서 〔갈등은〕 사실상 개개인을 통해 발현한다. 자기 삶을 살아가는 사람 모두가 체제의 희생자인 동시에 지지자이기 때문이다. 따라서 우리가 체제를 통해 이해하는 것은 하나의 집단이 다른 집단에 강요하는 사회 질서가 아니라, 전체 사회에 스며드는 무언가와 그것을 형성하는 데 영향을 미치는 무언가다(p. 144).

사회심리학의 다른 관점, 특히 사회 정체성 이론이나 사회 지배 이론에서는 한 집단이 사회 질서를 다른 집단에 강요한다고 가정하는 경향이 있지만, 체제 정당화 이론에서는 개인이 사회의 현 상태를 능동적으로—또한 수동적으로—정당화하는 참여자라는, 따라서 "자기 삶을 살아가는 사람 모두가 체제의 희생자인 동시에 지지자"라는 하벨의 관찰을 진지하게 받아들인다.

메리 잭맨(Mary Jackman, 1994)은 허위의식 개념을 받아들이지 않고, 비주류 집단을 포함한 사회적 행위자들이 자기 이익으로 인해 동기화된다고 보았지만, "현재의 질서를 합리화"함으로써 이념을 "사회적 통제"를 확보하기 위한 "무기"로 이용하는 방법을 명민하게 언급했다. 구대륙과 신대륙에서 아프리카인 노예화부터 가부장제 아래서 여성의 역할까지 다양한 역사적 사례를 분석하면서, 잭맨은 지배 집단과 피지배 집단의 구성원이 일종의 협력을 통해 어떻게 사회적 안정성을 이끌어내는지 보여주었다. 그녀는—여성을 우상화하는 남성의 예의 바르지만 성차별적인 경향(Glick & Fiske, 2001)에서 드러나는—온정적 가부장주의를 포함해 여성을 치켜세우는 대우가 순종을 얻어내는 데 도움이 된다고 했다. 비주류 집단 구성원에 대한 긍정적인 고정 관념조차 그들의 불리한 처지를 거짓으로 보상하고 평등에 대한 환상을 만들어냄으로써 현재 상태를 정당화하는 데 이용될 수 있다는 생각은, 이어지는 내용에서 살펴볼 것처럼 체제 정당화 이론 연구에서 드러났다.

보수주의, 권위주의, 사회적 지배

사회학자 소스타인 베블런(Thorstein Veblen, 1899)은 보수주의 이념의 사회학적·심리학적 기반을 이해하고자 했다(부록 A.5). 구체적으로 말하면 베블런은 "세상을 보고 행동하는 허용된 방식에서 어떤 식으로든 벗어나는 데 대한 본능적 반감, 모든 인간에게 보편적이고 상황의 압력이 있을 때에만 넘어설 수 있는 반감"(p. 199)을 포착했다. 반세기가 지난 뒤 아도르노와 동료들(Adorno et al. 1950)은 정치적·경제적 보수주의를 아래와 같이 정의했다.

> 적어도 표면적으로는 '있는 그대로'의 기존 사회 조직 및 작동 방식에 대한 애착, '존재하는 것은 정당하다'는 생각과 기존 권위를 이상화하고 '미국의 방식'이 매우 잘 기능하고 있다고 생각하는 경향은 서로 관련이 있다. 사회 문제는 무시당하거나 기존 사회 구조에 내재한 결함보다 외부의 영향 때문이라고 여긴다. 만성적인 문제를 합리화하는 한 가지 방법은 그것이 '자연스럽다'고 여기는 것이다. ……또는 어느 유명한 강경 보수파 라디오 해설가가 최근 말했듯 "우리의 미국 체제에는 아무 문제가 없다. 체제는 언제나 그랬던 것처럼 훌륭하지만, 우리는 다가오는 새해에 너무나 많은 문제에 책임이 있는 돌팔이·사기꾼·선동가를 몰아내기 위해 최선을 다해야 한다". 이 해설가의 다른 발언을 보면 '돌팔이'가 대부분 노조 및 진보적 집단의 지도자를 가리키는 말임이 분명해진다. 그가 보기에 이들은 현존하는 질서를 위협하는 존재다(pp. 153~154).

아도르노와 동료들은 극단적으로 보수적인—또는 그들이 '가짜 보수'라고 이름 붙인—관점과 권위주의적이거나 심지어 독재적일 수도 있는 인물의 의견을 따르는 경향을 관련지었다. 놀랍게도 그들의 관찰은 오늘날에도 70년 전과 마찬가지로 유효하다.

에리히 프롬은 아도르노, 하버마스와 마찬가지로 프랑크푸르트 학파의 일원이었다. 프랑크푸르트 학파는 마르크스의 사회 이론에 대한 좀 더 깊이 있는 심리학적 기반을 개발하기 위해, 마르크스와 프로이트의 이론을 결합하고자 했다. 프롬은 《환상의 사슬을 넘어(Beyond the Chain of Illusion)》(1962)에서, 마르크스와 프로이트 모두 자신의 방식으로 사람들의 잠재력 실현을 제한하는 종교를 비롯한 환상의 이념적 원천과 싸웠다고 보았다. 또한 프롬은 다른 저서 《자유로부터의 도피(Escape from Freedom)》(1994)에서 (전부가 아니라면) 대부분의 인간이 개인적 자율성을 두려워하며, 따라서 권위주의적인 조작에 취약해진다고 했다.

정치과학자 로버트 레인(Robert Lane, 1962)은 노동 계급 보수주의자들의 심리에 대해 비슷한 분석을 했다. 레인은 이들 중 상당수가 무의식적으로 **평등에 대한 두려움**을 갖고 있다고 생각했다. 체제 정당화 이론의 몇 가지 핵심 가정을 밝힌 글에서 레인은 이렇게 썼다.

> 열린사회에서 상대적으로 지위 낮은 사람들이 자존감에 압박을 받을수록, 자신의 지위를 사회 질서 속에서 '자연스럽고' '적절한' 것으로 설명할 필요성이 커진다. 지위 낮은 사람들은 일반적으로 공정한 사회가 자신을 옳은 자리에 배치했다고 생각하는 것이 불공정한 사회가 자신을 착취하거나 희생시킨다고 생각하는 것보다 덜 괴롭다고 여긴다(p. 79).

런던 인종관계연구소(The London institute of race relations) 소장을 지낸 필립 메이슨(Philip Mason, 1971)은 **심리적 의존**이 지배와 복종 관계의 결과인 경우가 많다고 보았다. 그는 지배 집단의 구성원이 자신들의 헤게모니에 대한 내적·외적 위협으로부터 자신들을 보호해주도록, 피지배 집단 구성원을 설득하는 경우가 많다고 했다. 이는 피지배 집단 구성원이 의존성, 필연성을 느끼게 함으로써 이루어진다. 우리는 6장에서 이러한 생각에 대해 다시 논의할 것이다.

나는 체제 정당화 이론의 시작점인 가정(假定)을 발전시킬 때까지 제임스 시다니어스와 펠리시아 프라토(James Sidanius & Felicia Pratto, 2001)의 사회 지배 이론에 대해 공부하지 않았지만, 이 이론은 오랫동안 영감을 주는 동시에 비교 대상이 되어왔다. 두 이론 모두 이념을 비롯한 여러 신념 체계가 기존 사회 질서가 정당성을 확보하는 데 기여하는 방식을 강조한다. 또한 두 이론 모두 "피지배 집단이 하는 활동 대부분은 집단 기반 지배 체제를 전복하려 하기보다는 협조한다고 할 수 있"으며 "스스로를 향한 억압에 대한 피지배 집단 구성원의 높은 수준의 수동적·능동적 협조가 …… 놀라운 수준의 탄력성·강건함·안정성으로 집단 기반의 위계 체제를 생산한다"는 데 의견을 같이한다(p. 44). 그러나 체제 정당화 이론에서는 사회 지배 이론과 달리 인류가 자연 선택의 압력으로 인해, 평등한 사회관계보다 불평등한 사회관계에 대해 강하고 바꿀 수 없을지도 모를 선호를 발달시켰다고 가정하지 않는다. 체제 정당화 이론에서는 사람들이 평등주의에 따른 것도 포함해 폭넓은 사회 체제를 받아들이고 정당화하도록 동기화되고 심리적으로 준비를 갖춘다고 주장한다(이를테면 Flannery & Marcus, 2012).

주요 전제와 그 사례

체제 정당화 이론에서는 나의 이전 학위 논문 지도 교수인 윌리엄 맥과이어(William McGuire, 1980)가 이야기한 심리학의 두 가지 기본 법칙을 기꺼이 따른다. "첫째, 모든 사람은 기본적으로 같다. 둘째, 모든 사람은 근본적으로 다르다"(p. 180). 마찬가지로 모든 사람이 어느 정도는 체제 정당화를 하지만, 모두가 똑같은 영역에서 또는 똑같은 방식으로 하지는 않는다. 다시 말해, 일반적으로 사람들은—많은 경우 무의식적으로—기존의 사회·경제·정치 제도와 합의를 포함해 현 상태의 다양한 측면을 방어하고, 정당화하며, 강화하도록 동기화된다. 이것이 나와 판데르토른이 정의한 체제 정당화 이론의 첫 번째 전제다(Jost & van der Toorn, 2012, p. 335).

체제 정당화 이론의 아홉 가지 주요 전제

1. 사람들은 (많은 경우 무의식적, 비의도적으로) 기존의 사회·경제·정치 제도 및 합의를 포함한 현 상태의 다양한 측면을 방어하고, 정당화하며, 강화하도록 동기화된다.

일반적으로 체제 정당화의 인지적·동기적 과정은 주류 집단 구성원에게나 비주류 집단 구성원에게나 비슷하다. 우리가 앞으로 이 책을 통해 살펴볼 것처럼, 확실히 현 상태에 대한 정당화는 부자와 빈자, 남성과 여성, 노인과 청년, 성적 다수 집단과 소수 집단 모두에게서 나타났고, 국적·민족·언어·피부색 같은 배경이 다양한 사람들에게서도 공통으로 나타났다. 다음 장에서 살펴보겠지만 주류와 비주류 집단 구성원 모두 기존 위계를 거부하기보다 내면화할 때가 많고, 암묵적 측정, 심지어 외현적 측정에서도 비주류 집단에 비해 주류 집단을 선호했다.

동시에 체제 정당화 동기의 강도와 그 표현은 상황 및 기질 관련 요인에 따라 다양하다. 이것이 체제 정당화 이론의 두 번째 전제다.

> 2. 인간의 심리학에서 다루는 다른 모든 동기와 마찬가지로, 체제 정당화 동기와 그 표현의 강도는 상황(맥락)과 기질(개인차) 요인에 따라 다양하다.

지금까지 우리는 체제 정당화의 맥락 관련 촉발 요인을 적어도 네 가지 발견했다. 그중 연구자들이 가장 관심을 많이 가진 요인은 체제에 대한 비판, 도전, 위협에 노출되는 것이었다. 부록 A.6에는 2005~2017년 출판한 38개 실험 연구 결과를 요약했는데, 이를 보면 사회 체제를 직접 겨냥하는 위협에 직면하면 체제를 정당화하는 반응의 강도가 높아질 수 있다. 이러한 반응에는 (이것이 전부는 아니지만) 사회적·성적·경제적 불평등을 합리화하기 위해 고정 관념을 더 많이 적용하는 것도 포함된다. 이러한 이론적 논리는 왜 2001년 9월 11일 테러리스트의 공격 이후에 국가주의, 애국주의, 경찰, 군대, 의회, 대통령을 포함한 정부 기관 및 권위에 대한 미국인들의 지지가 극적으로 상승했는지를 설명하는 데 도움이 될 수 있다(그림 3.1).

세 번째 전제는 체제 정당화의 다른 맥락 관련 조절 변인(contextual moderator: 두 변인 사이의 관계를 밝히려는 실험 연구에서 이 관계의 강도를 조절하는 변인—옮긴이)을 밝히는 내용이다. 사람들은 (자유의 제한이나 불이익에 따른 불평등 같은) 바람직하지 않은 사회적·정치적 결과가 필연적이고 피할 수 없다고 느낄 때 더 인내하는 경향이 있다(Kay et al., 2002; Laurin et al., 2012). 예를 하나 들자면 미국인은 (민주당 지지자와 공화당 지지자 모두) 도널드 트럼프 전 미국 대통령의 당선을 그가 취임하고 일주일 뒤에 그 전

그림 3.1 9·11 테러 전후 체제 내 권위에 대한 지지

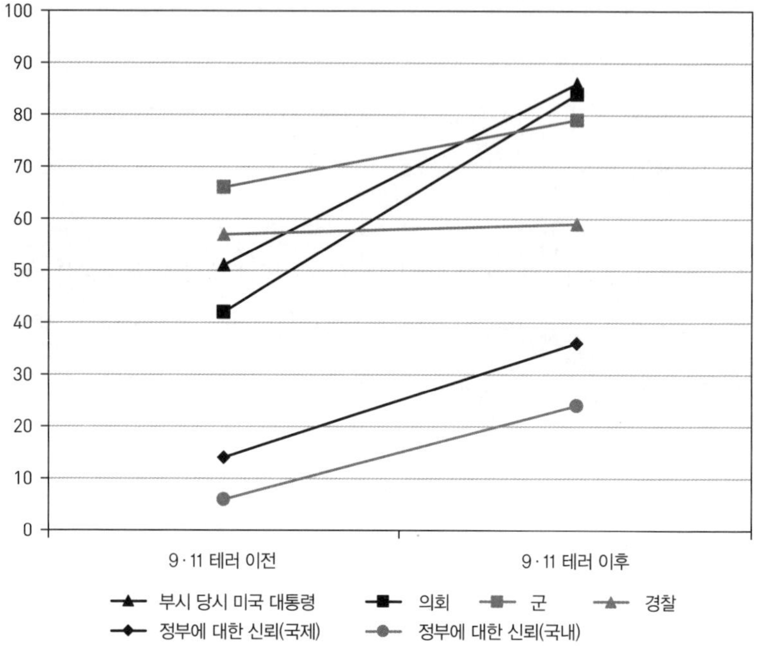

출처: Gallup Organization.

주보다 긍정적으로 평가했다(Laurin, 2018). 마찬가지로 사람들이 제한적인 이민 정책 때문에 살고 있는 나라를 떠나지 못한다고 느낄 때, 기존의 불평등을 정당화할 확률이 더 높았다(Laurin et al., 2010). 또 다른 조절 변인은 사회 체제가 오래되었다는 지각인 듯싶다. 예를 들어, 한 연구에서는 사람들이 체제가 인류 역사에서 비교적 최근에 나타난 것이 아니라 오래 살아남은 전통적인 것이라고 느끼면, 인도의 카스트 제도(미국과 영국에서는 자본주의 체제)를 더 지지하는 것으로 나타났다(Blanchar & Eidelman, 2013).

많은 연구에서, 사람들이 자기가 무력하거나 의존적이라고 느낄수록 사회·경제·정치 체제를 정당화할 확률이 더 높다고 보았다. 6장에서 자세히 설명할 한 연구에서는 교육 분야의 권위자, 정부, 경찰에 대한 의존성 지각이 기관에 대한 신뢰, 자신감, 자발적 존중과 양(+)의 상관관계가 있는 것으로 나타났다. 우리는 실험 연구 방법을 사용해 무작위로 높은 의존 조건에 배정된 사람들이 (낮은 의존 조건에 배정된 사람들과 같은 결과였음에도 불구하고) 자신에게 주어진 결과를 더 긍정적으로 평가하며, 이러한 효과는 체제의 정당성에 대한 지각이 매개한다는 것을 밝혔다. 후속 연구에서는 무력감이나 자기가 의존적이라는 느낌이 (수감률에서 나타나는 인종의 불균형, 사회적 부의 불평등한 분배, 젠더에 따른 임금 차이 같은) 다양한 사회적·정치적 상황에 대해, 불평등에 관한 체제 도전적인 설명(이를테면 차별)이 가능할 때조차도 체제 정당화를 높일 수 있는 것으로 드러났다.

3. 체제 정당화 동기는 (a) 체제가 비판받거나, 도전받거나, 위협받을 때, (b) 체제가 필연적이며 벗어날 수 없는 것으로 느껴질 때, (c) 체제가 전통적이거나 오래 살아남은 것으로 지각될 때, (d) 개인이 체제(그리고 그 체제 내 권위자들)에 대해 무력감이나 의존성을 느낄 때 활성화 또는 증가한다.

네 번째 전제는 나머지 전제에 비해 나중에 나왔다. 이제 체제 정당화는 일관성·확실성·의미에 대한 인식론적 기본 욕구, 위협과 불안을 관리하고자 하는 실존적 욕구, 사회적 관계 속에서 조화를 이루고 다른 사람들과 현실에 대한 인식을 공유하고자 하는 관계적 욕구를 (객관적으로는 아닌 경우 적어도 주관적으로는) 만족시키는 것으로 이론화되었다. 그렇다면 이러한 욕구와 관련한 기질 및 상황의 다양성은 체제 정당화 동기의 강도에 영향을 미쳐야 한다. 관련 연구에 대한 메타 분석 결과는 이러한 논리와 일관되게 나타났다. 즉, 불확실성 회피, 모호함에 대한 불관용(질서, 구조, 인지적 종결에 대한 개인의 욕구), 세계가 위험하다는 지각, 죽음에 대한 불안이 (체제에 도전적인 진보적 이념과 반대되는) 체제를 정당화하는 정치적 보수 이념 선호와 양(+)의 상관관계가 있었다. 반대로 인지의 복잡성, 새로운 경험에 대한 개방성, 인지 종결(결론을 내리는 것)을 미루고자 하는 동기는 보수주의를 비롯한 체제 정당화와 음(-)의 상관관계가 있었다(Jost, 2017a).

> 4. 체제 정당화는 불확실성을 줄이고자 하는 인식론적 기본 동기, 위협을 낮추고자 하는 실존적 동기, 사회적 부조화를 감소시키고자 하는 관계적 동기를 보여준다. 이러한 기저의 욕구에서 나타나는, 상황과 기질에 따른 다양성이 체제 정당화 동기의 강도에 영향을 미칠 것이다.

체제 정당화에 대한 동기 (또는 목표 체제) 관련 접근과 연결되는, 사회 체제를 정당화시키는 몇 가지 수단이 있다. 여기에는 어떤 이념에 대한 직접적 지지, 관습과 권위에 대한 정당화, 체제의 문제나 단점에 대한 부정이나 최소화가 포함된다. 이것이 다섯 번째 전제다. 뒷부분에서 체제 정당화가 취할 수 있는 실로 다양한 형태를 자세히 다룰 것이다.

예를 들어, 여러 집단 사이의 관계라는 맥락에서는 사회적 평등에 대한 환상을 조장하는 보완적 고정 관념을 지지하는 것과 같이, 고정 관념 형성을 통해 체제 정당화 목표를 만족시키는 경우가 많다. 또한 사람들은 현재의 사회 상황을 강화하기 위해 수많은 기존 이념이나 신념 체계를 받아들인다. 이러한 이념이나 체계에는 청교도적 노동 윤리, 세상이 정의롭다는 믿음, 능력주의 이념, 공정한 시장 이념, 경제 체제 정당화, 권력 거리(power distance), 온정적 성차별주의, 사회적 지배 지향성, 우익 권위주의, 종교적 근본주의, 정치적 보수주의가 포함된다(정의 및 대표적인 참고문헌은 부록 A.7 참조). 이런 다양한 신념 체계의 공통점은 사회적·경제적·정치적 결과를 현재 상태의 주관적 정당성을 유지하는 방식으로 설명한다는 것이다. 체제를 정당화하는 신념 체계를 지지하면 현재 상태에 대해 공개적으로 비판적이고, 저항적이고, 도전적인 신념 체계(이를테면 마르크스주의, 페미니즘, 무정부주의를 비롯한 혁명적 이념)를 지지할 때보다 인식론적·존재론적·관계적 욕구를 더 많이 만족해야 한다. 체제 정당화 신념 체계의 다양성은 이 체계가 충족시켜주는 욕구가 개인의 사회적 관계, 가족 역동(dynamic), 직장 생활, 그리고 사회, 종교, 정치, 경제, 일, 법에 대한 태도에 스며들어 있음을 보여준다.

5. 체제를 정당화할 수 있는 수단에는 특정 이념에 대한 직접적 지지, 관습 및 권위에 대한 정당화, 체제의 문제나 단점에 대한 부정과 최소화, 보완적 고정 관념 형성, 합리화가 포함된다.

체제 정당화가 심리에 장기적으로 미치는 결과는 주류 집단과 비주류 집단에 반대로 나타나는 것으로 보이며, 이는 여섯 번째와 일곱 번째 전제로 설명할 수 있다. 주류 집단 구성원에게 사회의 가장 높은 곳에 있다는 지각은 자신이 속한 집단과 자기 자신에 대한 긍정적 태도를 유지하는 것과 조화를 이룬다. 즉, 체제 정당화는 자기 및 집단 정당화 동기와 일관적이다. 체제 정당화는 자존감, 내집단 선호, 심리적 안녕과 양(+)의 상관관계가 있다(Jost et al., 2001).

6. 주류 집단 구성원(또는 현재 상태를 선호하는 사람들)에게 체제 정당화는 자기 및 집단 정당화 동기와 일관적이다. 체제 정당화는 자존감, 내집단 선호, 심리적 안녕과 양(+)의 상관관계가 있다(Jost et al., 2001).

반면 비주류 집단 구성원의 경우 사회 체제를 정당화하고자 하는 욕구와, 자존감 및 내집단의 지위를 높이고자 하는 동기의 충돌에 직면할 수 있다. 그들에게는 체제 정당화가 자기 및 집단 정당화 동기와 상충한다. 체제 정당화는 이들의 자존감, 내집단 선호, 장기적인 심리적 안녕과 음(-)의 상관관계가 있다. 특히 비주류 집단 구성원이 체제 전반의 정당성을 지지할수록 내집단에 대한 양가감정을 경험하고 외집단 선호를 나타내게 되며, 주관적 안녕감은 위협을 받는다. 이는 자존감, 신경증, 우울감, 불안 지표 전반의 수준을 통해 나타난다(이를테면 Bahamondes-Correa, 2016; Jost & Thompson, 2000; Quinn & Crocker, 1999).

7. 비주류 집단 구성원(또는 현재 상태를 선호하지 않는 사람들)에게 체제 정당화는 자기 및 집단 정당화 동기와 충돌하며, 따라서 자존감, 내집단 선호, 장기적인 심리적 안녕과 음(-)의 상관관계가 있다.

동시에 체제 정당화는 주류와 비주류 집단 구성원 모두에게 단기적인 진통제 역할을 하는 것으로 나타났다. 체제 정당화 신념 및 이념에 대한 지지는 긍정적 느낌의 증가, 부정적 느낌의 감소, 현재 상태에 대한 만족과 관련이 있다. 이것이 여덟 번째 전제다. 예를 들어, 능력주의 이념에 대한 지지는 부자와 마찬가지로 가난한 사람에게도 삶의 만족과 연결된다(Jost et al., 2003c; Kluegel & Smith, 1986; Napier & Jost, 2008b; Wakslak et al., 2007).

8. 체제 정당화는 진통제 기능을 한다. 체제 정당화 신념 및 이념에 대한 지지는 단기적으로 주류와 비주류 집단 구성원에게 똑같이 긍정적 느낌의 증가, 부정적 느낌의 감소와 관련이 있다.

체제 정당화로 사람들이 현재 상태에 대해 더 낫게 느끼면, 변화에 대한 욕구와 사회를 개선하려는 집단행동에 참여하고자 하는 의지는 줄어든다. 그러나 체제 정당화 이론에서는 특정한 환경에서 사람들이 사회 변화에 보다 개방적일 것이라고 예측하며, 이 책의 마지막 부분에서 여기에 대해 탐색해볼 것이다.

9. 체제 정당화 동기는 주로 사람들로 하여금 사회 변화에 저항하도록 (그리고 사회 변화가 현상 유지에 위협이 될 수 있다고 지각하도록) 하지만, 사람들이 변화가 (a) 필연적이거나 일어날 확률이 매우 높다고 지각하는 경우, (b) 사회 체제나 그 이상(理想)의 적어도 일부 측면을 보전하는 데 도움이 된다고 지각하는 경우에는 변화에 더 수용적이다.

실제적 관련성

로버트 린드(Robert Lynd, 1939)에 따르면 "사회과학의 역할은 문제를 일으키는 것, 우리가 살면서 따르는 습관을 분해하는 것, 변화의 가능성을 보다 적절한 방향으로 제시하는 것이다"(pp. 181~182). 이런 식으로 생각해보면, 사회과학자의 첫 번째 임무는 자신의 체제 정당화 경향을 넘어서는 것, 그리고 실제 문제를 인식하고 궁극적으로 해결할 수 있도록 사회를 있는 그대로 보는 것이다. 린드가 예측한 대로 "이러한 건설적인 말썽꾼 역할은 매력적인 경우가 드문"데, 아마도 체제를 정당화하는 다른 사람들의 가정에 대항하고 의문을 던져야 하기 때문일 것이다.

체제 정당화 이론가들은 (그리고 체제 정당화 이론에 대한 역사적 선구자들의 경우는 훨씬 더 심각하게) 평균보다 높은 수준의 비판에 직면해왔다. 이는 우연이 아닐 것이다. 체제 정당화 이론 관점에서 볼 때, 사회 체제가 대부분의 사람이 믿고 싶어 하는 만큼 공정하거나, 정당하거나, 바람직하지 않다는 주장에는 방어적이고 심지어는 공격적인 반응을 예상해야 할 것이다. 튀니지의 작가 알베르 멤미(Albert Memmi, 1968)가 지적한 대로 "부정의에 대해 듣고 싶어 하지 않는 사람들에게 부정의를 이야기하는 사람들은 늘 과장한다는 혐의를 받는다"(p. 19). 이는 체제 정당화 이론의 중요한 실제적 통찰로 이어지는데, 그것은 바로 사람들이 현 상태에 대한 비판이나 추정되는 결점이 (인간으로 인한 기후 변화가 초래한 문제처럼) 과학적 증거에 기반하고 있더라도 이를 무시하고, 부정하고, 최소화하고, 합리화하며, 잊어버리곤 한다는 것이다.

이 책에서 우리는 체제 정당화 이론의 많은 실질적 함의에 대해 살펴볼 것이다. 여기에는 집단 간 관계에 따르는 지위 또는 권력 차이, 상대적으로 드러나지 않는 형태의 성차별주의 및 고정 관념 형성의 악영향, 암묵적·외현적 편견과 관련한 결과도 포함된다. 또한 체제 정당화 이론은 투표에서 나타나는 선호, 체제의 지도자 및 대표자에 대한 신뢰와 평가, 직위에 따라 주어지는 지위 및 정치적 보수주의에 따르는 심리적 이점 같은 더 가시적인 정치 관련 행동에 대해서도 함축하는 바가 있다. 체제 정당화 이론은 이민 제한 같은 공공 정책의 효과를 비롯해 종교에 대한 헌신, 연애 관계에서의 선호, 학업 수행, 혜택받지 못한 사람들을 돕고자 하는 의지, 기후 변화에 대한 회의론을 포함해 계속해서 넓어지고 있는 범위의 결과를 설명하는 데 보탬이 되어왔다. 맥과이어(McGuire, 1999)가 언급한 **발산하는 이론화**(divergent theorizing)의 정신을 계승해 체제 정당화 이론을 점점 더 많은 영역에 적용함으로써, 점점 더 과학적으로, 그리고 실질적으로 더 정제되고 의미 있는 결론을 내릴 수 있기를 희망한다.

결론

이 장에서 우리는 체제 정당화 이론의 역사적 발달을 추적했다. 체제 정당화 이론은 왜 그렇게 많은 사람이 (반대되는 증거에 부딪힐 때도) 기존의 사회·경제·정치 체계가 좋고, 공정하고, 정당하고, 바람직하며, 옳다고 믿는지 이해하는 데 사회심리학의 독자적인 틀을 제공한다. 우리는 체제 정당화 이론의 아홉 가지 주요 전제를 살펴보고, 이 이론이 어떻게 발전해왔으며 철학자·역사학자·사회학자·심리학자·정치과학자들의 작업을 확장했는지 논의했다. 우리는 체제 정당화가 대부분의 사람들에게 적어도 가끔은 동기화되는 목표 지향적 과정이라고 상정함으로써, 사회 체계와 위계적 제도의 정당성 및 안정성 지각, 저항의 희소성을 비롯해 다양한 현상을 설명하는 데 도움이 되는 심리학적 관점을 제공했다. 이제부터 우리는 사람들이 왜 그리고 언제 사회의 현재 상태를 방어하고, 강화하고, 유지하는 데 동기화되는지, 또한 언제 동기화되지 않는지를 설명하는 데 도움을 주는 매개 변인(mediator: 두 변인 사이의 관계를 밝히려는 실험 연구에서, 두 변인을 연결하는 매개 역할을 하는 변인—옮긴이)과 조절 변인에 대한 탐색을 이어갈 것이다.

미래에 이어질 연구에서 변화에 대한 저항과 정치적 묵인이 보다 좋고, 진실하고, 자유롭고, 지속 가능하고, 공정한 사회 체제의 형태를 향해 열려 있고, 지속적이고, 비판적이고, 건설적인 탐색으로 변화할 수 있는 방법에 대해 더욱더 직접적으로 말해주기를 바랄 뿐이다. 이는 적어도 한 세기 반 동안, 사회과학 자체의 출발부터 심화되어온 이론을 향한 큰 요구다. 다음 장에서는 허위의식 개념에 대해 더 깊이 탐색하고 고정 관념 형성, 편견, 집단 간 관계에 있어 허위의식을 진지하게 고려하는 것의 함의를 숙고할 것이다.

04

고정 관념의 형성과 허위의식의 생성

정당화 개념은 (다른 생각 또는 특정한 행동 유형에 정당성을 부여하거나 지지하는 데 이용되는 생각으로 정의할 때) 사회심리학 이론을 만드는 데 주요한 역할을 해왔다. 사람들이 자기 자신과 타인에게 어떤 상황을 정당화시킬 것이라는 생각은 정신분석, 사회 비교, 인지 부조화, 자기 지각, 귀인, 자기 표상, 사회적 추론, 사회적 정체성 형성, 자기 가치 확인(self-affirmation), 세상이 정의롭다는 믿음 이론에 외현적으로 또는 암묵적으로 포함되어 있다. 실험 연구 결과 사람들은 아래를 포함한 여러 가지에 대해 설명, 정당화, 합리화를 꾀한다.

- 자기 자신의 생각, 느낌, 행동
- 자기 자신의 사회적 지위 또는 위치
- 자기 자신의 공격적·착취적·차별적 행동

• 타인의 사회적 지위, 위치, 특권
• 같은 집단 구성원의 공격적·착취적·차별적 행동
• 현재의 사회적·경제적·정치적 사건 및 상황

분명 사회심리학은 여러 면에서 과학적인 정당화 및 합리화 연구의 원점으로 받아들여지는 것처럼 보인다. 우리는 이 주제에 집중된 관심을 통해 20세기에 걸쳐 사회적 고정 관념 형성에 대한 이론 및 연구가 상대적으로 적었음을 지적하고자 한다.

이 장에서 우리는 자기 및 집단 정당화 연구를 정리하고, 이를 토대로 우리가 **체제 정당화**라고 이름 붙인 세 번째 수준의 정당화 개념을 제안하고자 한다. 자기 자신의 위치나 행동을 방어하기 위해 이용하는 고정 관념은 자기 정당화의 기능을 한다. 개인의 자아를 넘어 사회 집단 전체의 지위나 행동을 방어하는 고정 관념은 집단 정당화다. 이러한 두 가지 기능이 초기 사회심리학 이론에서 나타났지만, 고정 관념 형성의 중요한 측면을 밝히는 데는 실패했다. 그중에서도 우선하는 측면은 (a) 자기 또는 내집단에 대해 부정적 고정 관념을 형성하는 현상, (b) 여러 개개인과 사회 집단이 고정 관념을 널리 공유하는 정도다. 이런 주제를 논의하기 위해 우리는 고정 관념 형성의 사회적 기능을 올바르게 판단하는 데 체제 정당화 개념이 필요하다고 제안한다.

체제 정당화는 개인과 집단이 손해를 보더라도 사회의 기존 조직 방식을 정당화하는 사회적·심리적 과정을 뜻한다. 체제 정당화는 사회적 고정 관념이 어떻게 생겨나고, 사회 또는 경제 체계, 지위 또는 권력의 위계, 자원 분배, 사회적 역할의 구분 등 현 상태를 설명하고 정당화하는 데 이용되는지에 초점을 맞춘다. 고정 관념은 사회 집단의 특성에 대해 널리 퍼진 믿음으로, 사람들을 역할·계급·위치 또는 지위로 분리시키는 특성이 있는 어떤 사회 체계에서나 생겨날 수 있다. 참여하는 사람들이 이러한 사회 조직을 이유 있는 것으로 설명하고 지각해야 하기 때문이다. 역사학자 폴 스피커드(Paul Spickard, 1992)가 요점을 잘 지적했다.

> 다양한 아프리카인을 하나의 인종 집단으로 호명하고 이 집단을 악, 죄, 게으름, 야만성, 섹슈얼리티, 무책임과 연결 지은 것은 백인 노예 소유주로 하여금 그들과 같은 인간을 결박하고, 채찍질하고, 팔아넘기고, 가족을 갈라놓고, 죽을 때까지 일을 시키는 걸 합리화할 수 있게 했다. 한 방울 규칙(one-drop rule: 미국에서, 흑인의 피가 한 방울이라도 섞이면 흑인으로 간주하던 규칙—옮긴이)의 기능은 흑인과 백인 사이의 장벽을 공고히 하고, 흑인으로 구분할 수 있는 사람이 백인으로도 구분되는 일이 없도록 하는 것이었다. 즉, 혼혈인에게 한 방울 규칙을 받아들이는 것은 지배 집단의 억압을 내면화하는 동시에 인종 지배의 체계를 지지한다는 의미다(p. 15).

사회적 고정 관념은 인류 역사에 걸쳐 많은 경우, 가장 끔찍한 사회 체계와 그 체계에서 정한 관습조차도 정당화하려는 이념적 시도 속에서 무자비하게 남용되어왔다.

허위의식의 개념

이 논의의 중심은 허위의식에 대한 마르크스주의적 개념으로, 이념 지배의 효과를 설명할 때 제시해왔다. 여기서 핵심적인 생각은 사회의 지배 집단이 교육, 종교, 매체, 문화, 경제 체제에 대한 제도적 통제를 통해 지위, 권력, 부의 불평등을 정당화하는 사고를 퍼뜨릴 능력이 있다는 것이다. 결과적으로 지배 집단에 유리한 사고가 사회에서 우세해질 가능성이 높다. 마르크스와 엥겔스가 《독일 이데올로기》에 쓴 대로, "언제든지 사용할 수 있는 물질적 생산 수단을 가진 계급이 동시에 정신적 생산의 수단도 통제한다".

이렇게 보면 인지(cognition)는 언제나 다른 집단에 대한 일부 집단의 지배와 같은 대규모 사회적·경제적·정치적 힘의 대상이다. 이론적으로 비주류 집단 구성원의 정치적 의식은 자기 집단의 이익보다 지배 집단의 이익을 반영하기 때문에 어느 정도 **허위**라고 할 수 있다. 마르크스와 엥겔스는 사람들이 역사를 통틀어 "계속해서 자기 자신에 대한, 자신이 누구이고 어떻게 되어야 하는지에 대한 허위 개념을 만들어왔으며", 필요한 것은 "그들을 키메라(chimera), 즉 기존의 생각, 교조(dogma), 그들이 묶인 채 여위어가고 있는 굴레 속 상상의 존재들로부터 해방시키는 것"이라고 주장했다.

하지만 동시에 마르크스의 후기 견해는 억압받는 사람들이 그 억압의 근원을 인식하고 그에 대항해 행동하는 능력을 지나치게 낙관한 것일 수도 있다. 사회의 피지배 집단이 금방 자신들이 받는 대우의 부당함을 인식하고 체제를 무너뜨리기 위해 일어설 것이라고 예측함으로써, 마르크스는 사람들이 자기 자신의 이익을 가로막는 정치 체제에 적응하게끔 만드는 사회심리학적 기제를 과소평가한 것일지도 모른다. 따라서 허위의식 개념은 부분적으로, 사회주의 학자들이 왜 혁명이 일어나지 않았는지를 설명하려 시도하고 나서야 더 완전하게 발전했다

(Meyerson, 1991).

허위의식 연구는 20세기 후반, 개념 분석과 페미니스트 이론의 결실로 되살아났다. 제럴드 코헨(Gerald Cohen), 욘 엘스테르, 앨런 우드(Allen Wood), 테리 이글턴(Terry Eagleton) 같은 분석철학자들은 명확성이 부족하고 증명이 불가능한 것으로 비판받는 마르크스주의의 여러 개념에 개념적 정밀함을 더 엄격하게 적용하고자 했다. 분석적 접근에서는 마르크스주의 개념과 편향적이고 휴리스틱(heuristic: 심사숙고할 여유가 없을 때 적당한 시간과 노력을 들여 하는 신속한 의사 결정. 우리말의 '어림짐작'과 통한다—옮긴이)한 사고, 인지 부조화 감소, 죄수의 딜레마 상황에서 나타나는 배신, 계급 의식의 표현 같은 심리학 및 사회학적 현상을 직접적으로 연결시켰다. 이는 허위의식에 대한 사회심리학 연구에 철학적 기반이 되었다(Elster, 1982). 그래서 에릭 올린 라이트와 동료들(Eric Olin Wright et al., 1992)은 "마르크스주의는 부끄러워하지 말고 스스로에게 사회과학과 분석철학의 통상적 기준을 적용해야 한다"(p. 5)고 주장했다. 마르크스 연구 방법의 전제가 실증적 증명의 대상이 되어야 하고, 온전한 설명을 하려면 행위자 개개인의 심리 상태를 참고해야 한다는 분석적 마르크스주의의 주요 가정은 마르크스의 작업을 현대 사회심리학과 정치심리학에 그 어느 때보다도 가까이 가져왔다.

페미니스트 학자들은 강간, 근친상간, 가정 폭력, 포르노그래피가 심리에 미치는 영향과 관련한 이론적·실제적 문제를 이해하기 위해 허위의식을 적용해왔다. 특히 그들은 성적·신체적 학대 피해자들이 그러한 학대 관계를 끝내는 것, 학대에 대해 스스로를 탓하지 않는 것이 왜 그토록 어려운지, 그리고 왜 여성이 억압받는 집단이라는 자신들의 지위를 상대적으로 깨닫지 못하는 것처럼 보이는지를 설명하기 위해 노력해왔다. 페미니스트 사회과학에서 소녀와 여성이 성차별주의 및 불평등 관련 사건에 자연스럽게 반응하지 않고, 대신 가부장제 사회의 규준을 적용하도록 사회화되는 방식은 지금까지도 연구 주제다. 따라서 페미니스트 정치학의 우선적 목표는 자신에 대한 존중과 부정의에 대한 인식을 일깨움으로써(또는 되살림으로써), 성차별적 사회화 관습을 통해 학습한 해로운 믿음을 거부하는 것이다. 캐서린 매키넌(Catharine MacKinnon, 1989)은 제1차 세계대전 이후 서구 마르크스주의에서 항상 의식이라는 주제를 중심으로 삼아왔지만, 페미니스트 이론이 마르크스주의와 구분되는 점은 의식 고취의 역할에 가치를 더 부여하는 것이라고 했다. 사회주의와 페미니즘의 통합은 억압과 지배, 특히 희생자로 하여금 "자신의 불행에 투자하도록"(Eagleton, 1991, xiii) 하는 방식에 대한 사회심리학적 관심을 새롭게 불러일으켰다.

이러한 맥락에서, 허위의식 개념은 피지배 집단의 옳지 않은 믿음이 그들의 사회적·경제적·성적 피지배를 지속시킨다는 점을 밝히는 데 도움을 준다. 피지배 집단의 주요 구성원으로 하여금 자신들이 열등하고 불리한 입장에 처하는 것이 마땅하며, 자신이 지배를 당하는 원인에 맞서 행동할 능력이 없다고 믿게끔 함으로써 불평등이나 부정의를 강화할 때, 이러한 의식은 허위다. 가장 일반적인 수준에서 허위의식을 정의하면 "스스로에 대한 억압을 유지시키는 거짓 믿음을 갖고 있는 것"(Cunningham, 1987, p. 255)이다. 허위의식의 예시로는 부정의나 불이익을 부정하는 것, 사회 변화가 불가능하다거나 바람직하지 않다고 믿는 것, 정치적 고통의 원인을 잘못된 곳에서 찾는 것, 억압하는 사람의 규준을 받아들이는 것 등이 있다.

실제 사례에 대한 관찰 결과, 허위의식의 가장 분명한 사례는 두 가지 독립적인 기준을 만족시켜야 한다(Cunningham, 1987; Meyerson, 1991). 첫째, 인식론적 측면에서 믿음이 사실과 반대여야 한다. 둘째, 사회적으로 자신에게 정말로 이익이 되는 것과 반대여야 한다. 또는 루카치(Lukács, 1971)가 말한 대로 하층 계급에 "귀속된 의식", 즉 "인간이 어떤 상황에서, 그 상황과 거기서 얻을 수 있는 이익 모두에 접근할 수 있을 때의 생각과 느낌"이라고도 할 수 있다(p. 51). 그렇다면 우리는 두 가지 요소를 함께 고려해, 허위의식을 누군가의 객관적인 사회적 이익에 반대되며, 자기나 집단의 불리한 입장을 유지하게끔 하는 거짓된 또는 부정확한 믿음의 유지로 정의할 수 있다. 구체적인 예시에는 "물질적 안정성 또는 궁핍에 대한 합의"(Parkin, 1971, p. 90), "고생스러운 일, 공격성, 불행, 부정의를 지속시키려는 욕구"(Marcuse, 1964, p. 5), "고통이 피할 수 없는 것이라거나 마땅한 것이라고 믿는 데서 오는 위안"(Wood, 1988, p. 359), "개인이 사회 질서 속에서 차지하는 위치가 무엇이든 그의 내적 가치를 반영한다는 생각"(McMurtry, 1978, p. 149) 이 포함된다.

허위의식과 관련한 믿음은 사회적·정치적 휴리스틱으로 생각해볼 수 있다. 이는 인지적 휴리스틱처럼 유용한 가정이나 원리에 기초해 있을 수 있지만, 유용한 범위 이상으로 벗어나 개인이나 사회로 하여금 대가를 치르게 하는 판단 및 행동을 초래하는 경우가 많다. 이는 허위의식이 모든 경우에 진실의 핵심에서 비롯하거나, 정상적이고 일반적인 인지 및 동기 관련 과정만이 억압적 사회관계의 정당화와 관련된 것은 아니라는 뜻이다. 메펌(Mepham, 1972)에 따르면 "생각의 효과적인 전파는 …… 사회적 현실을 명확히 보여주는 것과 그 생각을 비교적 허용 가능한 방식으로 실천하는 것 모두가 충분히 효과적일 때에만 가능하다"(p. 12). 허위의식과 관련한 사회정치적 휴리스틱의 경우, 그 비용을 인지의 측면에서는 합리성 같은 긍정적 결과와 반드시 반대되지 않는다고 볼 수도 있고 혹은 반대된다고 볼 수도 있지만(Elster, 1982), 사회정치적 측면에서는 삶에 대한 진정한 만족, 기회의 평등, 억압으로부터의 자유, 부정의에 대한 자각, 진보적인 사회 변화 참여 같은 긍정적 결과와 반대되는 것으로 본다.

다양한 종류의 허위의식을 여러 방식으로 분류해볼 수 있다. 어떤 유형의 믿음이 허위의식인지에 대해 엄밀하게 합의된 분류 체계는 없으며, 이 주제와 관련한 글은 단편적이고 불완전한 경향이 있다. 프랭크 커닝엄(Frank Cunningham, 1987)은 허위의식의 두 주요 유형으로 운명론(fatalism)과 잘못된 비난(false identification of blame)을 제안했다. 이러한 분류는 허위의식을 정의하는 기준으로는 충분하지만, 포괄적이지는 않은 것으로 보인다. 부정의와 불이익을 인식하지 못하는 것, 사회적 역할 및 지위의 정당화, 억압자와의 동일시, 변화에 대한 저항 같은 범주를 더하면 더 완전한 그림이 나온다(Jost, 1995). 이러한 유형의 믿음은 이 믿음이 없다면 허용 불가능한 조건이나 환경을 묵인할 가능성을 높이는 경우 정치적으로 해롭다. 물론 실제로 이러한 여러 유형의 허위의식은 따로따로 나타나지 않는다. 사람들은 부정의가 일어나고 있음을 부정하는 경우가 많고, 이렇게 되면 자기 자신을 탓하거나 저항이 바람직하지 않다고 믿는 것과 같은 결과로 이어질 수 있다. 그럼에도 불구하고 건설적인 정치의 변화를 막을 우려가 있는 이러한 실체 없는 믿음을 여러 다른 유형으로 구분하는 건 유용한 것으로 보인다.

이 장의 목적은 사회적 고정 관념 형성과 허위의식 사이의 관계를 밝히는 것이다. 자기 및 집단 정당화에 대한 접근이 기여한 바와 그 한계점을 알아본 뒤, 체제 정당화 관점을 지지했던 초기 증거를 정리할 것이다. 우리는 개개인이 기존의 사회 상황을 정당화하는 방식으로 자신에 대한 믿음, 사회 집단에 대한 고정 관념을 형성한다는 것을 보여주는 실험사회심리학의 증거를 선택했다. 또한 고정 관념(그리고 다른 사회적 판단)이 암묵적으로 활성화할 수 있다는 생각과 일관성 있게, 고정 관념에 기초한 정당화가 지각자나 대상자가 모르는 사이 기존 이념이 작용하도록 할 가능성에 대해서도 논의할 것이다.

자기 정당화 접근

월터 립먼(Walter Lippmann, 1922)은 **고정 관념**이라는 용어를 사회과학에 도입한 것으로 알려져 있다. 그는 고정 관념의 인지적 기능인 단순화와 범주화를 강조했으나 동기 관련 기능 또한 가정했다.

> 우리가 관심을 기울이지 않을 때 그렇게 자주 고정 관념에 의지하는 데는 노력의 경제성 말고도 또 다른 이유가 있다. 고정 관념 체계는 우리의 개인적 습관, 즉 **우리 자신의 사회적 위치에 대한 방어**에서 핵심적인 것일 수 있다(p. 95, 강조는 필자 추가).

립먼은 개개인이 고정 관념을 적용하는 것은 타인과의 관계에서 자신의 지위나 행동을 정당화하기 위해서라고 주장했다. 이렇게 고정 관념이 개개인의 행동을 정당화하는 역할을 한다는 가정은 초기 사회심리학 문헌에서 주로 나타났다. 카츠와 브레일리(Kats & Braly, 1935)는 "집단 편견은 개인이 자존감을 유지하고 경제적 이익을 비롯한 이익을 높이기 위해 이루어지는 합리화다"(p. 182)라고 썼다. 고든 올포트(Gordon Allport, 1954)는 고정 관념의 주요 기능이 다른 사회적 범주와의 "관련성 안에서 우리의 행동을 정당화하기(합리화하기) 위한 것"(p. 191)이라고 주장했다. 이러한 접근의 공통점—또한 부분적으로 한계의 원인이 된다는 우리의 주장—은 고정 관념이 순수하게 착취적인 목적으로, 그리고 착취에 대한 개인적 방어 또는 합리화로 기능한다고 보는 것이다.

사회적 고정 관념이 자기 정당화 기능을 한다는 것은 소위 기능적 접근을 취한 학자들, 특히 고정 관념 형성 및 편견에 대한 정신분석의 관점에 영향을 받은 이들에게 강하게 영향을 미쳤다(Adorno et al., 1950; Smith et al., 1956). 이들은 안나 프로이트를 비롯한 정신분석학자들처럼 고정 관념 형성이 내면의 갈등을 사회적 희생양에게 투사하는 방어 기제라고 주장했다. (권위주의에 대한 아도르노와 동료들의 작업을 포함해) 일부 저작에서는 프로이트의 시각에 사회학적 접근을 조화시켰지만, 고정 관념이 자기방어적인 것이라는 가설은 "사회 환경이 개인에게 미치는 영향에 대한 관심이 지나치게 부족"(Bettelheim & Janowitz, 1964, p. 50)하다는 비판을 받았다. 자기 정당화의 기능이 매력적이기는 하지만 만족스러울 만한 실증적 증거를 제시하는 데는 실패했으며, 더 넓게 보면 사회심리학이 정신분석과 멀어지면서 현대의 대안인 태도 및 고정 관념의 기능 개념이 나오기도 전에 사회심리학 연구 대상에서 제외되었다.

그 뒤 수십 년 동안 연구자들은 태도의 기능 (그리고 더 적었지만 고정 관념의 기능) 연구로 돌아갔고, 자기 정당화의 기능 연구는 별로 이뤄지지 않았다. 그렇지만 종종 기득권자들이 고정 관념을 "〔그들의〕 사회적 위치에 대한 방어"로 이용한다는 립먼의 가설을 지지하는 관찰이 나왔다. 예를 들어, 가난한 사람들은 게으르고 따라서 고생해 마땅하다는 고정 관념이 생길 확률은 그의 사회경제적 지위와 양(+)의 상관관계가 있었으며, 이는 사회에서 높은 위치를 점한 사람들이 자신보다 운 나쁜 사람들을 폄하함으로써 자신을 정당화할 수 있음을 시사한다.

또한 공격적인 행위자들은 **비인간화**(dehumaniztion)와 **탈정당화**라는 고정 관념 관련 과정을 통해 자신의 행동을 정당화할 수 있다. 이는 온전한 인간으로서 희생자의 지위를 부정하는 것으로, 군인들이 적을 야만인이나 짐승, 심지어는 바퀴벌레에 빗댐으로써 그들을 제거하는 게 정당하다고 느끼는 것과 같다(이를테면 Bar-Tal, 2013). 태도에 관한 기능적 이론가들은 고정 관념을 형성하는 사람이 자신의 지위와 행동을 정당화하는 데서 얻는 동기적 이익을 강조했다. 그리고 마르크스주의 이론가들은 자기 정당화가 "사람들이 어떻게 인종주의나 성차별주의 같은 피상적이고 비인간적인 관점을 완고하게 유지하는지 설명하기 위해 필요하다"(Cunningham, 1987, p. 259; Adorno et al., 1950도 참조)고 주장했다. 이와 대조적으로 고정 관념 형성에 대한 체제 정당화 관점에서는, 역할에 따라 여러 특질을 규정하는 것(즉, 고정 관념 형성—옮긴이)은 자기 이익(또는 자존감)을 방어하려는 개인적 동기뿐만 아니라, 이념과 관련한 더 넓은 범위의 정보 처리 목표를 통해서도 나타난다고 여긴다.

자기 정당화 가설은 몇 가지 측면에서 불완전하다. 첫 번째이자 우리의 관점에서 아마도 가장 중요한 점은 자아 방어가 자기 관련 부정적 고정 관념, 즉 비주류 집단 구성원이 자기가 속한 집단과 자기 자신에게 낙인을 찍는 고정 관념을 받아들이는 수많은 사례의 기록과는 부합할 수 없다는 것이다. 집단 자기혐오를 보여준 것으로 알려진 케네스 클라크(Kenneth Clark)와 메이미 클라크(Mamie Clark)의 고전적 연구, 즉 인형 연구(이 연구에서 흑인 아동들에게 흑인 인형과 백인 인형을 주고 어떤 인형이 좋고 자기 자신을 닮았는지 묻자, 흑인 아동들은 흑인 인형이 나쁘고 자신은 백인 인형을 닮았다고 답했다—옮긴이)의 방법론에 대해서는 비판이 제기되었다. 하지만 현대의 연구에서 효과적인 집단 지위 상승이 심각하게 제한된, 지위가 낮은 집단 상당수에서 자기 관련 부정적 고정 관념 형성을 널리 관찰할 수 있으며, 이는 심지어 보편적이기까지 하다. 고정 관념의 측면에서 자기(또는 자기가 속한 집단)를 폄하하는 것이 자기에게 이익이 된다고 보기 어렵다는 점을 고려하면, 자기 관련 부정적 고정 관념 형성은 자기 정당화 이론의 설득력을 바닥내는 것이다.

자기 정당화 접근의 두 번째 약점은 사람들이 개인의 행동이나 지위에 대해 정당화할 필요가 없을 때 고정 관념을 적용하는 경우가 많다는 것이다. 예를 들어, 많은 사람이 전혀 상호 작용을 해보지 않았기 때문에 그들에 대한 자기 행동을 합리화할 필요도 없는 집단에 대해 부정적 고정 관념을 적용한다. 또한 노동 계급에서 나타나는 인종주의의 경우처럼, 비주류 집단이 다른 비주류 집단에 대해, 두 집단 모두 상대적으로 높아 방어가 필요한 지위에 있지 않음에도 불구하고 부정적 고정 관념을 갖는 경우 또한 자주 있다.

세 번째 약점은 고정 관념의 특성은 합의에 있다는 것이다. 고정 관념은 보통 사회의 매우 큰 하위 집단이 공유한다. 예를 들어, 흑인과 라틴계가 서로에 대해 가진 고정 관념은 백인이 가진 고정 관념과 얼추 비슷하다. 만약 고정 관념의 내용이 순전히 개인적 자기 정당화 과정을 통해 결정된다면, 개인들은 행동과 집단의 지위 면에서 모두 다른데 왜 같은 내용이 이렇게 널리 공유되는 것일까? 우리는 고정 관념 형성에 대한 집단 정당화 논의에서 합의와 관련한 주제를 다시 다룰 것이다.

집단 정당화 접근

헨리 타이펠(Henri Tajfel, 1981)은 사회적 고정 관념 형성을 집단의 이익과 사회적 동일시 과정의 맥락에서 보아야 한다는 주장을 한 것으로 잘 알려져 있다. 고정 관념은 외집단(자기가 속하지 않은 집단)에 대응하는 내집단(자기가 속한 집단)의 행동을 (우발적이든 계획적이든) 정당화하는 기능을 한다. 따라서 타이펠은 올포트(Allport, 1954)를 비롯한 학자들이 시작한 노력에 뒤이어, 자기 정당화 가설을 집단 간 관계 수준으로 확장했다고 할 수 있다. 비슷한 고정 관념의 집단 기반 기능이 **사회 통합**(social integration) 또는 **사회 적응**(social adjustment) 같은 분류 아래 제기되었다(Smith et al., 1956). 이러한 용어는 내집단을 다른 집단과 구분 짓고 위치를 공고히 하는 정도를 강조하는 의미로 쓰였다.

사회 정체성 이론에 대한 타이펠과 동료들의 저술은 고정 관념의 정당화 기능에 대한 두 번째 관심의 물결을 불러왔으며, 이 물결은 고정 관념이 외집단에 대한 내집단의 대우를 합리화 또는 정당화한다는, 고정 관념의 집단 간 기능과 관련한 통찰에 도달했다. 내집단 구성원은 외집단에 대해 부정적 고정 관념을 적용할 것으로 예상되는데, 이는 외집단에 비해 내집단에 유리한 사회 비교를 하기 위해서다. 사회 정체성 이론을 '갈등 이론'이라고 하는 경우도 있는데, 이는 사회 속 여러 집단이 상징적·물질적 자원을 놓고 서로 경쟁하며, 이 경쟁을 정당화하기 위한 노력으로 다른 집단에 대한 고정 관념을 발달시킨다고 가정하기 때문이다(Hogg & Abrams, 1988). 실험 결과 집단은 자기 집단을 다른 집단과 긍정적으로 차별화하기 위해 고정 관념을 적용하는 것으로 나타났지만, 여기에 대한 증거는 기대만큼 강력하지 않았다. 그러나 사람들이 내집단에 대해 외집단에 비해서 더 긍정적인 고정 관념을 갖는 데 강하게 동기화된다는 것은 널리 받아들여지고 있다.

자아 정당화 개념을 자기 보호에서 '확장된 자기(또는 사회 집단)' 보호까지 포함시킴으로써, 집단 정당화 관점은 이전 시각에서 문제가 되었던 몇 가지 어려움을 극복했다. 예를 들어, 집단 정당화 관점에서는 개인이 자기 행동이나 사회적 위치를 정당화하기 위해서만 고정 관념을 적용하는 것이 아니라, 자신과 사회 정체성을 공유하는 타인의 행동을 방어하는 수단으로도 사용한다고 본다. 따라서 사람들은 개인적으로는 한 번도 대면해본 적이 없지만, 자기 집단의 다른 구성원이 접촉해본 집단에 대한 고정 관념을 가질 수도 있다. 사회 정체성 이론에서 여러 집단 사이의 경쟁을 강조하는 것도, 왜 비주류 집단끼리 서로에 대한 부정적 고정 관념을 퍼뜨리는지를 설명하는 데 유용하다. 어떤 집단도 자기 정당화 관점에서 가정하듯 방어나 정당화에 더 유리한 위치를 점하게 된다고 말할 수는 없지만, 양쪽 집단 모두 지위가 비슷한 다른 집단에 비해 자기 집단이 우월하다고 평가하면서 심리적 이익을 얻을 수 있다.

또한 집단 간 행동이라는 맥락에서 나타나는 고정 관념은 왜 고정 관념의 내용이 자기 정당화만 고려해서 예측했을 때보다 더 일관적인지를 설명하는 데도 도움이 된다. 마이클 호그와 도미닉 에이브럼스(Michael Hogg & Dominic Abrams, 1988)에 따르면 "공유성은 집단 규준에 대한 동조를 유발하는 사회적 영향력의 **사회적** 과정으로 인한 것이다"(p. 75). 그러므로 사회 정체성 이론에서 고정 관념은 사회 집단의 모든 구성원이 따르고, 집단 간 행동을 사회 집단 수준에서 정당화할 것으로 예측되기 때문에 합의한 것이라고 주장한다. 하지만 이러한 제안이 왜 고정 관념에 대한 합의가 여러 집단에 **걸쳐서** 이루어지는지, 즉 왜 특정 집단과 서로 다른 사회 집단의 집단 간 관계가 같지 않음에도 불구하고 여러 집단 구성원은 특정 집단에 대해 같은 고정 관념을 가지고 있는지를 설명해주지는 않는다. 예를 들어, 남성과 여성은 아주 비슷한 젠더 고정 관념을, 백인·흑인·라틴계는 비슷한 인종 고정 관념을 가지고 있다. 사회심리학 연구 결과 중 가장 초기에 나온, 그리고 가장 극적인 것 중 하나는 서로 다른 집단이 심지어 여러 문화에 걸쳐 특정 국적에 대한 고정 관념을 공유한다는 것이었다. 남성과 여성에 대한 고정 관념의 경우에도 다양한 문화에서 상당한 보편성이 나타났다.

사회 정체성 이론에서 자기 관련 고정 관념이 형성되는 현상을, 개인이 자신을 집단에 소속된 구성원으로 범주화해 그 집단에 대한 고정 관념을 받아들이는 경향으로 설명할 수 있었다. 하지만 자기 관련 **부정적** 고정 관념이 형성되는 현상은 적절하게 설명할 수 없었다. 예를 들어, 한 연구에서 여성은 스스로의 젠더 집단을 묘사하면서 "비합리적인" "수동적인" "무능한" 같은 단어를 사용했다(Broverman et al., 1972). 맨체스터 대학 학생들은 전형적인 옥스퍼드 대학 학생들이 전형적인 맨체스터 대학 학생들에 비해 더 "열심히 일하고" "자기 확신이 있고" "명확하고" "지적"이라고 평가했다(Spears & Manstead, 1989). 이러한 집단 간 차이가 객관적으로 정확하고 의미 있다 해도, 사람들은 이러한 정보에 저항하고 "어떤 대가를 치르더라도"(Hogg & Abrams, 1988, p. 76) 내집단을 방어할 것이라고 생각할 수 있다.

실험실에서 구성한 일시적 집단이 내집단을 외집단에 비해 우호적으로 평가할 것이라는 가설에 대한 77개의 검증 메타 분석에서는, 통계학적으로 신뢰할 수 있지만 효과 크기는 중간 정도로 내집단을 선호하는 경향을 분명히 관찰할 수 있었다(Mullen et al., 1992). 그러나 이들 실험에서 지위 낮은 집단 구성원의 85퍼센트가 특질 평가에서 지위 높은 외집단을 선호한 것과 대조적으로, 지위 높은 집단에서는 외집단 선호가 나타나지 않았다. 사회 정체성 이론가들은 일종의 허위의식을 반영하는 것일 수도 있는, 지위 낮은 집단 구성원이 지위 높은 외집단 선호를 표현하는 정도를 과소평가한다. 오래전부터 몇몇 연구자는 사회 정체성 이론이 **외집단 선호** 현상을 적절하게 설명하지 못한다는 걸 알고 있었다. 예를 들어, 힌클과 브라운(Hinkle & Brown, 1990)은 "외집단 선호 그 자체는 집단 구성원이 집단 간 비교 과정에서 내집단 선호 과정을 통해 긍정적 사회 정체성을 만들고 유지한다는 〔사회 정체성 이론의〕 시각과 맞지 않는다"(p. 49)고 주장했다. 사회 정체성 이론만으로는 내집단에 대한 부정적 고정 관념 형성이나 외집단 선호 같은 현상에 대한 만족스러운 설명을 할 수 없다. 하지만 타이펠(Tajfel, 1981) 자신의 가장 주요한 논의를 포함해, 관련 주제에 대한 논의는 분명 있어왔다.

종종 사회 정체성 관점을 옹호하는 사람들은 개인이 내집단에 대해 긍정적인 고정 관념을 형성하도록 동기화된다고 분명하게 주장하지만, 어떨 때는 내집단에 대한 고정 관념이 사회에서 집단의 위치가 긍정적이든 부정적이든 이를 반영하는 것이 맞는다고 본다. 예를 들어, 호그와 에이브럼스(Hogg & Abrams, 1988)는 "어떤 비용을 감수하고서라도 내집단이 우월하다는 평가를 유지하는 데 대한 관심은 보장되어 있다"(p. 76)고 쓴 반면, 호그와 터너(Hogg & Turner, 1987)는 "자기 관련 고정 관념이 우선적으로 형성되는 형태는 여러 집단 사이의 관계를 통해서만 예측할 수 있다"(p. 31)고 주장했다. 사회 정체성 이론의 이러한 모호성으로 인해, 이념이나 허위의식 같은 개념과의 관계에서 만남과 헤어

짐을 반복하는 것일 수도 있다. 사회 정체성 이론이 자기 관련 부정적 고정 관념 형성·외집단 선호 같은 현상과 배치되는 것은 아니라 해도, 그러한 현상을 긍정적 사회 비교에 대한 욕구가 내집단에 대한 긍정적 고정 관념 및 외집단에 대한 부정적 고정 관념을 형성한다는 방식으로 설명하는 메커니즘을 제공하는 것은 아니다.

사회 정체성 이론가들은 집단 정당화 동기와 비주류 집단에서 나타나는 외집단 선호를 두 가지 방법으로 풀어가고자 한다. 그들은 가장 중요한 요인이 (1) 사회 체계의 정당성 및 안정성에 대한 지각(Tajfel & Turner, 1986), (2) 집단 구성원이 현재 상태에 대한 **인지적 대안**을 생각할 수 있는 정도라고 주장했다(Tajfel, 1981). 기존 사회 질서와 내집단의 부정적 이미지가 모두 정당하고 변할 확률이 낮다고 보는 경우, 비주류 집단은 스스로에 대한 해로운 고정 관념을 내면화할 것이다. 그러나 사회 질서와 원래 고정 관념이 불공정하다거나 변화에 열려 있다고 지각하면, 이번에도 내집단 선호가 나타날 것이며 내집단에 대한 부정적 고정 관념은 흐려질 것이다.

하지만 고정 관념에 대한 **합의**, 즉 고정 관념의 내용이 집단 경계를 넘어 널리 공유된다는 사실을 설명하는 것도 중요하다. 지위 높은 집단에 대해 어떤 차원에서 긍정적 고정 관념이 형성된다면, 비주류 집단 구성원은 내집단 선호를 표현하기 위해, 대안이 될 수 있는 다른 비교 차원을 찾는 데 동기화되어야 한다(Tajfel & Turner, 1986). 따라서 맨체스터 대학 학생들은 "열심히 하는" "지적인" 같은 옥스퍼드 대학 학생들의 우월한 차원을 서로가 받아들였음을 알고 있었지만, "실용적인 정신의" "까다롭지 않은" "음악과 패션의 유행을 알고 있는" 같은 특질에 대해서는 내집단인 맨체스터 대학 학생들을 더 긍정적으로 평가했다

(Spears & Manstead, 1989). 체제 정당화 접근에서는 하위 집단이 자신들을 긍정적으로 차별화하는 보완적 특질이—줄리아 베커(Julia Becker, 2012)의 연구에서 나타난 것처럼—비주류 집단이 자신과 타인들에게 적응 또는 만족하고 있는 것("까다롭지 않은"), 또는 성취에 구애받지 않는 것("음악과 패션의 유행을 알고 있는")으로 보이게 하고, 고정 관념을 퍼뜨리는 현 상태를 강화할 때가 있다고 반론한다. 또한 현 상태의 정당성과 안정성 (그리고 사회적 고정 관념의 타당성) 지각은 우리가 체제 정당화라고 부르는 것의 증상(또는 결과)일 가능성이 매우 높다.

우리는 현 사회 상태에 대한 정당화가 개인과 집단의 이익에 대한 개인의 방어 수준을 넘어선다고 주장한다. 내집단에 대한 부정적 고정 관념은 개인과 집단의 이익을 희생하고서라도 불평등한 상태를 정당화하는 기능을 하는 것으로 보인다. 이를 비롯한 여러 가지 이유로 우리는 세 번째인 고정 관념의 체제 정당화 기능이 허위의식 개념과 일맥상통하며, 실험사회심리학의 이론과 증거가 이를 지지한다고 본다.

체제 정당화 접근

심리학은 21세기 초 고정 관념이 이념 관련 기능에 더해 (또는 자주 그 반대로) 개인 및 자기 집단의 이익을 방어하는 동기 관련 기능을 한다는 정당화의 세 번째 형태를 수용했다. 고정 관념의 체제 정당화 기능은 자기 및 집단 정당화 기능을 대체하는 것이 아니라, 간과하거나 설명하지 않았던 현상에 대한 설명을 보완하는 역할을 한다. 개인들은 종종 기존의 사회적·경제적·정치적 상태를 유지하는 신념 및 태도를 수용하는 체제 정당화 입장을 취할 것이다. 이 세 번째 정당화 동기를 통해 자기 및 집단 정당화 과정으로 적절하게 설명하지 못한 세 가지 현상, 즉 외집단 선호, 자기 관련 부정적 고정 관념 형성, 고정 관념에 대한 합의를 설명할 수 있다. 우리는 체제 정당화를 통해 모든 사회적 고정 관념의 형성과 유지를 설명할 수 있다고 주장하지 않는다. 다만 상당수 고정 관념이 이를 따르는 사람들을 만족시키고, 기존 상태의 정당성과 안정성을 보존하는 기능을 한다고 주장한다.

다시 말해, 고정 관념은 이념 관련 기능을 한다. 특히 특정 집단을 다른 집단이 착취하는 걸 정당화하고, 특정 집단의 빈곤 및 무력함과 다른 집단의 성공을 이러한 차이가 정당하고 심지어 자연스럽게 보이게끔 만드는 방식으로 정당화할 수 있다. 많은 사회심리학 연구가 "사회적 실존에서 가장 많이 관찰할 수 있는 성향 중 하나는 사람들이 사회적 규칙성을 '따라야 하는' 특성으로 가득 채우는 것"(Lerner, 1980, p. 10; Kay et al., 2009b도 참조)이라는 걸 발견했다. 우리는 자기 지각, 귀인, 인지적 보수주의, 사회적 역할 구분, 행동 확증(behavioral confirmation), 세상이 정의롭다는 믿음 관련 이론 및 증거에 기초해 사회적 고정 관념이 기존 사회 체제, 자기와 타인의 위치 및 행동을 정당화하는 데 이용된다고 주장한다. 이러한 생각은 우리가 이미 이야기했듯 새로운 것이 아니다.

지배 집단의 생각이 피지배 집단의 생각이 되면 마르크스와 엥겔스가 지적했듯이 체제를 정당화하는 고정 관념 때문에 손해를 보는 사람들조차 그 고정 관념을 발달시킨다. 체제 정당화 접근에서는 자기 및 집단 정당화 접근에 비해 허위의식을 보다 직접적으로 언급한다. 체제 정당화에서는 사람들이 특정 조건에서 현 상태를 방어하고, 촉진하고,

정당화할 것이며, 이러한 행동이 자신이나 내집단 구성원의 이익을 정당화하고자 하는 욕구로 축소될 수 없다고 규정한다. 사회 지배 이론가들은 비슷한 이념적 과정, 즉 다른 집단에 대한 일부 집단의 지배를 정당화하는—고정 관념을 포함한—**정당화 신화**(legitimizing myths)에 주목했다(Sidanius & Pratto, 2001). 사회 지배 이론에서는 진화론을 가정하고 있으므로, 이 이론을 지지하면 위계와 억압이 **필연적**이라고 결론짓게 된다(Sidanius & Pratto, 1993). 반면 체제 정당화 접근에서는 허위의식을 유발하는 사회적·정치적 조건을 바꾸는 방법을 제안한다(Cunningham, 1987; Jost, 1995; MacKinnon, 1989).

체제 정당화는 개인이 기존 상황이나 배치를 현 상태의 정당화와 그걸 유지하는 방향으로 지각하고, 이해하며, 설명하는 사회심리학적 과정이다. 자아 및 집단 정당화에서 자기 이익을 가정하는 것과 달리, 체제 정당화는 비주류인 개인과 집단에 해를 끼침이 분명함에도 불구하고 기존의 사회적·경제적·정치적 배치가 유지되는 과정이다. 이렇게 허위의식의 생성을 강조함으로써 체제 정당화 관점은 다른 관점과 더 명확하게 대비된다. 이러한 범주의 이론은 다른 것에 앞서, 비주류 집단에서 나타나는 내집단에 대한 부정적 고정 관념과 많은 사회적 고정 관념에 대한 사회적 (그리고 심지어 사회의 경계를 넘는) 합의를 설명해야 한다.

체제 정당화로서 사회적 고정 관념 형성에 대한 증거

사회심리학에서는 사람들이 자신과 타인에 대한 생각을 사회 구조와 관련한 배치(사회적 역할 또는 책임의 분배)나 결과(사법적 판결 또는 폭행의 피해자가 되는 것)에 기초해 발달시킨다는 것을 자주 보여주었다. 사람들은 그러한 배치나 결과를 만들어낸 체제의 질서나 정당성에 의문을 제기하기보다는, 긍정적이든 부정적이든 경험과 일관적인 특질이 자신과 타인에게 있다고 여길 때가 많다. 이러한 체제 정당화 경향은 사람들이 그러한 배치나 결과가 우연히 일어났거나 자기 자신에게 부정적 결과를 초래한다는 것을 알고 있을 때조차 나타난다. 이러한 조건에서 고정 관념의 형성은 결과적으로 허위의식, 즉 "자신에 대한 억압을 유지하는 거짓 믿음"(Cunningham, 1987, p. 255)으로 이어진다.

예를 들어, 실험 상황에서 참여자 한 명은 대답하는 역할, 다른 한 명은 질문하는 역할에 무작위로 배정했다. 그리고 아프리카인이 노예가 되고 유럽인은 주인이 되게끔 한 역사적 사건이나, 포유류 수컷이 아닌 암컷이 후손을 잉태하게 된 진화적 사건을 설정하고 그에 따른 역할을 맡게 했다. 역할 배정 결과, 질문자·응답자·관찰자 모두 (무작위로 배정한) 질문자가 더 똑똑하다고 지각했다. 또한 주인 역할을 한 사람과 노예 역할을 한 사람 모두 노예 역할을 한 사람이 미성숙하고 복종적이라고 지각했으며, 여성과 남성 모두가 여성은 돌봄에 어울리고 남성은 독립적이거나 주체적이라고 지각했다. 역사적 질서로 인해서든 인간의 의도로 인해서든, 일단 어떤 사건으로 인해 사회적 배치가 생겨나면, 단순히 존재한다는 이유로 이를 **자연스러운 것**으로 설명하거나 정당화할 때가 많다(Hussak & Cimpian, 2015). 이러한 맥락에서 일어나는 고정 관념의 형성은 체제 정당화의 심리적 수단인 것으로 보인다.

여기서 **체제**는 넓은 의미의 개념으로, 사회 구조의 폭넓은 다양성을 표상하기 위한 의도다. 여기에는 양자 관계, 가족, 사회 집단, 조직, 관습, 정부, 경제, 자연 상태(state of nature) 같은 사회적 배치가 포함된다.

체제 정당화는 선행 조건(사회적·문화적·성적·경제적·법적·정치적 조건 모두)이 존재한다는 이유만으로 받아들이고, 설명하고, 정당화하는 사회심리학적 과정을 가리킨다. 필립 메이슨(Philip Mason, 1971)이 《지배의 유형(Patterns of Dominance)》에 썼듯이, 비주류 집단은 "체제는 자연 질서의 일부이며 세상은 항상 이럴 것이라고 믿게"(p. 11) 될 때가 많다. 체제 정당화 이론에 따르면, 고정 관념은 흔히 이러한 이념적 기능을 충족하기 위해 이용된다. 우리의 초점은 실험사회심리학이지만, 다른 많은 영역의 연구와 연관이 있다. 체제 정당화는 역할이나 결과의 분배에서 불평등이 나타나는 구조에 따라 작동하는데, 이는 개인이나 집단 사이의 불평등을 타당한 것으로 인정하며 합의하에 유지되고 있는 것으로 정당화해야 하기 때문이다(Bénabou, 2008; Flannery & Marcus, 2012; Mansbridge, 2005).

체제 정당화 이론은 사회 계급에 기초한 침투적 고정 관념을 합의 아래 공유하는 경우를 설명하는 데 적합하다. 사람들은 지위나 위치에 대한 정보에 직접 기초해 고정 관념에 부합하는 특성을 확인하며, 이는 지위나 위치의 차이 또는 구분을 정당화하기 위한 것임이 분명하다(Jost, 2001). 따라서 노동 계급이 게으르고 멍청하다거나 책임감이 없다는 고정 관념은 그들의 경제적 어려움을 합리화하는 이념적 기능을 한다. 일각에서는 하층 계급에 대한 고정 관념과 아프리카계 미국인에 대한 고정 관념의 유사성으로 미루어볼 때, 인종에 대한 고정 관념은 경제적 취약성에 기초해 생겨날 때가 많을 것이라고 주장하는데, 이러한 논점은 체제 정당화 이론과 일맥상통한다.

사회적 고정 관념은 노동에서의 기존 분업을 설명하거나 정당화하기 위해 나타날 수 있으며, 이는 앨리스 이글리와 동료들의 실험에서 드러났다. 예를 들어, 한 연구에서는 사람들이 여성은 '공동체적', 남성은 '주체적'이라고 했는데, 이는 단순히 이러한 고정 관념이 여성은 '주부', 남성은 '노동자'일 확률이 높다는 짐작과 일치했기 때문이다(Eagly & Steffen, 1984). 이들은 남성 주부는 여성 주부만큼 공동체적이며 직업 미상의 여성보다 더 공동체적인 것으로, 여성 노동자는 남성 노동자나 직업 미상의 남성보다 더 주체적인 것으로 판단했다. 더구나 시간제 여성 노동자에 대해서는 전일제 여성 노동자보다 더 공동체적이고 덜 주체적이라는 고정 관념이, 시간제 남성 노동자에 대해서는 전일제 남성 노동자보다 덜 주체적이라는 고정 관념이 나타났다(Eagly & Steffen, 1986). 따라서 "젠더 고정 관념의 가까운 원인은 여성과 남성에 대한 사회적 역할 분배에 차이가 있기 때문"(Eagly & Steffen, 1984, p. 752)이며, 이는 사람들이 갖고 있는 고정 관념이 지각 대상의 직업적 역할에 대한 믿음에 좌우되기 때문이다. 그러므로 젠더 고정 관념의 형성은 왜 남성과 여성이 다른 사회적 역할을 점할 때가 많은지를 설명하고 정당화하려는 노력에서부터 시작된다고 할 수 있다(Jackman, 1994).

호프먼과 허스트(Hoffman & Hurst, 1990)도 비슷하게 젠더 고정 관념은 "각 성별에 맡겨진 기능을 수행하는 데 필요한 것으로 보이는 특성을 귀인함으로써 노동의 구분을 합리화하기 위한 시도에서 비롯되었다"(pp. 206~207)고 주장했다. 이들은 연구 참여자들에게 가상의 두 집단 오린티언(Orinthian)과 에크미언(Ackmian)의 직업이 '아동 양육'과 '도시 노동자'라고 한 뒤 이들의 특질 평가를 요청했는데, 참여자들은 두 집단을 평가하는 동시에 사회적 역할 구분을 정당화하는 방식으로 고정 관념을 적용했다. 즉, 아동을 양육하는 집단은 도시 노동자 집단보다 더 인내심 있고, 친절하며, 이해심이 많은 것으로, 도시 노동자 집단은 양육을 맡은 집단보다 더 자신감 있고 강한 것으로 판단했다. 참여자들에게 직접적으로 왜 두 집단의 역할이 다른지 물었을 때는 고정 관념이 더 많이 나타났으며, 이는 고정 관념이 기존 배치를 정당화하기 위한 욕구로 인해 생겨났다는 생각을 뒷받침해준다. 두 번째 실험에서는 서로 다른 두 가지 사회적 역할, 즉 '사업가'와 '학자'를 배정해 첫 번째 실험의 기본 결과를 다시금 검증했다. 이들 역할에 대한 고정 관념은 각각 '외향적/야망 있는'과 '내향적인/지적인'이라고 할 수 있다. 두 연구에 참여한 사람들은 한 번도 만난 적이 없는 가상 집단을 평가했기 때문에, 그들에 대한 개인적·집단적 행동을 정당화할 필요가 없었다. 그러나 참여자들은 이미 존재하는 상태를 강화하는 방식으로 각 집단의 특질을 평가했다. 호프먼과 허스트는 젠더 고정 관념은 "상당 부분 성별에 따른 직업적 역할 구분을 합리화하고, 정당화하며, 설명하기 위한 시도다"(p. 199)라고 주장했다. 이러한 결론은 우리의 체제 정당화 접근에 기초가 되었다.

사람들의 고정 관념은 그와 일관적인 방향으로 노동의 분리에 영향을 미친다. 스크립넥과 스나이더(Skrypnek & Snyder, 1982)의 연구에서 여성 참여자들이 남성이라고 다른 사람들이 믿는 경우, 여성 참여자들은 남성적이라는 고정 관념이 있는 과업, 예를 들어 전등 스위치를 고치거나 낚싯바늘에 미끼를 끼우는 것 같은 과업을 하겠다고 선택했다. 반면 사람들이 여성이라고 믿은 여성 참여자는 더 여성적인 과업, 예를 들어 생일 케이크를 장식하거나 셔츠를 다림질하는 것 같은 일을 선택했다. 위의 연구를 모두 종합했을 때, 젠더 고정 관념은 사회적 역할의 분리를 반영하는 동시에 재생산하는 것으로 보인다. 체제 정당화 관점에서는 고정 관념이 사회적·정치적 체계에 대한 사후 합리화라고 간주한다. 그러한 체제는 사람들로 하여금 자신과 타인의 지위, 역할, 그리고 사회·경제·정치 체제의 여러 결과를 정당화하는 방식으로 고정 관념을 형성하게끔 한다.

사람들은 자신과 타인의 특질을 지위나 역할을 정당화하는 방식으로 인식한다. 리 로스와 동료들(Lee Ross et al., 1977)은 사회적 상황을 통해 자신과 타인에 대한 믿음을 정당화하는 일이 쉽다는 걸 보여주었다. 이 연구자들은 실험 참가자를 응답자의 일반적 지식을 시험하는 텔레비전 퀴즈쇼 〈지오파디(Jeopardy)〉의 응답자 또는 질문자 역할에 무작위로 배정했다. 실험 결과, 역할 배정이 무작위였다는 걸 밝혔음에도 불구하고 사람들은 응답자보다 질문자가 더 지식이 많다고 생각하는 것으로 드러났다. 이러한 잘못된 지식의 귀인은 참여자들이 자기 스스로의 능력을 판단할 때조차도 계속되었다. 사람들은 자신이 응답자 역할일 때 (질문자 역할일 때보다) 지식이 부족하다고 했다. 연구자들은 이러한 결과를 우리가 허위의식이라고 부르는 것과 관련이 있다고 언급했다.

> 〔사람들은〕 긍정적으로 보이는 권력자의 특성이 사회적 통제력의 혜택을 반영하는 정도를 과소평가하는 경향이 있다. 분명 이러한 사회적 판단의 변형은 특히 사회적 이동 가능성을 서서히 손상시킬 수 있다. 빈곤하고 권력 없는 사람들은, 부적절하게 자신과 같은 계급 구성원이 특히 지도자의 과업에 잘 맞는다고 보는 권력자의 능력을 과대평가하기 때문이다(p. 494).

이 과정의 불행한 결과는, 심지어 권력 없는 사람들까지도 권력자들에 대해 그들의 성공이 능력의 결과라는 고정 관념을 형성하는 것이다. 이와 대조적으로 권력 없는 사람들에 대해서는, 그들의 어려움을 받아 마땅한 것으로 보는 방식으로 고정 관념이 형성된다. (그리고 자기 자신도 그런 고정 관념을 형성한다.) 이러한 과정은 고정 관념의 대상인 사람들이 그들에 대한 타인의 기대와 일관된 사회적 역할을 받아들이는 한 저절로 계속될 것이다(Geis, 1993).

또한 세상이 정의롭다는 믿음 관련 연구에 따르면, 사람들은 사회적 현실을 이해하기 위해 자신에 대한 부정적인 생각을 형성한다. 러너(Lerner, 1980)는 사람들이 "받아 마땅한 것을 받고, 받고 있는 것을 받아 마땅하다"는 "근본적 망상"에 동의하도록 동기화된다고 주장했다. 왜냐하면 그러한 세상에서만 자기 인생의 결과를 통제할 수 있기 때문이다. 세상이 정의롭다는 믿음은 사회적 약자의 자기 관련 부정적 고정 관념 형성과 비슷한, 트라우마와 폭력 피해자들의 자기 비난을 설명하는 데 도움을 준다. 피해자들이 자신의 고통과 관련해 그들이 사는 세계가 예측하기 어렵고 불공정하다고 인정하기보다, 자신을 탓할 것이라고 전제하기 때문이다(Janoff-Bulman, 1992; Miller & Porter, 1983).

사람들이 받아 마땅한 걸 받는다는 믿음을 유지하기 위해서 부정적 결과에 대해 자기나 내집단을 탓한다는 생각은, 여성이 남성과 마찬가지로 신체적 폭력을 당한 여성 피해자를 남성 피해자보다 더 비난한다는 연구 결과에서도 일관적으로 나타난다(Howard, 1984). 이러한 결과는 자아 또는 집단 방어 동기를 통해 설명하기 어렵다. 이러한 상황에서 사람들은 피해자가 내집단 구성원일 때조차도, 그의 결백을 주장하기보다는 끔찍한 결과를 허용한 체제를 정당화할 확률이 더 높다. 커닝엄(Cunningham, 1987)은 **허위 비난**(false blame)을 허위의식의 주요 유형 중 하나로 보았다. 마르크스주의나 페미니즘 관점에서 볼 때, 사회적 약자 집단 구성원이 겪는 착취와 학대에 대해 그들이 서로를 비난하는 것은 분명 허위다(MacKinnon, 1989).

정의로운 세상 이론은 고정 관념 형성에 대한 이념으로서 마르크스주의 및 페미니즘의 관점과 궤를 같이한다. 두 관점 모두 집단이 개인과 그 집단의 이익을 희생하고서라도, 사회적 세계의 통합성과 정당성을 분명하게 유지한다고 주장하기 때문이다. 차이점이 있다면 아마도 러너(Lerner, 1980)는 세상이 정의롭다는 믿음을 인간의 자연스럽고 보편적인 동기로 본 반면, 비판적 사회 이론가들은 이념적 정당화에 대한 욕구를 봉건제·노예제·전체주의·자본주의·가부장제 같은 특히 착취적인 체제의 요구 사항으로 해석했다는 것이다. 우리는 체제 정당화 이론에 기초해 현 상태를 정당화하는 경향은 개인적·사회적·문화적·역사적·경제적·정치적 맥락에 따라 매우 다양할 것이라고 예측한다.

고정 관념과 직접 관련 있지는 않지만, 톰 타일러(Tom Tyler, 2006)는 왜 사람들이 법적·정치적 제도가 그들에게 도움이 되지 않는 결과를 낼 때도 충성과 존중을 표현하는지 이해하고자 했다. 우리는 이 문제가 왜 사람들이 자기와 집단이 치러야 하는 심리적 대가에도 불구하고 기존의 사회적 배치 체제를 정당화하는 고정 관념에 동의하는지의 문제와 비슷하다고 본다. 예를 들어, 사람들은 과정에 참여할 기회가 있는 한 절차의 체계에 만족하는 것으로 보이는데, 이는 그들의 참여가 결과에 아무런 영향도 미치지 못할 때조차 마찬가지다(Jost & Kay, 2010; Tyler, 2006). 타일러와 맥그로(Tyler & McGraw, 1986)는 허위의식과의 연관성을 직접적으로 언급하며 "비주류 집단은 그들의 상황에서 부정의를 감지하는 데 비효과적인, 따라서 정치적 침묵으로 이어지는 측면에 집중하도록 이끌린다"(p. 126)고 결론지었다.

앤서니 그린월드(Anthony Greenwald, 1980)는 **인지적 보수주의**, 즉 정보 처리의 정확성을 대가로 기존 신념 체계를 유지하고자 하는 일반적 심리 경향에 대한 상당한 증거를 정리했다. 그는 사람들이 태도와 일관적인 정보만 선택적으로 처리하고 생산하며, 현재의 지각을 확신하기 위해 과거 경험에 대한 기억을 왜곡함으로써 태도 및 신념을 바꾸는 데 저항한다고 주장했다. 의사 결정 연구자들 또한 **현상 유지 편향**(status quo bias), 즉 사람들이 현재 상태가 어떻든지, 심지어 새롭거나 다른 선택지가 더 바람직할 때도 현 상태에 대한 선호를 나타내는 현상을 오랫동안 관찰해왔다(이를테면 Eidelman & Crandall, 2012; Kahneman, Knetsch, & Thaler, 1991; Moshinsky & Bar-Hillel, 2010). 우리는 기존 사회 배치의 정당성을 유지함으로써 태도나 행동 변화에 대한 욕구를 잠재우는 한 인지적 보수주의, 현상 유지 편향, 행동보다 행동하지 않는 것을 선호하는 경향이 함께 체제 정당화를 일으킬 것이라고 주장한다. 그린월드는 보수적이고 권위주의적인 정부 체계의 작동과 변화에 저항하는 인지적 경향 사이의 관련성만을 보았지만, 우리는 보다 직접적인 연결 고리를 제시할 것이다. 즉, 어떤 대가를 치르더라도 현재 상태를 유지하고자 하는 정치 체제는 어떤 대가를 치르더라도 현재 상태를 유지하고자 하는 시민을 아주 잘 생산해낼 것이다.

사람들이 어떻게 그리고 왜 자신에게 해가 되는 믿음, 연합, 고정 관념을 갖는지 설명하는 데 암묵적 사회 인지(social cognition)에 대한 이론적·경험적 연구가 도움을 줄 수 있다(Banaji & Greenwald, 2013). 이 연구 영역에서 나온 여러 결과를 통해 우리는 고정 관념과 허위의식에 대한 이해를 적어도 두 가지 방식으로 발전시킬 수 있다. 첫 번째로 그리고 가장 먼저, 이들 연구 결과는 고정 관념 관련 정보에 대한 이전의 노출(특히 반복적 노출)이 지각자가 그 영향을 인식하지 못하고 있을 때에도 판단과 행동에 영향을 미칠 수 있음을 보여준다. 아마도 어떤 고정 관념의 경우, 그 대상도 고정 관념을 적용하는 지각자와 마찬가지로 고정 관념의 작동을 알아채지 못할 것이다. 그렇다면 암묵적 고정 관념 형성은 비주류 집단 구성원의 다양한 자기 보호(자기 정당화) 전략 활용을 억제할 것이다. 고정 관념에 기초한 판단이 일어났다는 것을 알지 못하는 대상자들이 그러한 판단을 편견이나 차별에 귀인할 가능성은 낮다. 하지만 무의식적으로 입력된, 고정 관념에 기초한 판단의 효과는 정서·인지·행동에 영향을 미칠 것이다. 체제 정당화는 의식할 수 있는 범위 바깥에서 생겨날 때 (특히 개인 또는 집단의 이익과 충돌하는 경우) 더 작동할 확률이 높고, 분명 더 해로울 것이다.

암묵적 사회 인지 연구가 허위의식에 대한 이해에 기여하는 두 번째 방법은 의식적 믿음과 무의식적 믿음의 괴리를 기록하는 것이다. 예를 들어, 대상자의 공격성을 판단하도록 안내받았을 때는 편파적인 태도를 명시적으로 거부하는 사람들도 이전에 보았던 인종 관련 경험의 영향을 받았다(Devine, 1989). 암묵적 편향에 대한 증거를 보면, 자기 및 집단 정당화 관점에만 기초해 고정 관념 형성을 보는 시각에 의문이 생긴다. 많은 편향이 특정 집단에 대한 소속을 초월하고, 편견이 외현적으로 드러나지 않을 때에도 작동하기 때문이다(Banaji & Greenwald, 2013).

우리의 목표는 체제 정당화의 중요성을 강조하는 것이었지만, 우리는 사람들이 (의식적으로든 무의식적으로든) 항상 현 상태를 강화하는 믿음에 동의하는 것은 아니라는 걸 알고 있다. 다시 말해, 우리는 체제 정당화가 언제나 일어난다거나 불평등을 직면할 때 허위의식을 피할 수 없다고 주장하는 것이 아니다. 하지만 사회과학자와 행동과학자들이 오랜 시간 동안, 사람들이 스스로에게 불이익을 주는 사회 체제를 계속해서 정당화하고 합리화하는 정도를 과소평가해왔다고는 생각한다.

체제 정당화 이론이 실제로 유용해지려면, (자기 또는 집단 정당화 반응과 대비되는) 체제 정당화 반응이 생기게끔 하는 조건을 밝힐 필요가 있다. 그중 하나는 저항 의식에 대한 비판적 방식의 부재다(이를테면 Gurin et al., 1980; Mansbridge & Morris, 2001). 이와 관련해 비주류 집단 구성원을 각기 격리하거나, 집단 동일시가 낮은 상태를 확실히 하면 체제 정당화 수준이 높아질 것이다. 집단 동일시와 집단의식 사이의 관계는 더 명확하게 할 필요가 있으며, (허위의식과 대비되는) 집단의식을 가지려면 외집단에 대한 부정적 고정 관념을 발달시켜야 하는지에 관한 질문에 대해서도 마찬가지다. 세 번째 쟁점은 의식(consciousness)이라는 용어의 사용에서 나타나는 차이다. 이미 우리는 판단이 내적으로 혹은 의식할 수 있는 범위 바깥에서 이루어지면, 체제 정당화가 더 자주 또는 더 강하게 나타날 것이라고 주장했다. 연구자들이 사회적 고정 관념과 관련해 발견한 바과 같이, 기존 사회적 배치의 정당성에 주의를 공개적으로 집중함으로써 체제 정당화의 결과를 약화시키는 게 가능할 수 있다. 이는 "의식 고취"뿐만 아니라 "무의식 고취"의 중요성도 시사한다(Rudman, 2004 참조).

고정 관념 내용에 대한 체제 정당화의 가정

우리는 이어지는 여러 장에서, 고정 관념 형성 과정 및 사회적 고정 관념의 내용에 대한 체제 정당화 이론의 다양한 가정과 예측을 더 발전시킬 것이다. 체제 정당화와 관련한 사회심리학적 기전을 설명하는 것이 중요한데, 지금까지 우리는 체제 정당화 현상이 나타난다는 것만 지적했다. 이 장의 범위는 체제를 정당화하는 고정 관념이 발달 및 확산하는 방식에 대한 보다 자세한 분석을 하기에는 좁으나, 우리는 7~8장에서 고정 관념 형성에 대해 할 이야기가 좀더 있다. 그러기 전에 사회적 고정 관념의 내용 유지에 대해 체제 정당화 관점 적용의 주요한 결과를 알아보는 게 의미 있을 것으로 보인다. 여기에는 고정 관념의 내용이 기존의 사회적 배치 체제에서 비롯했을 가능성, 기존 배치 체제의 변화가 고정 관념 내용의 변화를 불러올 가능성, 하위 집단에 대한 고정 관념이 서로 다른 여러 체제에 걸쳐 비슷할 가능성, 그 내용이 진실의 핵심에서 나온 것이 아닐 가능성이 포함된다. 또한 우리는 체제를 정당화하는, 비주류 집단에 대한 고정 관념이 비우호적이지 않을 수도 있고, 주류 집단에 대한 고정 관념이 우호적이지 않을 수도 있다고 주장한다. 이 모든 가정은 가설이며, 이 책 전체에 걸쳐 거듭 다룰 것이다.

체제 정당화 관점에서는 고정 관념의 세부 내용을 집단의 사회적 지위 또는 위치 같은 객관적·물질적 요인에 기초해 예측할 수 있다고 가정한다. 타이펠(Tajfel, 1981)은 다음과 같은 로버트 르바인(Robert LeVine)의 도전을 인용했다. "집단 간 경제적 상황을 말해보라. 내가 고정 관념의 내용을 예측해보겠다"(p. 224). 여기서 우리 입장은 경제적 측면에 대한 환원주의가 아니며, 이는 인종, 민족, 종교, 성별, 성적 지향을 비롯해 경제적 측면 외의 특성에 따른 불평등을 이해할 필요가 있기 때문이다. 그러나 우리는 사회적 고정 관념이 사회에 존재하는 물질적 힘에 우선하거나 독립적인 것처럼 보인다는 생각보다도, 노동 및 사회적 관습의 분리 같은 객관적·물질적 요인에서 비롯된다는 데 동의한다 (MacKinnon, 1989).

고정 관념은 일단 생겨나면, 그 고정 관념을 가진 행위자들의 행동을 통해 확인을 이끌어냄으로써 기존 상황을 재생산한다. 다시 말해, 비주류 집단 구성원은 그들에 대한 타인의 부정적 기대를 확인하는 방향으로 행동하기 시작할 테고, 따라서 불이익을 받는 그들의 상태가 유지될 확률이 높아진다(이를테면 Skrypnek & Snyder, 1982). 시간이 지나면서 고정 관념의 대상자들은 다른 사람들이 기대하는 대로 행동하는 방법을 배울 것이며, 이는 고정 관념이 불이익을 받는 그들 집단의 지위, 위치, 또는 사회적 역할을 지속시키는 메커니즘 중 하나다(Geis, 1993).

체제 정당화 접근의 첫 번째 가정에 이은 두 번째 가정은 고정 관념을 변화시키는 가장 유용한 방법은 사회 환경의 현실을 바꾸는 것이라는 내용으로, 우리의 관점에서는 사회 정체성 이론보다 더 기본적인 것이다. 우리는 여기서 취한 관점, 즉 고정 관념이 사회적·경제적·정치적 관계의 체제를 합리화한다는 관점과의 일관성을 위해 고정 관념의 변화가 집단 간 관계의 사회적 구조 변화에 맞춰 일어난다는 증거를 제시했다(이를테면 Haslam et al., 1992). 여러 면에서 우리의 생각은 인지 부조화 이론과 문화인류학적 증거를 통합해, 집단 간 관계의 사회 체제 변화가 집단의 꼬리표와 고정 관념에도 상응하는 변화를 일으킬 것이라고 한 캠벨과 르바인(Campbell & LeVine, 1968)을 연상케 한다.

체제 정당화의 세 번째 가정은 고정 관념의 내용은 다르지만 비주류 집단에 대한 고정 관념은 자기 및 집단 정당화에 기초한 예측보다 비슷하다는 것이다. 따라서 체제 정당화 접근의 다소 놀라운 결과는, 여러 문화에 걸쳐 다양한 집단이 각자의 사회에서 같은 사회적 지위에 있다면 같은 핵심적 고정 관념 내용을 공유한다는 점이다. 사실 타이펠(Tajfel, 1970)이 바로 이런 관찰을 했다.

> 나는 몇 년 전 옥스퍼드 대학 학생들에게 당시에 들은 …… 보스니아 이민자를 묘사하기 위해 슬로베니아인이 전형적으로 사용하는 여러 형용사를 제시했던 일을 기억하고 있다. 학생들에게 이들 형용사를 어디서 인용했는지, 누구에게 적용했는지 익명으로 묻자, 그들은 영국의 유색 인종 이민자에 대한 고정 관념이라고 생각했다(p. 130).

우리의 체제 정당화 관점은, 여러 사회에서 비슷한 지위를 점하는 집단에 대한 고정 관념으로 인해 나타나는 이러한 공통점은 주어진 여러 상황에서 필요한 이념적 정당성이 상당히 비슷하기 때문이라고 예측한다. 케이트 밀럿(Kate Millet, 1970)은 비슷한 지적을 하며 흑인과 여성에 대한 고정 관념의 유사성을 숙고해 아래와 같은 결론을 내렸다.

> 양쪽 모두에 대해 열등한 지능, 본능적 또는 감각적 만족, 원시적이면서 유치한 감정적 본성, 성적 능력이 있거나 성을 선호한다는 이미지, 적절한 것으로 증명된 자기 처지에 대한 만족, 교활한 속임수, 감정을 숨기는 것 등 똑같은 특질을 연결시키는 것이 공통된 의견이다(p. 57).

따라서 우리는 기묘한 가능성에 직면한다. 고정 관념의 내용에 대한 연구는—카츠와 브레일리(Katz & Braly, 1935)의 합리적인 기대와 같이—"편견에서 가정하는 구체적 형태의 수많은 변형"(p. 183)에 따라서는 그렇게 많이 정의되지 않고, 그들이 속한 사회에서 지위와 권력 면으로 볼 때 비슷한 위치이기 때문에 나타나는 다양한 집단에 대한 고정 관념 내용의 일관성에 따라 정의된다(이를테면 Cichocka et al., 2015; Jost et al., 2005). 체제 정당화 접근 또한 사회적 고정 관념의 내용을 기술할 수 있듯이 예측할 수도 있을 것이라는 관점을 제공한다.

체제 정당화의 네 번째 가정은 고정 관념이 심리학자와 다른 사람들 모두가 흔히 가정하는 것처럼, 반드시 핵심적 진실을 담고 있지는 않다는 것이다. 우리는 모든 고정 관념이 집단 간 차이에 대한 타당한 관찰의 바탕에서 나왔다는 시각에 반대한다. 어떤 사회적·경제적·정치적 배치 체제를 정당화하기 위한 고정 관념은 진실된 의식에서 비롯할 수도 있지만, 허위의식에서 비롯할 수도 있다. 즉, 정당화는 집단의 실제 특성과 거의 또는 전혀 관계가 없을 수 있다. 이것이 호프먼과 허스트(Hoffman & Hurst, 1990)의 실험에서 나타난 바이다. 즉, 아동을 양육하는 사람과 도시 노동자에 대한 고정 관념은 특성이나 행동에서 나타나는 차이를 관찰한 결과가 아니라, 사회적 역할 구분에 대한 합리화를 기초로 발달한 것이다.

일부 사람들은 고정 관념이 핵심적 진실을 나타낸다는 입장을 지지하며, 그 근거로 고정 관념에 따른 기대의 자기 충족적 본질을 든다. 여기서 바탕을 이루는 생각은 처음부터 허위인 고정 관념이 그 대상이 다른 사람들의 기대에 응하기 때문에 일종의 정확성을 얻게 된다는 것이다(Geis, 1993). 만약 이것이 핵심적 진실 관점이 뜻하는 바라면, 체제 정당화 이론과 공존할 수 있다. 우리는 행동에 대한 확인 과정이나 물질적 자원의 부족으로 인해 진짜 집단 간 차이가 나타날 수 있다는 데 찬성하지만, 그 타당성은 참으로 공허하다.

체제 정당화 관점에서는 비주류 집단이 부정적 고정 관념의 대상이 될 것이라고 가정하지 않고, 다만 우리가 7장에서 살펴보겠지만 특정한 지위나 역할을 취하는 걸 정당화하는 방식으로 고정 관념이 형성될 것이라고 본다. 예를 들어, 브라질 흑인들에 대해 '믿음직하다'거나 '겸손하다'는 고정 관념이 있었는데, 이는 이러한 특성이 그들을 백인의 하인으로 이용하는 걸 정당화했기 때문이다(Saunders, 1972). 이글리와 믈라디닉(Eagly & Mladinic, 1994)은 사실상 여성에 대한 고정 관념이 남성에 대한 고정 관념보다 더 우호적이라고 주장했다. 여성에 대한 고정 관념이 우호적이라는 증거는 의심의 여지 없이 중요하지만, 낙인찍힌 집단에 대한 인기 없는 부정적 태도를 표현하고 싶어 하지 않는 사람들의 요구 특성(demand characteristic: 사회과학 연구 참여자들이 실험자가 원하는 행동을 하는 현상—옮긴이)을 제외하기는 어렵다. 더구나 어떤 사람들은 인종차별주의 혹은 성차별주의와 관련한 믿음을 가지고 있는데, 이를 자각하는 것은 그들에게 혐오적이며 따라서 간접적으로만 표현한다(Dovidio & Gaertner, 2004). 또한 사람들이 공개적으로 표현하는 고정 관념에 기초한 신념은 외집단에 대한 그들의 암묵적 태도와 거의 또는 전혀 상관이 없다(Banaji & Greenwald, 2013). 우리는 8장에서 온정적으로 보이는 여성에 대한 고정 관념이 여성의 불리한 사회적 위치 유지에 영향을 주고 있을 가능성에 대해 생각해볼 것이다.

체제 정당화 이론에서는 특권을 누리지 못하는 집단에 대해 부정적 고정 관념이 형성될 것이라고 가정하지 않는 것처럼, 특권을 가진 집단에 대해 언제나 긍정적 고정 관념이 형성될 것이라고 가정하지도 않는다. 지배 집단은 종종 현 상태의 정당성을 확보하기 위해 하위 집단을 자기 집단보다 더 우호적으로 평가하지만, 집단 간 관계에 대한 실험 연구에서 지위 높은 집단의 외집단 선호에 대한 증거는 매우 약하다. 하지만 남성과 여성은 공격적이고, 이기적이고, 경쟁적이고, 적대적인 것과 같은 바람직하지 못한 특질을 포함해 남성에 대한 고정 관념을 가지고 있다(Eagly & Mladinic, 1994; Fiske et al., 2002). 체제 정당화 이론에 따르면, 지배 집단에 대한 부정적 고정 관념조차도 그 집단이 주어진 지위나 역할에 잘 맞는 내용이라면 체제 정당화 기능을 한다. 따라서 경쟁적인 사회 또는 경제 체제에서 남성의 상대적 성공은 그들에게 경쟁 관련 특질을 상당히 부여함으로써 정당화된다.

결론

우리는 체제 정당화가 자기와 집단의 위치나 행동을 방어하고 정당화하려는 동기보다 우세할 것이며, 그러므로 (a) 자기 및 내집단에 대한 부정적 고정 관념을 형성하고, (b) 고정 관념에 대한 높은 수준의 사회적 합의가 이어질 것이라고 주장했다. 증거를 자세히 살펴본 결과, 사람들은 개인과 집단이 점한 역할이나 위치와 일치하는 특성을 자신과 타인에게서 찾음으로써, 기존 상태를 이해하는 것으로 나타났다. 고정 관념은 그 지지자들에게 사회적·경제적·정치적 배치의 기존 체제를 정당화하고 재생산하는 것과 같은 체제 정당화 기능을 한다. 체제 정당화로서 고정 관념의 중요성을 강조함으로써 마침내 우리는 허위의식의 발생과 관련한 사회심리학적 기전 및 과정을 경험적으로 설명할 수 있게 되었다. 다음 장에서는 이러한 분석을 심화해 현 상태에 대한 합리화와 열등함의 내면화에 대한 18가지 가설을 제시하고, 각 가설에 대한 증거를 요약할 것이다.

05

체제 정당화의 심리학

현 상태에 대한 합리화, 열등감의 내면화, 자기·집단·체제 정당화 동기 사이에서 일어날 수 있는 잠재적 갈등에 관한 18가지 가설

여러 사회과학 이론이 서로 연관되어 하나의 조류를 이룰 경우, 그 영향력이 너무나 커서 현대의 독자에게 그 자명한 진실이 충격으로 다가올 때가 있다. 이들 이론은 구분하는 게 전혀 불가능하진 않지만 공통점이 있다. 이를테면 집단이 자기 이익을 추구하고, 그 이익을 정당화하는 믿음과 이념을 발달시키고, 자기와 비슷한 구성원을 강하게 선호하고, 외부인에게 적대적이고 편견을 가지며, 자기 집단의 이익과 배타주의적 정체성을 지키는 데 유용할 경우 갈등을 촉발하는 것 등이다. 분류를 위해 (그리고 이러한 이론을 우리의 접근과 구분하기 위해) 우리는 이를 집단 정당화 이론이라고 부를 것이다. 집단 정당화 이론은 사람들이 내집단의 연대를 쌓고 외집단 구성원에 맞서 내집단 구성원의 이익과 정체성을 지키기 위해 자민족중심주의에 따라 움직인다고 여긴다. 이와 같은 이론에는 아래의 가정 중 하나 이상이 포함된다.

- 비슷한 타인을 비슷하지 않은 타인보다 항상 선호한다.
- 집단 간 행동은 일차적으로 자민족중심주의와 내집단 선호에 좌우된다.
- 편견은 그 자체로 외집단 구성원을 향한 적대감이다.
- 사회 속 집단 간 관계는 필연적으로 경쟁적이고, 도전적이며, 갈등으로 차 있다.
- 편견, 차별, 억압은 집단 간 관계에서 피할 수 없는 결과다.
- 지배 집단 구성원은 언제나 헤게모니에 대한 의지를 피지배 집단 구성원에게 표현하려 한다.
- 피지배 집단 구성원은 처음에는 개인적 탈출구와 이동의 선택지를 통해 집단 소속이 함축하는 바를 벗어나려 한다. 이것이 불가능하다고 생각할 경우, 저항과 경쟁을 통해 정체성을 고양하는 전략을 탐색한다.
- 정치 이념은 개인과 집단의 이익이나 사회 계급의 위치, 혹은 둘 다를 반영한 것이다.
- 공정성 규준의 결핍이나 침해를 지각하면 부정의함을 강하게 느낀다.

사회과학은 주류 집단이 끊임없이 그들의 지배를 위해 투자하고, 비주류 집단은 자랑스러운 혁명가가 되기를 기다리고 있는 것처럼 상상한다. 두 집단 모두 자기 이익을 추구하고, 이 이익의 충돌은 끝이 없다. 사회 체제 지각이라는 측면에서 매우 중요한 가정은 다음과 같다. "지배 집단 구성원은 현 상태를 유지하는 데 동기화되고, 따라서 현 상태가 정당하다고 지각하는 데도 동기화된다. 반면 피지배 집단 구성원은 현 상태가 정당하지 않다고 지각하고, 그들의 사회 정체성을 개선하고 변화를 위해 행동하는 데 동기화된다"(DeMoulin et al., 2009, p. 13).

우리는 이러한 일반적이고 거의 보편적인 가정에 의문을 제기하고 조금 다른 관점을 제시한다. 우리가 위와 같이 관습적 원리에 도전하는 것은 그게 대체로 도움이 되지 않거나 틀려서가 아니라, 중요한 예외와 편차(deviation)가 상당 부분 건설적이고, 진실을 알려주고, 창조적인 이론 구성에 중요하기 때문이다. 우리가 취해온 관점은 좋은 이야기이지만, 전체 이야기는 아니다. 이 이야기는 예외를 진지하게 받아들이는 대안적 관점을 통해 보완해야 한다. 이 장에서 우리는 체제 정당화 이론을 더 발달시킬 것이며, 개인적·집단적 이익을 희생하더라도 기존 사회적·경제적·정치적 배치를 정당화하는 사회적·심리학적 과정을 통해 이론을 재정의한다. 또한 집단 간 관계에 대한 체제 정당화 관점에서 촉발된 연구, 그중에서도 특히 암묵적·외현적인 집단 간 태도의 이념적 기초에 대한 연구에 초점을 맞추어 살펴볼 것이다. 그러기에 앞서 집단 간 관계에 대한 일반적 관점과 대비되는 여러 증거를 숙고해보자.

일반적 관점과 반대되는 증거의 축적

근래 들어 위에서 살펴본 전제들에 반하는 증거가 쌓여왔고, 많은 논평가들이 일반적 관점의 단편들에 대한 불만족을 표현하기 시작했다. 예를 들어 메리 잭맨(Mary Jackman, 1994)은 집단 간 관계에 대한 갈등 이론과 편견의 형성이 "비합리적 적대감"이라고 비판했다. 그녀는 체제 유지 관점에서 볼 때, 지배 집단 구성원이 피지배 집단 구성원과 협조적이고, 심지어는 애정 어린 관계를 발전시킴으로써 얻는 것이 훨씬 많다고 주장했다. 아울러 역사 연구와 설문 조사 연구를 통해 지배 집단과 피지배 집단이 갈등과 반목을 매우 꺼리며, 노예제 같은 심각하게 불평등한 제도하에서도 협동 관계를 발달시킬 때가 많다는 걸 보여주었다. 비슷하게 피터 글릭과 수전 피스케(Peter Glick & Susan Fiske, 2001)는 편견에 대한 올포트(Allport, 1954)의 유명한 정의가 온정적 형태의 성차별을 설명하는 데 실패했다고 비판했다. 그들은 여성에게 표면적으로 우호적인 태도가 젠더 불평등 및 차별 체제를 유지하는 역할을 할 수 있으므로, 많은 여성이 이러한 태도를 좋아함에도 불구하고 편견에 기초한 것으로 보아야 한다고 했다(Kilianski & Rudman, 1998).

증거의 저울은 내집단 편향이 집단 간 관계의 기본이고, 지위 낮은 집단 구성원이 열등감을 피하기 위해 정체성을 고양하는 전략을 취한다는 생각과도 반대로 기울고 있다. 공론(public opinion) 연구의 한 가지 예를 들어보면, 스나이더먼과 피아자(Sniderman & Piazza, 1995)는 아프리카계 미국인이 자기 집단에 대한 비우호적이고, 게으르고, 무책임하고, 폭력적이라는 고정 관념을 일반적으로 받아들인다고 보았다. 그들은 이러한 고정 관념을 유럽계 미국인보다도 더 지지했다. 실험 및 현장 연구에서도 비슷하게, 비주류 집단 구성원이 자기 집단에 소속된 것에 대해서는 양가적이고 상충하는 태도를, 더 주류인 집단에 대해서는 놀랄 만큼 우호적인 태도를 갖고 있는 것으로 나타났다. 내집단 선호와 외집단 폄하는 상대적으로 일반적이겠지만, 이것이 사회 집단에 대한 사람들의 유일한 반응은 전혀 아니며, 특히 위계적 사회 체제라는 맥락에서는 더욱더 그렇다.

데일 밀러(Dale T. Miller, 1999)는 자기 이익에 대한 선호는 인간 동기와 관련한 보편적 사실이라기보다, 사회적·문화적 규준의 산물임을 보여주었다. 집단 소속감은 사회적 태도에 관해 관찰자들이 가정하는 것보다 훨씬 약한 영향을 미쳤으며(Miller & Ratner, 1998) 소득, 사회 계층, 인구통계학적으로 구분한 집단 같은 자기 이익 선호 지표와 정치적 태도 사이에도 상대적으로 약한 관련성이 있었다(Sears & Funk, 1991). 심지어 경제적 재분배 정책에 대해서도, 소득 적은 집단에 그러한 정책이 분명히 이득을 줌에도 불구하고, 소득 많은 집단에 비해 그 정책을 지지할 확률이 더 높은 경우는 거의 없었다(Gilens, 1999; Graetz & Shapiro, 2005). 많은 사회학 이론과는 다르게, 도시(urban) 민족지학적 연구 결과 "게토(ghetto) 거주자는 자본주의적 또는 인종주의적 착취에 대해 수동적 희생자도, 영웅적 저항자도 아니다"(Newman, 2002, p. 1586). 이처럼 일반적 관점에 반하는 증거가 쌓여왔고, 그중 대부분이 순전히 정체성이나 이익에 기초한 동기보다는 사회의 현 상태에 대한 적응과 합리화에 방점을 찍는 체제 정당화 관점과 일맥상통한다.

집단 간 관계를 다루는 모든 연구자처럼, 우리도 사회 정체성 이론(Tajfel & Turner, 1986)과 사회 지배 이론(Sidanius & Pratto, 2001)에 막대한 영향을 받아왔다. 그렇지만 우리의 관점에서 이러한 접근은 자기 이익 추구, 동종 선호(homophily: 비슷한 사람들끼리 어울리는 것), 내집단 편향, 외집단에 대한 반감, 집단 간 갈등에 대한 관습적 가정을 너무나 철저하게 잘라버린다. 사회 정체성 이론의 경우, 타이펠은 앨버트 허시먼(Albert O. Hirschman, 1970)의 "충성과 탈출에 대한 합리적 선택 분석(rational choice analysis of exit versus loyalty)"에서 이론적 틀의 상당 부분을 흡수했다. 다른 측면은 공고한 집단 간 불평등과 관련한 서로 매우 다른 여러 현상을 설명하기 위해, 실험실에서 일시적으로 구성한 집단에 기초한 **최소 집단 패러다임**(minimal group paradigm)의 결과를 지나치게 일반화한 산물일 수 있다. 사회 지배 이론과 관련해 자기 이익 추구에 대한 가정은 (a) 인류의 자민족중심주의는 "이기적 유전자"의 연장으로서 포괄 적응도(inclusive fitness: 진화론의 관점에서 사회적 특성이 개체의 적응에 미치는 영향—옮긴이)로 인해 결정되며, (b) "연합의 심리학(coalitional psychology)"이 인간 남성들로 하여금 다른 집단으로부터 사회적·경제적 자원을 강탈하는 전쟁과 다른 형태의 조직적 폭력을 선호하게끔 한다는 진화론적 생물학 연구에서 비롯되었다(Sidanius & Kurzban, 2013).

이러한 이론은 (특정한 집단 간 태도와 대비되는) 사회 체제와 관련한 이념 지향의 역할에 대해 논의하는 데 한계가 있으며, 사회 질서를 한 집단이 강요하고 나머지 집단은 거기에 저항하는 것으로 본다. 이 같은 가정은 휴리스틱으로서는 상당한 가치가 있는데, 이것이 이들 이론의 강점이기도 하지만 또한 약점이기도 하다. 결과적으로 집단 간 관계의 이미지가 자기 이익 추구에는 지나치게 집중하고, 이념에는 너무 소홀하다. 이 두 가지 비판은 충돌하는 것이 아닌데, 이념은 자기 이익 외에도 많은 요인으로 인해 동기화하기 때문이다(Jost et al., 2003b). 사회 정체성 이론과 사회 지배 이론은 왜 현재 사회 상태에 대한 심리적 반응이 특히 정치적으로 보수적인 비주류 집단 구성원에게서 종종 능동적인 강화 및 체제 정당화 과정으로 나타나는지를 설명하는 데 실패한다(Jost, 2017b). 다시 말해, 위계는 지배 집단 구성원이 행사하는 내집단 선호와 외집단 폄하의 기전으로만 유지되는 것이 아니며, 외집단 선호 같은 기전을 통해 불평등을 유지하는 피지배 집단 구성원의 공모를 통해서도 지속된다.

우리는 내집단 및 외집단 편향(그리고 관련 주제)의 색인 항목(index entry) 수를 비교함으로써 자민족중심주의 관련 내집단 선호에 대한 편향(그리고 외집단 선호에 대한 간과)을 보여주기 위해 표 5.1에 사회 정체성 및 집단 간 관계에 대해 다룬 책의 리스트를 작성했다. 1981~2012년

표 5.1 사회 정체성과 집단 간 관계 관련 도서에 나타난 내집단 선호 대 외집단 선호, 그리고 이 둘의 동의어에 대한 색인 항목 수

책(출판 연도)	내집단 편향/선호	외집단 편향/선호
J. C. Turner & H. Giles (1981), *Intergroup Behavior*	46	0
J. C. Turner et al., (1987), *Rediscovering the Social Group*	14	0
R. Brown (1988), *Group Processes* (1st ed.)	39	0
M. Hogg & D. Abrams (1988), *Social Identifications*	7	5
D. Abrams & M. Hogg (1990), *Social Identity Theory*	12	16
D. Mackie & D. Hamilton (1993), *Affect, Cognition, and Stereotyping*	58	0
J. P. Leyens et al. (1994), *Stereotypes and Social Cognition*	20	0
P. Oakes et al. (1994), *Stereotyping and Social Reality*	10	1
D. Taylor & F. Moghaddam (1994), *Theories of Intergroup Relations*	14	2
R. Brown (1995), *Prejudice* (1st ed.)	17	8
W. P. Robinson (1996), *Social Groups and Identities*	10	5
W. Stephan & C. Stephan (1996) *Intergroup Relations*	18	5
C. McGarty & S. A. Haslam (1997), *Message of Social Psychology*	10	0
R. Spears et al. (1997), *Social Psychology of Stereotyping and Group Life*	45	9
C. Sedikides et al. (1998), *Intergroup Cognition and Intergroup Behavior*	35	0
R. Brown (2000), *Group Processes* (2nd ed.)	15	0
C. Stangor (2000), *Stereotypes and Prejudice* (Essential Readings)	14	3
M. Hogg & D. Abrams, (2001), *Intergroup Relations* (Key Readings)	39	2
A. Eagly et al. (2004), *Social Psychology of Group Identity and Social Conflict*	2	0
D. Schneider (2004), *Psychology of Stereotyping*	51	1

R. Brown & D. Capozza (2006), *Social Identities*	23	1
S. Moulin et al. (2009), *Intergroup Misunderstandings*	27	21
S. Otten et al. (2009), *Intergroup Relations*	31	13
R. Brown (2010), *Prejudice* (2nd ed.)	45	8
T. Postmes & B. Branscombe (2010), *Rediscovering Social Identity* (Key Readings)	18	9
R. Kramer et al. (2011), *Social Cognition, Social Identity, and Intergroup Relations*	21	0
L. Tropp & R. Mallett (2011), *Moving Beyond Prejudice Reduction*	8	0
S. Dashtipour (2012), *Social Identity in Question*	10	0
합계	**659**	**109**
도서당 평균	**23.5**	**3.9**

주: 각 색인 항목(개수)은 해당 범주에서 하나 이상의 검색어가 용어 정리(glossary)나 찾아보기(index)에, 또는 다른 방식으로 정리되어 있을 때를 가리킨다. 내집단 편향/선호의 경우, 검색어에는 내집단 편향, 내집단 선호와 함께 다음과 같은(그리고 가까운) 동의어가 포함된다. 자민족중심주의, 내집단 고양/선호/긍정성, 내집단에 대한 긍정적 평가, 집단 간 편향/차별, 외집단 차별/폄하/가치 절하/비인간화/적대감/혐오/거부. 내적 식민화, (집단) 자기혐오, 열등감의 내면화, 열등화, 열등감 불안/콤플렉스, 지배, 피지배, 허위/계급의식, 현 상태(합리화), 체제 정당화. 쪽 번호는 내용이 (우리가 의도한) 용어와 일치할 때만 계산에 넣었다. 예를 들어, 외집단 편향에 대한 일부 항목은 실제로 내집단 편향을 의미했다.

출간한 28권의 책에서, 내집단 편향에 대한 색인 항목(659개)이 외집단 편향에 대한 색인 항목(109개)보다 6배 정도 많은 것으로 나타났다. 이러한 편향은 우연이 아니다. 집단 간 관계에 대한 이론에서는 현 상태를 정당화하고 지위 위계를 내면화하려는 경향보다, 자민족중심주의 및 긍정적 집단 차별화를 촉진하려는 동기를 설명하기 위한 개념이 훨씬 발달했다. (집단) 동일시 및 지배 관련 개념을 중심으로 이론의 틀을 짜는 것은 차이, 갈등, 편협한 집단 이익에 초점을 맞추도록 강요한다.

체제 정당화 과정을 무시하는 것은 모순적인데, 역사 관련 기록에서 비주류 집단 구성원의 정체성에 기초한 경쟁과 저항보다 체제 정당화에 대한 허용이 훨씬 더 많이 드러나기 때문이다. 예를 들어, 하워드 진(Howard Zinn, 2002)은 아래와 같이 언급했다.

> 사회의 경향은 지금까지 그래 왔던 걸 유지하는 것이다. 인류 역사에서 저항은 고통에 대해 가끔 나타나는 반응일 뿐이다. 우리는 저항의 예보다 착취에 대한 인내, 권위에 대한 복종에 대한 예를 더 많이, 끝없이 들 수 있다. 유럽에서 수 세기에 걸쳐 이루어진 농노제, 동방에서 수천 년 동안 이루어진 지주제와 비교해 소작농 봉기의 수를 헤아려보라. 미국에서 일어난 노예 반란의 건수와 드러내놓고 저항하지 않은 채 평생 고난을 겪으며 살아간 수백만 명의 기록을 대조해보라. 우리가 가장 주의해야 할 부분은 자연스럽게 폭동을 일으키는 경향이 아니라, 사람들이 힘겨운 환경에 맞닥뜨렸을 때 거기에 굴복하는 경향이다(pp. 16~17).

그러므로 체제 정당화 이론은 기존 사회 질서에 대한 개인의 심리적 투자의 원인, 결과, 깊이, 특히 이러한 투자가 그 또는 그녀의 이익과 상충할 때의 실증적 증거를 설명하기 위해 필요하다.

우리는 일반적으로 (그러나 절대 예외가 없는 것은 아닌) 현 상태를 방어하고, 정당화하고, 사회 질서의 합법성을 강화하고자 하는 체제 정당화 동기가 있다고 주장한다. 이러한 동기는 지배 집단 구성원에게 한정되지 않으며, 그 이유는 체제 정당화를 통해 드러나는 인식론적·실존적·관계적 욕구가 그들에게만 있는 것은 아니기 때문이다. 우리는 체제 정당화 동기가 (그 강도와 사회적 중요성 면에서) 자기 개념 및 사회 집단과 관련해 얻는 이익 및 존중을 방어하고 정당화하려는, 널리 알려진 동기와 비교할 수 있다고 본다. 우리는 이전의 이론적 개념을 확장해, 분명 사람들은 자기와 자기 집단에 대해 우호적 태도를 유지하고 싶어 하지만, 동시에 그들이 의지하고 있는 사회·경제·정치 체제에 대해서도 상대적으로 우호적 태도를 유지하고 싶어 한다고 주장할 것이다.

자기·집단·체제 정당화 동기

1장에서 우리는 세 가지 다른 정당화 경향 또는 동기를 구분 지었는데, 비주류 집단 구성원에게는 각 경향 또는 동기가 갈등을 일으키거나 모순일 가능성이 있다. 첫 번째는 자기 (또는 자아) 정당화로, 긍정적인 자기상을 발달시키고 유지하고자 하는 욕구, 개인적 행위자로서 타당하고 정당하고자 하는 욕구를 가리킨다. 두 번째는 집단 정당화로, 사회 정체성 이론의 일차적인 주안점이다. 이는 자기 집단에 대해 긍정적인 이미지를 발달시키고 유지하며, 내집단 구성원의 행동을 방어하고 정당화하고자 하는 욕구다. 세 번째는 체제 정당화로, 현 상태에 정당화를 부여하며 좋고, 공정하고, 자연스럽고, 바람직하고, 안정적이라고 여기는 사회적·심리적 경향이다. 이러한 이론적 틀 안에서, 자기 또는 집단 정당화 동기, 혹은 둘 모두(그리고 반대되는 다른 힘)의 강도가 체제 정당화 동기의 강도를 넘어서지 않는 한 비주류 집단이 사회 변화를 위한 집단행동에 참여할 가능성은 낮다.

체제 정당화 이론에서는 자기·집단·체제 정당화 동기 세 가지를 분명하게 구분하기 때문에 현 상태에 대한 지지, 특히 비주류 집단의 지지에 대한 사회적·심리적 선행 자극과 결과에 대해 직접적으로 다루는 유일한 이론이라고 할 수 있다. 사회 정체성 이론에서는 모든 사회적 행동을 개인 간 행동부터 집단 간 행동에 이르는 연속선상에 놓았기 때문에, 지난 30~40년 동안 우리가 첫 번째와 두 번째 동기(자기와 집단 정당화) 그리고 둘 사이의 관계를 이해하는 데 많은 도움을 주었으나, 체제 정당화 과정에 대한 이해를 증진하는 데는 거의 도움이 되지 않았다. 타이펠과 터너(Tajfel & Turner, 1986)는 사람들이 **인지적 대안**을 상상하기 어려울 것이라는 단서를 주었지만, 그 어려움의 기원을 설명하지 않았고, 그러한 가정이 사회 정체성 이론의 다른 원리에 따른 것도 아니었다.

사회 지배 이론에서는 두 번째와 세 번째 동기(집단 및 체제 정당화)를 언급하지만, 둘이 서로 합쳐질 때가 잦은 방식으로 그러했다. 조스트와 톰슨(Jost & Thompson, 2000)은 사회적 지배 지향성 척도의 일부 항목은 집단 기반 지배 요인에 부하〔load: 사회과학의 연구 방법인 요인 분석(factor analysis)에서, 어떤 척도의 항목이 특정 요인과 관계가 있다는 것을 보여주는 개념—옮긴이〕되는 반면, 나머지 항목은 평등 요인의 반대쪽에 독립적으로 부하된다는 것을 보여주었다(Kugler et al., 2010 참조). 어떤 이들은 사회적 지배를 개념적·실증적 모호함으로 인해 집단 정당화의 한 형태로 해석하거나, 체제 정당화와 같은 의미로 취급하기도 했다. 예를 들어, 폴 스나이더먼과 동료들(Paul Sniderman et al., 2000)은 "사회적 지배 척도의 쓰임"은 "다른 사람을 지배하는 데서 오는 이익을 즐기고자 하는 일부 사람의 욕구 강도를 분석하는 것"이라고 결론지었다. 사회적 지배 지향성을 집단 정당화로 해석한 것은 이들뿐만이 아니었다.

시간이 지나면서 사회적 지배 지향성의 정의는 변화했으며, 체제 정당화 관점과 보다 쉽게 공존할 수 있게 되었다. 예를 들어, 시다니어스와 동료들(Sidanius et al., 2001)은 사회적 지배 지향성의 개념을 "내집단의 지배를 의미하는지 피지배를 의미하는지와 상관없이, 여러 사회 집단 간 불평등한 관계에 대한 일반적 욕구"(p. 312)로 기술했는데, 이는 집단 정당화보다 체제 정당화에 훨씬 가깝다. 이러한 해석과 일관되게 오버벡과 동료들(Overbeck et al., 2004)은 지위 낮은 집단에서 사회적 지배 지향성이 높은 구성원이 현 상태에 저항하는 집단 정당화 방식보다 순응하는 체제 정당화 방식을 택한다고 보았다.

우리는 체제 정당화 이론의 주요 원리를 명확히 밝히고 궁극적으로 공식화하기 위한 노력의 일환으로 비교적 많은 가설을 만들었다. 이런 가설에는 〔고정 관념 형성, 외집단 선호, 자기 자격 폄하(depressed entitlement)를 비롯한〕 합리화 및 내면화 과정, 자기·집단·체제 정당화 동기의 관계 및 태도의 양가성, 자존감·주관적 안녕에 미치는 영향 관련 내용이 포함된다. 이러한 가설 각각에 대해 적어도 부분적인 지지가 있었다는 사실은 체제 정당화 가설이 사회과학에 독특한 가치를 지닌 무언가를 보태주었음을 보여준다.

우리는 18가지 가설을 중심으로 실증적 연구를 정리했으며, 부록 B.1에 그 결과를 제시했다. 그러나 이번 장에서는 각각의 가설에 같은 분량을 할애하지는 않았다. 대신 우리는 (a) 집단 간 관계 및 정치심리학과 가장 관련이 깊고, (b) 체제 정당화 관점을 사회 정체성 이론, 사회 지배 이론과 구분 짓는 쟁점에 집중했다. 우리가 이 장에서 강조하는 주제는 현 상태의 합리화, 열등감의 내면화, 자기·집단·체제 정당화 동기 사이에 일어날 수 있는 갈등이다.

현 상태의 합리화

체제 정당화 이론에 따르면, 인간의 합리화 능력은 사회 체제의 정당성 및 안정성에 강력한 척도가 된다. 1939년에 시인 오든(W. H. Auden)은 이렇게 썼다.

> 인간의 정신에는 자신이 얼마나 불행한지 알지 못하게 해주는 자비로운 기전이 있다. 사람은 불행이 지나가고 나서야 대체 그걸 어떻게 견뎌냈는지 자문한다. 일단 공장 노동자들이 여섯 달 동안 공장을 벗어난다면, 세상이 한 번도 본 적 없는 혁명이 일어날 것이다(p. 402).

사람들은 달갑지 않은 결과에 순응하는 놀라운 능력이 있으며, 이는 왜 권위자들이 성공적으로 합의를 유지하고, 혁신적인 사회 변화가 그토록 드문지 설명하는 데 도움을 준다.

합리화는 사회심리학의 많은 영역, 특히 인지 부조화 감소에서 중요한 역할을 하는 것으로 보이지만, 대부분의 영역에서 연구자들은 (a) 사람들에게 그들이 정당화한 결과에 개인적 책임이 있는 경우, (b) 합리화가 선택이나 행동 뒤에 일어나는 경우에 집중한다. 덧붙여 윌리엄 맥과이어와 클레어 맥과이어(Bill McGuire & Claire McGuire, 1991)는 **신 포도**와 **단 레몬** 유형의 합리화가 존재하기 때문에, 사람들은 사건이 일어날 확률이 줄어들 것으로 예상하면 그 사건의 가치를 절하하고, 확률이 증가하면 주관적 가치를 높게 본다고 주장했다.

케이와 동료들(Kay et al., 2002)은 아래 가설을 검증함으로써 체제 정당화 관점을 자기 및 집단 정당화 관점과 구분했다.

H1. 사람들은 (a) 개인적 책임이 없을 때도, (b) 처음에 그 사건이 매력적이라고 평가했는지 여부와 상관없이, (c) 특히 관여된 동기가 낮을 때보다 높을 때, 일어날 확률이 높은 사건을 확률이 낮은 사건보다 더 바람직하다고 평가함으로써 (예상되는) 현 상태를 합리화할 것이다.

2000년 앨 고어(Al Gore)와 조지 부시(George W. Bush)가 출마한 운명적인 미국 대통령 선거 일주일 전에, 우리는 성인 응답자 288명을 대상으로 설문 조사를 실시했다. 우리는 (a) 두 후보 각각의 승리 가능성을 조작하고, (b) 각 결과에 대해 주관적 바람직성을 측정했다. 예상대로 전반적으로 민주당 지지자들은 고어를, 공화당 지지자들은 부시를 선호했다. 그러나 민주당과 공화당 지지자 모두 두 후보의 당선 확률이 높아질수록 당선의 바람직성을 높게 평가했다(그림 5.1). 무당층에서는 이러한 합리화가 나타나지 않았으며, 이는 이들이 부시와 고어의 선거 결과에 유의미한 투자를 하지 않았기 때문으로 보인다.[1] 그러나 선거에 관여한 당사자들은 분명 현 상태를 (그것이 나타나기도 전에) 합리화했으며, 이는 2003년 부시 대통령이 이라크 침공 결정을 발표한 뒤 여기에 대한 미국인의 지지(그리고 대통령의 직무 수행 승인 및 국정 방향에 대한 만족)가 증가한 것과 비슷하다. 유사하게 크리스틴 로린(Kristin Laurin, 2018)은 사람들이 흡연 및 플라스틱 물병 사용 금지의 효력이 발효되자 이를 합리화하고, 민주당 지지자조차도 도널드 트럼프 취임 직후부터 그의 재임을 합리화하기 시작했음을 보여주었다.

또한 사람들은 앞 장에서 논의한 것처럼 고정 관념을 사용해 지위 높은 집단과 낮은 집단을 차별화하여, 불평등이 자연스럽고 적절하게 보이게 함으로써 사회 질서를 정당화한다. 체제 정당화 이론은 사람들이

그림 5.1 부시와 고어 대통령 취임의 바람직성 평가 vs. 부시와 고어의 승리 가능성 지각

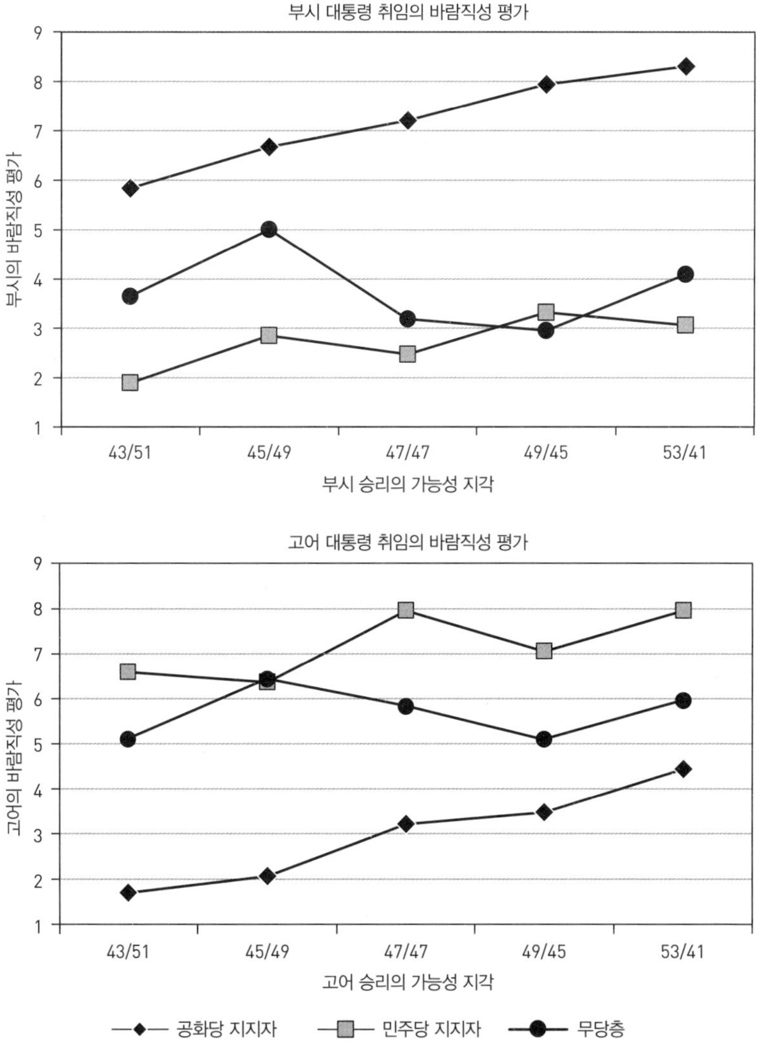

집단 간 사회적·경제적 차이를 정당화하기 위해 고정 관념을 이용한다는 주제를 기반으로 하며, 아래와 같이 제안한다.

H2. 사람들은 집단 간 사회적·경제적 지위 차이를 합리화하기 위해 고정 관념을 이용할 것이기 때문에, 같은 지각 대상 집단에도 체제에서 사회적 지위 또는 위치가 높다고 지각하는지 낮다고 지각하는지에 따라 다른 고정 관념을 적용할 것이다.

우리는 실제 집단이 사회경제적으로 성공했다는 지각을 조작할 수 있으며, 따라서 고정 관념에서 나타나는 차이가 실제 집단 간 차이로부터 비롯할 가능성을 제외하는 실험 패러다임을 개발했다(Jost, 2001). 이 패러다임을 이용해 메릴랜드 대학 학생들로 하여금 학교 동문들이 경쟁 상대인 버지니아 대학 동문들보다 사회경제적으로 더 성공했다고 믿게끔 했다. 그들이 자기 집단이 다른 집단보다 더 성공적이라고 믿을 때는 성취 관련 특질인 지능, 능력, 성실성에 대해 내집단 선호를 나타냈다. 그러나 그들이 다른 집단이 더 성공적이라고 믿을 때는 외집단 선호를 나타내 이제는 메릴랜드 대학 학생들이 버지니아 대학 학생들보다 덜 지적이고, 덜 능력 있고, 덜 열심히 공부한다고 했다.

만약 사람들에게 현 상태를 방어하고 정당화하려는 동기가 정말 있다면, 특히 기존 체제가 비판이나 위협을 받을 때 그 정당성을 강화하기 위해 고정 관념을 비롯한 수단을 사용할 가능성이 높을 것이다(Kay et al., 2005). 따라서 우리는 아래와 같은 가설을 세웠다.

H3. 사람들은 사회 체제에 대한 비판이나 위협에 반응해, 그러한 비판이나 위협이 없을 때에 비해 지위 높은 집단과 낮은 집단을 차별화하기 위하여 고정 관념을 더 많이 이용함으로써 체제를 방어하고 정당화할 것이다.

우리는 먼저 이 가능성을 이스라엘인을 대상으로, 지위가 높은 유럽계 유대인 후손인 아슈케나짐(Ashkenazim)과 지위가 낮은 중동 및 아프리카계 유대인 후손인 세파르딤(Sephardim)에 대한 고정 관념에 초점을 맞추어 탐색했다(Jost et al., 2005). 나의 동료 중 한 명인 예팟 키베츠(Yephat Kivetz)는 텔아비브(Tel Aviv)의 열차 이용자들을 뽑아 아슈케나짐과 세파르딤에 대한 그들의 믿음에 관해 질문했다. 그러기에 앞서 우리는 그들에게 체제에 대한 높은 위협을 담은 글과 낮은 위협을 담은 글을 읽도록 했다. 전자는 아래와 같은 내용을 담고 있었다.

> 요즘 이스라엘에 사는 많은 사람이 국가 상황에 실망감을 느끼고 있습니다. 시민 중 상당수는 국가가 사회, 경제, 정치 관련 요인에서 최저점에 다다랐다고 느낍니다. 사람들은 예전처럼 안전하고 안정적이라고 느끼지 않으며, 국가의 미래가 불확실하다고 생각합니다.

반면 체제 위협이 낮은 글은 다음과 같았다.

> 요즘 국가가 직면한 여러 어려움에도 불구하고 많은 이스라엘 사람이 과거에 비해 더 안전하고 안정적이라고 느끼고 있습니다. 시민 중 상당수는 국가가 사회, 경제, 정치 관련 요인에서 비교적 안정적이라고 느낍니다. 이스라엘의 미래에 대해 낙관하고, 이곳이 이스라엘 사람들이 안정감을 느낄 수 있는 유일한 곳이라고 생각합니다.

체제 위협이 낮은 조건에서 두 집단(아슈케나짐과 세파르딤)의 응답자 모두 약한 내집단 선호를 나타냈다. 즉, 자기 집단이 지능·포부·성실성·

그림 5.2 고정 관념의 영향을 받아 집단 지위의 기능을 하는 내집단과 외집단 선호 및 높은 체제 비판(또는 위협)과 낮은 체제 비판에 대한 노출

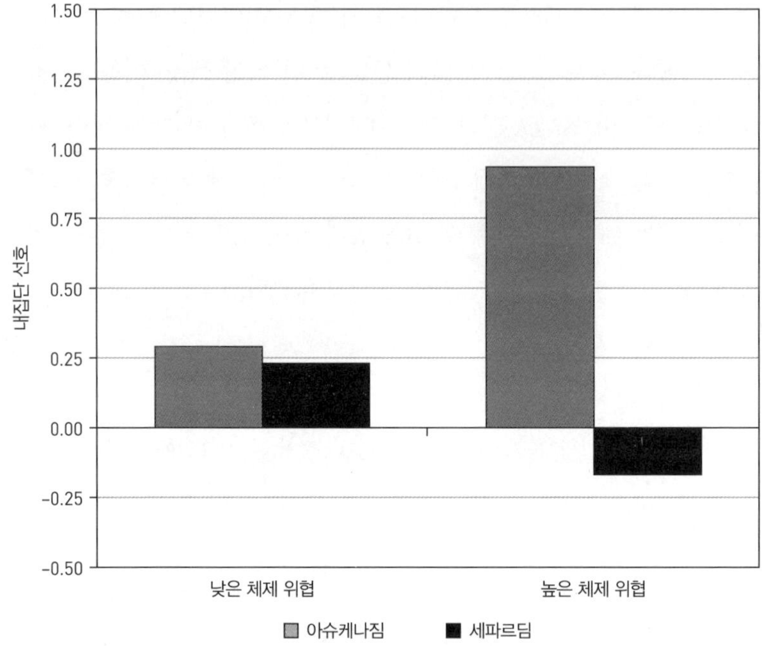

출처: Jost et. al.(2005)의 데이터에 기초한 Jost & Hunyady(2003)에서 인용.

주: 이 데이터는 지능, 포부, 책임감, 성실성, 침착함, 개방성, 교육에 대한 중시 같은 특질을 합산한 결과다. 양수인 점수는 내집단 선호를, 음수인 점수는 외집단 선호를 나타낸다. 집단 소속과 체제 위협의 상호 작용은 $p<.05$ 수준에서 통계적으로 유의하다.

책임감·침착함·개방성·교육에 대한 중시에서 조금 더 우월하다고 했다. 체제 위협이 높은 조건에서 아슈케나짐 응답자들은 더 강한 내집단 선호를 나타냈으나, 세파르딤 응답자들은 **외**집단 선호를 나타냈다(그림 5.2). 상당수의 자기 또는 집단 관련 위협이 내집단 선호를 높이는 것처럼, 체제 관련 위협에 대한 노출은 지위 높은 대상 집단과 지위 낮은 대상 집단에 대해 서로가 공유하는 고정 관념 적용을 증대시켰으며, 심

지어 자기에 대한 고정 관념 적용도 증대시켰다(Laurin et al., 2011 참조).

만약 대부분의 사람이 현 상태를 정당화하는 데 동기화된다면, 그들은 집단 간 지위와 권력 차이에 대한 의미 없는 〔또는 위약(placebic, 僞藥) 작용을 하는〕 설명조차도 받아들이고 강화해야 한다. 그러므로 우리는 다음과 같은 가설을 세웠다.

H4. 집단 간 지위 또는 권력 차이에 대한 설명(또는 거짓 설명)을 제공하면 (a) 차이를 합리화하기 위한 고정 관념의 적용이 늘어나고, (b) 비주류 집단 구성원으로 하여금 그들의 상황에 대해 (부정적이기보다) 더 긍정적인 정서를 표현하게 할 것이다.

H5. 비주류 집단 구성원은 그들에게 권력이 없는 이유, 무력함에 대한 설명을 실제보다 더 정당한 것으로 잘못 기억할 것이다.

이러한 생각을 헌터 칼리지(Hunter college)에서 심리학 강의를 수강하는 학생들을 대상으로 검증해보았다. 헌터 칼리지 학생들에게 (일부 조건에서) 인접한 브루클린 대학 학생들이 그들에 대해 권력을 가지고 있다고 언급했다(Haines & Jost, 2000). 더 자세히 살펴보면, 권력 차이가 있는 조건에서 헌터 칼리지 학생들은 브루클린 대학 학생들이 (a) 자살자의 진짜 유서와 가짜 유서를 구분하는 과제를 통해 그들의 능력을 평가할 것이며, (b) 그들이 언제 실험을 끝마칠 수 있는지 결정할 것이라는 안내를 받았다.

이런 맥락에서 엘리자베스 헤인즈(Elizabeth Haines)와 나는 권력에 대한 정당한 설명 또는 정당하지 못한 설명이 고정 관념 형성, 정서, 기억 측정에 어떤 영향을 미치는지 살펴보았다. 사전 실험에서 전문성, 경험, 능력이 한 집단이 다른 집단에 대한 권력을 가질 수 있는 가장 정당한 이유로 나타났기 때문에, 정당한 설명을 하는 조건에는 이러한 이유를 제공했다. 참여자들에게는 브루클린 대학 학생들이 "자살 예방 부서에서 일한 심리학 전공 상위 학부 학생"이라고 했다. 사전 실험에서 타인에 대해 권력을 갖는 데 가장 정당하지 못한 기반은 권력 있는 누군가와 친구인 것으로 나타났으므로, 우리는 정당하지 못한 설명을 하는 조건에 배정받은 참여자들에게 외집단이 권력을 쥔 이유는 "책임 연구자가 브루클린 대학을 졸업했고 그곳에 친구들이 있기 때문"이라고 안내했다. 설명을 제공하지 않은 통제 조건에서는 참여자들에게 권력 차이에 대한 이유를 말하지 않았다.

헌터 칼리지 학생들은 외집단인 브루클린 대학 학생들이 자신들에 대한 권력이 있을 때, 권력이 없을 때보다 유의하게 더 지적이고 책임감 있다고 평가했으며, 이는 가설 2(H2)를 추가적으로 지지하는 내용이다. (정당하든 정당하지 않든) 설명을 제공하면 외집단이 지적이고, 책임감 있으며, 자신들을 판단할 권리가 있다고 지각하는 정도가 높아졌고, 이는 사람들에게 권력 차이에 대한 설명을 제공했을 때 그렇지 않을 때보다 권력 사용을 정당화하는 데 고정 관념을 적용할 가능성이 높다는 가설(H4a)과 일맥상통한다. 또한 헌터 칼리지 학생들이 권력 없는 상황에 놓였을 때, (어떤 내용이든) 설명을 듣지 않은 것에 비해 듣고 나서 더 긍정적인 정서를 보고했다. 이러한 결과는 H4b를 지지한다.[2]

실험이 끝날 때, 학생들에게 약 한 시간 전에 들은 권력 차이의 이유에 대한 설명을 네 가지 보기 중에서 고르도록 했다. 보기는 (a) "왜냐하면 그들이 자살 예방 부서에서 일하는 심리학 전공 상위 학부 학생들

그림 5.3 집단 간 권력 차이의 원인에 대한 기억

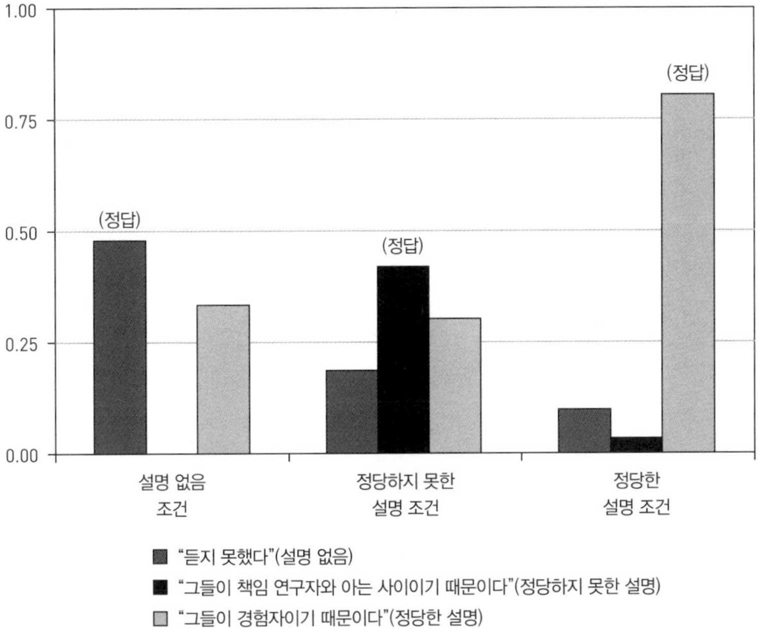

출처: Haines & Jost(2000)의 데이터에 기초한 Jost & Hunyady(2003)에서 인용.

주: 여기서는 원래 데이터의 "기억나지 않는다"는 응답을 제외했다. 그래프의 값은 (각 조건에서) 집단 간 권력 차이에 대해 각각의 원인을 선택한 참여자의 백분율을 나타낸다. 각 조건에서 옳은 응답은 해당 막대그래프 위에 표시했다. 독립성에 대한 카이 제곱 검정(chi-square test) 결과, 사람들은 일관적으로 설명을 실제보다 정당한 것으로 잘못 기억했다(x^2=32.45, p<.0001, df=2, n=107).

이었기 때문이다", (b) "왜냐하면 책임 연구자가 브루클린 대학을 졸업했고 그곳 사람들을 알기 때문이다", (c) "듣지 못했다", (d) "기억나지 않는다"였다. 각 조건에 배정된 헌터 칼리지 학생들이 앞의 세 가지 보기를 택한 비율을 그림 5.3에 제시했다. H5와 일관적으로, 사람들은 권력 차이의 원인을 실제보다 더 정당한 것으로 잘못 기억하고 있었다. 설명을 하지 않은 조건에서는 33.3퍼센트의 사람이 정당한 설명을 잘

못 선택했으며, 아무도 정당하지 못한 설명을 선택하지 않았다. 정당하지 못한 설명을 한 조건에서 30.2퍼센트의 사람이 정당한 설명을 잘못 선택했다. 사람들은 정당성 면에서 타인들(특히 권위를 가진 사람들)에게 무죄 추정의 원칙을 적용하고자 했으며, 결과의 정당성을 능동적으로 높이려 했다(비슷한 결과를 보려면 Batalha et al., 2007; Kappen & Branscombe, 2001 참조).

이렇게 사람들이 현 상태를 정당화로 채우는 수많은 방식 중 사회 정체성 이론과 사회 지배 이론을 통해 추정할 수 있는 것은 없다. 사람들이 적극적으로 현 상태를 합리화하는 방식과 정도에 대한 가설은 체제 정당화 경향을 진지하게 받아들이는 관점을 통해 세워야 한다.

열등감의 내면화

우리는 4장에서 사회 정체성 이론이 내집단 선호의 보편성을 강조함으로써 집단 경계를 넘어서는 고정 관념에 대한 합의와 지위 낮은 집단 구성원의 외집단 선호를 적절하게 설명하는 데 실패했다고 주장했다. 체제 정당화 이론에 따르면, 주류와 비주류 집단 구성원은 종종 기존 사회 체제를 강화하고 정당화하는 방식으로 생각하고, 느끼고, 행동하며, 외집단 선호는 집단 간 불평등에 대한 정당화의 여러 예 중 하나다. 여기서 사용하는 외집단 선호라는 용어는 자신이 속하지 않은 집단 구성원에 대한 암묵적 또는 외현적인 선호를 가리킨다. 이러한 주장은 사람들에게 단순히 외집단이라는 이유만으로 외집단을 선호하는 특수한 동기가 있다는 것이 아니다. 우리는 여기서 "이종애(allophilia)"(Pittinsky,

2012) 현상을 이야기하려는 게 아니다. 비주류 집단 입장에서 외집단 선호는 불평등한 체제를 내면화하고 유지하는 경향의 한 가지 표현이다. 외집단 선호가 나타나는 것은 "실제로 지위 낮은 집단의 구성원은 지위 높은 집단에 비해 상대적으로 열등하기 때문에 집단 정체성이 계속해서 위협받으며, 이들이 외집단을 가장 부정적으로 평가한다(Leach et al., 2003. p. 933)"는 사회 정체성 이론의 가정과 대비된다.

외집단 선호를 진지하게 받아들이는 것에 대한 반대

지위 낮은 집단에서 나타나는 외집단 선호의 중요성을 낮게 보고 체제 정당화를 반영하는 생각을 거부하는 몇 가지 다른 (그리고 상충할 가능성이 있는) 이유가 있다(Owuamalam et al., 2019). 첫째, 사회 정체성 이론가들은 외집단 선호가 요구 특성으로 인해 나타나는 것이라고 주장했다. 이것이 브라이언 멀린과 동료들(Brian Mullen et al., 1992)이 취한 입장으로, 이들은 메타 분석에서 지위 낮은 실험 집단의 85퍼센트가 외집단 선호를 나타낸 사실을 간과했다. 멀린과 동료들은 메타 분석의 대상이 된 여러 연구에서 "인위적인 집단"을 도입하고 "지위를 개념화할 때 일시적이고 과업 중심적인 면에 집중"했다는 이유로 위와 같은 증거를 평가 절하했다(p. 119). 이 쟁점을 논의하기 위해 조스트(Jost, 2001)는 (앞서 이야기한 메릴랜드 대학 학생들이 참여한 연구와 같이) 실험에서 실제 집단의 사회경제적 성공 지각을 조작한 여러 연구를 정리했다. 이러한 맥락에서도 지위 낮은 집단 구성원의 주된 반응은 외집단 선호였다.

두 번째 비판은 외집단 선호에 대한 대부분의 증거가 지위와 관련한 비교 차원에서 나왔다는 것으로, 상대적 열등감이 옳을 수도 있음을 가정한다. 예를 들어, 메릴린 브루어와 노먼 밀러(Marilynn Brewer & Norman Miller, 1996)는 "〔지위와 관련한〕 이 요인을 생각해볼 때, 이러한 효과를 절대 '편향'이라고 이름 붙여서는 안 될 것이다"(p. 95)라고 주장했다. 그러나 오버벡과 동료들(Overbeck et al., 2004)의 발견에 따르면, 지위가 낮으며 사회적 지배 지향성이 높은 (따라서 현 상태에 대한 평등주의적 대안을 능동적으로 거부하는) 집단 구성원은 지위와 관련 없는 특질에 대해서도 외집단 선호를 나타냈으며, 이는 그들의 열등감이 한층 일반화되어 있음을 시사한다. 우리는 뒤에서 조스트와 동료들(Jost et al., 2002)이 제시한 행동 증거를 논의할 텐데, 여기서도 전혀 지위 관련 고정 관념에 국한되지 않은 외집단 선호가 나타났다.

이와 연결되는 세 번째 비판은 외집단 선호가 지위 낮은 집단 구성원이 현 상태의 정당성과 안정성을 받아들이도록 **사회의 현실**에 '구속되어' 나타난다는 것이다. 오우아말람과 동료들(Owuamalam et al., 2019)은 다음과 같은 예를 제시했다. "적어도 교수들이 전문성을 갖고 있는 것으로 간주하는 특정 분야에 대해서는, 대학생들이 자신의 교수보다 더 많이 안다고 (불가능하지는 않아도) 자신 있게 주장하기는 어려울 것이다"(p. 367). 비슷하게 루빈과 휴스턴(Rubin & Hewstone, 2004)은 사회에서 비주류인 사람들의 고난을 "자신들이 경기에서 졌고 다른 팀이 이겼다는 것을 받아들이"도록 압력을 받는 패배한 축구팀에 빗댔으며, "이러한 반응은 사회적으로 공유하는 현실에서 나타나듯 현 상태를 수동적으로 반영하는 것"이라고 주장했다. 루퍼트 브라운(Rupert Brown, 2010)은 이 축구팀 은유에서 더 나아갔다. "나는 2009년 우울하게 영국 프리미어 리그 순위표를 훑어보면서, 그해 나의 사랑하는 리버풀보다 맨체스터 유나이티드가 승점을 더 많이 땄다는 걸 받아들여야만 했다. 하지만 리그 순위의 현실에 대한 내키지 않는 자각은 맨체스터가 원래 우리보다 우월하다는 내 믿음과는 현저한 차이가 있었다!"(p. 240) 오우아말람과 동료들(Owuamalam et al., 2019)은 계속해서 이 은유를 이어갔다. "지고 있는 축구팀이 정당하게 이긴 우승팀의 우월한 위치에 도전하는 것은 의미가 없으며, 이러한 도전은 투정으로 보일 수 있다(이를테면 불쌍한 패배자들)"(p. 368).

내게는 이런 모든 주장이 체제 정당화의 심리학을 심각하게 왜곡하고 있는 것으로 보인다. 가난한 이, 여성, 성 소수자를 비롯해 사회 비주류에 속하는 사람들은 단순히 삶에서 게임을 하다가 진 것이 아니다. 그들은 교수보다 아는 게 많다고 말하고 싶지만, 현실의 제약을 받는 대학생과는 다르다. 또한 현 상태를 비판하며 투정을 부리는 것도 아니다. 사회 정체성 이론가들이 취하는 입장은 문제의 핵심과는 전혀 관련이 없다. 사회적·경제적 불평등을 정당화하기 위해 이념을 남용하는 수많은 방법을 간과함으로써 그들은 부정의, 착취, 억압, 허위의식이라는 매우 현실적인 문제를 축소하고 오도한다.

나는 어떤 경우에는 체제 정당화가 능동적이고 의식적으로 동기화되기보다 **수동적**이고 **무의식적**이라는 데 동의한다. 제니퍼 혹스차일드(Jennifer Hochschild, 1981)가 수십 년 전에 지적했듯 "어떤 사람들은 현 상태를 열성적으로 지지하고, 어떤 사람들은 수동적으로 받아들이고, 어떤 사람들은 강하게 반대하고, 어떤 사람들은 그저 무관심하다"(pp. 262~263). 폭넓은 사회학 연구 결과, 현대 사회는 부자와 빈자, 남성과 여성, 인종과 민족이라는 측면에서 다수와 소수 등에 대해 '기울지 않은 운동장'을 제공하는 데 실패하고 있다. 이것은 사회에서의 경제적 성공과 실패를 이해하기 위해 프리미어 리그 순위를 예로 들면서, "우승자는 정당하게 이겼다"는 식의 필연적인 결론에 도달하는 문제가 아니다. 현 상태의 정당성을 의문 없이 받아들이는 것. 이것이 체제 정당화의 핵심이다.

사회 불평등의 맥락에서, 패배를 인정하는 것—또는 "객관적 차이를 받아들이는 것"(Brewer, 2007, p. 733)—은 (의식적으로든 무의식적으로든) 현 상태의 정당성을 당연하게 받아들이는 이념적 과정을 반영하며, 이는 여기에 필요한 것이 "공모의 침묵(complicitous silence)"(Bourdieu, 1986, p. 188)뿐이라 해도 마찬가지다. 오우아말람과 동료들(Owuamalam et al., 2019)의 글이 상기시키는 바 역시, 축구 경기에서 "패배를 인정하는 것"은 **리그, 경쟁 규칙, 심판의 권위와 행위, 다른 팀의 행동의 정당성을 가정한다**는 것이다. 그렇지 않으면 진 팀은 "우리가 졌다"고 하는 대신 "우리는 속았다!"고 할 것이다. 비주류 집단이 스스로 주류 집단 구성원만큼 **똑똑하지 않거나, 노력하지 않거나, 능력이 없거나, 자격이 있지 않다**고 가정할 때, 그들은 의도했든 의도치 않았든 사회에 존재하는 지위 및 권력 차이에 정당성을 허락하는 (그리고 강화하는) 것이다. 아트 판크니펜베르흐(Ad van Knippenberg, 1984)는 여러 해 전에 똑같은 지적을 했다. "그러므로 지위 높은 집단에 대한 지각과 평가는 결과의 분배가 정당하다는 암묵적 주장을 담고 있다고 볼 수 있다"(p. 573).

사회과학자들은 패배를 인정하는 것과 레빈(Lewin, 1948)이 "집단 자기혐오"라고 부른 것 사이의 심대한 차이를 볼 수 있어야 한다. 비주류 집단 구성원이 그들 자신과 불유쾌하거나 심지어 역겨운 단어 또는 이미지의 암묵적 연합(implicit association)을 마음속에 품고 있을 때가 많다는 사실은 우리의 의식과 무의식에 대한 위계적 사회 체제가 미치는 영향에 대해 중요한 무언가를 말해준다(이를테면 Banaji & Greenwald, 2013;

Jost et al., 2001). 사회의 '패배자'에게 도덕적 분노와 저항 활동이 놀라울 만큼 드물게 나타난다는 사실 또한 마찬가지다. 불만이 만연한 시기에도 극소수의 시민만이 거리로 나서며, 그들은 그 결과로 엄청난 반동(backlash)에 직면한다.

사회 정체성 이론에서는 가능성이 열릴 때 비주류 집단 구성원이 어떻게 "사회적 안정성에서 사회 변화로"(Tajfel, 1981), "수동적 허용에서 집단적 저항으로"(Wright et al., 1990), "사회적 현실에서 사회적 저항으로"(Spears et al., 2001) 움직이는지에 초점을 맞춘다. 이는 체제 정당화 현상에 대한 내용이지만, 순전히 수동적이다. 즉, 사람들은 다른 선택지나 대안이 없을 때에만 정당성과 안정성을 받아들인다. 이와 대조적으로 체제 정당화 이론은 사람들로 하여금 현 상태에 대한 대안을 거부하고, 비주류 집단 구성원이 사회 체제가 정당하고 안정적이라고 간주하게끔 하는 사회적·인지적·동기적 과정을 다룬다. 사람들이 가끔 수용에서 저항으로 옮겨간다는 것은 사실이지만, 일반적으로 사회 정체성 이론에서는 현 상태를 합리화하고 모든 것을 지금 그대로 두고자 하는 동기를 과소평가한다. 결과적으로 사회 정체성 이론에서는 사회 변화에 대해 비현실적일 만큼 낙관적인 전망을 하며, 라이허(Reicher, 2004, p. 941)의 말처럼 사회에서 "반란" "저항" "반대의 움직임"이 관성의 힘과 똑같이 나타난다는 미심쩍은 주장으로 이어진다.

네 번째 비판은 외집단 선호가 진짜 태도보다는 사회적 바람직성이나 인상(impression) 관리 전략을 반영한다는 것이다(Spears et al., 2001). 예를 들어, 정치과학자 제임스 스콧(James Scott, 1990)은 비주류 집단 구성원이 단순히 순응하는 것처럼 **보일** 뿐 실제로는 지배 계급 엘리트들의 처벌을 피하기 위해 "심하게 과장하는" 것이며, 사실 마음속으로 그들이 정말 열등하다고 믿지 않는다는 것을 근거로 허위의식의 존재에 반론을 제기했다(Jackman, 1994 참조). 이는 흥미로운 주장이지만, 엄격한 검증 기준을 통과하지는 못한다. 예를 들어, 대부분의 연구에서는 참여자들에게 응답을 공개적으로 요청하기보다 개인적으로, 비밀스럽게 요청한다. 그럼에도 불구하고 내집단 및 외집단 선호를 외현적으로 측정할 때 자기 표상의 역할을 숙고하는 것은 합리적이다. 이 쟁점을 해결하는 한 가지 방법은 내집단 및 외집단 선호 측정에 개방적이고 수동적이지 않은 질적 방법을 사용하는 것이다. 또 한 가지 방법은 일반적으로 외현적 측정 방법에 비해 자기 성찰(introspection), 숙고, 인지적 통제의 영향을 덜 받는 간접적·암묵적 선호 측정에 집중하는 것이다. 우리는 체제 정당화 관점에서 아래와 같은 가설을 세웠다.

> H6. 지위 낮은 집단 구성원의 경우, (a) 개방적이고, 수동적이지 않고, 질적인 측정 방법, (b) 암묵적·간접적이고 폐쇄적이지 않은 방법으로 측정한 인지적·정서적·행동적 결과에서도 외집단 선호가 나타날 것이다.

우리는 가설 H6a를 검증하기 위해 앞서 소개한 실험 패러다임을 사용해, 예일 대학 학생들로 하여금 동문들이 스탠퍼드 대학 동문들보다 사회경제적으로 더 성공했다고 믿게끔 했다. 그런 다음 개방형 양식을 활용해 왜 두 집단이 성공이라는 측면에서 다른지 설명해달라고 요청했다(Jost, 2001). 심사원 2명이 독립적으로 그들이 내집단(예일 대학)과 외집단(스탠퍼드 대학) 중 어디에 초점을 맞추었는지, 초점을 맞춘 집단에 우호적인지 비우호적인지 (또는 중립적인지) 그 내용을 분석했다. 예일 대학 학생들이 높은 사회경제적 성공 조건에 배정받았을 때는 내집단의 특성

그림 5.4 내집단의 상대적 지위로 기능하는, 내집단과 외집단에 대한 우호적 또는 비우호적 특성 평가 비율

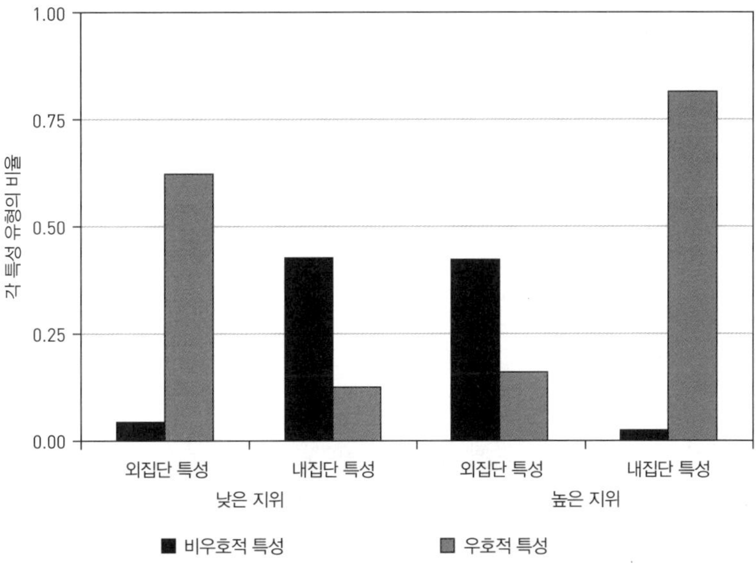

출처: Jost(2001)의 데이터에 기초한 Jost & Hunyady(2003)에서 인용.

에 대한 설명이 매우 우호적이었다(이를테면 "예일 대학은 원래 의욕이 더 많고 성적이 더 좋은 학생들을 입학시킨다"). 반면 외집단에 대한 설명은 비우호적인 경향이 있었다(이를테면 "스탠퍼드 대학은 운동선수에게 장학금을 주는 학교이기 때문에, 정규 과정을 통해 들어오는 학생들만큼 지적이지 않은 학생을 뽑을 것이다"). 예일 대학 학생들이 낮은 사회경제적 위치를 배당받았을 때는 결과가 매우 달랐다(그림 5.4). 내집단에 대한 설명은 좀더 비우호적이었으나("예일 대학 학생들은 너무 이상주의적이라 실제 삶에서 비실용적이거나 옳지 않은 상상을 하는 경우가 많다"), 외집단에 대한 설명은 좀더 우호적이었다("스탠퍼드 대학이 학생을 더 선택적으로 뽑기 때문에 사람들이 더 똑똑하다"). 물론 예일 대학 학생들

은 사회에서 비주류라고 보기 어렵기 때문에 이 연구에서 허위의식을 보여주지는 못했다. 하지만 **상대적으로** 지위 낮은 집단 구성원에게 그들의 언어로 사회경제적 차이를 설명해달라고 요청했을 때, 내집단 폄하와 외집단 선호가 얼마나 쉽고 동시적으로 일어나는지는 보여주었다.

조스트와 동료들(Jost et al., 2002)은 사회에서 지위 낮은 집단 구성원이 간접적·암묵적·무의식적인 인지적·행동적·정서적 측정에서 외집단 선호를 나타낸다는 가설(H6b)을 실험해보았다. 우리의 첫 번째 연구에서는 암묵적 연합 검사(Implicit Association Test, IAT)를 사용했는데, 이 도구는 반응 시간(또는 반응 지연)을 이용해 특정 사회 집단에 대한 정신적 연합의 상대적 호감도를 측정하기 위한 것이다(Banaji & Greenwald, 2013). 우리가 (좀더 지위 높은) 스탠퍼드 대학 학생들과 (좀더 지위 낮은) 산호세(San Jose) 주립대학 학생들 사이의 기존에 있던 지위 차이를 관찰한 결과, 두 집단 모두 스탠퍼드 대학과 관련한 자극은 ("성공적인" "지적인" "야심 있는" 같은) 학업 관련 고정 관념하고, 산호세 대학과 관련한 자극은 ("친근한" "유행에 민감한" "즐거움을 사랑하는" 같은) 교과 과정 외 관련 고정 관념하고 더 빨리 연합시켰다. 암묵적 내집단 및 외집단 선호를 정서 측면에서 측정하기 위해, 내집단 관련 자극과 외집단 관련 자극을 ("영광" "따뜻함" "금" 같은) 유쾌한 단어 또는 ("독" "오물" "고뇌" 같은) 불유쾌한 단어를 짝지었다.[3]

스탠퍼드 대학 학생들은 높은 내집단 선호를 나타냈으나, 산호세 대학 학생들은 그렇지 않았다. 사실 (스탠퍼드 대학 학생들은 16퍼센트만이 외집단 선호를 나타낸 데 비해) 산호세 대학 학생 중 36퍼센트는 지위가 더 높은 스탠퍼드 대학 외집단에 대한 암묵적 선호를 반영하는 반응 시간을 나타냈다. 정서 측정에서 나타난 스탠퍼드 대학에 대한 암묵적 선호는 스탠퍼드 대학 학생들의 암묵적 자존감에 대한 IAT 측정 결과와 양(+)의 상관관계가 있었으나, 산호세 대학 학생들의 암묵적 자존감과는 음(-)의 상관관계가 있었다. 이는 암묵적인 자기 및 집단 평가 수준에서 열등감이 내면화했음을 나타낸다. 또한 지위가 더 낮은 집단인 산호세 대학 학생들에게 암묵적 고정 관념의 내면화는 정서 측정에서 외집단 선호를 예측했다. 이와 대조적으로 스탠퍼드 대학 학생들의 경우 암묵적 고정 관념과 내집단 선호 사이에 약한 양(+)의 상관관계가 있었다.

두 번째 연구에서 우리는 비주류 집단 구성원이 유사성, 동종 선호, 사회 정체성 이론과 반대로 간접적 행동 측정에서도 외집단 선호를 나타내는지 탐색했다. 미국에서 태어난 라틴계, 아시아계, 유럽계 UCLA 학생들에게, 만난 적은 없지만 성(姓)으로 미루어볼 때 서로 다른 인종 집단에 속한다는 걸 알 수 있는 사람들 중 함께 공부할 상대를 선택할 기회를 주었다. 각 학생은 다른 학생 24명이 서명한 가상의 참여 동의서 사본을 받았다. 여기에는 실존하지 않는 학생 24명의 성과 이름 약자가 (모두 다른 손 글씨로) 적혀 있었다. 우리는 3개 인종 집단에서 일반적인 8개 성을 사용함으로써 가짜 소통 상대가 속한 민족 집단을 조작했다. 학생들에게 (상대와 함께 공부할—옮긴이) 세 번의 다른 시간대를 택해서 가장 선호하는 시간대부터 가장 덜 선호하는 시간대까지 순서를 정하도록 요청했다. 그 결과 가설 H6b와 같이 지위 낮은 집단 구성원(라틴계, 아시아계 미국인)은 같은 집단 구성원보다 지위가 더 높은 외집단 구성원과의 상호 작용을 더 선호했다. 그림 5.5에서처럼 라틴계, 아시아계는 전체 중 20~23퍼센트만 내집단 구성원과의 소통을 선택했으며, 이는 우연 수준인 33퍼센트 표준보다 현저하게 낮은 비율이었다. 세 집단 구성원 모두 최소한 40퍼센트가 백인 상대방과의 상호 작용을 선호

그림 5.5 라틴계, 아시아계, 백인(유럽계 미국인) 학생들이 각 인종 집단에서 상호 작용 상대를 선택한 비율

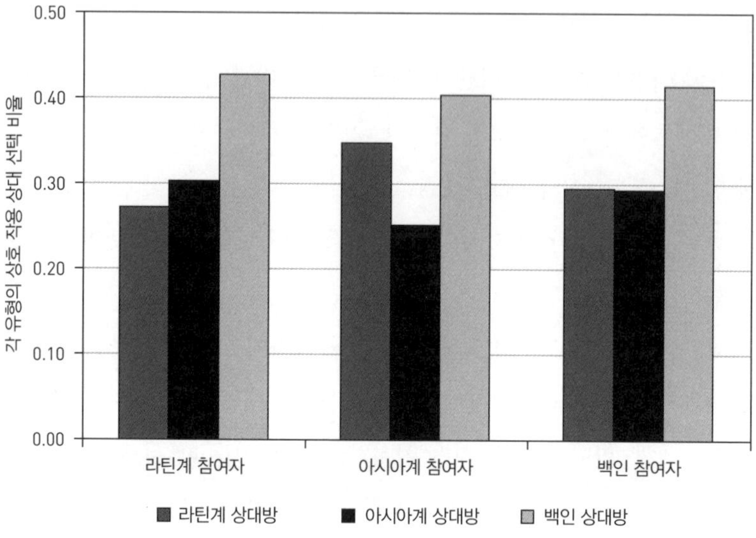

출처: Jost et al.(2002, Study 2)에서 인용.

했다.

세 번째 연구에서 나의 동료 브렛 펠엄(Brett Pelham)은 일반에 공개된 출생 기록을 분석한 결과, 부모들이 여아에게 어머니의 이름 약자를 따서 이름을 지어주는 비율에 비해, 남아에게 아버지의 이름 약자를 따서 이름을 지어주는 비율이 2배 이상 높다는 걸 발견했다. 또한 부모들이 지역 신문에 출생 공고를 실은 비율은 남아인 경우가 여아보다 높았다. 이 연구는 **암묵적 가부장주의**가 체제 정당화의 또 다른(합의한) 형태일 수 있음을 시사한다. 몇 년 뒤 우리는 이런 현상을 선명하게 보여주는 이상한 기사("아칸소의 일가족이 열다섯 번째 출산을 축하한다")를 발견했다. 이 기사는 짐 밥(Jim Bob)과 메리 더거(Mary Duggar) 부부가 새로 태어난 아

들 잭슨(Jackson)의 탄생을 알리는 내용이었다. 출생 공고에는 잭슨의 형제자매 14명의 이름도 실려 있었는데, 조슈아(Joshua, 16세), 제이나(Jana, 14세), 존데이비드(John-David, 14세), 질(Jill, 13세), 제사(Jessa, 11세), 진저(Ginge, 10세), 조지프(Joseph, 9세), 조시아(Josiah, 7세), 조이애나(Joy-Anna, 6세), 제러마이아(Jeremiah, 5세), 제다이디아(Jedidiah, 5세), 제이슨(Jason, 4세), 제임스(James, 2세), 저스틴(Justin, 1세)이 그들이었다. 아마도 부모는 M으로 시작하는 이름 중 마음에 드는 걸 찾지 못한 것 같다.

어떤 경우에나 사회 정체성 이론가들이 해온 사회적 바람직성에 대한 주장은 뒤집을 수 있다. 사회 규준을 통해 외집단 선호보다 내집단 선호를 표현하도록 크게 장려할 수 있으며, 이는 특히 가치가 절하되는 집단 구성원에게 그렇다. 예를 들어, 밀러(D. T. Miller)는 사적 이익은 강력한 사회 규준이며, 사람들은 타인의 기대에 따르기 위해 자기 집단의 이익을 위하는 방향으로 행동할 때가 자주 있다고 주장했다. 사람들은 자신에게 이익이 없거나 이익에 부합하지 않는 명분을 위해 행동함으로써 사적 이익의 규준을 어기는 것에 사회적 제약을 받으며, 그런 제약을 받도록 기대된다(Ratner & Miller, 2001). 따라서 사회 규준 분석의 결과는 자기 및 집단 이익을 위한 행동을 과장해야 한다는 압력을 암시한다. 내집단 선호를 표현해야 한다는 사회적 압력은 역사적으로 차별과 편견의 대상이 되어온 것으로 보이는 집단에서 특히 강하다. 결국, 아무도 톰 아저씨(미국 소설 《톰 아저씨의 오두막집》의 주인공—옮긴이)가 되고 싶어 하지는 않는 것이다.

현재 미국 사회의 관찰자 중 아프리카계 미국인을 비롯해 다른 소수 인종 집단이 인종 불평등의 정당성을 직접적으로 지지한다고 주장할 사람은 많지 않을 것이다. 그러나 우리가 살펴본 많은 연구 결과는 집단 간 편향을 암묵적 수준에서 측정했을 때, 지위 낮은 소수 집단 구성원이 지위가 더 높은 외집단을 선호하는 경우가 많았다. 이러한 선호를 외현적 수준에서는 완강히 거부할 때도 그러했다. 그리고 주류 집단 구성원이 편견을 가진 것으로 보여서는 안 된다는 규준의 압력을 받는 경우(Dovidio & Gaertner, 2004), 그들은 외현적 측정에 비해 암묵적 측정에서 내집단 선호를 더 드러내야 한다. 지위가 낮은 집단과 높은 집단 모두에 대한 이러한 관찰 결과를 토대로, 우리는 아래와 같은 상호 작용 관련 가설을 제안한다.

> H7. 지위 낮은 집단 구성원은 외현적 측정보다 암묵적 측정에서 외집단 선호를 나타낼 가능성이 더 높은 (또는 내집단 선호를 나타낼 가능성이 더 낮은) 반면, 지위 높은 집단 구성원은 외현적 측정보다 암묵적 측정에서 내집단 선호를 나타낼 가능성이 더 높다.

마자린 바나지와 동료들은 아직 출판되지 않은 연구에서, 인종 또는 민족이 다른 여러 예일 대학 학부생 하위 집단의 내집단 선호와 외집단 선호를 외현적·암묵적으로 측정한 결과를 비교했다. 그 결과 외현적인 '감정 온도계' 측정에서 아프리카계 미국인은 유럽계 미국인에 비해 내집단에 뚜렷하게 우호적인(따뜻한) 태도를 보였다. 하지만 암묵적 측정(IAT)에서는 이러한 양상이 뒤집어졌다. 즉, 아프리카계 미국인은 유럽계에 비해 내집단에 덜 우호적이었다.

이 결과는 나중에 암묵 프로젝트(Project Implicit) 웹사이트의 훨씬 크고 더 다양한 실험 집단에서 재검증되었다(Nosek et al., 2002). 10만 3316명의 유럽계 미국인과 1만 7510명의 아프리카계 미국인 데이터에 기초한 결과를 보면, 평균적으로 아프리카계 미국인이 유럽계 미국인보다 외현적 내집단 선호가 높았다. 그러나 암묵적으로는, 유럽계 미국인의 내집단 선호가 아프리카계 미국인보다 높았으며, 아프리카계 미국인에게서는 외집단 선호가 나타났다. 이 웹사이트에는 노인에 대한 편향 측정 결과도 있는데, 사회 집단에 대한 가장 광범위하고 일치된 암묵적 편향이자 미국에서 인종 관련 편향보다 심한 편향이라고 볼 수 있다. 암묵적·외현적 측정 모두에서 노인에 대한 태도는 청년에 대한 태도보다 덜 우호적이었다. 외현적 태도는 연령에 따라 달랐는데, 젊은 응답자보다 나이 든 응답자의 노인에 대한 태도가 덜 부정적이었다. 그러나 암묵적 태도는 연령과 이러한 관계가 없었다. 암묵적 연령주의(ageism)는 응답자의 연령과 상관없이 똑같이 강했다.

다른 많은 연구에서도 인종, 민족을 비롯한 지위 면에서 다른 여러 집단 사이의 암묵적·외현적 편향을 검증해왔다. 켄터키 대학의 아프리카계 미국인 학생 50~65퍼센트는 백인을 우호적으로 보는 암묵적 외집단 편향을 나타냈다. 다른 연구에서는 아프리카계 미국인 응답자의 60퍼센트가 암묵적 측정에서 백인 우호적인 외집단 편향을 나타냈는데, 이들은 외현적 측정에서는 내집단 편향을 드러냈다(Ashburn-Nardo et al., 2003). 크리스틴 레인과 동료들(Kristin Lane et al., 2005)은 예일 대학의 지위가 더 낮은 기숙 대학(residential colleges) 구성원에게서, 기숙사 방의 배정이 무작위로 이루어졌음에도 불구하고 (지위가 더 높은 구성원에 비해) 암묵적 외집단 편향이 나타난다는 걸 알아냈다.

체제 정당화 편향을 반영하는 또 다른 현상은 유색인이 더 어두운 피부색 집단보다 더 밝은 피부색 집단을 선호하는 비교적 눈에 띄지 않는 경향이다(Choma & Prusaczyk, 2018; Hill, 2002). 에릭 울먼과 동료들(Eric

Uhlmann et al., 2002)은 미국과 칠레 라틴계에게서 나타나는 암묵적인 피부색 편향을 연구했다. IAT 측정에서 라틴계는 백인을 선호하는 외집단 편향을, 피부색이 어두운 모레노(Moreno)는 피부색이 밝은 블랑코(Blanco)를 선호하는 외집단 편향을 나타냈다. (블랑코는 모레노에 비해 내집단 편향이 높았다.) 그렇지만 외현적 측정에서는 모든 집단 구성원이 내집단 편향을 낮게 보고하는 경향이 있었다.

로리 러드먼과 동료들(Laurie Rudman et al., 2002)은 지위가 높은 집단과 낮은 집단에 그들을 구분 짓는 지위 차이의 지각을 기반으로 순위를 매겼다. 암묵적 측정에서는 가장 큰 지위 차이(부자 대 빈자, 저체중 대 과체중)에는 지위 높은 집단 구성원의 강한 내집단 선호, 지위 낮은 집단 구성원의 강한 외집단 선호가 따라왔다. (그러나 외현적 측정에서는 그렇지 않았다.) 지위 차이가 더 작은 경우(백인 대 아시아계, 기독교인 대 유대인)에는 지위 높은 집단 구성원에게서는 강한 암묵적 내집단 선호, 지위 낮은 집단 구성원에게서는 약한 내집단 선호가 나타났다(또한 Axt et al., 2018 참조).

조슈아 커렐과 동료들(Joshua Correll et al., 2002)은 다른 행동에 영향을 미치는 암묵적 편향을 살펴보기 위해 모호한 상황에서 경찰관이 순간적으로 어떤 결정을 내리는지 동영상을 이용한 모의실험을 했다. 참여자들에게 백인 또는 흑인 대상자가 무장한 경우(총을 쏘아야 하는 경우)와 무장하지 않은 경우(총을 쏘지 말아야 하는 경우)를 빠르고 정확하게 결정해달라고 했다. 연구 중 하나에는 아프리카계 미국인이 유럽계 미국인과 함께 참여했다. 많은 사람을 놀라게 한 결과가 나왔는데, 아프리카계 미국인은 유럽계 미국인과 마찬가지로 암묵적인 반흑인 인종 편향을 나타냈다. 구체적으로 이야기하면, 두 집단 구성원 모두 무장한 백인보다 무장한 흑인을 더 빨리 쏘았고, 무장하지 않은 흑인보다 무장하지 않은 백인을 쏘지 않기로 하는 결정을 더 빨리 내렸다. 그러므로 아프리카계 미국인을 포함해 다른 소수 인종 경찰관은 그들이 유럽계 미국인 경찰관이 영향을 받고 있다고 믿는 합의에 의해 공유된 고정 관념으로 고통받는다고 추측해볼 수 있다.

조스트와 동료들(Jost et al., 2004)은 암묵 프로젝트 웹사이트 방문자 수천 명의 데이터를 세 가지 주류 및 비주류 집단 유형, 즉 백인 대 흑인, 청년 대 노인, 이성애자 대 동성애자에 초점을 맞추어 분석했다. 우리는 아프리카계 미국인의 외현적 내집단 선호(통계상 효과의 크기 $d = .79$, 참여자 수 $n = 2{,}048$)가 유럽계 미국인에 비해 더 강했으나 두 집단 모두 자기 집단에 대한 외현적 선호($d = .62$, $n = 15{,}110$)를 나타낸다는 것을 알았다. 암묵적 측정에서 유럽계 미국인은 내집단 편향을 나타냈으나($d = 1.06$, $n = 15{,}229$), 아프리카계 미국인($d = .04$, $n = 2{,}011$)은 그렇지 않았다. 그림 5.6에 나타난 것처럼 유럽계 미국인의 경우 외현적 측정(51.1퍼센트)에 비해 암묵적 측정(78.4퍼센트)에서 내집단 편향을 표현하는 비율이 높았던 반면, 아프리카계 미국인의 경우 암묵적 측정(40.1퍼센트)보다 외현적 측정(65.4퍼센트)에서 내집단 편향을 표현하는 비율이 높았다. 태도를 암묵적으로 측정했을 때, 아프리카계 미국인의 39.3퍼센트가 외집단 편향을 나타냈는데, 이는 대강 외현적 내집단 편향과 비슷한 비율이다.

두 번째 과제는 청년과 노인 응답자의 연령 관련 태도 비교였다. 응답자 중 50세 이하를 청년으로 간주했다. 외현적 측정에서 이들은 내집단 편향을 나타냈으나($d = .34$, $n = 13{,}710$), 노인들은 약한 외집단 편향을 나타냈다($d = -.05$, $n = 868$). 암묵적 측정에서 청년들은 강한 내집단 편향을 나타낸 반면($d = .99$, $n = 12{,}610$), 노인들은 강한 외집단 편향을 나타냈다($d = -.87$, $n = 815$). 노인 응답자들은 거의 청년 참여자가 암묵적 내집

그림 5.6 유럽계 미국인(백인)과 아프리카계 미국인(흑인)이 내현적·외현적 태도에서 내집단 선호, 중립성, 외집단 선호를 나타낸 비율

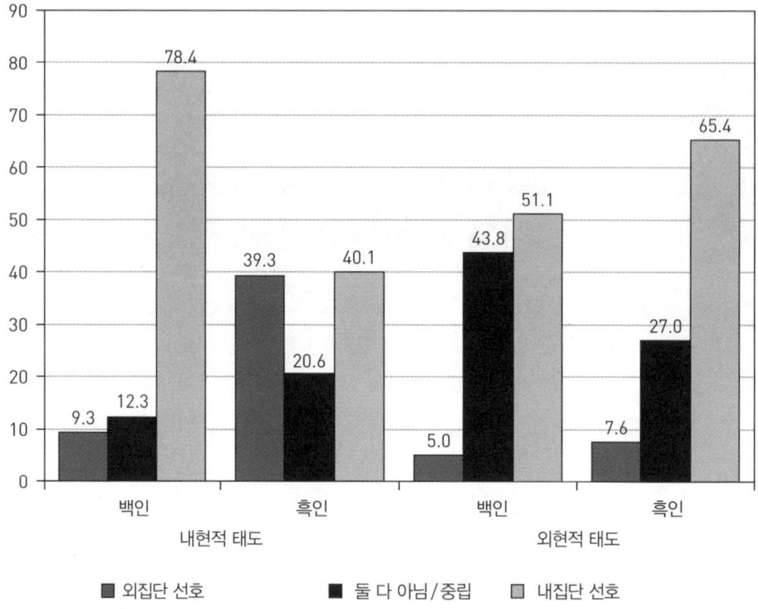

출처: Jost et al.(2004)에서 인용.

단 편향을 나타낸 것만큼이나(75.5퍼센트) 암묵적 외집단 편향을 나타냈다(72.0퍼센트).

마지막으로 우리는 성적 지향에 대한 암묵적 편향과 외현적 편향을 비교했다. 이성애자($d = .84$, $n = 14,329$)와 동성애자($d = .64$, $n = 3,316$) 응답자 모두 상대적으로 강한 외현적 내집단 선호를 나타냈다. 그러나 암묵적 측정에서는 이성애자 참여자만이 강한 내집단 선호를 나타냈다($d = 1.10$, $n = 14,619$). 평균적으로 게이와 레즈비언 응답자는 약한 암묵적 내집단 편향을 드러냈다($d = .11$, $n = 3,354$). 그림 5.7에서처럼 이성애자 참여자

그림 5.7 이성애 성향, 동성애 성향 응답자가 내현적·외현적 태도에서 내집단 선호, 중립성, 외집단 선호를 나타낸 비율

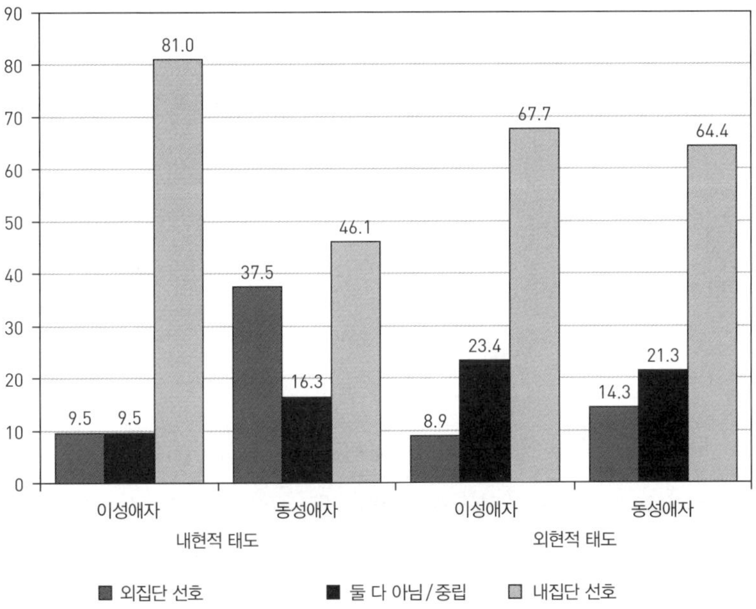

출처: Jost et al.(2004)에서 인용.

중 81퍼센트가 암묵적 내집단 선호를 나타낸 반면, 3분의 1이 넘는 동성애자 참여자(37.2퍼센트의 레즈비언과 38.2퍼센트의 게이)가 이성애자 외집단에 대한 암묵적 선호를 나타냈다(또한 Hoffarth & Jost, 2017 참조).

이러한 데이터는 비주류 집단 구성원이 암묵적 측정에서 외집단 선호를 나타낼 가능성이 더 높으며, 이는 아마도 암묵적 측정 방법으로 인해 사회적 바람직성의 압력이 약해지고 (자신과 타인에게) 열등감을 공개적으로 인정해야 하는 고통의 가능성이 사라지기 때문일 것이라는 생각에 강력한 근거를 제공한다. 이 결과는 상호 작용에 대한 가설 H7 또

한 지지한다. 즉, 지위 낮은 집단 구성원은 암묵적 측정에서 외현적 측정에 비해 외집단 선호를 더 많이 나타내는 반면, 지위 높은 집단 구성원은 내집단 선호를 더 많이 나타낸다.

내집단 선호와 외집단 선호의 매개 변인

체제 정당화 이론에 따르면 (외현적) 집단 간 편향의 정도는 사회 질서를 정당하게 지각하고 합리화하는 정도에 달려 있다고 할 수 있다. 구체적으로 우리는 아래와 같은 가설을 세웠다.

> H8. 사회 체제의 정당성 지각이 높아지면, (a) 지위 높은 집단 구성원은 내집단 선호를 더 많이 나타내는 반면, (b) 지위 낮은 집단 구성원은 외집단 선호를 더 많이 나타낼 것이다. (그리고 내집단 선호는 덜 나타낼 것이다.)

이 상호 작용 가설은 (지위의 불안정성으로 인해) 내집단의 지위와 상관없이 "정당하지 않은 지위 관계의 집단이 정당한 지위 관계의 집단보다 내집단 편향을 더 많이 나타낸다"(p. 210)고 주장한 터너와 브라운(Turner & Brown, 1978)의 주효과(main effect) 예측과는 다르다. 혼시와 동료들(Hornsey et al., 2003)은 주효과 가설을 지지하는 증거를 찾았으나, 다른 몇 번의 연구에서는 주효과 없는 상호 작용의 양상이 나타났다(Jost, 2001; Jost & Burgess, 2000; Levin et al., 1998; Major et al., 2002). 예를 들어, 메릴랜드 대학 학생들에게 버지니아 대학 학생들보다 사회경제적으로 더 성공적이라고 믿게끔 했을 때, 집단 간 차이에 대한 정당성 지각은 더 높은 내집단 선호와 관련되었다. 하지만 그들이 외집단보다 성공적이지 못하다고 믿는 경우, 정당성 지각은 내집단 선호 감소(그리고 외집단 선호 증가)와 관련되었다(Jost & Burgess, 2000).

이와 관련한 가설은 체제 정당화 경향이 내집단과 외집단 선호의 표현을 매개한다는 것이다.

> H9. 체제 정당화 경향이 높아짐에 따라 (a) 지위 높은 집단 구성원은 내집단 선호의 증가(그리고 외집단 선호의 감소)를 나타내며, (b) 지위 낮은 집단 구성원은 외집단 선호의 증가(그리고 내집단 선호의 감소)를 나타낸다.

그라치아 게르만디(Grazia Guermandi)와 나는 경제 체제 정당화를 측정하는 척도를 개발했으며, 나는 에릭 톰슨(Erik Thompson)과 함께 나중에 이 척도를 적용하고 입증했다(Jost & Thompson, 2000). 척도 항목은 부록 B.2에 제시했다. 우리는 이 척도를 이탈리아어로 번역해, 내집단 및 외집단 선호에 대한 연구 맥락에서 (지위가 더 높은) 이탈리아 북부 사람들과 (지위가 더 낮은) 남부 사람들을 대상으로 작성하게끔 했다(Jost et al., 2005). 그림 5.8에 나타난 것처럼 경제 체제 정당화는 북부 이탈리아인에게는 내집단 선호, 남부 이탈리아인에게는 외집단 선호와 관련되었다.

정치적 보수주의는 (a) 문화적 전통을 고수하고 변화에 저항하며, (b) 위계적 배치와 기존 사회적·경제적·정치적 불평등의 정당성을 방어함으로써 현 상태에 대한 도덕적·지적 지지를 제공하는 경우, 체제 정당화의 원형과 같은 이념이다. 따라서 다음과 같은 가설을 세울 수 있다.

> H10. 정치적 보수주의가 늘어나면서 (a) 지위 높은 집단 구성원은 내집단 선호의 증가(그리고 외집단 선호의 감소)를 나타내며, (b) 지위 낮은 집단 구

그림 5.8 남부와 북부 이탈리아인의 외현적 내집단 및 외집단 선호에 대한 경제 체제 정당화 효과

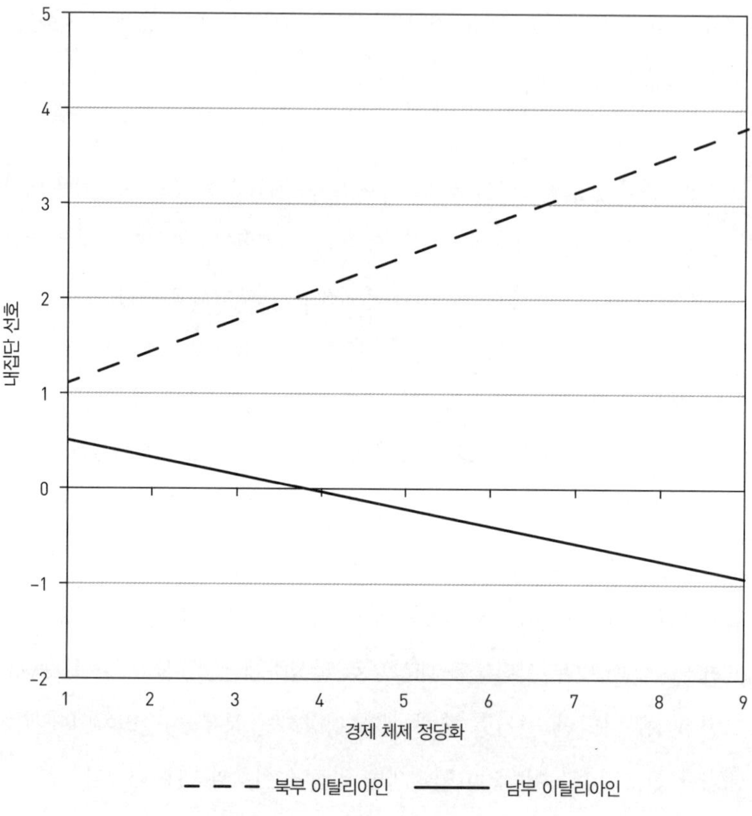

출처: Jost et al.(2005)의 데이터에 기초한 Jost & Hunyady(2003)의 연구에서 인용.

성원은 외집단 선호의 증가(그리고 내집단 선호의 감소)를 나타낸다.

이러한 가설과 일관되게 레빈과 동료들(Levin et al., 1998)은 정치적 보수주의가 유럽계와 아시아계 미국인 응답자에게는 내집단 선호와 관련되었지만, 라틴계와 아프리카 미국인에게는 외집단 편향과 관련되었다고

보고했다. 비슷하게 조스트와 톰슨(Jost & Thompson, 2000)은 보수주의가 유럽계 미국인에게는 내집단 선호 증가($d = .30$, $n = 342$), 아프리카계 미국인에게는 외집단 선호 증가($d = -.43$, $n = 105$)와 관련 있음을 발견했다. 마지막으로, 크리스티나 모소(Cristina Mosso)와 나는 이탈리아의 국가 조사 데이터를 분석해 우익 이념 지향이 북부 이탈리아인에게는 더 강한 내집단 선호와 연관된 반면, 남부 이탈리아인에게는 더 강한 외집단 선호와 연관되었음을 밝혔다(Jost et al., 2001).

조스트와 동료들(Jost et al., 2004)은 암묵 프로젝트 데이터를 활용해 정치적 이념과 내집단 및 외집단 선호 사이의 관계를 연구했다. 이번에도 우리는 다른 인구통계학 관련 변인을 통제했을 때, 세 가지 집단 간 비교(백인-흑인, 청년-노인, 동성애자-이성애자)에 집중했으며, 인종과 성적 지향 비교에서는 이념이 (외집단과 대비되는) 내집단 선호에 대한 집단 지위의 효과를 매개했으나 연령 비교에서는 그렇지 않음을 알아냈다. 유럽계 미국인의 경우, 외현적 측정($d = .52$, $n = 10{,}527$)과 암묵적 측정($d = .26$, $n = 10{,}644$) 모두에서 보수주의는 인종에 기초한 내집단 선호와 양(+)의 상관관계가 있었다. 아프리카계 미국인의 경우, 보수주의의 상승은 외현적 측정($d = -.20$, $n = 1{,}437$)에서 외집단 선호의 상승과 연관되었으며, 두드러지지 않았지만 암묵적 측정($d = -.06$, $n = 1{,}464$)과도 연관되었다. 이러한 양상은 그림 5.9에 나타나 있다.

동성애자와 이성애자에 대한 비교 결과는 더 충격적이었다. 이성애자 응답자의 경우 보수주의는 외현적 측정($d = .98$, $n = 13{,}792$)과 암묵적 측정($d = .56$, $n = 14{,}038$) 모두에서 (이성애 찬성, 동성애 반대의) 내집단 편향을 강력하게 예측했다. 그러나 게이 및 레즈비언 응답자의 경우 보수주의는 암묵적 측정($d = -.35$, $n = 3{,}264$)과 외현적 측정($d = -.41$, $n = 3{,}233$)에서

그림 5.9 인종에 따른 내집단/외집단 선호의 (a) 암묵적 측정, (b) 외현적 측정과 정치 이념 사이의 관계. 오차 막대는 평균에서 ±1 표준편차를 가리킴.

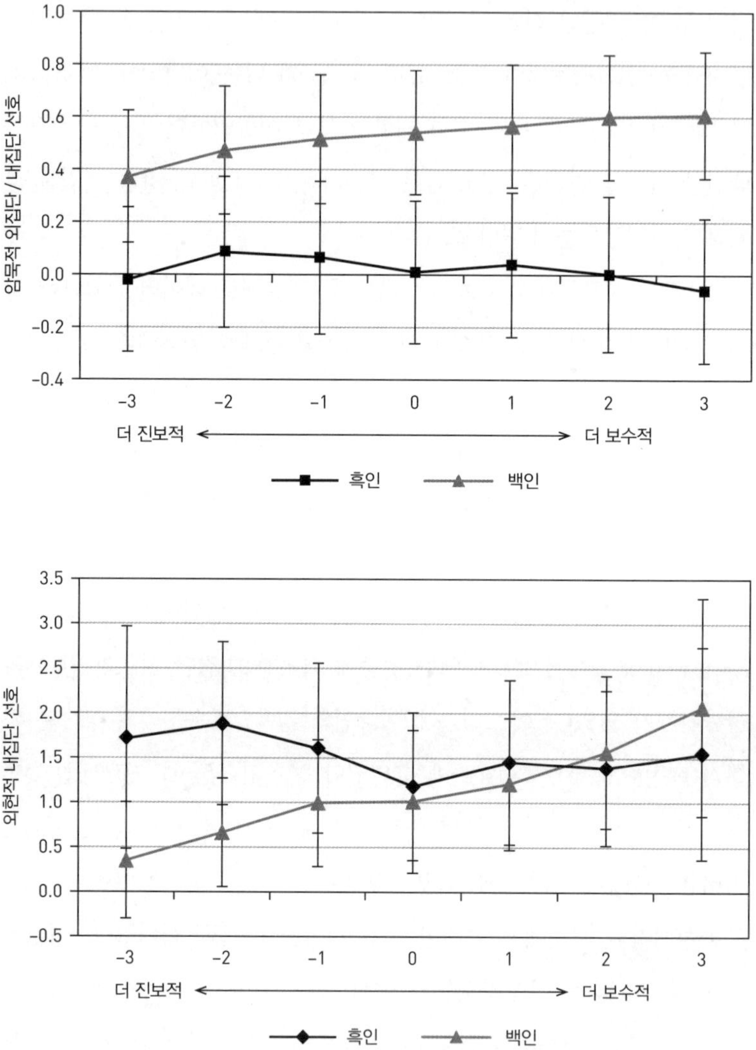

출처: Jost et al.(2004)에서 인용.

그림 5.10 성적 지향에 따른 내집단/외집단 선호의 (a) 암묵적, (b) 외현적 측정과 정치 이념 사이의 관계. 오차 막대는 평균에서 ±1 표준편차를 가리킴.

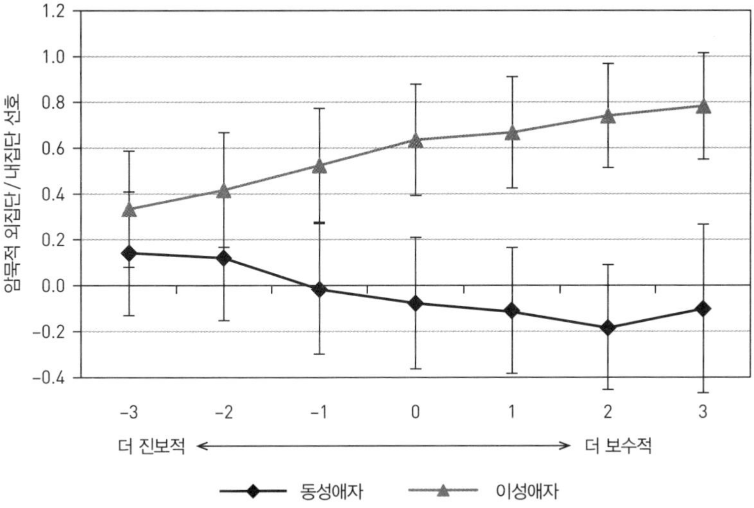

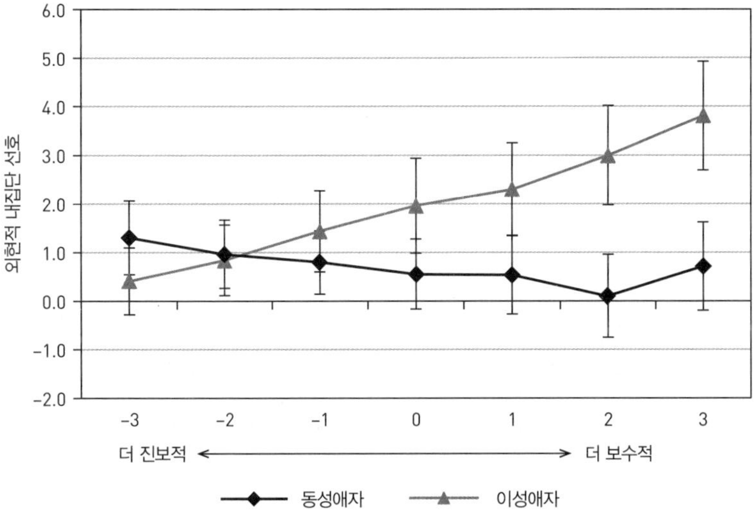

출처: Jost et al.(2004)에서 인용.

(이성애 찬성, 동성애 반대의) 외집단 편향과 연관되었다. 이러한 양상은 그림 5.10에 나타나 있다.

인종·민족·지역에 따른 지위 차이와 성적 지향에 관한 연구를 요약하면 일관되게 정치적 보수주의(또는 우익 경향)가 높을수록 지위 높은 집단 구성원은 높은 내집단 선호를 나타내는 반면, 지위 낮은 집단 구성원은 높은 외집단 선호를 나타낸다는 상호 작용 가설을 지지한다고 할 수 있다. 이러한 증거는 터너와 레이놀즈(Turner & Reynolds, 2003)의 "우익 대 좌익을 잇는 정치사상의 연속선은 단순히 집단 간 불평등을 용인하거나 반대하는지와 크게 상관이 없다"(p. 202)는 언급을 포함해, 사회 정체성 이론에서 이념 및 정치적 집단 소속에 적용하는 알맹이 없는 가정과 대비된다. 반대로 우익 보수주의는 다양한 사회적·경제적·정치적 맥락의 불평등에 대한 (거부보다는) 수용과 일관되게 관련이 있다(Jost, 2006 참조).

여성을 비롯한 비주류 집단의 자기 자격 폄하

브렌다 메이저(Brenda Major, 1994)에 따르면, 흔히 여성이 자신은 남성보다 낮은 임금을 받아 마땅하다고 생각하는 경향이 있는데, 이는 불평등을 강화하고 정당화하는 또 다른 편향이다. 여성에게서 나타나는 **자기 자격 폄하 현상**에 대한 연구 대부분은 1970~1980년대에 이루어졌기 때문에, 나는 페미니즘 친화적으로 보이는 환경(1990년대 예일 대학 학부)에서 여성들이 열등감을 내면화하는지 반복 검증을 통해 살펴보기로 했다. 예일 대학 학생 132명(남성 68명, 여성 64명)에게 컴퓨터로 집에서 하는 쇼핑의 장단점을 물었다. 이어 타인의 응답에 대한 질을 평가하고 그들이

그림 5.11 스스로 작성한 글에 대한 남성과 여성의 질 평가 및 보수 할당

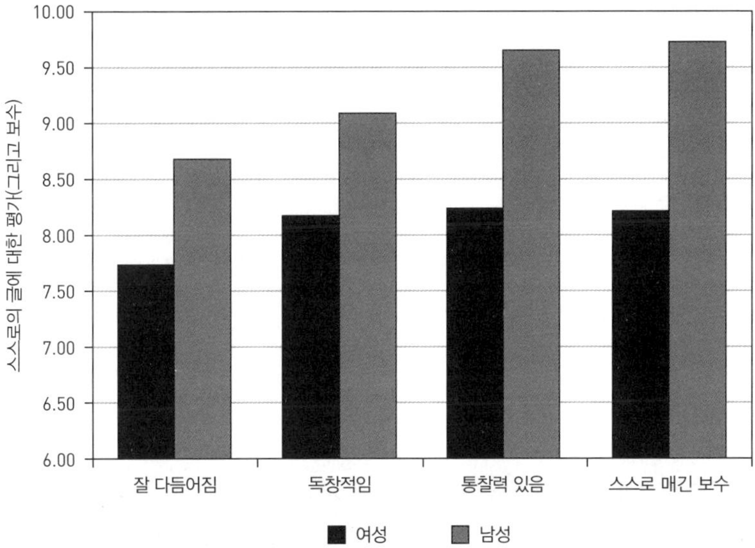

출처: Jost(1997)에 기초한 Jost & Hunyady(2003)에서 인용.

받게 될 보수를 정한 뒤, 학생들에게 다음과 같이 질문했다. "만약 귀하가 자신의 생각을 작성한 사람들에게 대가를 지불해야 하는 고용주라면, (1달러에서 15달러까지 중) 귀하가 쓴 것과 같은 생각을 적은 사람에게 얼마를 지불하겠습니까?" 그림 5.11에서처럼 여학생은 남학생에 비해 자신들의 기록을 덜 다듬어지고, 덜 독창적이고, 덜 통찰력 있다고 평가했다. 자기가 얼마를 받을 자격이 있는지 물었을 때, 여성은 남성에 비해 평균 18퍼센트 낮은 보수를 제시했다. 하지만 연구 가설과 글쓴이의 젠더에 대해 전혀 모르는 사람들이 서로 독립적으로 평가했을 때, 여성의 글과 남성의 글은 질적인 면에서 구분할 수 없었다(Jost, 1997). 따라서 남성과 여성의 글에는 실제 차이가 없었고, 보수를 받을 자격에

대한 지각에만 차이가 있었을 뿐이다.

펠엄과 헤츠(Pelham & Hetts, 2001)는 (여성뿐만 아니라 다른) 비주류 집단 구성원도, 특히 어려운 과업에서 다른 사람들에 비해 스스로 자격이 없다고 느낀다는 걸 보여줌으로써 자기 자격 폄하 현상에 대한 분석을 확장했다. 임금이 적은 일자리에 고용된 사람들은 젠더와 상관없이 자신의 일이 더 많은 임금을 받는 사람들의 일보다 가치가 낮다고 믿었다. 이러한 결과는 사람들이 불평등의 영향을 내면화하고, 자신의 기대를 현 상태에 맞게 조절한다는 걸 시사한다. 더 자세히 말하면,

> H11. 비주류 집단 구성원은 주류 집단 구성원에 비해 자신의 자격을 절하할 것이며, 이는 표면상 평등주의적 사회 환경에서도 마찬가지일 것이다.

하트 블런턴과 동료들(Hart Blanton et al., 2001)은 인지 부조화와 체제 정당화 관점을 결합해 노력 정당화는 미래가 아닌 과거에 적용된다는 점을 근거로 아래와 같은 가설을 세웠다.

> H12. 비주류 집단 구성원은 아직 끝나지 않은 일보다 이미 끝난 일에 대해 (주류 집단 구성원에 비해) 자기 자격 폄하를 할 가능성이 더 높다.

이 가설은 근거로 뒷받침되었다. 여성은 과거의 노동 조건에서는 자신이 남성보다 자격이 없다고 느꼈지만, 미래의 노동 조건에 대해서는 그렇지 않았다. 이는 여성이 이미 벌어진 일에 대해서는 정당화할 필요를 느끼지만, 아직 정해지지 않은 미래에 대해서는 그렇지 않기 때문인 것으로 보인다. 실험 마지막에 참여자에게는 남성과 여성의 소득을 파악

할 기회가 주어졌다. 과거의 노동 조건에서는 72퍼센트의 여성이 남성의 소득보다 다른 여성들의 소득에 대한 정보를 얻기를 바랐지만, 미래의 노동 조건에서는 이러한 선호가 바뀌었다. (남성은 두 조건 모두에서 자기 집단에 대한 사회 비교 정보를 극단적으로 선호했다.) 미래의 결과를 고려할 때, 72퍼센트의 여성이 남성의 소득을 알고자 했으며, 28퍼센트만이 다른 여성들의 소득을 알고자 했다. 이들은 자신이 과거를 바꿀 수 없다는 걸 깨닫고, 과거를 수용하고 합리화한 것으로 보인다. 심지어 이들은 과거의 노동 조건에서 남성이 자신보다 많이 벌었는지 알 수 있는 기회를 거절했다. 자기 자격 폄하 현상 관련 연구 결과는 체제 정당화 이론이 고정 관념 형성 및 외집단 선호와 함께, 경제적 측면에서의 자기 가치 판단 같은 현상을 밝히는 데 유용할 수 있음을 보여준다. 또한 이러한 결과는 "빈곤한 사람들은 순전히 생존을 위한 필요 때문에 자신의 빈곤을 받아들이며, 결과적으로 급진적 변화를 요구할 용기가 부족해지고, 포부를 포기한 채 자신이 가능하다고 보는 것에 욕구와 기대를 맞추기까지 할 것이다"(p. 63)라는 아마르티아 센(Amartya Sen, 2001)의 불편한 관찰 결과와 큰 틀에서 일치한다.

자기·집단·체제 정당화 동기 사이에 일어날 수 있는 갈등

1903년 듀보이스(W. E. B. Du Bois)는 아프리카계 미국인이 "계속해서 그가 검둥이이자 미국인, 즉 둘이라고 느끼는 하나, 2개의 영혼, 두 가지 생각, 두 가지 양립할 수 없는 분투, 즉 끈덕진 힘 하나만으로 산산이 부서지지 않도록 막고 있는, 하나의 어두운 육체 속에서 싸우는 두 가지 이상(理想)"(p. 3)의 경험에 대해 썼다. 이와 같은 관찰은 비주류 집단 구성원의 내면에서 일어나는 (그러나 주류 집단에게는 해당하지 않는) 자기·집단·체제 정당화 동기의 갈등이라고 볼 수 있다. 따라서 우리는 아래와 같은 가설을 세웠다.

H13. 지위 낮은 (또는 비주류) 집단의 구성원은 지위 높은 (또는 주류) 집단에 비해 자기 집단에 대한 양가감정을 더 많이 느낄 것이다.

H14. 지위 낮은 (또는 비주류) 집단의 구성원은 체제의 정당성 지각(또는 체제 정당화)이 커질수록 자기 집단에 대한 양가감정이 높아질 것이다.

H15. 지위 높은 (또는 주류) 집단 구성원은 체제의 정당성 지각(또는 체제 정당화)이 커질수록 자기 집단에 대한 양가감정이 낮아질 것이다.

조스트와 버기스(Jost & Burgess, 2000)는 위와 같은 가설을 탐색하기 위해, 이 장 앞부분에서 설명한 것처럼 메릴랜드 대학 학생들에게 버지니아 대학 학생들보다 사회경제적으로 더 성공했거나 덜 성공했다고 믿게끔 했다. 그런 다음 우리는 이들에게 긍정적 또는 부정적 언어로만 되어 있는 개별 단극 척도(이를테면 지적인, 지적이지 않은, 게으른, 성실한, 친근한, 친근하지 않음)에서 자기 집단을 평가해달라고 했다. 양가감정이 높은 사람은 (한 척도에서) 집단이 지적이라고도 평가하고 (다른 척도에서) 지적이지 않다고도 평가할 것이다. 우리는 똑같은 내집단에 대한 양가감정이 덜 성공한 조건에서 (더 성공한 조건보다) 확실히 높은 것을 알아냈으며, 이는 가설 H13을 지지했다. 또한 정당성 지각은 자기 집단이 덜 성공적이라고 믿은 학생들에게는 양가감정 증가와 관련되었지만, 자기 집단이 더 성공적이라고 믿은 학생들에게는 양가감정 감소와 관련되었는데, 이는 가설 H14와 H15를 지지했다. 다른 연구에서는 남성과 여성이 자기가 다니는 대학을 성차별로 고소한, 즉 체제에 도전한 여성 고소인에 대한 글을 읽었다. 사회적 지배 지향성과 세상이 정의롭다는 믿음 척도 점수가 높은 여성들은 고소인에 대해 양가감정을 더 많이 표현한 반면, 사회적 지배 지향성이 높은 남성들은 양가감정을 더 적게 표현했는데 (그러나 세상이 정의롭다는 믿음 척도에 따라서는 이런 효과가 나타나지 않았다), 이는 가설 H14와 H15를 지지한다.

(듀보이스가 한 세기도 더 전에 지적한 것처럼) 비주류 집단 구성원이 상충하는 이상의 "양립할 수 없는 분투"에 부딪힐 때, 장기적 관점에서 그들의 심리적 안녕감은 더 떨어질 것이다. 이러한 생각과 일관적으로 청교도적 노동 윤리에 찬성하는 과체중 여성은 우울·불안 증상을 더 많이 나타내고 자존감이 낮았으나, 이와 같은 신념 체계에 동조하는 정상 체중 여성의 경우에는 이런 증상이 드물었다(Quinn & Crocker, 1999). 비슷하게 조스트와 톰슨(Jost & Thompson, 2000)은 현 상태에 대한 정당화는 아프리카계 미국인에게는 심리적 불이익, 유럽계 미국인에게는 심리적 이익과 연결될 것이라고 예측했다. 우리는 더 자세하게 아래와 같은 가설을 세웠다.

H16. 체제 정당화는 (a) 주류 집단 구성원의 자존감 증가, (b) 비주류 집단 구성원의 자존감 감소와 관련이 있다.

H17. 체제 정당화는 (a) 주류 집단 구성원의 우울 감소, (b) 비주류 집단

구성원의 우울 증가와 관련이 있다.

H18. 체제 정당화는 (a) 주류 집단 구성원의 신경증 감소, (b) 비주류 집단 구성원의 신경증 증가와 관련이 있다.

네 번의 연구에서 아프리카계 미국인 응답자의 경우, 경제 체제 정당화와 평등 반대는 자존감 감소(그리고 내집단 선호 감소), 신경증 및 우울 증가와 분명한 관련이 있었다. 유럽계 미국인의 경우는 같은 변인이 자존감 상승(그리고 내집단 선호 증가), 신경증 및 우울 감소와 관련되었다.

체제 정당화가 단기적으로는 사람들의 기분을 나아지게 하고 세상이 돌아가는 방식에 좀더 만족하게끔 하는 진통제 기능이 있는 것처럼 보이지만, 여기엔 비주류 집단 구성원이 치러야 할 심리적 비용이 따른다는 추가 증거가 있다(Bahamondes-Correa, 2016; Harding & Sibley, 2013; Pacilli et al., 2011; Suppes et al., 2019). 한 가지 예로, 미국 남서부의 소득 낮은 가정 청소년들을 추적한 에린 고드프리와 동료들(Erin Godfrey et al., 2019)은 "6학년 때 체제 정당화 신념이 높은 청소년은 당시의 결과는 더 좋았지만 추적 과정에서" 8학년 때는 자존감, 교실에서의 품행, 교실 밖에서의 위험 행동 면에서 "악화하고 있는 것"을 발견했다(p. 190).

훨씬 더 직관적인 예를 들면, 나는 오하이오주에 사는 대학생으로부터 아래와 같은 관찰이 담긴 이메일을 받은 적이 있다.

저는 부모님에게서 계속 그 예를 보았습니다. 부모님은 빈곤층에 가깝게 살고 있음에도 불구하고, 그분들을 경제적으로 가로막을 뿐만 아니라 어떤 경우에는 자기 자신에 대한 직접적인 공격으로 이어지는 태도를 고수하고,

그런 정책을 지지합니다. 예를 들어, 저희 아버지는 열심히 일하면 보상을 받고 사람들은 자기가 받아 마땅한 것을 받게 된다고 믿습니다. 하지만 아버지의 삶은 정확히 반대 그 자체입니다. 그렇다면 아버지는 어떤 수준에서는 당신이 열심히 일하는 사람이 아니라는 점을 직시해야 합니다. 그러나 아버지는 체제를 지지하기 때문에 성실함을 가치 있게 여길 필요가 있습니다. 이는 분명 많은 갈등을 일으키고, 적어도 제가 느낄 수 있는 한도 내에서는 아버지의 자존감에 도움이 되지 않습니다. 아버지가 왜 내집단뿐만 아니라 자기 자신에게도 도움이 안 되는 그런 믿음을 계속 유지하는지 그저 놀랍기만 합니다.

또 다른 예는 예일 대학을 졸업하고 1년 뒤인 1969년 인터뷰에 응한 아프리카계 미국인 학생 암스테드 로빈슨(Armstead Roninson)이다. "흑인인 것과 예일 대학에 다니는 것 사이에는 근본적인 모순이 있다. 예일 대학은 그 자체가 백인이다. 많은 측면에서 예일 대학은 백인성(whiteness)의 전형이다." 아마 어떤 사람들은 이러한 상황에 부딪혔을 때 전반적인 체제에 적응하겠지만, 다른 사람들은 변화를 추구한다. 그래서 로빈슨의 표현대로 하면 "다른 흑인들은 처음 왔을 때보다 예일 대학이 더 편안하다고 느낄 수 있다"(Wallerstein & Starr, 1971, p. 378).

칠레의 게이 남성 집단에서 체제 정당화는 내면화된 동성애에 대한 부정적 인식과 관련이 있고, 이러한 인식은 불안 및 우울 증상 증가와 결부되었다. 이런 해로운 영향에 적응한 뒤에는 체제 정당화가 불안 및 우울 감소와 관련되었다(Bahamondes-Correa, 2016). 이러한 결과는 미국에서 진행한 연구에서 반복적으로 검증 및 확장되었는데, 자기 집단에 대한 차별을 최소화한 레즈비언·게이·양성애자·트랜스젠더들이 동성애에 대한 부정적 인식을 더 내면화했으나, 한편으로는 정신 및 신체 건강 면에서 이득도 본 것으로 나타났다(Suppes et al., 2019). 체제 정당화는 비주류 집단 구성원의 안녕에 대한 위협이자 그 대처법에 대한 위협이기도 하다.

주류 집단 구성원에게는 상황이 매우 다르다. 그들에게 자기·집단·체제 정당화 동기는 조화를 이루며, 서로를 강화한다. 코미디언 마리아 뱀포드(Maria Bamford)는 이를 인상적으로 표현했다.

> 그러니까 여러분, 저는 제 조국을 사랑합니다. 그리고 아마 그건 제가 백인이고 부유해서겠지만, 저한테는 상황이 정말 좋게 돌아갔거든요. 저는 게임을 하고 있는 줄도 몰랐는데, 제가 이기고 있네요. 정확하게 말해서 제가 부자는 아닌데, 필요하지는 않지만 남이랑 나누고 싶지도 않은 뭘 좀 많이 가지고 있기는 해요. 그리고 어쨌든 이게 제법 확실한 것 같거든요.

앞에서 이야기한 대로 경제 체제를 더 정당화한 유럽계 미국인은 (경제 체제를 덜 정당화한 사람들에 비해) 더 높은 자존감, 더 낮은 우울 및 신경증, 더 많은 내집단 선호를 나타냈다(Jost & Thompson, 2000).

위와 같은 맥락에서 다시 생각해볼 가치가 있는 두 가지 마지막 반론이 있는데, 비주류 집단의 외집단 선호를 (a) "(상위 수준에서의) 내집단 선호", (b) "내집단이 미래에는 현 체제 안에서 발전할 수 있다는 희망"(Owuamalam et al., 2018, p. 91)이라는 점에서 체제 정당화 이론보다 사회정체성 이론으로 더 잘 설명할 수 있다는 것이다. 우선 왜 상당수 가난한 사람들이 경제 체제를 지지하고 부의 재분배에 반대하는지에 대한, 우파와 좌파 모두가 많이 내놓는 설명, 즉 두 번째 반대 (b)부터 다루기로 하자. 이는 가난한 사람 다수가 자본주의 사회에서 언젠가 부유해질 수 있다고 믿는 것이다. 진보주의적 코미디언 빌 마허(Bill Maher)는 "미국인은 운전하면서 부촌을 지나갈 때 질투하지 않는다. 그들은 '축하합니다, 저도 곧 합류할 거예요!'라고 말한다"는 보수주의 정치인 마르코 루비오(Marco Rubio)의 언급을 자주 인용한다. 비현실적 낙관주의는 비주류 집단이 체제 정당화에 관여하는 몇 가지 이유 중 하나일 수 있기 때문에, 이는 이론에 대한 진짜 비판이 아니다.

그러나 우리는 작지만 국가에 대한 대표성이 있는 가난한 미국인 집단의 데이터를 재분석했고, 그들 중 소수만이 부자가 될 수 있다고 기대하고 있음을 알아냈다. 24퍼센트만이 "나는 언젠가 부자가 될 수 있다고 믿는다"는 진술에 찬성한 반면, 47퍼센트는 반대했고 29퍼센트는 확신하지 못했다. 경제적 측면에 대해 낙관적이었던 응답자의 일반적 체제 정당화 점수는 더 높지 않았으며(부록 B.3의 항목 참조), 그렇게 낙관적이지 않은 사람들과 비교했을 때 자신이 더 보수적이거나 공화당을 더 지지한다고 여기지 않았다. 세 집단은 다른 많은 측면에서 매우 비슷하기도 했다(표 5.2). 종합해보면 미래의 성공 가능성에 대한 지각은 경제적 측면에서의 체제 정당화를 설명하는 것 같지 않다.

그러나 또 하나의 반론은 비주류 집단이 가장 현저하게 떠오르는 정체성 수준에서의 자기 이익에 동기화된다는 것으로, "의문은 …… '왜 지위 낮은 집단이 자기 이익에 반하는 행동을 하는가?'가 아니라, '지위 낮은 집단의 구성원은 언제 그리고 왜 체제 수준에서 자신을 규정하는가?'이다"(Reynolds et al., 2013, p. 241). 이러한 주장이 체제 정당화 이론에 대한 비판으로 기능할 경우, 네 가지 중요한 문제점이 있다.

첫 번째 문제점은 (이 장에서 설명한 축구 은유처럼) 이러한 반론이 노동

표 5.2 낮은 소득의 참여자들이 자기가 언젠가 부유해질 것이라고 믿는지에 따른 함수로서 체제 정당화 및 다른 변인의 평균(그리고 표준편차)

차수 / 기간	"나는 언젠가 내가 부유해질 것이라고 믿는다"		
	동의하지 않음 (*n*=86)	잘 모르겠음 (*n*=49~52)	동의함 (*n*=43~44)
일반적 체제 정당화(1~9)	4.62 (1.24)	4.63 (1.04)	4.58 (1.66)
진보주의-보수주의(1~7)	4.38 (2.04)	4.43 (1.75)	4.00 (2.09)
공화당 지지 여부(1~7)	3.13 (2.16)	3.79 (2.11)	3.16 (2.17)
종교성(1~7)	4.53 (2.05)	4.96 (1.51)	4.66 (2.06)
삶의 목적(1~7)	5.26 (1.21)	5.13 (1.04)	5.49 (1.26)
숙달감(1~7)	**5.05[a] (1.23)**	**5.02[a] (1.15)**	**5.99[b] (0.89)**
안정감(1~7)	4.12 (1.36)	4.39 (1.35)	4.64 (1.37)
삶의 만족(1~7)	4.63 (1.58)	4.94 (1.43)	5.14 (1.23)
행복(1~7)	**4.53[a] (1.67)**	**4.54[a] (1.65)**	**5.56[b] (1.20)**
좌절감(1~7)	3.84 (1.94)	3.58 (1.77)	3.52 (1.76)
분노(1~7)	2.92 (1.79)	3.14 (1.65)	2.98 (1.72)
불안(1~7)	3.36 (1.78)	3.63 (1.74)	3.55 (1.99)
인지 부조화(1~7)	3.40 (1.62)	3.41 (1.28)	3.21 (1.52)

수행 관련 자존감(1~5)	**3.39**[a] (0.85)	**3.32**[a] (0.83)	**3.92**[b] (0.87)
사회적 자존감(1~5)	4.01 (0.84)	3.94 (0.96)	4.14 (0.70)

출처: 표는 조스트와 동료들(Jost et al., 2017b)의 연구에서 인용했고, 데이터는 랜킨과 동료들(Rankin et al., 2009)의 연구를 토대로 한 것이다. 일반적 체제 정당화를 측정하는 데 사용한 항목은 부록 B.3 참조.
주: 다중 비교의 튜키 사후 검증(Tukey post hoc test)—($p < .001$)—에 따라 통계상 차이가 있는 집단 간 변인 평균값은 진하게 표시했다. 자유도 $F(2, 172) > 7$, $p < .001$. 다른 위첨자는 유의미한 평균 차이를 나타낸다. 그 외의 변인에 대해서는 집단 간 차이가 나타나지 않았다.

계급의 고통을 축소시킨다는 것이다. 예를 들어, (다른 교육적·경제적 기회가 없다는 사실로 설명할 수도 있는) 군대에 입대하겠다는 가난한 사람의 결정을 단순히 국가와의 동일시 수준에서 이익을 추구하는 행동으로 보는 것이다. 2003년 〈뉴욕 타임스〉 기사에 따르면, 1973년 미국에서 징병제를 폐지한 이후, 이 나라는 거의 노동 계급의 희생에 의존하는 "전사(戰士)의 …… 계급이라고 할 수 있는 것을 개발하기 시작했다". 물론 수많은 노동 계급 병사들이 실전에서 전사했지만, 이는 현 상태에서 이익을 보는 사람들이 가난한 사람들이 처한 환경을 착취하는 무수한 방식의 표면을 긁고 지나가는 것일 뿐이다. 이와 연결된 두 번째 문제는 사회 정체성 이론가들이 룩스(Lukes, 2011)가 허위의식 개념에 대한 단호한 변호에서 지적했듯 "사람들은 기만당할 수 있고, 자신에게 무엇이 이익인지와 관련해 자기 자신을 기만할 수 있다"(p. 24)는 사실을 피해간다는 것이다.

셋째, 체제 정당화 이론을 비판하는 사람들이 간과하는 불평등의 심리적 비용이 있다. 인종, 민족, 성(性) 측면에서 소수 집단에 속하며 현 상태의 정당성을 받아들이는 사람들은 우리가 이 장에서 살펴보았듯 낮은 자존감, 우울, 신경증을 비롯한 다른 정신 건강 문제로 고통받는다. 비주류 집단 입장에서 체제 정당화가 합리적인 자기 이익에 부합한다고 주장하는 것은 최선의 경우 불완전하고, 최악의 경우 완전히 잘못된 것이다. 마지막으로, 비주류 집단의 외집단 선호를 사회 정체성만으로 설명하는 것은 순환 논리다. 우리가 사회 정체성을 통해 노동 계급의 보수주의를 이해하기 위해서는, **왜** 애초에 가난한 사람들이 자신을 같은 계급에 속하는 사람이 아니라 (도널드 트럼프 전 대통령 같은) 부자와 동일시하는지를 이해할 필요가 있다. 체제 정당화 관점이 유용한 것은 이러한 상황에서의 외집단 선호가 허위의식 같은 암묵적 또는 외현적 의식 수준에서 일어나는 열등감의 내면화와 관련한 이념적 과정을 반영한다는 점을 상기시켜주기 때문이다.

결론

우리는 이 장에서 체제 정당화 이론의 18가지 가설 및 그와 연관된 증거를 요약했으며, 집단 간 관계와 특히 관련이 깊으면서 체제 정당화 관점과 사회 정체성 및 사회 지배 이론의 차이를 실증적으로 검증할 수 있는 연구를 중점적으로 다루었다. 이러한 증거는 다른 여러 이론에서 가정하듯 사람들이 자신과 자신의 집단 구성원에 대해 우호적 태도를 유지하려 할 뿐만 아니라, 기존 사회 질서에 대해서도 그러하다는 것을 보여준다. 체제 정당화 동기에서 특히 눈에 띄는 점은 (언제나 그런 것은 아니지만) 종종 개인과 집단의 이익 그리고 자존감 보호와 관련된 자기 및 집단 정당화 동기를 넘어설 수 있다는 것이다. 체제 정당화 이론은 다른 이론과 대조적으로 (a) 기존 사회 질서를 정당화하려는 이념적 동기가 있고, (b) 이러한 동기가 적어도 부분적으로는 외집단 선호의 원인이 되며, (c) 의식의 외현적 수준보다는 암묵적 수준에서 작동할 때가 자주 있을 가능성에 분명하게 직면한다.

우리는 현 상태를 정당화·합리화하는 일반적인 동기적 경향을 가정함에 있어, 모두가 체제 정당화에 **똑같이** 동기화된다고 보지 않는다. 이 장에서 우리는 개인이 변화에 저항하고 불평등을 합리화하는 경향을 가리키는 이념적 변인으로서 정치적 보수주의에 주로 초점을 맞추었다. 일반적 체제 정당화와 관련된 다른 개인차 변인으로는 우익 권위주의, 세상이 정의롭다는 믿음, 청교도적 노동 윤리, 권력 거리, (특히 평등 관련 요인과 반대되는) 사회적 지배 지향성 등이 있다. 우리의 관점은 성격 및 개인차의 역할을 인정하는 동시에, 사회 정체성 이론보다는 사회 지배 이론과 더 일맥상통한다(Pratto et al., 1994).

그러나 우리가 보기에는 사회과학 연구에서 나온 증거를 모두 종합했을 때, 시다니어스와 프라토(Sidanius & Pratto, 1993, 2001)가 주장한, 개인 및 종 수준 모두에서 위계와 불평등이 생물학적으로 필요하다는 가정을 확신할 수 없다. 이 문제에 대해 우리는 사회 정체성 이론가들이 취하는 사회구성주의자 입장에 더 가깝다. 추측에 덜 기초한 것으로 보이는 (하지만 우리의 진화 역사에 대한 직접적 증거가 불충분하다는 점을 고려하면 역시 추측에 기초한) 가능성은 대체로 인류가 사회적으로 구성한 환경의 핵심 특성을 수용하고, 내면화하고, 합리화하는 적응 능력을 개발했다는 것이다. 이러한 환경에는 첫 번째 장에서 언급했듯 매우 안정적인 지배적 위계를 비롯해 변화시키기 어려운 여러 특성이 포함된다.

이 단순한 가정의 사회적·경제적·정치적 함의는 분명 심대하며, (좋을 때나 나쁠 때나) 현 사회 상태가 우리의 개인적·집단적 이익에 맞든 않든, 우리가 그 다양한 영향력을 의식하든 하지 못하든 우리에게 근본적인 심리적 영향력을 행사하는 이유를 이해하는 데 도움을 줄 수 있다. 마르크스와 그의 지적 후계자들이 오래전에 지적한 대로 자본주의 사회, 성차별주의적 사회, 인종차별주의적 사회의 의식에 영향을 받기 위해 자본주의자, 가부장, 백인우월주의자가 될 (또는 자신을 자본주의자, 가부장, 백인우월주의자 집단과 **동일시**할) 필요는 없다. 다음 장에서 우리는 의존하고 있다는 느낌이나 무력감이 (적어도 어떤 환경에서는) 권위자에 대한 복종, 현 상태에 대한 충성, 경제·인종·젠더와 관련한 사회적 불평등의 정당화를 촉발하는지에 대한 추가적인 심리학 관련 질문으로 관심을 돌린다.

06

무력감은 권위와 위계의 정당화를 촉진하는가

많은 사람이 권위와 위계의 정당화는 권력자가 하는 것이라고 생각한다. 과거의 이론적 접근에서는 왜 불평등한 체계가 나타나고 권력 없는 사람들은 이를 견디는지 설명하기 위해 엘리트의 우월한 자원, 선전, 국가 권력에 대한 접근성의 역할을 강조했다. 우리의 접근은 권력자뿐만 아니라 권력 없는 사람들의 지각에도 초점을 맞춤으로써 이러한 접근을 보완한다. 우리는 사회학과 사회과학에서 강조하는 엘리트들의 강압이나 조작 같은 하향식(top-down) 요인에 더해 정당화의 상향식(bottom-up) 심리 과정을 밝힌다. 이번에도 우리는 기존 사회·경제·정치 제도와 배치를 방어하고, 강화하고, 정당화하려는 동기로 정의되는 체제 정당화에 초점을 맞춘다. 우리의 접근에서 독특한 점은 위계가 권력 격차, 즉 광범위한 주관적·객관적 영향을 미치는 결과 의존성의 비대칭성을 생산함으로써 정당성을 확보하기에 유리하다고 보는 것이다.

우리는 위계의 정당성 지각에서 체제 정당화 동기의 역할에 집중함에 있어 비주류 집단 구성원의 체제 정당화 현상 관련 선행 연구를 기초로 삼았다. 이 장에서 우리는 흔히 객관적 비주류 상태에서 겪는 많은 주관적 무력감 경험이 개인으로 하여금 체제와 그 대표자들을 상대적으로 정당하다고 지각하게끔 함으로써 체제 정당화를 촉진한다고 주장한다. 예를 들어, 애팔래치아산맥의 석탄 광부들에 대한 유명한 사례 연구에서는 "무력감을 불어넣어 통제자의 가치를 내면에 투사하거나 권력을 쥔 사람에게 충성하는 결과로 이어질 수 있다"(Gaventa, 1980, p. 93)고 결론 내렸다. 여기에 담긴 함의는 일단 위계가 형성되면 이념적 정당화의 상향식 과정을 통해 자기 강화를 하게 되고, 따라서 불평등한 체제를 바꾸기 위한 노력을 하기가 더 어려워진다는 것이다.

권력, 정당성, 그리고 위계의 안정성

권력은 사회적 관계라는 맥락에서 가치 있는 자원에 대한 비대칭적 통제로 정의할 때가 많다(Fiske & Berdahl, 2007). 권력은 보상에 접근할 특권이 있으며, 이러한 보상을 추구하는 데 타인의 방해를 덜 받는다는 걸 의미한다. 권력을 쥔 사람들은 보통 위계에서 자신의 위치를 유지하는 데 도움이 되는 방식으로 정보를 처리하고, 목표에 접근하며, 결정을 내린다(Keltner et al., 2003; Kipnis, 1976). 권력자들은 정보의 흐름을 통제할 수 있기 때문에 자신에 대한 타인의 인상을 관리하기가 더 쉽다. 그러므로 그들은 어느 정도는 자신의 정당성을 스스로 확립할 수 있다. 또한 권력이 있다는 것은 고정 관념에 더 의존하는 것, 하급자를 비난하는 것과 관련이 있으며, 이는 둘 다 권력 없는 사람을 그 자리에 머물게 하고 현재 위계를 강화하는 데 도움을 준다(Fiske, 1993). 반면 권력 없는 사람은 자신이 처한 상황을 개선할 수단이 제한적이며, 보상을 얻고 처벌을 피하기 위해 타인에게 크게 의존하고 있다는 걸 알게 된다(Emerson, 1962; Molm & Cook, 1995). 이러한 의존성으로 인해 권력 없는 사람은 자기 입장을 주장하는 데 제약을 받는다. 많은 경우 그들은 현 상태에 도전하는 데 놀라울 만큼 관심이 없다(이를테면 Gaventa, 1980; Hochschild, 1981; Kluegel & Smith, 1986; Lane, 1962; Memmi, 1968; Moore, 1978).

이 장에서는 위계의 안정성을 설명하기 위해 권력 없는 사람의 관점에 집중하며, 그들이 자신을 해치는 불평등을 정당화할 때가 있는 이유는 그들의 주관적 의존 경험 때문이라고 주장한다. 개인적으로 행동하지 않는 데서 오는 인지 부조화를 줄이려는 욕구는 비주류 집단에서 가장 커야 하므로, 최소한 자기 및 집단 정당화 동기의 강도나 현저함이 낮은 경우에는 (그리고 특정 환경에서는) 그들이 기존 사회의 배치를 합리화할 가능성이 가장 높다(Jost et al., 2003c). 비주류 집단의 강도 높은 체제 지지는 체제 정당화의 가장 특징적인 함의 중 하나이지만, 비주류 집단과 이런 정당화를 연결하는 심리 과정이 분명히 밝혀지거나 직접 검증된 적은 없다. 브란트(Brandt, 2013)는 이러한 주장을 강하게 반박했다. 여론 데이터를 분석해 여러 나라에서 다양한 관습 및 집단 관련 자료의 평균값을 구한 그는 객관적인 사회경제적 지위가 낮은 사람들이 그렇지 않은 사람들에 비해 사회 제도를 더 신뢰하는 건 아니라고 결론 내렸다. 동시에 개인적·집단적 자기 이익 이론 관련 연구에서 가난한 사람들이 다른 사람들에 비해 사회 제도를 더 불신할 가능성이 거의 없다고 보는 것 또한 문제다.

무력감과 체제를 정당화하려는 동기

체제 정당화 이론에 따르면, 사람들은 일반적으로 현 상태를 방어하고, 강화하며, 합리화하도록 동기화된다. 이러한 동기는 인식론적·실존적·관계적 욕구에서 비롯하며 불확실성을 줄이고, 위협을 관리하고, 사회적으로 공유하는 현실 인식을 지지하고자 하는 욕구를 포함한다. 권력 없는 사람은 환경에 대한 통제권이 부족하기 때문에 삶의 예측 불가능성이 높으며, 익숙한 것을 붙잡고자 하는 동기를 강화할 것이다. 체제 정당화는 권력이 없는 데 따르는 예측 불가능성, 자신이 전적으로 의지하는 체제가 완전히 부당하고 불공정하다는 불편한 믿음을 방어하는 데 유용하다.

사람들이 사회 체제를 방어하는 방법 중 하나는 그 체제를 정당화하고, 권력자는 사회에서 그런 위치를 차지할 자격이 있다고 보는 것이다. 사람들은 체제가 부당하다거나 권력자가 권력을 가질 자격이 없다고 보기보다, 이미 존재하고 있는 불평등에 대처하고 더 나은 기분을 느끼기 위해 현 상태를 정당화한다. 우리가 살펴보았듯 체제 정당화는 (a) 체제가 비판이나 위협을 당할 때, (b) 체제가 필연적이고 바뀔 수 없다고 지각할 때, (c) 사람들이 체제에 의존한다고 (또는 통제된다고) 느낄 때 한층 분명해지는, 동기화되고 목표 지향적인 과정이다. 이 장에서 우리는 마지막 조건, 즉 결과 의존성에 초점을 맞출 것이다.

사람들이 주어진 사회 체제에 극단적으로 의존하고 있다고 느낄 때 (그리고 따라서 그들의 세계에 대한 예측이나 통제가 불가능하다고 느낄 때), 그들은 체제를 방어하고 정당화하는 데 더 동기화된다. 이러한 생각과 동일하게 에런 케이와 동료들(Aaron Kay et al., 2009b)은 사회 체제에 의존하고 있다고 더 느낄수록, 사회 체제의 일부로 나타나는 정책을 체제와 연관되지 않는 정책보다 공정하고, 바람직하며, 합리적이라고 지각한다는 걸 보여주었다. 또한 사람들의 개인적 통제감이 위협받는 조건에서, 그 통제 조건에 비해 정부가 더 온정적이고 책임감 있다고 지각했다(Kay et al., 2008).

만약 사람들이 사회 체제를 정당화하는 이유 중 일부가 그 체제에 의존하기 때문이라면, 그러한 체제를 통제하는, 즉 주어진 체제에서 권력과 권위를 가진 개인과 집단의 위치도 정당화해야 한다. 실제로 무력감이 사람들로 하여금 집단 간 권력 차이를 합리화하게 한다는 증거가 있다. 우리가 앞 장에서 설명한 헤인즈와 조스트(Haines & Jost, 2000)의 실험에 따르면, 결과 의존성은 꽤 빨리 내면화하고 공정한 대우에 대한 정보가 없을 때도 정당성 지각을 촉진할 수 있다. 참여자들은 가상의 외집단과의 관계에서 권력이 낮은 상황에 처했다. 그들은 외집단이 과업에 요긴한 기술을 가지고 있는지를 결정하고, 그들의 수행에 기초해 일찍 갈 수 있는지 오랫동안 남아 있어야 하는지 결정할 것이라는 안내를 받았다. 참여자들은 주어진 권력 차이에 대한 보충 설명이 없을 때도 권력 차이의 정당성을 과장했고, 권력 있는 외집단 구성원의 긍정적 특질을 높게 평가했다.

사회 체제의 범위는 (가족 같은) 작은 것부터 (국가 같은) 큰 것까지 다양하기 때문에, 사람들이 권력자를 대인 관계, 심지어 양자 관계에서도 정당화하는 일이 가능하다. 동기의 효과를 다룬 주요한 사회 인지 연구에 따르면, 목표를 이루기 위해 권위 있는 이미지에 의존해야 하는 사람은 자신의 특성 지각을 '편리한' 방향으로 왜곡시키는 것으로 나타났다. 농구 게임 티켓을 무료로 받고 싶어 한 고등학생들은 그 티켓을 어떻게 분배할지 결정하는 사람들의 특성을 더 긍정적으로 보았다(Pepitone, 1950). 다시 말해, 사람들은 자신의 운명을 통제하는 권위 있는 이미지가 온정적이라고 믿게끔 동기화되고, 따라서 권력자의 특성에 대한 지각을 긍정적인 방향으로 왜곡한다. 마찬가지로 사람들은 자신과 관계있는 사람에게 바람직한 특성이 있다고 믿고 싶어 한다(Tyler & Sears, 1977).

"권력이 타인의 의존에 암묵적으로 깃들어 있는"(Emerson, 1962, p. 32) 한, 대인 관계에서 권력 차이는 한 개인이나 집단이 다른 개인이나 집단에 의존한다는 걸 반영한다. 결과 의존성의 동기 관련 효과 중에는 자기 홍보에 대한 관심, 기대 확인 행동, 고정 관념과 비일관적인 행동에 주의를 더 기울이는 것이 있다(Fiske, 1993). 이 장에서 우리는 원하는 자원을 통제하는 권력자에 대한 의존이 체제 정당화 동기를 활성화하고, 이것이 권력자를 정당화하는 데 기여한다는 생각을 탐색할 것이다. 즉, 개인이 권력 있는 타인에게 의존할 때, 그 또는 그녀는 현 상태를 합리화하기 위해 권력자가 정당하다고 보도록 동기화된다는 것이다.

체제 정당화에 대한 이런 예측은 반직관적인데, 왜냐하면 권력 없는 사람들이 자신에게 권력을 부여하지 않은 사회 체제를 지지하는 것은 명백하게 그들한테 이익이 되지 않기 때문이다. 자기 이익 이론에 따르면, 상대적 박탈감을 경험하면 분노와 저항으로 이어져야 한다. 반면, 권력자는 현 상태 유지에 강하게 동기화되어야 한다. 그런데 우리는 어떤 경우 사회에서 매우 불리한 위치에 있는 사람들이 자기가 불이익을 받는 사회 체제의 정당성을 수용하는 현상을 목격해왔다(Henry & Saul, 2006; Jost et al., 2003c; Sengupta et al., 2015). 유감스럽게도—주관적 상태보다 객관적 상태를 측정하고, 체제 정당화 측정을 위해 매우 간접적인 지표에 의존한 브란트(Brandt, 2013)의 연구 같은—이 분야의 선행 연구가 관찰을 바탕으로 했다는(즉, 실험이 아니라는) 점으로 인해, 주관적 무력감과 현 상태의 정당화 사이에 인과관계가 있다고 자신 있게 결론짓는 건 불가능하다. 이 분야 선행 연구의 다른 단점은 일반적으로 지위와 권력을 혼동하기 때문에 사회적 불이익의 어떤 측면이 체제 정당화 동기와 연관되는지 명확하지 않다는 것이다.

비록 현실 세계에서는 지위와 권력 사이에 밀접한 관련이 있고, 이 둘을 같은 것으로 받아들일 때가 많지만, 이 두 가지는 다른 개념이다 (Fiske & Berdahl, 2007). 지위는 특권과 존경을 받는 개인적 위치를 뜻하지만, 권력은 자원에 대한 개인의 상대적 통제력을 뜻한다. 여기서 우리는 권력 없는 것이 통제권 부족 및 가치 있는 자원에 접근하기 위해서는 타인에게 의존해야 한다는 느낌과 관련 있기 때문에, 대처 및 합리화 과정의 일환으로서 현 상태 지지를 촉진할 가능성이 한층 높다고 본다. 낮은 사회적 지위를 체제 정당화 결과와 연결 지은 선행 연구에서 자원 부족하고도 연관된 유형의 사회적 비주류 집단(이를테면 빈곤층, 소수 인종)에 집중했기 때문에, 적어도 그러한 효과 일부는 무력감 때문일 가능성이 있다.

무력감이 권위의 정당성 지각을 형성한다

사람들은 사회 조직화의 적절한 수단으로서 계층화의 정당성을 지지하고, 사회의 위계에서 자신을 포함해 각 개인과 집단의 위치를 합리화함으로써 기존 사회 체제를 정당화한다. 따라서 권력 없는 집단은 본질적으로 불평등한 체계를 지지할 뿐만 아니라, 더 높은 권력을 점한 사람들의 위치를 정당화한다. 권위 있는 인물을 정당화하는 데는 그들이 내리는 결정, 그들이 만드는 규칙에 자발적으로 복종하는 하위 계층이 연루되어 있다(Tyler, 2006).

요야네커 판데르토른(Jojanneke van der Toorn)과 톰 타일러 그리고 나는 결과 의존성과 권위 정당화 사이의 관계를 탐색하는 연구를 연속으로 진행했다(van der Toorn et al., 2011). 그중 한 연구에서 우리는 대학생들이 학점에 대해 논쟁할 때 같은 중요한 문제를 해결할 경우 느끼는, 권위자에 대한 의존감을 측정했다. 위계적 관계에서 문제를 해결할 때, 정당화는 개인이 받는 대우의 질과 결과의 바람직성에 영향을 받는다. 즉, 사람들이 자기가 얻은 결과가 바람직하고 관리자들이 권위를 실행에 옮긴 방식이 공정하다고 평가하면, 그들의 정당성이 더 높다고 여기며, 따라서 그들의 지시에 더 순응하려 한다(Tyler, 2006). 이러한 이유로 우리는 모든 분석에서 결과의 바람직성과 처치 과정의 질을 통계적으로 조정했다.

판데르토른과 동료들(van der Toorn et al., 2011)은—가설과 같이—학생들이 어떤 권위자에게 권력이 더 있다고 느낀 경우, (권력이 덜 있는 경우에 비해) 절차의 공정성과 결과의 바람직성 지각을 통제한 뒤에도 그 결과를 더 믿고 자신감을 가질 만하다고 평가한다는 걸 관찰했다. 즉, 학생들은 자신이 공정한 대우를 받았고 문제에 대한 해결책이 자신에게 바람직하다고 지각했는지와 상관없이, 권위자에게 더 의존한다고 느낀 경우 그들이 더 정당하다고 지각했다.

두 번째 연구에서 우리는 캘리포니아의 물 부족 문제를 해결하는 과정에서 주 정부에 대한 시민들의 의존에 집중했다. 이 상황에서 절차의 공정성, 결과의 바람직성, 인구통계학 관련 변인에 따른 분석 대상을 조정하고 나서도 시민들은 도움이 더 필요하다고 느낄수록 공권력에 더 의지하려 했다. 이들 캘리포니아 주민은 자신이 공정하게 대우받고 물을 충분히 공급받았다고 지각했는지와 무관하게, 의존적이라고 느낄수록 정부의 실행력에 권위를 부여했으며, 그 결정을 따르고자 했다. 이 연구에서는 첫 번째 연구하고는 다른 결과 의존성 및 정당성 지각 측정 방법과 다양성이 훨씬 큰 실험 집단을 통해, 첫 연구 결과를 개념적 차원에서 반복 검증했다.

세 번째 연구에서 우리는 지역 경찰에 대한 시민들의 의존감을 서로 다른 두 시점에 탐색했는데, 이는 우리의 가설을 종단 데이터(longitudinal data: 한 시점의 결과를 측정하는 횡단 연구와 달리, 여러 시점에 걸쳐 결과를 측정하는 종단 연구를 통해 얻은 데이터—옮긴이)를 이용해 검증하기 위함이었다. 우리는 상대적으로 위험한 지역에 살아 경찰한테 의지한다고 느끼는 사람들이 경찰은 공정하거나 효율적으로 행동한다고 보는 것과 상관없이, 경찰을 좀더 정당하게 여기는지 알아보았다. 우리는 한 시점에서 주변 조건이 더 위험하다고 지각하는 시민들이 절차의 공정성, 결과의 바람직성, 인구통계학 관련 변인, 처음에 지각한 공정성을 조정했을 때도 그다음 시점에 경찰을 더 정당하다고 여긴다는 걸 알았다. 이런 결과는 다소 반직관적이다. 상대적으로 안전하지 않은 환경에 사는 사람들이 경찰은 (덜 공정한 게 아니라) 더 공정하다고 지각하는 비율이 높았는데, 이는 아마도 그들이 경찰한테 더 의존하기 때문인 것으로 보인다. (첫 번째 시점의 정당성 지각은 두 번째 시점의 의존성 지각과 관련이 없었다. 이는 결과 의존성이 정당성 지각을 촉진하고, 그 반대는 성립하지 않음을 시사한다.)

다음으로 우리는 헤인즈와 조스트(Haines & Jost, 2000)의 연구를 바탕으로 새롭게 구성한 실험 연구를 실시했다. 심리학과 학생들에게 결과 의존성이 높은(요컨대 권력이 낮은) 조건, 즉 과업 완수 결정을 내릴 권한을 가진 다른 학생이 그들을 평가하는 조건에서 접수 면접(intake interview: 본 상담에 들어가기 전 내담자에 대한 정보를 수집하고, 그 수집된 정보를 종합해 내담자의 호소 문제를 개념화하고, 상담 유형과 상담 담당을 배정하는 등의 초기 과정에서 이루어지는 면담—옮긴이)을 기초로 임상 평가를 하도록 요청했다. 결과 의존성이 낮은 조건에 배정된 학생들은 평가를 받더라도 결과에 영향을 주지는 않을 것이라고 믿었다. 참여자들은 평가 과제를 끝마치면서 평가자로부터 공정하게 또는 불공정하게 대우받았다는 문자 메시지를 받았다. 평가 결과를 기다리는 동안 참여자들은 평가자의 인상에 대한 질문을 받았다.

결과 의존성이 높은 조건에 배정된 참여자들은 (결과 의존성이 낮은 조건에 비해) 공정하게 대우받았든 그렇지 않든 평가자가 더 정당하다고 지각했다. 또한 그들은 자신이 받은 결과에 더 만족했다. 이 실험을 반복하고 확장하면서 우리는 결과 의존성이 높은 조건에 배정받은 참여자들이 (결과 의존성이 낮은 조건에 배정받은 참여자들에 비해) 자발적인 권리 양도, 즉 평가자의 요청을 받고 남아서 추가 과제를 하는 데 찬성한 비율이 더 많다는 것을 발견했다. 놀랍게도 결과 의존성이 높은 조건에 배정받은 참여자 82퍼센트가 추가 과제에 동의한 반면, 결과 의존성이 낮은 조건에서는 38퍼센트만이 동의했다. 따라서 무력감은 사람들로 하여금 권위자를 정당하게 만들 뿐만 아니라, 의무가 아닐 때조차도 그들의 요청을 받아들이게끔 했다.

우리는 위와 같은 여러 관찰 결과에 기초해 후속 연구를 설계했으며, 여기에는 매슈 파인버그(Matthew Feinberg), 에런 케이, 롭 윌러(Robb

Willer), 캐럴린 윌머스(Carolyn Wilmuth)도 참여했다(van der Toorn et al., 2015). 우리는 무력감이 다양한 맥락에서의 불평등 정당화를 포함해 체제 정당화 과정을 예측하는지 탐색했다. 먼저 국가적 대표성을 갖춘 미국 노동자 1530명으로 이뤄진 실험 집단의 데이터를 분석했으며, 이때 관리자의 정당성 지각에 대한 결과 의존성의 효과에 집중했다.

이 연구에서 우리는 무력함을 노동자들이 일을 하고 받는 재정적 보상에 의존하는 정도에 따라 조작했고, 정당성 지각은 관리자가 정한 직장의 규칙 및 정책을 따라야 한다는 의무에 대한 지각으로 측정했다. 노동자의 재정적 의존 지각은 다음의 세 가지 문항을 통해 평가했다. (1) "나는 내 직장에서 버는 돈에 크게 의존하고 있다." (2) "만약 한 주일이라도 주급을 받지 못하면, 나는 생계를 해결하는 데 어려움을 겪을 것이다." (3) "나에게는 내가 버는 돈 한 푼 한 푼이 정말 필요하다." 비록 보잘것없을지라도 낮은 소득이 결과 의존성 지각과 관련이 있다는 것(상관 $r = -.25$, 유의 수준 $p < .001$)은 놀라운 일이 아니다. 다음의 세 가지 문항으로는 관리자의 정당성에 대한 노동자의 시각을 평가했다. (1) "나는 관리자의 결정이 틀렸다고 생각할 때도 그걸 받아들여야만 한다고 느낀다." (2) "나는 내가 관리자에게 동의하지 않으면 우리 부서에 피해를 준다고 생각한다." (3) "내가 처벌받지 않는다 해도 관리자의 지시를 무시하는 것은 옳지 않다고 느낀다."

우리는 절차의 공정성, 결과의 바람직성, 인구통계학 관련 변인을 조정했을 때도 재정적 의존이 관리자의 정당성에 대한 지각과 관련이 있다는 걸 알아냈다. 절차의 공정성 지각 또한 정당성 지각과 연결되었지만, 결과의 바람직성에 대한 판단은 그렇지 않았다. 이러한 발견은 불평등을 정당화하는 데 따른 무력함의 효과가 권력 차이 자체의 함수로 일어난다는 것, 정당화는 참여자들이 공정하게 대우받는다고 느끼거나 그들이 얻은 결과가 바람직하다고 지각하는지와 상관없이 일어난다는 것을 시사한다. 그러나 재정적 의존은 매우 특수한 형태의 의존으로, 다른 영역에서는 일반화되지 않을 수 있다. 따라서 우리는 후속 연구에서 경제 체제 및 사회 전체의 정당성에 대한 믿음에 더 일반적인 무력감이 미치는 효과를 검증했다.

캘리포니아 대학 버클리 캠퍼스 학생 535명에게 다음과 같이 물었다. "귀하의 가정은 다음의 사회 계층 분포 중 어디에 속한다고 생각합니까?" 응답자 중 15퍼센트 정도가 자신은 하류층 가정에서 왔다고 답했으며, 12퍼센트는 중하류층, 33퍼센트는 중산층, 2퍼센트는 상류층이라고 답했다. 참여자들은 타인과의 관계에서 얼마만큼의 권력이 있다고 믿는지를 측정하는 일반적 권력감 척도(general sense of power scale)를 작성했다. 우리는 효과의 크기가 중간 정도이기는 하지만($r = .16$, $p < .001$), 낮은 사회경제적 지위가 낮은 권력감과 관련이 있다는 걸 발견했다. 마지막으로, 참여자들은 부록 B.3의 경제 체제 정당화 척도에 응답했다. 이 척도는 미국의 자본주의 체제에서 경제적 불평등을 정당화하는 경향을 평가하는 내용이다. 가설과 같이 주관적 권력감과 경제 체제에 대한 정당화 사이에는 유의미한 음(-)의 상관관계가 있었다. 참여자들이 보고한 무력감이 높을수록 그들은 경제적 불평등이 공정하고, 합당하며, 정당화될 수 있다고 믿었다.

다음 실험에서 우리는 주관적 무력감과 체제 정당화 사이의 인과관계를 탐색하기 위해 개인의 권력감을 조작했다. 참여자들에게 자신이 누군가에 대해 권력을 행사했거나, 또는 누군가가 자신에게 권력을 행사했을 때를 회상하도록 요청했다. 권력 (또는 무력함) 점화(priming)는 아마 기억 속에 저장되어 있을 권력 불균형의 인지적·정서적·행동적 표현을 활성화한다. 다시 말해, 사람들에게 그들의 권력이 낮았을 때를 상기시키면 실제로 권력 없는 사람처럼 생각하고, 느끼고, 행동하게 된다(Galinsky et al., 2003). 그래서 우리는 캘리포니아 대학 버클리 캠퍼스 학생들에게 실제 삶에서 그들이 특히 권력을 가졌다고, 또는 없다고 느끼게 만들었던 사건에 대해 쓰게끔 했다. 그런 다음 참여자들은 부록 B.3의 일반적 체제 정당화 척도에 응답했는데, 이 척도는 전반적인 미국 사회 체제의 정당성 지각을 평가하는 내용이다.

우리는 무력함 지각이 더 높은 체제 정당화로 이어진다는 가설을 검증하기 위해, 두 실험 조건에서의 일반적인 체제 정당화 수준을 비교했다. 낮은 권력에 점화된 참여자들은 높은 권력에 점화된 참여자들보다 확실히 체제 정당화 점수가 높았다. 따라서 합리적 자기 이익 이론에 기초한 기대와는 반대로, 무력함을 느끼는 참여자들은 기존 사회 배치를 공정하고, 정당하며, 바람직한 것으로 지각하는 비율이 높았다.

이어진 연구에서 우리는 사회 체제 안의 불평등에 대한 예시를 참여자들에게 직접 제시한 상황에서, 무력함이 체제 정당화에 미치는 효과를 탐색했다. 여기에 더해 불평등에 대해 체제에 도전적인 설명이 인지적으로 가능한 경우에도, 무력감이 더 높은 체제 정당화로 이어지는지를 검증하고자 했다. 이는 체제 정당화 가설 중 가장 강력한 형태일 것이다.

이 실험 참여자들은 먼저 높거나 낮은 권력을 경험했던 상황에 대해 쓰고, 세 가지 다른 영역에서의 사회적 불평등, 즉 수감률(收監率)에서 나타나는 인종 불균형, 사회적 부의 불평등한 분배, 젠더에 따른 임금 격차에 대한 자신의 태도를 평가하는 설문에 답했다. 첫 번째 경우, 참여자들은 다음과 같은 정보가 포함된 형사 법정의 판결을 읽었다. "미국 청년 중 아프리카계 미국인은 14퍼센트이지만, 수감자 중 40퍼센트를 차지한다." 그러고 나서 이들에게 그 이유에 대한 몇 가지 추측을 다음과 같이 제시했다. (1) "사회와 형사 사법 체제에 아프리카계 미국인에 대한 차별이 존재합니다." (2) "아프리카계 미국인 가정이 해체되어 아프리카계 미국인 남성 다수가 아버지 없는 가정에서 적절한 역할 본보기 없이 자라고 있습니다." 그 뒤에는 다음과 같이 물었다. (a) "아프리카계 미국인의 수감 비율이 높은 것에 얼마나 정당한 이유가 있다고 믿습니까?" (b) "미국의 형사 사법 체계는 아프리카계 미국인을 공정하게 대우한다는 말에 얼마나 동의하십니까?" (c) "수감된 아프리카계 미국인은 받아 마땅한 형벌을 받고 있다는 말에 얼마나 동의하십니까?"

두 번째 경우, 참여자들은 다음과 같은 글을 읽었다. "현재 미국 인구 중 가장 부유한 상위 1퍼센트가 하위 90퍼센트의 부를 합친 것만큼의 부를 가지고 있습니다. 여기에 대한 이유는 다음과 같이 몇 가지로 추측할 수 있습니다. (1) 시장 체제가 불공정하고 부자들이 더 부유해지는 데 유리하다. (2) 가장 풍족한 가정에서는 오랫동안 부동산, 금융 시장, 예금에 영리하게 투자해왔지만, 대부분의 미국인은 그러지 못했다." 그런 다음 (서로 같은 6점 응답 척도를 사용해) 다음의 세 가지 항목에 답해달라고 요청했다. (a) "미국에서 부의 분배가 얼마나 공정하다고 믿습니까?" (b) "미국에서 가장 부유한 1퍼센트는 최고가 될 자격이 있다는 말에 얼마나 동의하십니까?" (c) "미국의 하위 90퍼센트는 상위 1퍼센트 아래 위치하는 걸 자초한 것이라는 말에 얼마나 동의하십니까?"

세 번째 경우, 참여자들은 다음과 같은 글을 읽었다. "미국에서 일하는 여성의 임금은 남성에 비해 17퍼센트 정도 낮습니다. 여기에 대한 이유는 다음과 같이 몇 가지로 추측할 수 있습니다. (1) 직장에서 여성에 대한 차별이 있다. (2) 여성의 경우 자녀를 양육하고 가정을 돌보기 위해 직장을 몇 년 휴직할 가능성이 더 높다." 그리고 다음의 세 가지 질문에 응답해달라고 요청했다. (a) "여성과 남성의 임금 차이가 정당하다는 말을 얼마나 믿습니까?" (b) "남성이 더 높은 임금을 받는 것은 옳은 일이라는 말에 얼마나 동의하십니까?" (c) "여성이 더 낮은 임금을 받는 것은 옳은 일이라는 말에 얼마나 동의하십니까?" 위의 글은 불평등의 각 유형을 어느 정도 자세히 기술했을 뿐만 아니라, 불평등이 어떻게 생겨나게 되었는지에 대한 두 가지 설명도 제시한 셈이다. 세 가지 경우 모두 첫 번째 설명은 책임을 체제에 돌리는 것(불평등은 편향이나 차별 때문이다)이고, 두 번째 설명은 책임을 희생자에게 돌리는 것(불평등은 아프리카계 미국인, 가난한 사람, 여성의 특성 때문이다)이다. 참여자들은 이러한 글을 읽은 뒤 각 상황의 정당성 지각을 평가하는 척도에 응답했다.

연구 결과, 권력이 낮은 조건에 배정된 참여자들은 세 경우 모두에서 권력이 높은 조건에 배정된 참여자들보다 불평등이 더 정당하다고 지각하는 것으로 나타났다. 따라서 무력감은 모든 경우에 체제 정당화 경향을 높인다고 할 수 있다. 이러한 결과는 주관적 무력감이—명백한 불평등이 존재하고 그 체제에 도전하는 설명을 바로 제시할 수 있는 상황에서도—체제 정당화 동기와 관련이 있음을 시사한다.

마지막 연구에서, 우리는 정치 체제 정당화에 더 직접적으로 초점을 맞추었다. 특히 우리는 참여자들의 정치적 무력감을 조작하고, 정부 권력에 대한 정당화를 측정했다. 또한 권력이 낮은 조건과 높은 조건을 비교하는 데 덧붙여 중립적 기저선에 비해 (a) 낮은 권력감이 체제 정당화를 높이거나, (b) 높은 권력감이 체제 정당화를 낮출 가능성을 평가하기 위해 통제 조건을 추가했다.

참여자들에게는 연구가 두 가지 서로 무관한 부분으로 구성되어 있다고 믿게끔 했다. 첫 번째 부분에서는 문해력을 측정한다고 안내하고, 짧은 문단 몇 개를 제시한 뒤 내용을 한두 문장으로 요약해달라고 요청했다. 참여자들은 우리의 정치적 무력감 조작에 따라 세 문단 중 하나만 읽도록 무작위로 배정되었다. 권력이 낮은 조건에서 글의 제목은 "평균적인 미국인에게는 권력이 없다"였고, 미국 정부가 일하는 방식을 변화시키는 데 있어 평균적인 미국인의 능력에 한계가 있으며, 한 표의 영향력은 미미하다는 내용이었다. 권력이 높은 조건에서는 글의 제목이 "일반 미국인에게는 권력이 있다"였고, 보통의 미국인이 투표를 통해 정부의 일하는 방식을 변화시킬 수 있는 '큰 능력'에 대한 내용이었다. 통제 조건에서 참여자들은 해저 지형도 작성(mapping the topography of ocean floor)에 대한 글을 읽었다. 연구의 두 번째 부분은 의견에 대한 설문 조사라고 소개했으며, 참여자들에게 "미국 정치 체제는 정당한 정부 형태다"를 포함한 몇 가지 진술에 얼마나 동의하는지 표시해달라고 요청했다.

권력이 낮은 조건에 무작위로 배정된 참여자들은 권력이 높은 조건과 통제 조건에 배정된 참여자들에 비해 정부가 더 정당하다고 보았다. 권력이 높은 조건과 통제 조건 사이에서는 차이가 나타나지 않았다. 다시 말해, 주관적으로 정치적 무력감을 느끼면 정부의 정당성 지각이 높아졌다. 적어도 이러한 맥락에서는 권력감이 높아져도 통제 조건에 비해 정당화가 낮아지지 않았다.

역사가 배링턴 무어 주니어(Barrington Moore Jr., 1978)는 사람들이 부정의를 느끼기 위해 필요한 과정에 대해 쓴 적이 있다. "개인의 성격 수준에서는 타인에 대한 의존의 특정한 형태를 넘어설 필요가 있다. …… 또한 사회 조직 수준에서도 의존을 넘어서야 한다"(p. 461). 정당성을 권력의 원천으로 생각할 때가 많지만(French & Raven, 1959), 이 장에서 우리는 권력이 정당성 지각에 영향을 미칠 가능성도 검증했다. 몇몇 사회과학 연구는 체제 수준의 계층화를 유지하는 데 있어 실천 및 목표 지향적 행동을 통한 권력자들의 역할을 강조해왔다(이를테면 Fiske, 1993; Galinsky et al., 2003; Keltner et al., 2003; Jackman, 1994; Kipnis, 1976, Sidanius & Pratto, 2001). 우리는 현상 유지에 권력이 있을 때의 효과보다 권력이 없을 때의 결과에 초점을 맞추었다. 우리가 정리한 여러 연구에서는 권력이 없는 사람들조차도 위계적 사회 체제를 지지하고, 그럼으로써 자신들의 불리한 상황을 유지하는 방식을 보여주었다.

이들 연구에서 나온 증거는 가장 강력한 체제 정당화 가설과 전반적으로 일치하며, 이는 체제로 인해 가장 큰 불이익을 받는 사람들이 (항상은 아니지만 어떨 때는) 체제의 가장 강경한 지지자임을 시사한다(Jost et al., 2003). 우리는 브란트(Brandt, 2013)의 비판을 적어도 일부는 반영했고, 집단 수준의 지위보다 자기 자신이 보고한 무력감을 측정함으로써 선행 연구의 한계를 넘어섰으며, 체제 정당화에 대한 무력감의 효과를 처음으로 실험을 통해 보여주었다. 그러나 우리가 비주류 집단 구성원이 절대 객관적 자기 이익으로 동기화되지 않는다고 주장하는 것은 아니다. 대신 우리는 다른 조건이 같고 불이익에 강한 무력감(또는 결과 의존성)이 따라온다면, 개인들이 체제 정당화를 허용할 확률이 더 높다고 주장한다. 주관적 무력감은 권위, 제도, 불평등에 대한 정당성 지각을 높이는 것으로 나타났다.

다시 말해, 무력감의 증가는 왜 비주류 집단이 종종 주류 집단만큼

(또는 그들보다 더) 체제를 정당화하는지 설명하는 데 도움이 될 수 있다. 우리가 불이익의 주관적 상태와 객관적 상태 사이의 차이를 체계적으로 조사하지는 않았지만, 객관적으로 비주류인 집단에 소속된 것이 비록 중간 수준이지만 상대적 무력감의 심리적 경험과 상관이 있음을 관찰했다. 소득 및 사회경제적 지위가 낮은 참여자들은 일반적으로 권력감이 낮다고 보고했다. 객관적으로 불리한 위치가 주관적 무력감을 통해 체제 정당화 동기를 높이는 것인지 알아내려면 후속 연구가 더 필요하다. 이는 객관적으로 비주류인 사람들이 언제 그리고 왜 어떤 경우에는 다른 사람들보다 현 상태를 정당화하고, 또 어떤 경우에는 그렇지 않은지 설명하는 데 유용하다(또한 Li et al., 2020 참조).

결론

이 장에서 우리는 권력 없는 사람들의 관점과 그들의 의존감이 어떻게 체제와 그 권력자들에게 정당성을 부여하게 만드는지에 초점을 맞추었다. 개인 또는 집단의 이익에 기초해 기대할 법한 바와는 다르게, 우리는 사람들로 하여금 권력이 없다고 느끼게끔 하면 그들에게 영향을 미치는 권력 구조가 공정하며 정당하다고 지각할 확률이 높다는 것을 발견했다. 이와 같은 관찰 결과는—일단 형성되면—위계 구조가 상향식 체제 정당화 과정을 통해 스스로를 강화한다는 걸 시사한다. 권력 없는 사람들이 자신에게 영향을 미치는 불평등한 구조를 비판하고 거기에 도전하기보다 정당화하는 한 적어도 어느 정도는 자기 자신에 대한 지배에 공모자 역할을 할 수 있다.

(사회 변화의 관점에서) 더 낙관적으로 보면, 권력관계에 대한 실증적 분석은 가벤타(Gaventa, 1980)가 "성공적인 저항을 이뤄내는 데 극복해야만 하는 무력감의 특정 측면, 즉 권력 없는 사람들에게는 이의를 제기하는 데 넘어서야 할 장애물이고, 권력 있는 사람들에게는 현 상태를 유지하는 메커니즘"이라고 규정한 것을 설명하는 데 도움을 줄 수 있다. "저항이 성공하려면, 권력에 맞서는 동시에 무력감의 축적된 효과를 극복해야 한다"(pp. 257~258). 이 장에서 요약한 연구는 결과 의존성의 심리적·사회적·경제적·정치적 결과를 포함해 무력감의 축적된 효과를 상기시키는 데 유용한 역할을 할 수 있다. 이어지는 장들에서 우리는 권력이 있는 것과 없는 것의 심리적 효과에 관한 기본적 통찰의 사회적 적용을 몇 가지 다룰 것이다. 특히 부자와 빈자라는 익숙한 문화적 고정 관념에 대한 노출, 소녀와 여성을 '자기 자리에' 있게끔 만드는 온정적 성차별의 역할, 현재 사회 상태에 대한 지지를 유지하는 종교적 신념 체계의 역할에 초점을 맞출 것이다.

07

'가난하지만 행복한'

체제 정당화에 대한 보완적 고정 관념의 잠재력

인종, 민족, 종교, 사회 계급, 젠더, 성적 지향에 기초한 차별 때문이든, 누군가에게 특권을 주고 타인으로 하여금 그 대가를 치르게 하는 정책과 제도 때문이든, 심지어 역사의 우연, 유전적 차이, 운명의 변덕 때문이든, 어떤 사회 체제는 특정 이해 당사자의 이익을 다른 사람들의 이익보다 더 잘 보장한다. 그리고 지금도 대부분의 경우 많은 사람이 (자신의 사회 계급이나 위치와 상관없이) 그들의 사회·경제·정치 제도의 정당성을 수용하고 방어하며, 세상이 정의롭다는 믿음을 유지한다(Lerner, 1980). 사람들이 기존 방식에 적응하고 그걸 합리화한다는 사실을 통해 왜 남아프리카공화국에서 아파르트헤이트가 64년 동안 유지되었는지, 왜 유럽과 아메리카 대륙에서 노예제가 400년 넘게 남아 있었는지, 왜 인도의 카스트 제도가 3000년 넘게 지금까지 존속하고 있는지 더 쉽게 설명할 수 있다.

아프리카계 미국인 노예와 나치 치하의 강제 수용소 생존자들이 처한 심리적 상황의 유사성을 언급하며 역사학자 스탠리 엘킨스(Stanley Elkins, 1967)가 비슷한 지적을 했다. 엘킨스는 사람들로 하여금 제도화된 억압을 합리화하게끔 하는 많은 양가적 고정 관념에 대해 기술했다. 예를 들어, 남부 설화 속 '샘보(Sambo)'에 대한 고정 관념은 다음과 같다.

> 〔샘보는〕 순종적이지만 무책임하고, 충성스럽지만 게으르고, 겸손하지만 거짓말과 도둑질에 중독되었다. 그의 행동은 유아적인 어리석음으로 가득했고 유치한 과장으로 부풀려졌다. 그와 주인의 관계는 전적인 의존과 아이 같은 애착으로 이루어졌다. '그'라는 존재의 핵심은 이러한 어린애 같은 특성이었다(p. 395).

또한 엘킨스는 홀로코스트 생존자 70만 명에 대해 다음과 같이 지적했다. "나치 체제는 죽음의 체제가 아니라, 삶의 방식으로 받아들여야 한다. 이 생존자들은 분명 체제에 어떤 종류의 적응을 했다. 그렇게 말한 것은 그들 자신이다." 그는 노예와 강제 수용소 생존자들에 대해 이렇게 결론지었다.

> 그들이 의문 없이 복종하고, 저항하지 않고, 주인을 '증오할' 수 없었던 것은 놀라운 일이 아니다. 주인의 태도가 진짜 그들 자신의 일부로 내면화되었다. 이제 이런 태도와 기준이 다른 모두를 지배한다. 확실히 그들은 '변화했다'(p. 410).

사람들은 특별히 억압적인 환경에서조차도, 그들이 변화시킬 수 없는 조건에 적응하는 방법을 찾아낸다. 존 덜러드(John Dollard, 1937)는 다음과 같이 썼다.

> 적응은 바람직하지 않은 삶의 조건에 대한 저항이나 공격의 거부, 그리고 저항이 아니라 수용이 일어나는 성향의 조직과 관련이 있다. 결국 달갑지 않은 힘이 이상화되고, 사람들은 그 힘과 자신을 동일시하며, 그걸 자신의 성격으로 받아들인다. 심지어 가끔은 처음에 분노하고 두려워하던 것을 결국 사랑하게 될 수도 있다(p. 255).

전체주의 체제가 심리에 미치는 효과를 다룬 조지 오웰(George Orwell, 1949)의 걸작 《1984》의 두려운 마지막 문장을 떠올리지 않을 수 없다. "괜찮았다, 모든 것이 괜찮았다, 투쟁은 끝났다. 그는 그 자신에게 승리했다. 그는 빅브라더를 사랑했다"(p. 230).

(얼마나 불공정하든) 기존 사회 배치를 합리화하는 인간의 능력에 대한 이런 서글픈 관찰을 이전 세대의 사회과학자들도 잘 알고 있었다. 하지만 그들은 자기 이익, 사회 정체성, 내집단 선호를 동력으로 강조한 당대의 접근이 뒤섞이는 가운데 길을 잃곤 했다. 질문하는 것이 중요하다. 사람들은 어떻게 그리고 왜 (좋든 나쁘든) 자신과 타인이 얻는 결과, 무엇보다도 이러한 결과를 강제하는 사회 체제를 합리화하는가? 사람들로 하여금 독재적이고, 변덕스러우며, 불공정한 사회 체제에 일조하게 하는 심리적 원리는 무엇인가?

체제 정당화 이론은 사회의 현상 유지를 지지하는 생각, 느낌, 행동의 전례(antecedent, 前例), 내용, 결과에 초점을 맞춤으로써 이러한 질문에 대응한다. 우리가 살펴본 것처럼, 체제 정당화 이론은 원래 특히 짜

증나지만 일관된 현상, 즉 차별받는 집단 구성원의 외집단 편향을 설명하기 위해 만들어졌다〔메타 분석 및 정리를 보려면 출간 준비 중인 에시엔과 동료들(Essien et al., in press)의 연구 참조〕. 그러나 그때부터 체제 정당화 이론에 대한 연구는 의미 있게 확장되어 기존의 사회·경제·정치 체제에 대한 지지를 강화하는 사회심리학적 과정 모두에 관한 실증 연구를 포함하기에 이르렀다. 이 장에서 요약하는 연구는 불평등으로 인해 유발된 이념 관련 부조화를 감소시키는 수단, 즉 **보완적 고정 관념**(complementary stereotypes)의 형성 및 사용에 초점을 맞춘다. 보완적 고정 관념이란 지위가 낮은 집단과 높은 집단에게 효과를 상쇄하는 이익과 불이익을 부여함으로써 여러 집단 사이의 불균형을 표면적으로 보상해 평등에 대한 환상을 보호하는 고정 관념이다. 우리의 가설은 보완적 고정 관념이 불평등을 합리화하는 역할을 하며, 사람들이 사회의 현재 상태가 (적어도 일반적으로 대안적인 체제에 비해서는) 공정하고, 합당하고, 또한 정당화되어 있다는 믿음을 유지할 수 있게끔 한다는 것이다.

부자와 빈자에 대한 문화적 표상

문학 작품, 종교, 대중 매체에 나타나는 문화적 표상은 혜택받지 못하는 집단에게는 행복이나 도덕성 같은 미덕을, 물질적 풍요라는 축복을 받은 사람들에게는 불행·외로움·부정직 같은 악덕을 부여하는 계층화 경향을 반영한다. 예를 들어, 《성경》에서는 "부자가 하느님의 왕국에 들어가는 것보다 낙타가 바늘귀로 들어가는 것이 더 쉽다"(〈마태복음〉 19:24)고 한다.

각 집단에게 저마다 서로를 상쇄하는 이익과 대가가 있다며 보완적 고정 관념을 강화하는 유명한 소설, 희곡, 영화에는 몰리에르(Moliere)의 《구두쇠》, 스콧 피츠제럴드(F. Scott Fitzgerald)의 《위대한 개츠비》, 오손 웰스(Orson Welles)의 〈시민 케인〉, 헤르만 헤세(Herman Hesse)의 《싯다르타》, 심지어 스티브 마틴(Steve Martin: 미국의 희극 배우—옮긴이)의 〈바보 네이빈(The Jerk)〉 등이 있다. 18세기 영국 문학을 지배했던 감상 소설 운동(sentimental fiction movement)에서는 소작농을 주로 행복하고 도덕적으로 그리는 베스트셀러를 찍어냈다. 예를 들어, 《프랑스와 이탈리아 감상 기행(A Sentimental Journey through France and Italy)》(1768)에 나오는 가난하고 늙은 남자는 "무식한 소작농이 하늘에 감사할 수 있는 최고의 방법은 즐거워하고 만족하는 마음이었다"(p. 120)라고 주장한다.

독자들이 가난한 사람을 낭만화하는 걸 풍자한 이런 형태의 문학은 찰스 디킨스(Charles Dickens)에서 정점에 올랐다. 디킨스는 가장 잘 알려진 《크리스마스 캐럴(A Christmas Carol)》(1971)에서 부유하고 불행한 스크루지와 쪼들리지만 긍정적인 크래칫 가족을 대비시킨다.

> 그들은 외모가 뛰어난 가족이 아니었다. 그들은 옷을 잘 입고 있지 않았다. 그들의 신발은 물이 새지 않는 것과는 거리가 멀었다. 그들의 옷은 허름했고, 베드로 성인은 아시겠지만, 아마도 거의 확실히, 전당포에서 나온 것으로 보였다. 그러나 그들은 행복했고, 감사해했으며, 서로에 대해 기뻐하고 그 시간에 만족했다(p. 99).

철학자 버트런드 러셀(Bertrand Russell)은 〈억압받는 집단의 우월한 미덕(The Superior Virtue of the Oppressed)〉이라는 수필에서, 가난하고 억압받는 사람들에게 그걸 보완하는 특성을 부여하는 것에 대해 언급했다. 그는 아래와 같이 썼다.

> 숭배자가 속하지 않는 집단에 대한 이러한 숭배의 의문스러운 형태가 억압받는 집단이 도덕적으로 우월하다는 믿음이며, 그 대상은 국가·빈곤층·여성·아동이다. 18세기는 원주민들로부터 아메리카를 강탈하고, 소작농을 극빈한 노동자의 생활 여건으로 축소시키고, 초기 산업주의의 잔인성을 도입하면서, '고결한 야만인'과 '빈곤층의 짧은 연대기'를 감상의 대상으로 삼는 일을 사랑했다(p. 69).

이러한 표상은 현대 문화에서도 일반적이다. 2020년 초 구글에서 '행복한 부랑자(happy vagrant)'의 검색 횟수는 2400번, '근심 없는 방랑자(carefree vagabond)'는 3650번, '가난하지만 행복한(poor but happy)'은 11만 3000번 정도였다.

보완적 고정 관념은 부자와 빈자에 대한 태도와 더불어 인종에 대한 태도에서도 중요한 부분이다. 랭스턴 휴스(Langston Hughes)의 단편 〈동네의 노예(Slave on the Block)〉(2002)에서는 흑인들의 미덕을 순진하게 찬양하는 백인 부부를 비판한다.

> 캐러웨이 가족—마이클과 앤—은 흑인에게 빠진 사람들이었다. 하지만 사회 복지나 자선 같은 방식, 그것은 아니었다. 그들은 이미 말할 수 없이 사랑스러운 그 인종을 돕는 것은 소용없다고 보았다. 그들의 버릇을 망치지 말고 그냥 즐기자. 마이클과 앤은 그렇게 느꼈다. 그래서 그들은 흑인들의 예술에 빠졌다. 그 춤은 정글에서의 삶을 떠오르게 했고, 노래는 너무나

단순하면서 강렬했으며, 시는 너무나 직접적이고 너무나 리얼했다(p. 30).

또한 영화 〈12명의 성난 사람들(Twelve Angry Men)〉(1957)에 등장하는 편협한 인물을 떠올릴 수도 있다. 영화 속 그는 이렇게 주장했다. "아, 물론 그 사람들한테도 장점이 있지. 보라고, 내가 이 중에서 처음으로 그렇게 말한 거야."

아도르노는 〈이념으로서 텔레비전(Television as Ideology)〉이라는 글에서 심각하게 낮은 임금을 받는 젊은 교사가 산전수전을 겪는 시트콤을 분석했다. 그는 아래와 같이 관찰했다.

> 여주인공은 너무나 명랑하고 지성도 뛰어나서, 그 좋은 특성이 그녀의 험난한 운명에 대한 보상처럼 보인다. 시청자는 그녀와 동일시하도록 고무된다. 그녀가 하는 모든 말은 농담이다. 이 시트콤은 독자에게 말한다. 유머 감각 있고, 성품 좋고, 눈치 빠르고, 매력적이면 굶어 죽을 정도의 임금을 받더라도 흥분할 필요 없다고. 당신은 여전히 당신 모습 그대로라고(Adorno, 1998, p. 61).

수 세기 동안 빈곤에는 보상이, 풍요에는 문제가 따른다는 게 익숙한 문화적 소재였다. 후자와 관련해 에인 랜드(Ayn Rand: 미국의 소설가—옮긴이)의 《움츠린 아틀라스(Atlas Shrugged)》에 나오는 다음의 대화를 생각해 보라.

> "내가 어떤 책을 읽고 있는데, 뛰어난 사람들은 항상 불행하고, 뛰어날수록 더 불행하대. 말이 안 된다고 생각했어. 그런데 그게 사실인가 봐."

"그건 네가 생각하는 것보다 더 사실일걸."(1992, p. 43)

21세기 초의 드라마 〈위기의 주부들(Desperate Housewives)〉에 등장하는 수녀가 "돈으로 행복을 살 수 없다"고 주장하자, 더 통찰력 있는 (그리고 더 부유한) 인물이 재빨리 맞받아친다. "당연히 살 수 있죠. 그건 우리가 가난한 사람들이 폭동을 일으키지 않게 하려고 하는 거짓말일 뿐이에요."

슬로베니아 철학자 슬라보이 지제크(Slavoj Zizec)가 다큐멘터리 영화 〈변태의 이념 안내서(The Pervert's Guide to Ideology)〉(2012)에서 강조한 것처럼, 이념은 대중문화의 모든 곳에 있다. 비록 지금까지 제시한 사례가 모두 아쉽게도 서구의 것이지만, 사회적 세계에서 균형과 보완에 대한 선호는 도교(道教), 음과 양 사이의 변증법적 관계, 상반된 것들의 화해에서도 나타난다.

보완적 고정 관념에 대한 사회과학적 개념

여론은 헝가리 사회심리학자 죄르지 후녀지(György Hunyady)의 표현을 빌리면, "만족과 생활 수준 사이 역(逆)의 상관관계"(1998, p. 85)를 가정할 경우가 많은 대중문화의 또 다른 전달자다. 사회과학자들은 때때로 가난하지만 행복하고, 부유하지만 불행하고, 가난하지만 정직하고, 부유하지만 부정직하다는 고정 관념에 대해 논의해왔다. 한 가지 흥미로운 제안은 모든 걸 다 가진 사람은 없다는 믿음이 사람들로 하여금 사회에서 자신의 위치, 사회 체제의 정당성에 대해 더 낫게 느끼도록 만든다는 것이다. 로버트 레인(Robert E. Lane, 1962)은 심층 면담을 기반으로, 노동자 계층 구성원이 다른 영역(특히 행복과 도덕)에서 자기가 상위 계층과 같다는 (또는 심지어 더 낫다는) 믿음에 매달려 그들이 받는 불이익을 합리화한다고 주장하며 이렇게 결론지었다. "낮은 소득과 지위는 부유한 사람들이 금전적 소득에 걸맞은 행복 소득(happiness income)을 얻지 못하고 있다고 믿을 때 좀더 견딜 만해진다"(p. 56).

멜빈 러너(Melvin Lerner, 1980)는 세상이 정의롭다는 믿음을 이론화하면서, 사람들이 만족하며 내세에 받을 보상을 끈기 있게 기다리는 빈자의 이미지에서 위안을 얻는다는 걸 관찰했다. 아널드 토인비(Arnold Toynbee, 1947)는 빈곤을 미덕과 같은 위치에 놓는 이념적 등식이 초기 기독교가 고대 로마의 하위 계층에게 인기 있었던 현상을 설명하는 데 유용할 것이라고 주장했다. 러너에 따르면,

> 우리 문화에서 가난으로 고통받는, 또는 상대적으로 빈곤한 사람이 그들만의 상응하는 보상을 받는다는 것은 거의 클리셰(cliché: 상투적인 생각—옮긴이)나 마찬가지다. 그들은 사실 나름의 방식으로 행복하다. 걱정 없고 주어진 것을 받아들이며, '삶의 단순한 기쁨'을 느끼고 즐길 수 있다. 어떤 종교적 신념 체계는 고통에서 미덕을 찾으며, 후생에서의 보상을 가정한다(pp. 20~21).

이 장에서 우리는 가난하지만 행복하거나, 가난하지만 정직하다는 (그리고 부유하지만 불행하거나, 부유하지만 부정직하다는) 보완적 고정 관념의 예시에 노출되면, "모든 계층이 자기 몫을 받는"(Lane, 1962, p. 64) 한 사회가 공정하고 불평등은 정당하다는 지각이 강화된다는 가설에 대한 실증적

검증을 기술한다.

메리 잭맨(Mary Jackman, 1994)은 전통적 젠더 역할에 대한 지지를 유지하는 남성은 (공동체적이지는 않지만) 주체적이고, 여성은 (주체적이지는 않지만) 공동체적이라는 보완적 고정 관념의 역할에 대해 같은 맥락의 논의를 발전시켰다. 여성은 상대적으로 무능하지만 따뜻하고, 친근하고, 정직하고, 도덕적으로 우월하다는 믿음으로 인해, 사람들은 사회적 역할의 불평등한 분배를 합리화하고, 가부장제 사회의 착취적 본질을 은폐할 수 있다. 글릭과 피스케(Glick & Fiske, 2001)는 실제로 보완적 젠더 고정 관념이 널리 퍼져 있고, 남성뿐만 아니라 여성도 이를 지지하며, (여권 신장에 대한 객관적 지표로 측정한 결과) 성차별이 심한 사회에서 더 많이 나타난다는 것을 보여주었다. 부자와 빈자에 대한 고정 관념의 표상에 비슷한 논리를 적용하면, 우리는 보완적 고정 관념의 위력이 젠더의 영역을 크게 뛰어넘어 사회적·경제적 입장이 다른 여러 집단에 적용된다는 것을 알 수 있다.

우리의 가설은 부자에 대한 (부정직하고 만족하지 못한다는), 그리고 빈자에 대한 (행복하고 도덕적으로 존엄하다는) 보완적 표상이 사회 체제가 공정하고 정당하다는 지각을 강화한다는 것이다. 이러한 표상은 효과를 발휘하기 위해 정확하거나 전형적일 필요가 없다. 그것은 기본적 일반화보다는 하위 유형을 반영한다. 다시 말해, 체제에 대한 자신감을 높이려 가난하지만 행복하거나 가난하지만 정직하다는 고정 관념의 핵심적인 예시를 위해, 사람들이 빈자는 절대적 의미에서 부자보다 더 행복하거나 더 정직하다고 항상 믿을 필요는 (심지어 전형적으로 그렇다고 믿을 필요도) 없다는 것이다. 우리가 던지는 질문은 사람들이 일반적으로 행복과 정직성의 측면에서 부자와 빈자의 범주를 구분하는지가 아니라, 균형을 맞추는 보완적 짝짓기(가난한/행복한, 부유한/불행한, 가난한/정직한, 부유한/부정직한)에 노출되었을 때 체제에 대한 느낌이 더 나아지는가 하는 것이다. 이러한 조건은 보완적이지 않은 짝짓기(가난한/불행한, 부유한/행복한, 가난한/부정직한, 부유한/정직한)에 대한 노출과 대비되며, 여기서는 부자가 모든 혜택을 누리고 빈자는 모든 불이익을 떠안는다.

세상이 정의롭다는 믿음과 청교도적 노동 윤리

앞 장에서 언급한 것처럼, 러너(Lerner, 1980)는 인간에게는 결과가 공정하고 정당하며, 사람은 "받을 만한 것을 받고" "받는 것을 받을 만하다"고 믿고자 하는 보편적 욕구가 있다고 주장했다. 그의 생각에서 핵심은 예측 불가능하고 통제 불가능하고 불공정한 세상에서 사는 것은 견딜 수 없을 만큼 위협적이기 때문에, 세상은 공정한 곳이고 희생자는 고통 받을 만하다는 환상에 수동적으로 매달린다는 것이다.

공통적인 결론은 사람들(그중에서도 특히 세상이 정의롭다는 믿음의 개인차 측정 점수가 높은 사람들과 친사회적 행동을 할 기회가 부족한 사람들)이 빈곤층처럼 운이 덜 좋은 사람들에게 부정적 특질을 부여하고, 그들의 불운은 그들 탓이라고 여긴다는 것이다. 또한 세상이 정의롭다는 믿음 점수가 높은 사람들은 다른 사람들보다, 외모가 매력적인 남성처럼 운 좋은 사람들에게 긍정적 특질을 부여하는 후광 효과(halo effect)를 나타낼 확률이 높다(Dion & Dion, 1987). 러너의 이론에서는 지위 낮은 희생자를 폄하하고, 지위 높은 행위자를 추켜세우는 것만이 정의의 감각을 지키기 위해 사람들이 시도하는 방법은 아니라고 가정하지만, 다른 인지 기전에 초점을 맞춘 연구는 매우 드물고, 특히 불균형한 부를 정당화하는 연구는 더더욱 그렇다.

청교도적 노동 윤리(PWE)는 미국의 핵심 가치로 언급되어왔으며, 부자와 빈자에 대한 심리적 반응과는 세상이 정의롭다는 믿음보다도 더 강하게 연결되어 있다(Katz & Hass, 1988). 막스 베버(Max Weber)가 오래전 지적한 것처럼, 청교도적 노동 윤리는 종교에서 기원해 광범위한 사회적·경제적 결과를 가져온 이념이다. 마이럴스와 개릿(Mirels & Garrett, 1871)에 따르면, 그 역사적 의의는 "부의 축적에 대한 도덕적 정당화를 제공한" 것이지만, 그들은 "자본의 소유는 …… 무분별한 자기 탐닉에 대한 끝없는 유혹의 원천"이라고도 경고했다. 종교 지도자를 비롯한 공동체 지도자들은 이를 이용해 정직한 수단을 통해 열심히 일하고, "지나치게 소비하고 세속의 즐거움에 참여하는 것을 피하"도록 장려했다(p. 40). 청교도적 노동 윤리의 기본 원리를 지지하는 사람들은 열심히 일하는 것은 물질적 성공으로 이어지든 이어지지 않든 그 자체로 윤리적 보상이라고 믿는다. 따라서 청교도적 노동 윤리는 부와 관련해 도덕 및 행복이라는 차원과 직접적인 (그러나 반대되는) 관련성이 있다.

세상이 정의롭다는 믿음의 경우처럼, 청교도적 노동 윤리에 대한 대부분의 연구는 희생자들에 대한 반응을 예측하는 개인차에 초점을 맞추어왔다. 청교도적 노동 윤리 척도 점수가 높은 사람들은 아프리카계 미국인, 비만인 사람 같은 비주류 집단 구성원을 폄하하는 비율이 더 높았다(Crandall, 1994; Katz & Hass, 1988; Quinn & Crocker, 1999). 이들 연구는 세상이 정의롭다는 믿음 척도 점수가 높은 사람들에게서 나타난, 피해자를 비난하는 양상과 비교해볼 수 있다. 관련 연구를 정리한 논문에서는 청교도적 노동 윤리가 세상이 정의롭다는 믿음(대부분의 상관 범위는 .31~.52였다) 그리고 개인이 자기 규제, 고된 노동, 정직성에 가치를 두는 것과 상관이 있다고 결론지었다(Jones, 1997).

만약 누군가 사회 체제에 정당성을 부여하는 목적을 만족시키는 데 여러 가지 방법이 있다고 (그리고 이 중 일부만 혜택을 받을 자격과 관련이 있다고) 가정한다면, (희생자 비난에 더해) 체제를 강화하는 다른 정당화의 유형이 있을 것이다. 불평등에 직면해서도 정당성을 유지시키는 한 가지 방법은 주류 집단과 비주류 집단 구성원에게 서로 구분되고 상쇄하는 강점과 약점이 있다는 보완적 고정 관념을 사용하는 것이다. 이러한 전략은 세상이 정의롭다는 믿음과 청교도적 노동 윤리 점수가 낮아 희생자를 폄하할 가능성 또한 낮은 사람들의 경우에도 체제에 대한 지지를 높일 것이다.

보완적 고정 관념의 체제를 정당화하는 결과

정의로운 세상 이론처럼 체제 정당화 이론도 인간이 기존의 사회 배치를 공정하고, 합당하고, 정당화된 것으로 지각하는 경향을 강조한다. 그러나 우리는 이러한 경향이 통제에 대한 개인적 욕구와 정의를 실현하려는 바람으로만 움직이지 않는다고 (또는 우선적으로 움직이지도 않는다고) 본다. 그보다 이러한 경향은 현 상태에 대한 합리화이며, 자신이나 자기 집단의 편에 서서 하는 합리화와는 구분된다고 본다. 자격의 지각은 체제 정당화 동기를 반영할 수 있으나, 이는 체제와 권위에 대한 고정 관념, 이념, 태도도 마찬가지다.

(세상이 정의롭다는 믿음, 청교도적 노동 윤리, 정치적 보수주의를 포함해) 5장에서 살펴본 바와 같이, 체제 정당화 경향의 개인차는 내집단에 대한 양가감정, 외집단 선호, 자기 자격 폄하, 비주류 집단 구성원의 열등감 내면화

를 설명하는 데 유용하다. 동시에 세상이 정의롭다는 믿음과 청교도적 노동 윤리 점수가 낮은 사람들은 또한 현존하는 체제가 공정하며 정당하다고 느끼고 싶어 한다. 거기에다 이들은 여러 다른 수단을 사용하겠지만, 체제 정당화 욕구도 충족시켜야 한다. 보완적 고정 관념은 희생자 폄하만 하는 것보다 덜 혐오스럽고, 사회적으로 더 바람직하다. 따라서 세상이 정의롭다는 믿음과 청교도적 노동 윤리 척도 점수가 낮은 사람들에게도 매력이 있을 수 있다. 어떤 집단에 완전히 낙인을 찍지 않고도 체제를 정당화할 수 있기 때문이다. 이 장에서 요약한 여러 연구에서 듀크 대학의 심리학자 에런 케이와 나는 실험 패러다임을 활용해 사람들에게 보완적 고정 관념과 보완적이지 않은 고정 관념의 다양한 예시를 제시한 뒤 체제 정당화를 직접 측정함으로써, 가난하지만 행복하다거나 가난하지만 정직하다는 표상에 노출된 뒤 체제를 더 지지할 거라는 가설을 검증할 것이다.

행복과 정직성 차원의 이론적 차이

가난하지만 행복하다거나 가난하지만 정직하다는 고정 관념에 노출되면 현 상태를 더 지지하게 될 것이라는 가설을 세운다고 해서, 모든 긍정/부정 짝짓기에 다 같은 효과가 있을 것이라고 가정할 필요는 없다. 가난하지만 행복하고 가난하지만 정직하다는 표상은 문화적으로 의미 있는 연합이고, 이러한 표상이 고정 관념 또는 하위 고정 관념이라는 사실은 체제 정당화의 잠재력을 강화할 것이다. 우리는 체제 정당화에서는 두 가지 표상 유형의 효과가 비슷할 것으로 예측하지만, 행복과 정직성이라는 특정 차원이 다른 방식으로도 비슷하다고 주장하려는 것은 아니다. 반대로 이 두 차원은 여러 가지 면에서 흥미로운 차이가 있다.

소득과 주관적 안녕감의 실제 관련성에 대한 여러 연구를 통해, 두 변인 사이에 양(+)의 상관관계가 있지만 그 강도는 중간 수준이라는 것이 확실해지고 있다. 사실 일반적으로 한 국가 내에서 비교하든 다른 국가와 비교하든, 부자는 빈자보다 더 행복하다. 가난하지만 행복하다는 고정 관념, 부유하지만 불행하다는 고정 관념이 널리 퍼져 있다면 이는 거짓이다. 가난하지만 정직하다거나 부유하지만 부정직하다는 고정 관념의 정확성을 검증하기는 보다 어렵다.

가난하지만 행복하다는 고정 관념과 가난하지만 정직하다는 고정 관념이 일반적 기대라는 면에서 서로 다르다면, 기대를 저버리는 데 대한 대처로 전혀 다른 반응을 이끌어낼 수 있다. 그러나 기본적인 기대치에 차이가 있음에도 체제 정당화에 대해 비슷한 효과를 나타낸다면, 이러한 효과는 정서적 각성을 비롯해 기대와는 다른 결과로 인한 것이라고 볼 수 없을 터이다. 또 다른 차이는 행복은 그러한 특질이 있는 사람에게 분명히 이득이지만, 정직성은 늘 그렇지 않을 것이라는 점이다. 이는 정직성이 행복과 같은 정도로 빈곤에 대한 보상으로 받아들여지지 않을 것이라는 뜻일 수 있다. 두 차원 사이에 구분을 지어보는 것이 유용할 수 있지만, 우리의 가설은 빈곤의 '미덕'이 빈자에게 바람직한 특성을 부여함으로써 체제 정당화의 이념으로 기능한다는 것이다.

청교도적 노동 윤리가 높은 사람들은 행복과 기쁨을 그 자체로 추구하는 것의 가치를 절하하는 반면, 정직성 차원의 가치는 매우 높게 본다(Jones, 1997; Mirels & Garrett, 1971). 반대로 청교도적 노동 윤리가 낮은 사람들은 행복이 열심히 일하는 것보다 중요하고, 정직성은 물질적 성공과 무관하다고 볼 것이다. 따라서 행복과 정직성 차원은 청교도적 노동 윤리와의 관계 면에서 다르다.

공정성 이론을 비롯해 후광 효과나 희생자 폄하를 강조하는 관점에 기초해 완벽하게 공정한 체제는 "좋은"(정직한) 사람들은 부와 행복으로 보상받는 반면, "나쁜"(부정직한) 사람들은 그렇지 않은 체제라고 가정할 수 있다(Walster et al., 1973). 따라서 가난하지만 정직하거나, 부유하지만 부정직한 예시가 체제에 대한 지지를 높일 거라는 가설을 세우는 것은 체제 정당화 이론에 대한 엄격한 시험이 될 터이다. 행복 차원과 정직성 차원의 분명한 차이에도 불구하고 비슷한 결과가 나온다면, 보완적 고정 관념에 대한 노출이 체제 정당화에 미치는 효과는 비교적 안정적이라고 볼 수 있을 것이다.

정의 동기의 암묵적 활성화

정의 동기(justice motive)라는 용어는 여러 다양한, 하지만 서로 관련이 있을 것으로 보이는 현상을 가리키며, 여기에는 (a) 타인을 공정하게 대우하려는 진정하고 비이기적인 욕구, (b) 사회적 결과가 정의의 기준을 만족시키는지 상세히 검증하려는 동기, (c) 특정 결과가 공정하고 걸맞은지, 정의의 기준을 분명히 충족했는지 결론을 내리는 걸 선호하는 것이 포함된다(Lerner, 2003). (죄가 전혀 없는 무고한 희생자를 직접 도울 수 없고, 가해자가 죗값을 받지 않을 때처럼) 정의 동기가 위협받을 때, 정의로운 세상 이론에서는 사람들이 상황을 보다 공정하게 보이게끔 만들기 위해 현실 지각을 왜곡할 것이라고 예측한다. 정의 동기는 세상이 정의롭다는 믿음을 위협하는 자극에 대한 반응으로서 암묵적으로 활성화될 것이다. 마찬가지로 체제 정당화도 암묵적으로 (그리고 외현적으로) 나타나고, 기존 사회 체제의 정당성이나 안정성에 대한 위협으로 인해 악화할 것이다.

캐럴린 헤이퍼(Carolyn Hafer, 2000)가 실시한 두 번의 실험은 세상이 정의롭다는 믿음에 대한 위협이 암묵적으로 정의에 대한 관심을 활성화한다는 것을 보여주었다. 응보의 정의를 경험하지 못한 무고한 희생자에 대한 정보를 접했을 때, 사람들은 응용 스트룹 과제(Stroop task), 즉 제시한 단어의 의미를 무시하고 글자 색만 말해야 하는 과제에서, 정의와 관련한 단어에 대해 더 혼선을 일으켰다. 헤이퍼는 반응 시간 데이터에 기반해 불공정한 상황이 세상이 정의롭다는 믿음에 위협을 주며, 정의 관련 구성 개념에 대한 인지적 접근 가능성을 촉진할 수 있다고 결론지었다.

위협 관련 개념의 암묵적 활성화를 알아보는 또 다른 방법은 어휘 결정 실험(lexical decision experiment)에서 반응 시간을 측정하는 것이다. 어휘 결정 실험은 사람들에게 제시한 자극이 단어인지 비단어(nonword: 알파벳 조합으로는 가능하지만 실제로 쓰이지는 않는 단어–옮긴이)인지 빠르고 정확하게 맞추도록 요청하는 것이다. 어휘 결정 패러다임은 헤이퍼가 사용한 스트룹 패러다임과는 다르지만, 이 패러다임 또한 빈자보다 행복하고 정직한 부자에 대한 보완적이지 않은 표상에 노출되면 정의에 대한 관심이 암묵적으로 활성화되는지 여부를 확정하는 데 사용할 수 있다.

실험 연구

우리는 가난하지만 행복하고 가난하지만 정직하다는 표상에 대한 연구가 이전에 적었다는 점을 고려해, 먼저 부와 행복 및 도덕성 차원 사이의 가정 관계(assumed relation)에 대한 외현적 믿음을 평가했다. 예비 연구에서 우리는 대학생 88명에게 부유하거나 가난하다고 설명한 가상의 인물들에 대한 특질 평가를 요청했다. 이는 우리가 위와 같은 형태의 보완적 표상이 얼마나 일반적인지, 보편적 기대와 얼마나 일치하는지 알아내는 데 도움을 주었다.

학생 중 절반에게는 "이 사람에 대해 아는 것은 그 또는 그녀가 매우 가난하다는 것뿐이라고 가정"하고, 나머지 절반에게는 "이 사람에 대해 아는 것은 그 또는 그녀가 매우 부유하다는 것뿐이라고 가정"하도록 안내했다. 그런 다음 두 조건의 참여자 모두에게 "그나 그녀에게 다음과 같은 각 **특질**이 있을 확률은 얼마나 높을지 혹은 낮을지"를 물었다. '행복한' '불행한' '호감 가는' '정직한' '부도덕한'을 포함해 20가지 특질을 제시했다. 우리는 참여자들이 가난한 사람을 부유한 사람보다 더 정직하고 덜 부도덕한 것으로 간주한다는 것을 발견했다. 도덕성 측면에서는 보완적 고정 관념이 우세했다. 또 가난한 사람은 부자에 비해 더 호감이 가는 것으로 판단했지만, 부자보다 더 행복하다고 보지는 않았다.[1] 대신 가난한 사람은 부자보다 덜 행복하다고 보았다. 일반적 지각은 사회에서 나타나는 소득과 주관적 안녕감 사이의 관계를 반영했다.

이 예비 연구를 통해 가난하지만 행복하다는 고정 관념과 가난하지만 정직하다는 고정 관념의 존재에 대한 외현적 믿음이 상당히 다르다는 것을 확인했다. 이는 가난하지만 정직하다는 고정 관념은 기대에 부합하지만, 가난하지만 행복하다는 고정 관념은 그렇지 않음을 의미한다.

우리의 가설은 사람들을 보완적 고정 관념의 여러 예시(가난하지만 행복한, 부유하지만 불행한, 가난하지만 정직한, 부유하지만 부정직한)에 노출시키면 보완적이지 않은 예시에 비해 현 상태가 공정하고, 합당하며, 정당화될 수 있다는 지각이 강화될 것이라는 내용이었다. 우리는 네 번의 실험을 통해 이 가설을 검증했다. 참여자들은 부유하거나 가난한 인물에 대한 글을 읽었는데, 이들은 (a) 행복하거나 불행했고, (b) 정직하거나 부정직했다. 그런 다음 참여자들은 부록 B.3에 제시한 8개 항목으로 구성된 일반적 체제 정당화 척도에 응답했다.

또한 우리는 보완적이지 않은 고정 관념 예시(부유하고 행복한, 가난하고 불행한, 부유하고 도덕적인, 가난하고 부도덕한)에 대한 노출이 누구도 다 가진 사람은 없다는, 체제를 정당화하는 가설을 위협해 정의에 대한 관심을 암묵적으로 활성화한다는 가설도 세웠다. 이 가설은 암묵적·외현적 형태의 체제 정당화 관련 인지 과정을 탐색하기 위해서 어휘 결정 과제를 활용해 검증했다. 그리고 고정 관념 노출이 체제 정당화에 미치는 효과를 청교도적 노동 윤리(그리고 가구 소득)의 개인차가 완화할 가능성도 검증했다.

첫 번째 실험의 목적은 가난하지만 행복하고, 부유하지만 불행하다는 고정 관념 예시가 외현적 체제 정당화에 미치는 영향을 탐색하는 것이었다. 인상 형성 과제라는 (거짓된—옮긴이) 안내를 받은 참여자들은 부유하거나 가난한, 그리고 행복하거나 불행한 사람들에 대한 글을 읽었다. 그러고 나서 우리는 참여자의 일반적 체제 정당화 수준을 측정했다. 부와 행복 사이의 상호 작용 효과에 대해서도 가설을 세웠는데, 이는 가난한 인물이 행복하게 그려질 때 불행할 때보다, 그리고 부유한 인물이 불행하게 그려질 때 행복할 때보다 체제 정당화 점수가 높을 것이라는 내용이었다.

인상 형성 과제로 소개한 연구의 첫 단계로, 스탠퍼드 대학 학생들에게 마크(Mark)라는 인물에 대한 짧은 지문을 읽도록 요청했는데, 그 내용은 다음과 같았다.

> 마크는 북동부의 대도시 출신이다. 그는 결혼했고 자녀가 2명 있으며, 갈색 머리에 키는 180센티미터 정도다. 마크는 어려서 활동적인 아이였으며, 지금도 언제나 모든 지역 스포츠 팀의 소식을 찾아본다. 마크는 (그의 삶에서 거의 모든 측면을 즐기고 있지만, 임금이 낮아 생활비를 대고 생계를 꾸리는 데 어려움이 있다/그의 삶은 거의 모든 측면에서 별로 행복하지 않지만, 임금이 높아 생활비를 대고 생계를 꾸리는 데 어려움이 없다). 6월에 마크는 41세가 된다.

그런 다음 학생들에게 마크가 얼마나 거만하고, 매력적이고, 자비롭고, 만족하고, 부정하고, 부정직하고, 윤리적이고, 재미있고, 관대하고, 탐욕스럽고, 정직하고, 부도덕하고, 지적이고, 호감 가고, 겸손하고, 도덕적이고, 종교적이고, 사교적이고, 멍청하고, 불만족할 것 같은지 평가하도록 했다. 이러한 특질 평가를 통해 지문의 효과를 강화하는 동시에 조작이 잘 되었는지 확인할 수 있었다. 행복한 인물은 불행한 인물보다 더 만족하고, 더 호감 가고, 더 재미있고, 덜 불만스러워하는 것으로 평가받았다.

연구의 두 번째 단계에서, 참여자들은 부록 B.3의 일반적 체제 정당화 척도를 작성했다. 가설과 같이 가난하지만 행복한 고정 관념 예시에 노출된 사람들은 가난하고 불행한 예시에 노출된 사람들보다 일반적 체제 정당화 점수가 높았다. 한편, 부유하고 행복한 예시에 노출된 사람들은 부유하지만 불행한 예시에 노출된 사람들보다 일반적 체제 정당화 점수가 낮았다. 이런 양상은 그림 7.1에 나타나 있다. 따라서 첫 번째 실험의 결과는 사람들이 보완적 고정 관념에 노출되었을 때 (보완적이지 않은 예시에 노출되었을 때보다) 사회 체제를 더 공정하고 정당하게 지각할 것이라는 가설을 지지했다.

그림 7.1 행복하거나 불행하다고 설명한 부유하거나 가난한 인물에 대한 노출이 일반적 체제 정당화에 미친 효과

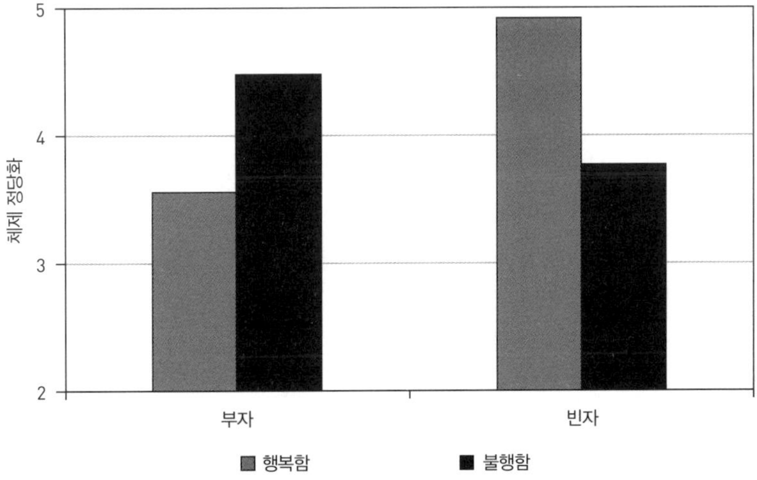

출처: Kay & Jost(2003).

다른 실험에서 우리는 가난하지만 정직하고 부유하지만 부정직하다는 고정 관념의 체제 정당화에 대한 잠재력을 평가했다. 종교의 가르침은 가난한 사람들로 하여금 지상에서의 삶을 인내하고 도덕적으로 생활하면 내세에서 보상받을 것이라고 장려하지만, 우리는 가난한 사람들이 부자보다 정직하고 윤리적이라고 생각하면 현 사회 상태에 더 만족을 표하게 될 것이라는 가설을 세웠다. 이번에도 이러한 예측은 가난한 사람들이 부정직하고 부도덕하거나, 다른 이유로 불운을 겪어 마땅한 것으로 비칠 때 사회 체제를 더 공정하게 지각할 것이라고 보는 공평, 균형, 희생자 폄하 관점의 이론적 직관과는 차이가 있었다.

우리는 이전 실험의 절차를 조금 수정해 주인공이 부유하거나 가난하고, 정직하거나 부정직하다고 기술했다. 지문에는 아래와 같은 설명

이 포함됐다.

> 조지(George)는 북동부의 대도시 출신이다. 그는 결혼했고 자녀가 2명 있으며, 갈색 머리에 키는 180센티미터 정도다. 조지는 어려서 활동적인 아이였으며, 지금도 언제나 모든 지역 스포츠 팀의 소식을 찾아본다. 조지는 (원칙을 어기는 법이 없으며 다른 사람들은 그가 매우 정직하다고 여긴다/가끔 원칙을 어기며 다른 사람들은 그가 부정직한 편이라고 여긴다). 조지는 (임금이 낮아 생활비를 대고 생계를 꾸리는 데 어려움이 있다/임금이 높아 생활비를 대고 생계를 꾸리는 데 어려움이 없다). 6월에 조지는 38세가 된다.

특질 평가 결과, 정직성 조작이 성공적인 것으로 확인되었다. 정직한 인물이 부정직한 인물에 비해 더 윤리적이고, 더 종교적이고, 덜 부정하고, 덜 탐욕스럽고, 덜 부정직하고, 덜 부도덕하다는 평가를 받았다.

그림 7.2에 나타난 것처럼, 가난하지만 정직한 고정 관념 예시에 노출된 사람들이 가난하고 부정직한 예시에 노출된 사람들보다 일반적 체제 정당화 점수가 조금 높았다. 반면, 부유하고 정직한 예시에 노출된 사람들은 부유하고 부정직한 예시에 노출된 사람들보다 일반적 체제 정당화 점수가 낮았다. 도덕 관련 영역에서 보완적 고정 관념과 보완적이지 않은 고정 관념 관련 결과의 양상은 행복 관련 영역에서 얻은 결과와 일관적이었다. 사람들은 희생자를 좋게 보는, 가난하지만 정직하다는 (그리고 부유하지만 부정직하다는) 고정 관념에 노출되었을 때 희생자를 탓하는 가난하고 부정직하다는 예시에 노출되었을 때보다 사회 체제가 더 공정하고, 합당하고, 정당화될 수 있다고 보고했다.

추가 연구에서 우리는 보완적이지 않은 고정 관념이 의식의 암묵적

그림 7.2 정직하거나 부정직하다고 설명한 부유하거나 가난한 인물에 대한 노출이 일반적 체제 정당화에 미친 효과

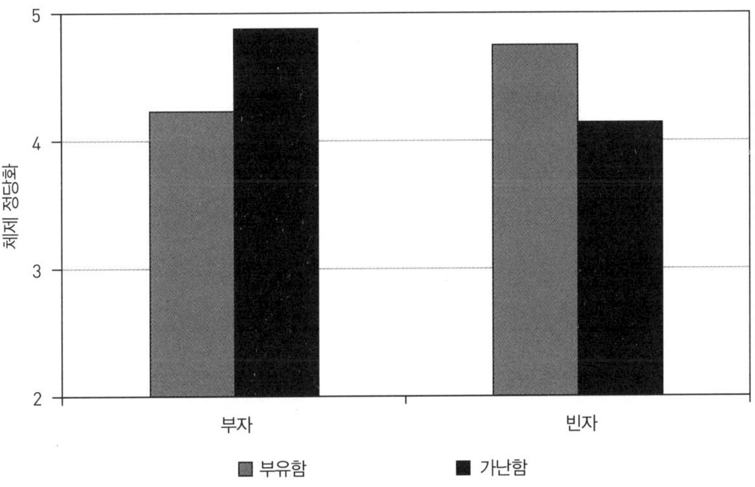

출처: Kay & Jost(2003).

수준에서 체제 정당화 동기를 위협할 가능성(그리고 보완적 고정 관념이 같은 의식 수준에서 체제 정당화 동기를 누그러뜨릴 가능성)을 탐색했다. 우리는 정의 관련 구성 개념의 암묵적 활성화를 평가하기 위해 어휘 결정 과제를 사용했다. 이는 앞선 두 실험에서 사용한 외현적 체제 정당화 측정 점수에 사회적 바람직성의 압력이 영향을 미쳤을 수도 있다는, 방법론과 관련한 우려를 희석시켜야 한다. 또한 보완적 고정 관념과 보완적이지 않은 고정 관념에 대한, 체제를 정당화하는 반응 관련 인지 과정을 드러내야 한다. 이 연구의 두 번째 목표는 보완적 고정 관념 노출이 체제 정당화에 미치는 효과를 조절하는 데서 청교도적 노동 윤리에 나타나는 개인차의 역할을 알아보는 것이다. 특히 우리는 가난하지만 행복하다는 고정 관념에 대한 노출이 청교도적 노동 윤리가 낮은 (그리고 따

라서 체제 정당화 목적을 이루기 위해 희생자 폄하 전략을 따를 가능성이 낮은) 사람들의 체제 정당화를 높이는 데 특히 효과적일 가능성을 살펴보았다. 그리고 우리는 결과가 응답자의 사회경제적 지위에 따른 것인지를 알아보기 위해 가구 소득을 자기 보고(self-report) 형식으로 측정했다.

연구 참여자들은 언어 기억 및 추론 실험에 참여하기 위해 왔고, 이들에게 두 친구에 대한 이야기를 읽도록 요청했다. 이들은 핵심 내용을 기억하는 데 필요한 만큼 이야기를 몇 번이고 읽고, 나중에 기억을 시험할 것이라는 안내를 받았다. 참여자 중 반은 가난한 친구보다 행복한 부자에 대해, 나머지 반은 부유한 친구보다 행복한 빈자에 대해 읽었다. 따라서 실험 조건은 네 가지가 아닌 두 가지다. 두 조건 모두에서 지문은 똑같이 시작되었다.

> 조지프(Joseph)와 미첼(Mitchell)은 둘 다 미국 중서부에서 자랐고, 지금은 시애틀에 살고 있다. 조지프는 39세이고 미첼은 41세다. 조지프와 미첼은 20대에 만나 그 뒤 거의 10년 동안 좋은 친구로 지냈으나, 지금은 각자의 일 때문에 몇 년 동안 연락을 하지 않은 상태다. 조지프는 이제 훌륭한 직업이 있고, 부유한 동네에 있는 아름답고 넓은 집에 살며, 임금을 아주 많이 받는다. 미첼은 스포츠 경기를 보고 직접 하면서 많은 시간을 보내지만, 조지프와 달리 임금이 그리 많지 않아 도시의 덜 비싼 지역에 있는 그의 집은 조금 비좁고 그렇게 좋아 보이지 않는다.

가난한 사람이 부자보다 행복한 조건에서는 이야기가 다음과 같은 내용으로 끝난다.

미첼의 집이 조지프보다 작고 임금이 낮음에도 불구하고, 그는 조지프보다 훨씬 행복한 편이다. 미첼은 자기 삶에서 대부분의 측면을 즐기고, 친구들은 그를 '파산했지만 행복한' 사람으로 알고 있다. 반면, 조지프는 미첼이 느끼는 전반적인 만족감을 느끼지 못하고, 사람들은 그를 '부유하지만 불행한 사람'이라고 생각한다.

하지만 부유한 사람이 가난한 사람보다 행복한 이야기는 다음과 같이 끝맺는다.

미첼은 조지프보다 집이 작고 임금이 적을 뿐만 아니라, 그의 삶에 대해 조지프보다 훨씬 행복을 덜 느낀다. 조지프는 자기 삶에서 대부분의 측면을 즐기고, 친구들은 그를 '모든 것을 가진' 사람으로 알고 있다. 반면, 미첼은 조지프가 느끼는 전반적인 만족감을 느끼지 못하고, 사람들은 그를 '파산한 데다 불행한 사람'이라고 생각한다.

그런 다음 참여자들은 컴퓨터로 언어 능력 시험을 보았는데, 이는 사실 이야기를 읽은 게 정의 동기를 활성화하는지 측정하기 위한 어휘 결정 과제였다. 이들은 각 실험마다 다음과 같이 (a) 단어를 이루지 않는 글자의 나열, (b) 정의 관련 단어(공정한, 합당한, 정의로운, 타당한, 정당화된), (c) 정의 관련 단어와 친숙성 정도가 비슷한 중립적 단어(이를테면 부피, 손가락, 달력) 중 하나를 보았다.

또한 참여자들은 일반적 체제 정당화 척도와 16가지 문항의 청교도적 노동 윤리 척도에 응답했는데, 후자에는 다음과 같은 문항이 포함되었다. "힘든 일을 좋아하지 않는 것은 성격의 약점을 반영한다" "열심히

그림 7.3 청교도적 노동 윤리와 보완적 또는 비보완적 고정 관념 예시 노출이 일반적 체제 정당화에 미치는 영향

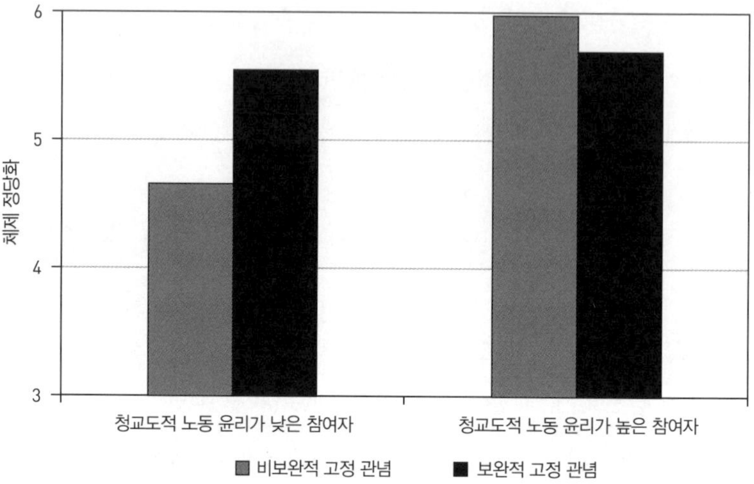

출처: Kay & Jost(2003).

일하려 하고, 일할 수 있는 사람에게는 성공의 좋은 기회가 온다" "힘든 과업을 열정적으로 할 수 있는 사람은 앞서가는 사람이다" "앞서가는 것은 열심히 일하고 자기 스스로에게만 의지하는지에 달린 문제다". 일반적 체제 정당화 척도와 청교도적 노동 윤리 척도에 대한 응답 사이에는 .45 수준에서 양(+)의 상관관계가 있었다.

그림 7.3에 나타난 것처럼, 가난하지만 행복하다/부유하지만 불행하다는 고정 관념 노출이 외현적 체제 정당화에 미치는 효과는 청교도적 노동 윤리 점수가 낮은 사람들에게서 더 크게 나타났다. 이들의 경우 일반적 체제 정당화는 보완적 고정 관념 조건에서 (보완적이지 않은 예시 조건에 비해) 조금 높았다. 반면, 청교도적 노동 윤리 점수가 높은 사람들은 보완적 고정 관념 조건과 보완적이지 않은 예시 조건 모두에서 일반적

그림 7.4 보완적 또는 비보완적 고정 관념 예시 노출이 정의 관련 또는 중립적 단어에 대한 인지적 접근 가능성에 미치는 효과

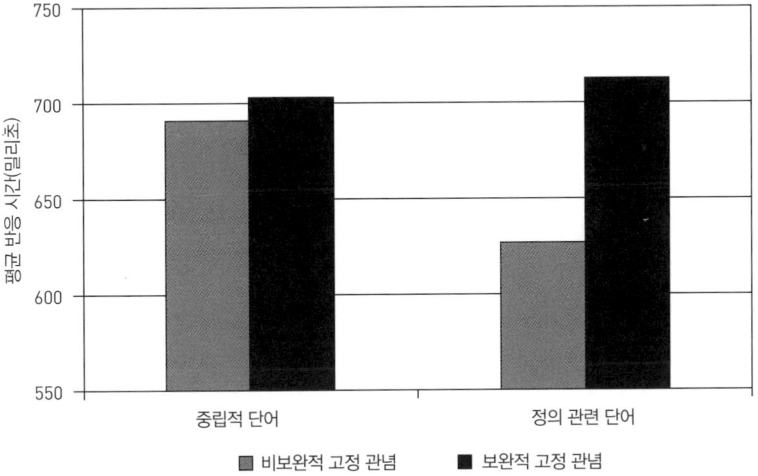

출처: Kay & Jost(2003).

체제 정당화가 상대적으로 높았으며, 실험 조건에 따른 차이가 드러나지 않았다.

정의 동기의 암묵적 활성화에 대해, 우리는 보완적이지 않은 고정 관념 예시 노출이 체제의 정당성에 대한 믿음을 위협하고, 따라서 보완적이며 위협적이지 않은 고정 관념 예시에 비해 정의 관련 단어에 대한 반응 시간을 빠르게 할 것이라는 (그러나 중립적 단어에 대해서는 그렇지 않을 것이라는) 가설을 세웠었다. 그림 7.4에 나타난 것처럼 보완적이지 않은 표상에 노출된 사람들은 보완적 표상에 노출된 사람들보다 정의 관련 단어에 대한 반응 시간이 빨랐다. 조작은 중립적 단어에 대한 반응에는 효과가 없었다. 이러한 결과는 가난한 사람보다 행복한 부자라는 보완적이지 않은 표상이 정의 동기를 암묵적으로 활성화한다는 생각을

뒷받침하며, 이는 아마도 이러한 표상이 바람직한 결과가 사회에 공정하고 고르게 분포한다는 가정을 위협하기 때문인 것으로 보인다.

연속 연구 중 마지막 시도에서, 우리는 도덕 영역에서 부자와 빈자의 보완적 고정 관념과 보완적이지 않은 고정 관념 노출을 조작했다. 절차 중 유일한 변화는 두 주인공의 관계가 (부와 행복이 아니라) 부와 도덕성에 따라 달라진다는 것이었다. 지문의 앞부분은 이전 실험과 같았지만, 뒷부분은 다음과 같이 바꾸어 제시했다.

> 미첼의 집이 조지프보다 작고 임금이 낮음에도 불구하고, 그는 조지프보다 훨씬 정직한 편이다. 미첼은 자기 삶에서 대부분의 측면에 '정정당당하게 임하고', 친구들은 그를 '파산했지만 정직한' 사람으로 알고 있다. 반면 조지프는 미첼에게 있는 강한 도덕성이 없고, 사람들은 그를 '부유하지만 부정직한 사람'이라고 생각한다.

보완적이지 않은 예시 조건에 배정된 참여자들은 다음과 같은 결말을 읽었다.

> 미첼은 조지프보다 집이 작고 임금이 적을 뿐만 아니라, 조지프보다 훨씬 덜 정직한 사람이다. 조지프는 자기 삶에서 대부분의 측면에 '정정당당하게 임하고', 친구들은 그를 '부유하고 정직한' 사람으로 알고 있다. 반면 미첼은 조지프에게 있는 강한 도덕성이 없고, 사람들은 그를 '파산한 데다 부정직한 사람'이라고 생각한다.

그림 7.5에 나타난 대로, 가난하지만 정직한 고정 관념 예시에 대한 노

그림 7.5 청교도적 노동 윤리와 보완적 또는 비보완적 고정 관념 예시 노출이 일반적 체제 정당화에 미치는 영향

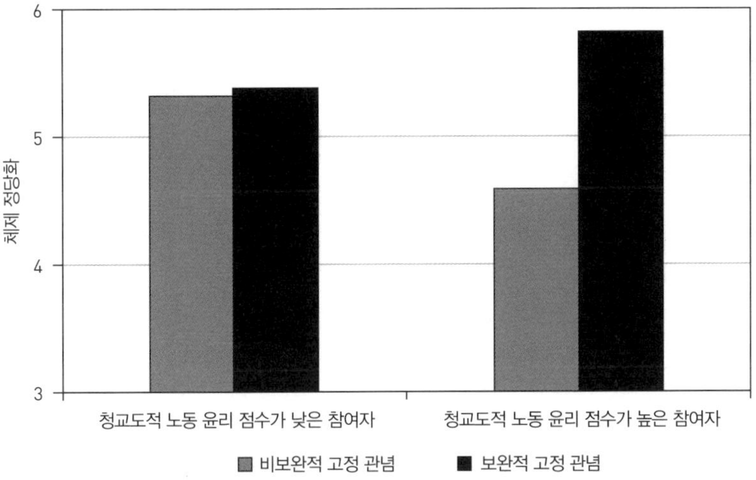

출처: Kay & Jost(2003).

출은 청교도적 노동 윤리 점수가 높은 사람들의 일반적 체제 정당화를 (청교도적 노동 윤리가 낮은 사람들보다) 더 높였다. 청교도적 노동 윤리 점수가 낮은 사람들의 경우 실험 조건의 효과가 나타나지 않았다. 그러나 청교도적 노동 윤리 점수가 높은 사람들의 경우, 보완적이지 않은 예시 조건보다 보완적 고정 관념 예시 조건에서 체제 정당화 점수가 높았다. 이러한 결과를 이전 실험 결과와 종합해보면, 청교도적 노동 윤리는 실제로 도덕성 및 행복 차원과 다르게 연관되어 있다고 할 수 있다. 청교도적 노동 윤리 점수가 낮은 사람들은 가난하지만 행복하다는 고정 관념 예시에 더 영향을 받은 반면, 청교도적 노동 윤리 점수가 높은 사람들은 가난하지만 정직하다는 예시에 더 영향을 받았다.

그림 7.6에 나타난 것처럼, 보완적이지 않은 표상에 노출되었을 때,

그림 7.6 보완적 또는 비보완적 고정 관념 예시 노출이 정의 관련 또는 중립적 단어에 대한 인지적 접근 가능성에 미치는 효과

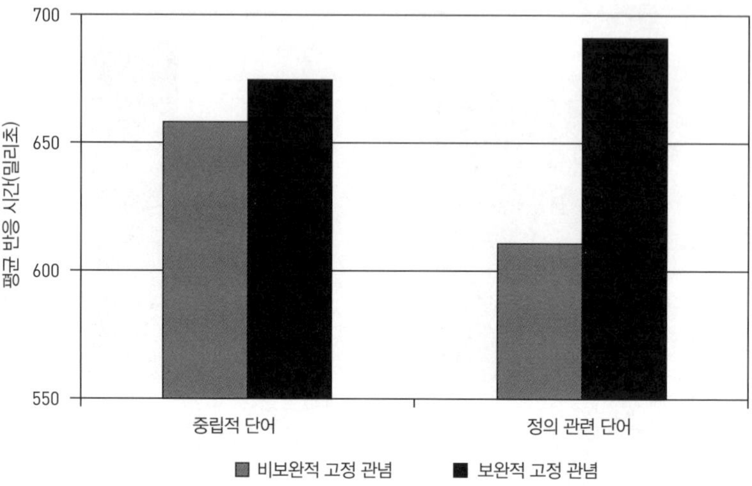

출처: Kay & Jost(2003).

보완적 표상 노출에 비해 정의 관련 단어에 대한 반응 시간이 빨랐다. 중립적 단어에 대해서는 조건에 따른 차이가 나타나지 않았다. 따라서 부유하지만 정직하다는 고정 관념 예시에 대한 노출이 암묵적으로 체제 정당화를 위협하는 반면, 가난하지만 정직하다는 고정 관념 예시는 체제 정당화에 대한 관심을 감소시킨다.

사회과학자를 비롯한 여러 관찰자는 사람들이 집단에 기인하는 불평등을 정당화하기 위해 희생자를 비난하는 고정 관념 및 귀인을 적용하는 경향이 있다는 걸 잘 알고 있다. 우리가 이 장에서 요약한 여러 연구에서는 희생자 폄하의 대안이 비주류 집단과 주류 집단에게 서로를 상쇄하는 이익과 대가가 있다고 상정하는 보완적 고정 관념을 수용함으로써 현 사회 상황을 정당화하는 것일 수 있다고 설득력 있게 제안한

다. 우리는 시몬 차플린스키(Szymon Czapliński)와 함께 폴란드에서 실시한 후속 연구에서, 이러한 체제 정당화의 두 가지 방법에 대한 선호가 지각자의 정치 이념에 좌우될 가능성을 탐색했다(Kay et al., 2009a). 우리는 우파 폴란드인이 가난한 사람을 부정직하다고 폄하하고, 부유한 사람을 정직하다고 추켜세우는 보완적이지 않은 표상에 노출된 뒤 일반적 체제 정당화 점수가 더 높다는 것을 발견했다. 반대로 좌파 폴란드인은 행복한 빈자, 불행한 부자 같은 보완적 표상에 노출된 뒤 체제 정당화 점수가 더 높았다.

결론

체제 정당화 이론에 따르면, 사람들은 자신이 의지하고 있는 사회·경제·정치 체제를 비교적 공정하고, 합당하며, 정당화되었다고 보게끔 동기화된다. 이렇게 동기화된 지각이 부당한 상황으로 인해 위협받으면, 부정의를 합리화하거나 바로잡기 위한 인지 과정이 시작된다. 간단히 말하면, 정의(아마도 더 정확하게 말하면 **정당화**)에 대한 동기가 활성화한다. 경제적 불평등은 어떤 방법으로 정당화되지 않는 한 정의에 대한 소중한 믿음을 위협할 가능성이 있는 상황 중 하나다. 우리는 몇 번의 실험에서 가난하지만 행복하다거나 가난하지만 정직하다는 고정 관념이 불평등을 정당화하고, 혜택받지 못하는 사람들이 이를 상쇄하는 나름의 보상을 얻는다는 이념 관련 가정을 유지하는 데 특히 유용하다는 걸 지지하는 결과를 얻었다. 특히 우리는 보완적 고정 관념에 노출되면 보완적이지 않은 고정 관념에 노출될 때보다 외현적 수준에서는 체제 정당화가 높아지고, 암묵적 수준에서는 정의 동기가 낮아지는 것을 관찰했다.

이러한 발견에서 특히 흥미로운 점은 희생자 폄하(이를테면 Ryan, 1976)와 구분되는 이념적 정당화 과정이라는 존재가 드러난 것이다. 예를 들어, 우리는 정의로운 세상이라는 믿음 척도 점수가 높은 사람, 친사회적 행동을 통해 정의를 보존할 수 없는 상황에 있는 사람들이 정의 동기를 충족하기 위해 빈곤층을 폄하한다는 걸 알고 있다(Lerner, 1980). 그러나 이런 과정이 항상 효과적인 것은 아니기 때문에, 사회 질서가 공정하고 정당하다는 감각을 유지하는 다른 심리적 수단이 있을 것이다. 헤이퍼(Hafer, 2000)는 "희생자 비난과 폄하의 측정이 세상은 정당하다고 가정하는 추론에 기대하는 양상의 결과로 언제나 이어지지는 않는다"(p. 172)고 언급하며, 합리화의 다른 수단을 밝힐 때 암묵적 측정을 도입할 것을 추천했다. 이러한 방법론의 교체는 체제 정당화 과정이 의식의 외현적 수준뿐만 아니라, 암묵적 수준에서도 작동한다는 가정(이를테면 Essien et al., in press 참조)에 매우 잘 들어맞는다. 희생자 비난은 (특히 세상이 정의롭다는 믿음이나 청교도적 노동 윤리가 지속적으로 높은 사람들에게) 체제 정당화 동기를 외현적으로 만족시키는 데 유용한 수단인 데 비해, 보완적 고정 관념에 대한 노출은 체제 정당화 동기를 보다 미묘하고 간접적으로 만족시키는 것일 수 있다.

이렇게 보면 체제 정당화 반응의 서로 다른 유형이 심리적으로 대체 가능할 수도 있다. 〔인지 부조화 감소, 자기 가치 확인(self-affirmation), 자기 평가 유지 연구를 포함해〕 광범위한 자기 보호 메커니즘에 대한 사회심리학 연구는 위협에 대한 반응에서 나타나는 대체 가능성에 도달한 수많은 사례를 찾아냈다. 즉, 부조화 감소, 자기 가치 확인, 자기 평가 유지는 자기 개념에 대한 위협에 대처하기 위한 상호 대체 가능한 전략이라는 것이다(Tesser et al., 1996). 우리의 연구 결과를 다른 연구에서 나온 희생자 비난 관련 증거와 함께 고려하면, 사회 체제에 대한 위협이 체제를 방어 및 정당화하는 기저의 동기를 충족시킨다는 공통점이 있는 (다양한 유형의) 반응을 이끌어낸다고 볼 수 있다. 어떤 반응이 나타날지는 개인차와 상황적 제약 및 이점을 포함해 여러 요인에 달린 것으로 보인다.

우리의 연구 결과는 청교도적 노동 윤리 같은 개인차 변인을 어떻게 이해할 것인지에 대한 함의를 담고 있다. 청교도적 노동 윤리 점수는 고정 관념 노출의 외현적 효과를 조절했다. (그러나 암묵적 효과에 대해서는 그렇지 않았다.) 한 실험에서 청교도적 노동 윤리 점수가 낮은 사람들은 가난하지만 행복하다거나 부유하지만 불행하다는 예시에 점수가 높은 사람들보다 더 크게 반응한 반면, 청교도적 노동 윤리가 높은 사람들은 가난하지만 정직하다거나 부유하지만 부정직하다는 예시에 점수가 낮은 사람들보다 크게 반응했다. 이는 청교도적 노동 윤리에 빈곤, 힘든 노동, 정직성, 쾌락에 대한 복잡한, 심지어 상반되는 태도가 따라온다는 생각(Jones, 1997; Mirels & Garrett, 1971)과 일치한다. (가난하지만 행복하다는 고정 관념 같은) 체제를 정당화하는 일부 표상은 보통 빈자의 불운에 대해 그들을 비난하지 않는 사람들에게도 설득력이 있을 수 있다. 피해자를 직접 비난하는 것은 청교도적 노동 윤리나 세상이 정의롭다는 믿음이 높은 사람들에게 더 일반적인 반응이겠지만, 체제 정당화 이론은 거의 모든 사람이 현 상태를 정당화하는 데 적어도 어느 정도는 관여한다는 입장이다. 우리는 가구 소득이 가난하지만 행복하다거나 가난하지만 정직하다는 표상의 체제 정당화 효과와 관련 있다는 증거를 찾지 못했다. 앞 장에서 설명했듯 이는 특정 개인이나 집단의 이익을 합리화하는 것보다 **합의한** 고정 관념 관련 과정이 작동한다는 걸 시사하고, 다른 많은 이론에서도 이를 강조하고 있다.

이 장을 마치기 전에, 우리는 우리의 결과와 피해자 비난 전략 관련 연구 결과의 차이에 대한, 또 다른 가능성 있는 설명을 간단히 언급하고자 한다. 지금까지 우리는 개인차 조절 변인을 강조해왔지만, 고정 관념 내용의 차이도 관련이 있을 수 있다. 체제 정당화 이론의 관점에서 볼 때, 사람들이 피해자의 불운과 인과관계가 있는 것으로 보는 특질에 대해 피해자 폄하를 할 가능성이 더 높다는 것은 합당하다. 반대로 사람들이 모든 걸 다 가진 사람은 없고 "모든 계층이 자기 몫을 받는다"(Lane, 1962, p. 64)는 믿음을 지키는 데 동기화되면, 피해자의 불운과 **인과관계가 없는** 특질에 대해서는 피해자 고양(高揚)을 할 가능성이 더 높다. 이러한 맥락에서 에런 케이와 숀 영(Sean Young) 그리고 나는 추가 실험을 통해 사람들이 인과관계가 있는 차원에 대해서는 피해자 폄하를 할 가능성이 더 높고, 인과관계가 없는 차원에 대해서는 피해자 고양을 할 가능성이 더 높음을 증명했다. 참여자들은 체제에 대한 비판에 노출된 뒤, 권력 없는 사람을 권력 있는 사람보다 덜 지적이지만 더 행복하다고 평가했으며, 비만인 사람을 정상 체중인 사람보다 더 게으르지만 더 사교적이라고 평가했다. 또한 우리는 사람들이 인과관계가 있는 상황에서 피해자를 비난하는 고정 관념에 노출되었을 때(피해자를 고양하는 고정 관념에 노출되었을 때보다), 그리고 인과관계가 없는 상황에서 피해자를 고양하는 고정 관념에 노출되었을 때(피해자를 폄하하는 고정 관념에 노출되었을 때보다), 일반적 체제 정당화 점수가 더 높다는 걸 관찰했다(Kay et al., 2005).

만약 (우리의 연구에서 주장했듯) 보완적 고정 관념이 사회 질서의 정당성을 강화할 수 있다면, 이는 디킨스식 문화적 초상의 존재뿐만 아니라 일반적인 고정 관념 형태의 존재를 설명하는 데도 유용할 것이다. 남성(그리고 다른 지위 높은 집단 구성원)은 능력 있지만 호감이 가지 않고, 여성(그리고 다른 지위 낮은 집단 구성원)은 호감이 가지만 능력은 없다는 널리 퍼진 고정 관념은 우리가 이어지는 장에서 살펴볼 것처럼, 가난하지만 행복하다거나 부유하지만 불행하다는 고정 관념과 형태 및 기능 두 가지 면에서 모두 비슷하다. 아름답지만 멍청한 금발 여성, 운동은 잘하지만 공격적인 흑인, 명석하지만 정신없는 교수 같은 보완적인 또는 하위 고정 관념의 다른 유명하고 유사한 형태도 체제 정당화 과정과 관련이 있을 수 있다(Czopp et al., 2015). 예를 들어 폴란드에서 러시아인, 유대인, 베트남인 같은 소수 인종 집단이 능력 있지만 비도덕적이라는 고정 관념은 체제 정당화 신념과 관련이 있었다(Cichocka et al., 2015).

이 장에서 요약한 대부분의 연구는 보완적 고정 관념의 형성이나 그에 대한 지지의 원인·결과보다는 보완적 고정 관념에 노출되었을 때의 효과를 알아보기 위해 설계한 것이지만, 아마도 이들 주제는 서로 연결되어 있을 것이다. 증거로 미루어볼 때, 사회적 고정 관념 형성의 보완적 형태가 적어도 일부는 심리에 영향을 미친다고 보는 게 합리적이다. 이러한 형태는 평등에 대한 환상을 만들어내고, 그럼으로써 기존의 사회적·경제적·정치적 배치가 공정하고, 정당하며, 바람직하다고 지각하고 싶은 바람을 만족시키기 때문이다.

08

소녀와 여성에 대한 억압과 소녀와 여성의 자기 억압

고정 관념과 편견에 대한 사회 인지 접근은 원래 개인의 마음속에 있는, 사회 집단에 대한 믿음 및 범주의 영향을 설명하기 위해 만들었지만, 사회에서 문화를 통해 접근할 수 있는 고정 관념의 결과, 즉 환경으로 인한 결과를 이해하는 데도 큰 역할을 했다. 우리는 이제 생각·느낌·행동이 암묵적 수준에서 고정 관념의 영향을 받으며, 심지어 공개적으로 지지하지 않을 때도 그럴 수 있다는 걸 알고 있다(Banaji & Greenwald, 2013). 고정 관념은 클로드 스틸(Claude Steele, 1997)이 표현한 것처럼 "공기 중에" 있는 것만으로도 학술, 운동, 전문직 수행에 영향을 미칠 수 있다. 인종을 비롯한 많은 집단의 태도를 둘러싼, 그리고 편견을 유지하고 확대하는 지각된 합의 같은 기운(aura)이 그것이다(Hardin & Higgins, 1996; Stangor et al., 2001). 고정 관념은 공유하는 사회 환경의 일부이기 때문에, 지각자와 그 대상자의 행동에 대해 실제 효과가 나타나는 데 (고정 관념에 대한—옮긴이) 의식적·개인적 지지가 필요하지는 않다.

젠더 고정 관념의 경우, 소녀와 여성에 대한 태도는 내용 면에서 우호적이지만, 결과 면에서는 편견의 영향을 받을 때가 많다. 대부분의 사람이 소녀와 여성에게 도움을 주고, 친절하고, 부드럽고, 따뜻하고, 공감하는 (좋아 보이는) 고정 관념을 갖고 있지만, 이러한 믿음이 여성의 능력에 대한 지각을 저하시킬 때가 많다(Eagly & Mladinic, 1994). 사실 여성에 대한 고정 관념은 (다른 많은 집단에 대한 고정 관념처럼) 우호적 특성과 비우호적 특성의 조합을 표상한다(Fiske et al., 2002). 사회 집단의 따뜻함과 능력에 대한 지각은 역(逆)의 상관관계인 경우가 많고, 여성을 따뜻하게 돌보는 (그러나 다른 면에서 무능한) 존재로 대하는 온정적 성차별은 여성과 남성 모두에서 젠더 불평등의 체제 지지와 관련이 있다(Glick & Fiske, 2001).

이러한 결과는 억압받는 집단 구성원이 종종 자기 자신에 대한 억압에 개입하고, 이 과정에서 고정 관념과 이념이 핵심 역할을 한다는 체제 정당화 이론의 내용과 매우 흡사하다. 이 장에서 우리는 이러한 영역에 기여한 여러 가지 이론을 통합하고, 이를 기초로 공동체적 젠더 고정 관념에 대한 인지적 접근 가능성이 높아지면 (성취의 영역에서 남성이 우월하다는 기본 가정을 상쇄하는 고정 관념의 영향력을 통해) 기존의 사회 배치가 공정하고, 정당하며, 바람직하다고 지각하는 경향이 바로 높아진다는, 추가 실험에서 나온 증거를 요약한다.

보완적 젠더 고정 관념

남성과 여성에 대한 고정 관념은 주체성과 공동체성에 대한 일반적 구분을 반영한다. 남성은 좀더 자기주장이 강하고, 독립적이고, 능력 있고, 성취 지향적이라는 고정 관념이 있는 데 비해, 여성은 좀더 사교적이고, 따뜻하고, 상호 의존적이며, 관계 지향적이라는 고정 관념이 있다(Eagly et al., 2019). 남성성과 여성성에 대한 고정 관념은 보완적인데, 이는 우리가 앞 장에서 논의한 것처럼, 각 집단에 자신의 약점을 상쇄하고 다른 집단의 강점에 상응하는 강점이 있다고 간주하기 때문이다. 우리는 이러한 보완적 특성이 남성뿐만 아니라 여성도 고정 관념을 쉽게 받아들일 수 있게끔 한다(Jackman, 1994)고 주장한다.

실험 연구 결과, 사람들은 남성과 여성의 사회적·직업적 역할에 기초해 주체성 및 공동체성 관련 고정 관념에 차이가 존재한다고 즉석에서 추론하는 것으로 나타났다(Eagly & Steffen, 1984). 다시 말해, 고정 관념에 기초한 특성은 사회적 지위와 역할에 대한 정보에서 비롯한다. 비슷하게 사람들은 노동자를 위시해 다양한 지위 집단의 주체성과 공동체성을 집단 소속과 관련이 있다고 가정하는 사회적 역할 및 과업에 기초해 가정한다(이를테면 Conway et al., 1996). 30년이 넘는 사회심리학 연구의 결론은 사람들이 지위 높은 집단 구성원에 대해서는 주체적이지만 공동체 지향적이지 않다는, 그리고 지위 낮은 집단 구성원에 대해서는 공동체 지향적이지만 주체적이지 않다는 고정 관념을 가진다는 것이다.

글릭과 피스케(Glick & Fiske, 2001)에 따르면, 소녀와 여성에 대한 태도는 **양가적**이다. 즉, 여성에 대한 고정 관념은 매우 우호적인 동시에 매우 비우호적인 특성으로 구성된다. 성차별주의에는 소설 《대부(The Godfather)》에서 돈 코를레오네(Don Corleone)가 한 말처럼, 적대성과 온정이 이상하게 뒤섞여 있는 경우가 많다. "당신은 여자들이 당신 행동을 좌지우지하게 내버려두는데, 여자들은 이 세상에서 능력이 없지. 남자들이 지옥에서 불탈 때 여자들은 천국의 성자나 마찬가지긴 하지만"(Puzo, 1969, p. 38). 상상 속에서 여성은 흔히 매도당하는 동시에 추앙받는다. 그들은 지배당해야 하는 동시에 높이 떠받드는 우상이어야 한다.

양가적 성차별주의를 포착하기 위해, 연구자들은 적대적/온정적 성차별주의를 개별적이지만 상관관계가 있는 구성 개념으로 측정하는 도구를 개발했다(282쪽의 항목 예시 참조). 두 가지 하위 척도 점수를 통해 전반적 젠더 고정 관념과 전통적·현대적 형태의 성차별주의를 예측할 수 있다. 19개 국가에 대한 글릭과 피스케(Glick & Fiske, 2001)의 연구에서, 여성도 남성만큼 온정적 형태의 성차별주의를 지지할 확률이 높은 것으로 나타났다. 또한 같은 국가에서 여성과 남성의 성차별주의 평균 점수는 서로 강한 양(+)의 상관관계가 있었으며, 이는 성차별주의가 상호 인정한 체제 정당화의 형태임을 암시한다. 성차별주의의 두 가지 형태 모두 여성에 대한 권력 부여(empowerment)와 젠더 평등이 가장 낮은 국가에서 가장 높았다. 연구자들은 "성차별주의적 반감은 여성에 대한 편견의 가장 분명한 형태이지만, 우리가 얻은 증거로 볼 때 성차별주의적 온정도 젠더 불평등을 정당화하는 데 중요한 역할을 하는 것으로 보인다"(p. 116)고 결론지었다.

메리 잭맨(Mary Jackman, 1994)에 따르면, 주체성과 공동체성 면에서 남성과 여성을 차별하기 위해 고정 관념을 사용할 경우, 사회 체제를 유지하는 데 중요한 두 가지를 성취할 수 있다. 첫 번째는 각 집단에 사회에서 그들에게 주어진 위치와 역할에 특히 잘 어울리는 특성을 부여하는 것이다. 이러한 유형의 역할 정당화는 노동에 대한 사회의 분류가 공정할 뿐만 아니라, 심지어 아마도 자연스럽고 생물학적으로 필수적일 것이라고 표상함으로써 현 상태의 정당성 지각에 기여한다(Brescoll et al., 2013; Rudman & Saud, 2020). 두 번째는 남성은 능력이 있고 여성은 그렇지 않다고 보는 사회적 맥락에서, 여성이 젠더 관계의 체계로부터 완전히 물러나는 걸 방지하는 것이다. 잭맨은 문화적으로 여성에게 (따뜻함, 덕과 같은) 우호적·보상적 특질을 부여하고 여성적 영역이 가치 있다는 데 공감하는 주장을 통해, 여성을 가부장제 체제에 능동적으로 협조하도록 한다고 강변했다. 이러한 지위 분배 과정은 역할 정당화와는 다르게, 피지배 집단 구성원에게만 유효하고, 사회적으로 바람직한 특질 부여하고만 관련이 있다.

보완적 고정 관념의 체제 정당화 효과

우리는 잭맨이 밝힌 요인에 더해, 젠더 고정 관념의 보완적 특징이 현 상태에 대한 이념적 지지에 기여하는 세 번째 변인이라고 주장한다. 체제 정당화 관점에서는 모든 사회 집단에 어느 정도의 이익과 어느 정도의 불이익이 있다고 믿으면 체제가 공정하고, 균형 있고, 정당하다는 감각이 높아져야 한다. 우리는 부자와 빈자에 대한 고정 관념을 앞 장에서 다루었다. 우리가 언급했듯 주요 결과는 권력자와 권력 없는 사람, 비만인 사람과 표준 체중인 사람에 대한 케이와 동료들(Kay et al., 2005)의 연구를 비롯해, 다른 유형의 집단 간 차이에 대해서도 반복 및 확장되었다.

젠더 고정 관념은 주부 같은 특정 사회적 역할을 합리화하거나, 여성 개인이 전통적인 현 사회 상황을 수용하도록 추켜세우는 데 국한되지 않는다. 우리가 살펴볼 것처럼 젠더 고정 관념은 주체성과 성취 면에서, 남성에게 주어지는 것으로 보이는 이익을 절하함으로써 체제 정당화의 목적에도 기여한다. 오래전 샌드라 벰과 대릴 벰(Sandra Bem & Daryl Bem, 1970)은 남성과 여성이 **보완적이지만 평등**하다는 걸 보여주는 젠더 고정 관념이 체제를 강화한다는 관찰 결과와 함께 이러한 가능성을 제시했다.

> 많은 사람이 대부분의 여성이 사회화로 인해 결국 전업주부가 된다는 것, 이러한 사실이 우리 사회가 소녀들을 개성 있는 개인으로 키우는 데 실패했다는 걸 보여준다는 것을 알고 있다. 그러나 그들은 주부의 역할이 직업 있는 남성의 역할보다 열등하지 않다고 지적한다. 두 역할은 서로를 보완하지만 평등하다. ……남성과 여성이 사회에서 보완적이지만 평등한 위치에 있다는 이념적 합리화는 상당히 최근에 나온 발명이다. 더 이전에는—그리고 오늘날의 더 보수적인 회사에서는—평등주의적 겉치레를 위한 이념의 필요성을 느끼지 못했다. 1954년 미국 대법원에서는 '분리되었지만 평등한(separate but equal)'이라는 표어에는 기만이 깔려 있다고 판결했다. 어떤 법원도 더 비가시적인, 즉 여성을 성공적으로 그 자리에 머물게 하는 표어인 '보완적이지만 평등한'에 대해 같은 판결을 내리지 않을 것이다(pp. 94~96).

어떤 집단도 (사회에서—옮긴이) 가치 있게 여기는 특성에 대한 독점을 즐길 수 없고, 모든 집단에 유리한 점이 있는 것이 정당한 사회 질서라고 보는 게 평범한 사고방식이라고 할 수 있을까?

확실히 해두자면, 우리는 젠더 고정 관념이 그 보완적 특성으로 인해서만 체제 정당화에 기여한다고 주장하는 것이 아니다. 반대로, 보완적 고정 관념의 체제 정당화 기능은 역할 정당화 과정과 함께 작동하고, 피지배 집단의 협조를 거의 확실하게 높인다. 다시 말해, 이 세 가지 기전은 서로 배타적인 것과는 거리가 멀다. 이와 관련한 몇 가지 이유로, 이번 장에서 우리는 공동체적·보완적 젠더 고정 관념이 사회의 현 상태를 정당화하는 데 특히 효과적일 거라는 가설에 초점을 맞출 것이다.

많은 선행 연구에서 젠더 고정 관념의 존재와 내용 자체를 근거로, 합리화 기능이 있을 것이라고 가정했다. 즉, 남성을 비롯해 지위 높은 집단은 주체적이고, 여성을 비롯해 지위 낮은 집단은 공동체적이라는 고정 관념이 있다는 사실이, 이러한 고정 관념이 노동의 불평등한 분배를 정당화하는 첫 번째 증거라는 것이다. 하지만 선행 연구에서는 사회 체제에 대한 지지를 측정하지 않았다. 호프먼과 허스트(Hoffman & Hurst, 1990)의 실험은 가상의 집단에 대한 새로운 고정 관념 형성에 초점을 맞춤으로써 합리화 과정을 포착하려 했으나, 참여자들이 젠더 고정 관념에 대한 기존 지식을 활용했을 가능성을 배제하기 어렵다. 또한 글릭과 피스케(Glick & Fiske, 2001)가 기술한 연구 결과에서 나타난, 적대적·온정적 성차별주의와 사회의 젠더 불평등에 대한 정당화 사이의 상관관계에서도 전자가 후자의 원인인지 혹은 결과인지 명확히 하기 어렵다. 선행 연구의 방법론적 한계로 인해, 사회적 고정 관념과 불평등의 정당화 사이의 인과관계에 대해 결론을 지을 수 없었던 것이다. 실험을 통한 좀더 직접적인 접근이 필요하다.

보완적 젠더 고정 관념이 현 상태에 대한 만족을 높이는 역할을 한다면, 이러한 고정 관념에 대한 인지적 접근 가능성을 높인 뒤 체제에 대한 이념적 지지 수준을 측정하는 게 유용할 것이다. 다시 말해, 기존의 젠더 고정 관념이 남성과 마찬가지로 여성에게도 체제를 정당화하는 기능을 한다면, 이러한 고정 관념 활성화는 현 상태에 대한 관찰 가능한 지지로 이어져야 한다. 이 체제 정당화 가설의 사회적·인지적 형성은 한 번도 직접 분석되지 않았기 때문에, 에런 케이와 나는 실험을 통해 특정 젠더 집단에 대한 노출을 조작한 뒤, 사회 체제에서 남성과 여성이 놓인 위치에 대해 확신하는 정도를 측정하기로 했다.

체제 정당화에 대한 고정 관념 노출의 효과

고정 관념과 편견의 정당화 기능에 대한 대부분의 연구는 다양한 종류의 신념을 개인적으로 지지하는 정도에 초점을 맞추어왔다. 이는 직관적으로 와닿는 접근이고, 체제에 대한 지지를 예측하는 데 있어 개인차 접근과도 일치한다. 그러나 사회심리학 연구에 따르면, 사회적 고정 관념을 지지해야만 그 영향을 받는 것은 아니다. 고정 관념이 점화 또는 활성화되면 판단과 행동에 대한 영향력이 커질 수 있으며, 어떤 경우에는 고정 관념을 외현적으로 지지하지 않을 때조차 그렇다. 그렇다면 단순히 문화적으로 일반화된 남성과 여성을 떠올리는 것만으로도 (아울러 그렇게 인지적 접근 가능성을 높이는 것만으로도) 보완적 고정 관념으로 인해 자신에게 최선의 이익이 되지 않는 불평등한 체제를 더 지지하게 될 것이다.

체제 정당화 이론에 따르면, 고정 관념은 집단 간 관계의 특정 측면을 합리화할 뿐만 아니라, 체제 전체가 공정하고, 정당하고, 바람직하다는 감각을 전반적으로 강화한다. 이는 고정 관념 활성화의 체제 정당화 효과가 어떤 영역에서만 나타날 수도 있고, 더 일반적일 수도 있음을 뜻한다. 전자의 경우 젠더 고정 관념이 젠더에 따른 불평등 수용, 사회의 현재 젠더 관계에 대한 지지를 높여야 한다. 그렇지만 후자의 경우는 체제 정당화 가설에 대한 더 야심적인 검증이 될 것이다. 즉, 고정 관념에 대한 노출이 사회의 젠더 관련 측면을 넘어 전체 체제에 대한 효과로 이어질 수 있다. 여기서 요약한 실험에서 우리는 체제 정당화의 젠더 관련 형태와 확장된 형태 모두에 대한 고정 관념 지지 및 활성화의 효과를 탐색한다.

조스트와 케이(Jost & Kay, 2005)는 보완적 젠더 고정 관념을 활성화하면, 오랜 불평등이 공정하고, 정당하고, 바람직하다는 지각이 강화된다는 가설을 검증했다. 구성 개념 활성화에 대한 연구에 몇 가지 다른 방법론을 적용했다. 여기에는 구성 개념 관련 단어의 식역하 자극(의식 가능한 영역 밖의 자극), 식역상 자극(의식 가능한 영역 안의 자극), 또는 둘 모두부터 문화적 고정 관념을 외현적·공개적으로 환기시키는 그림까지 포함되지만, 목적은 참여자들을 도식(schema)에 노출시켜 그 정신적 표상을 내현적으로 활성화하는 데 있다. 우리는 젠더 차이 전반에 대한 믿음보다 공동체성이나 주체성 관련 특질 같은 젠더 고정 관념의 특정 차원을 활성화하고자 했기 때문에, 외현적 설문지를 이용해 참여자들을 특정 고정 관념의 내용에 노출시켰다. 하지만 이 설문지와 이어지는 측정의 관련성은 암묵적인 것으로 의도했다. 우리는 이러한 방법으로 참여자들에게 우연한 노출을 통해 고정 관념을 활성화시키는 동시에, 이렇게 활성화된 고정 관념 연합의 특정한 내용을 통제할 수 있었다.

우리는 첫 두 번의 실험에서, 여성에 대한 온정적 또는 공동체적 고정 관념에 노출된 사람들이 통제 집단보다 현 상태에 대한 지지가 높을 것이라는 가설을 세웠다. 각각의 경우에 참여자들은 자신이 분리된 두 가지 과제를 수행했다고 믿었으며, 첫 번째는 남성과 여성의 특성에 대한 그들의 믿음과 관련한 것이었다. 우리는 이러한 방법을 통해 참여자들이 노출된 특정 고정 관념을 주의 깊게 조작할 수 있었다. 한 가지 실험에서는 남성과 여성 참여자들에게 남성에 대한 전적으로 주체적인 고정 관념, 여성에 대한 전적으로 공동체적인 고정 관념, 각 집단에 대한 보완적 고정 관념의 조합, 전혀 고정 관념이 없는 상태 중 선택해 지지할 기회를 주었다. 그런 다음 그들은 젠더 체제 정당화 측정에 응답했다. 두 번째 실험에서 우리는 온정적이고 적대적인 고정 관념을 활성화시켰다. 고정 관념 지지를 우연한 노출과 직접 비교하고, 중립적이고 우호적이지만 고정 관념은 제외한 통제 조건을 더했으며, (젠더 체제 정당화가 아닌) 확장된 체제 정당화에 노출되었을 때의 효과를 측정했다.

첫 번째 실험은 네 가지 조건으로 나누었다. 첫 번째 조건에서 참여자들은 다섯 가지 공동체적 특질(사려 깊음, 정직함, 행복해함, 따뜻함, 도덕적임)이 여성과 남성 중 어느 쪽에 얼마만큼 더 적용되는지를 추정했다. 두 번째 조건에서 참여자들은 다섯 가지 주체적 특질(자기주장이 강함, 능력 있음, 지적임, 야망 있음, 책임을 짐)에 대해 첫 번째 조건과 같이 점수를 매겼다. 세 번째 조건에서는 참여자들이 공동체적·주체적 특질 모두를 평가했다. 또한 우리는 참여자들이 어떤 종류의 젠더 고정 관념에도 노출되지 않는 네 번째(통제) 조건도 추가했다. 실험의 두 번째 단계에서 참여자들은 젠더 체제 정당화에 대한 8개 항목 척도에 응답했다(부록 B.4 참조). 2개의 설문지가 완전히 다른 2개의 과제에 대한 것이라는 인상을 주기 위해, 우리는 글자 크기 및 종류, 연구 제목, 응답용 척도 형식을 다르게 했다.

이 실험에서 여성은 남성보다 공동체적이고, 남성은 여성보다 주체적이라는 고정 관념이 분명히 나타났다. 공동체성 특질을 비교한 참여자들은 이러한 특질이 남성보다 여성에게서 더 많이 나타난다고 믿은 반면, 주체성 특질을 비교한 참여자들은 이 특질이 여성보다 남성에게서 더 많이 나타난다고 믿었다. 기회가 주어지면, 남성과 여성 모두 일반적으로 **여성은 공동체적**이고 **남성은 주체적**이라는 고정 관념을 지지했다. 보완적 고정 관념 조건에 배정된 참여자들의 경우, 주체적 고정 관념 지지와 공동체적 고정 관념 지지 사이에는 .37 수준에서 양(+)의 상관관계가 있었다. 즉, 남성이 여성보다 더 주체적이라고 믿을 가능성이 높은 사람들은 여성이 남성보다 더 공동체적이라고 믿을 가능성이 높았다.

젠더 체제 정당화를 살펴보면, 일반적으로 남성이 부록 B.4에 제시한 여러 항목을 여성보다 더 크게 지지했다. 그림 8.1에 나타난 것처럼, 남성은 젠더 체제 정당화 점수가 전반적으로 높았으나, 여성은 고정 관념 노출 여부에 따라 점수가 달랐다. 공동체성 고정 관념을 평가한 여성은 그러한 고정 관념을 평가하지 않은 여성보다 젠더 체제 정당화 점수가 더 높았다. 놀랍게도 공동체성 고정 관념 조건에 배정된 여성은 기존 젠더 관계 체제의 정당성을 남성과 같은 정도로 지지했다. 주체성 고정 관념 평가는 유의한 효과가 없었는데, 이는 고정 관념이 이미 사회적 맥락의 일부이기 때문일 수 있다. 다소 의외인 것은 젠더 고정 관념에 대한 개인의 지지가 남성과 여성 모두에 대해, 젠더 체제 정당화와 상관이 없는 것으로 보인다는 점이다.

그림 8.1 (통제 조건과 비교했을 때) 여성에 대한 공동체성 고정 관념에 노출된 여성과 남성의 젠더 체제 정당화 수준

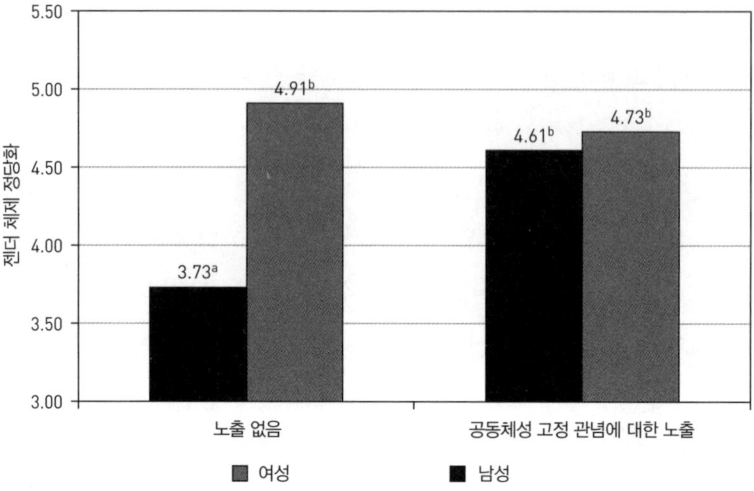

출처: Jost & Kay(2005, Study 1).
주: 각기 다른 위첨자가 붙은 평균은 서로 뚜렷한 차이가 나타났다(p<.05).

이 실험에서는 공동체적 젠더 고정 관념이 기존 젠더 관계 체제에 대한 여성의 지지를 높이는 것으로 나타났다. 남성의 경우 젠더 체제 정당화는 일정하게 높았으며, 고정 관념 활성화에 영향을 받지 않았다. 우리가 아는 한 이는 특정한 젠더 고정 관념에 대한 노출과 체제에 대한 이념적 지지 사이의 인과관계를 보여주는 최초의 실험이었다. 우리는 두 번째 실험에서 이러한 결과를 세분화 및 확장하고자 했다.

먼저 우리는 글릭과 피스케(Glick & Fiske, 2001)가 조작한 것과 같이 적대적·온정적 성차별주의에 노출되었을 때의 결과를 탐색했다. 이러한 결과는 주체성·공동체성 고정 관념 차별화의 양식과 비교적 일관적일 것으로 예측했다. 두 번째로 우리는 고정 관념 활성화가 젠더 영역

을 뛰어넘어, 일반적인 (또는 확산된) 체제 정당화에 대한 부가적 효과가 있을 가능성을 고려했다. 세 번째로 우리는 첫 번째 실험에 있었던 방법론의 모호성을 해결하고자 했다. 보완적 고정 관념 조건에 배정된 참여자들이 공동체적 또는 주체적 고정 관념 조건 참여자들보다 2배 많이 고정 관념에 노출되었기 때문에, 이 조건에서 체제 정당화가 높아진 것은 고정 관념이 보완적이었다는 사실 때문이 아니라, 제시한 고정 관념의 수가 더 많았기 때문일 수 있다. 두 번째 실험에서는 각 조건에서 고정 관념 항목의 수를 일정하게 맞추었다.

네 번째로 우리는 첫 번째 실험에서 특정한 젠더 고정 관념을 활성화시켰기 때문에, 고정 관념 노출을 조작하기 위해 설문지를 활용했다. 우리는 이러한 방법을 통해 특정 고정 관념을 활성화한 실험 조건 사이에 눈에 띄지 않으면서 분명한 차이를 만들어낼 수 있었지만, 그 방법으로 인해 고정 관념 노출과 (고정 관념에 대한—옮긴이) 개인적 지지의 기회가 뒤섞이기도 했다. 첫 번째 실험에서 고정 관념에 대한 개인적 지지가 체제 정당화 점수와 상관관계가 없었다는 사실은 실험 결과가 고정 관념 지지 자체에 기인하지 않았음을 시사하지만, 우리는 실험이라는 수단을 통해 이 문제를 직접 해결하고자 했다. 두 번째 실험에서 우리는 (고정 관념에 대한—옮긴이) 우연한 노출과 개인적 지지 사이를 구분 짓는 조작을 도입했다. 다섯 번째 문제는 여성에 대한 어떤 우호적 의견이든지 그것이 활성화되면 체제 정당화를 촉발하기에 충분할지, 아니면 반대로 효과가 문화에서 일반적인 여성과 남성에 대한 고정 관념에 한정될지 여부였다. 따라서 우리는 추가적인(우호적이지만 고정 관념이 아닌) 통제 조건을 더해, 온정적 성차별주의 노출의 체제 정당화 효과와 여성에 대한 다른(겉으로 드러나는) 긍정적 태도를 구분할 수 있게끔 했다.

실험의 첫 번째 부분에서 캘리포니아 대학 샌타바버라 캠퍼스와 스탠퍼드 대학 학생들은 네 가지 조건 중 하나에 배정받았다. 한 가지 조건에 참여한 학생들은 글릭과 피스케(Glick & Fiske, 2001)의 온정적 성차별주의 하위 척도에서 인용한 다음의 네 가지 항목을 보았다. (1) "많은 여성에게는 소수의 남성에게만 있는 순수한 특성이 있다." (2) "남성은 여성 없이는 불완전하다." (3) "여성은 남성에 비해 도덕적 분별력이 뛰어나다." (4) "여성은 남성에 비해 문화에 대한 더 세련된 감각과 좋은 취향이 있는 편이다." 다른 조건에 참여한 학생들은 적대적 성차별주의 하위 척도에서 인용한 다음의 네 가지 항목을 보았다. (1) "여성은 너무 쉽게 마음이 상한다," (2) "여성 대부분은 남성이 그들을 위해 하는 모든 것에 충분히 감사하지 않는다." (3) "여성은 일하면서 겪는 문제를 과장한다." (4) "많은 여성은 성적 접근을 허락하는 듯하면서도 다가오는 남성을 거절하며 놀리기를 즐긴다." 세 번째 조건에 참여한 학생들은 온정적 성차별주의 항목 2개, 적대적 성차별주의 항목 2개를 보았다. 네 번째 조건에 참여한 학생들은 젠더 측면에서 중립적이지만 긍정적인, 여성들이 더 우월하다는 특질로 수단, 창조성, 조심스러움, 현실주의를 보았다. 이때 항목은 온정적 성차별주의 항목과 같이 구성했다. (1) "많은 여성에게는 소수의 남성에게만 있는 수단이 있다." (2) "남성은 여성보다 덜 창조적이다." (3) "여성은 남성에 비해 더 조심스럽다." (4) "여성은 남성에 비해 더 현실주의적이다." 또한 우리는 참여자들이 어떤 젠더 관련 진술에도 노출되지 않는 통제 조건을 추가했다. 우리는 진술의 내용을 바꾸는 데 더해, 참여자들에게 이들 항목을 **지지**하도록 안내하는지 또는 교정 과제의 일부로 단순히 **읽고** 표현이 얼마나 모호한지 평가하도록 안내하는지도 조작했다. 실험의 두 번째

그림 8.2 다양한 유형의 고정 관념에 노출된 여성과 남성의 체제 정당화 수준

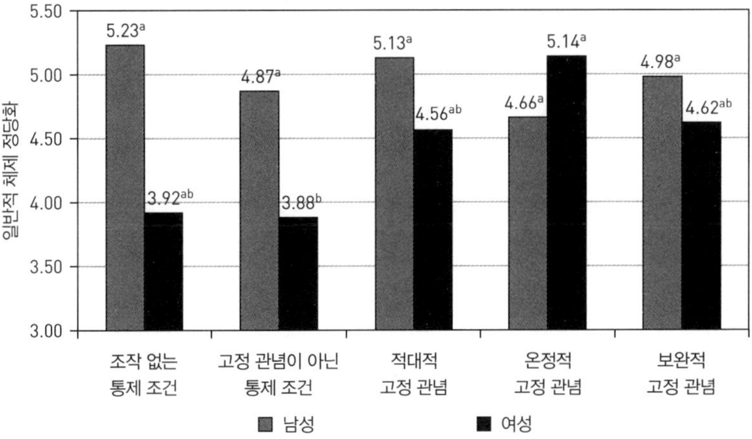

출처: Jost & Kay(2005, Study 2).
주: 각기 다른 위첨자가 붙은 평균은 서로 뚜렷한 차이가 나타났다(p<.05).

부분에서 참여자들은 부록 B.3에 있는 일반적 체제 정당화 척도를 작성했다.

(결과를 분석할 때—옮긴이) 사람들이 개인적 지지를 표하기 위해 항목을 읽는지, 교정 과제로서 읽는지는 상관이 없었기 때문에, 우리는 이들 조건을 합쳤다. 전반적으로 남성이 여성보다 일반적 체제 정당화 점수가 더 높았다. 이전 실험에서와 같이 여성의 체제 정당화 점수는 고정 관념 노출에 영향을 받았지만, 남성은 그렇지 않았다. 결과의 양상은 그림 8.2에 제시했다. 온정적 성차별주의에 노출된 여성은 우호적이지만 고정 관념이 아닌 특질에 노출된 일반적 체제 정당화 점수가 높았다.

이 실험은 여성들이 온정적·보완적 형태의 성차별주의를 활성화하면

현 상태에 대한 지지가 높아질 수 있다는 추가 증거를 제시한다. 이러한 지지가 미국 사회 일반으로 확장된다는 (그리고 젠더 관계에 국한하지 않는다는) 사실은 젠더 고정 관념이 전반적인 현 상태를 정당화할 수 있음을 시사한다. 흥미롭게도 우연한 노출을 통한 고정 관념 활성화는 여성에게 체제 정당화를 높이는 데 개인적 지지의 기회만큼 효과적이었다. 실험 결과는 여성에 대한 어떤 우호적 진술에든 노출되면 체제에 대한 여성의 지지가 높아질 가능성을 의심하게끔 한다. 우호적이지만 고정 관념과 연관되지 않은 진술에 노출된 여성은 순수한 통제 조건을 배정받은 여성에 비해 체제 정당화 점수가 더 높지 않았다.

두 실험 모두에서 공동체적·온정적 고정 관념의 정신적 활성화는 여성의 체제 정당화를 높이는 데 충분했지만, 주체적·적대적 고정 관념은 그렇지 않았다. 이러한 결과는 불평등을 유지하는 데 있어서는 꿀이 식초보다 더 쉽게 소화된다는 잭맨(Jackman, 1994)의 생각과 일치한다. 사람들이 이미 어떤 면에서 남성이 여성보다 우월하다고 가정하고 있다면, 여성에게 한정적인 장점을 부여하는 고정 관념만이 체제에 대한 자신감을 높여야 한다. 이는 보완적 고정 관념이 다른 집단보다 특정 집단의 헤게모니로 인한 이익을 상쇄하고 평등에 대한 환상을 키움으로써 사회 체제를 정당화한다는 생각이다.

세 번째 실험에서 우리는 여성이 그들의 공동체 지향적 특성으로 인해 더 우월하다고 가정하는 맥락에서, 남성이 주체적이라는 고정 관념도 체제 정당화 기능을 하는지 탐색했다. 우리는 남성 또는 여성이 주체적 또는 공동체적 특성으로 인해 비교적 더 좋은 사업 관리자인 것으로 조작하고, 참여자들을 보완성을 지각하게 하거나 그렇지 않은 고정 관념에 노출시켰다. 특히 우리는 참여자들이 먼저 여성의 대인 관계 기술이 관리자로서의 성공에 기여하는 맥락에 노출되고 나서 남성의 주체적 특성을 환기시키면—남성의 주체적 특성이 성공과 연결되는 더 전형적인 맥락에서 여성의 공동체적 특성을 환기시키는 것과 마찬가지로—체제 정당화가 높아질 것이라는 가설을 세웠다.

일하는 여성 리더십의 특성에 대한 과학적 기록과 언론 기사에 기초해 여성이 더 좋은 관리자인 조건에서, 미국 콜로라도주 볼더(Boulder)와 캐나다 매니토바주 위니펙(Winnipeg)에 사는 참여자들은 다음과 같은 글을 읽었다.

> 연구 결과, 직무 환경에서 최고의 관리자는 훌륭한 대인 관계 기술이 있고, 다른 사람들과 잘 소통하며 밀접하게 일하는 경향이 있다는 게 설득력 있는 것으로 나타났다. 결론적으로 최근 가장 효율적인 관리자는 남성보다 여성이 많은 것으로 보인다.

남성이 더 좋은 관리자인 조건에서는 참여자들이 다음과 같은 글을 읽었다.

> 연구 결과, 직무 환경에서 최고의 관리자는 훌륭한 개인적 리더십 기술이 있고, 문제를 독립적으로 해결하는 경향이 있다는 게 설득력 있는 것으로 나타났다. 결론적으로 최근 가장 효율적인 관리자는 여성보다 남성이 많은 것으로 보인다.

이러한 지문을 포함시킨 데 대한 근거를 제공하고 참여자들이 정보를 주의 깊게 읽었는지 확인하기 위해, 우리는 그들에게 "이 연구에 대해 들어보셨습니까?"라고 물었다. 이 가상의 연구에 대해 아는지 자기 보고한 응답에는 조건에 따른 차이가 없었다.

우리는 고정 관념 노출을 조작하기 위해 참여자들에게 이전 실험에서와 같이 항목을 교정해달라고 안내했다. 참여자 중 절반 정도가 남성이 합리성, 자기주장, 결단력, 자기 의존(self-reliance) 차원에서 여성보다 더 주체적이라고 주장하는 고정 관념과 관련한 네 가지 진술에 노출되었다. 다른 참여자들은 여성이 따뜻함, 친근함, 민감성, 협조성 면에서 남성보다 더 공동체적이라고 주장하는 네 가지 진술에 노출되었다. 모든 참여자가 일반적 체제 정당화 척도를 작성했지만, 위니펙 참여자들의 경우 미국 및 미국 사회에 대한 문항을 캐나다 및 캐나다 사회에 대한 것으로 바꾸었다.

주요 결과는 그림 8.3에 요약되어 있다. 여성이 더 나은 관리자인 맥락에서, 남성이 주체적이라는 고정 관념에 노출된 참여자들은 여성이 공동체적이라는 고정 관념에 노출된 참여자들보다 일반적 체제 정당화 점수가 높았다. 반면, 남성이 더 나은 관리자인 맥락에서는 차이가 통계적으로 두드러지지 않았지만, 여성이 공동체적이라는 고정 관념에 노출된 참여자들이 남성이 주체적이라는 고정 관념에 노출된 참여자들보다 체제 정당화 점수가 높았다. 전체적으로 체제 정당화 점수는 보완적이지 않은 맥락과 고정 관념의 조합(여성이 더 나은 관리자인 조건+여성이 공동체적이고 남성이 더 나은 관리자인 조건+남성이 주체적인 조건)보다 보완적인 맥락과 고정 관념의 조합(여성이 더 나은 관리자인 조건+남성이 주체적이고 남성이 더 나은 관리자인 조건+여성이 공동체적인 조건)에서 더 높았다.

전반적으로 이러한 실험의 결과는 이른바 **여성의 훌륭함** 효과(women are wonderful effect: Eagly & Mladinic, 1994)가 이념적 결과 면에서 **온정적 가**

그림 8.3 관리자 맥락의 함수로서 고정 관념 노출 뒤 일반적 체제 정당화 수준

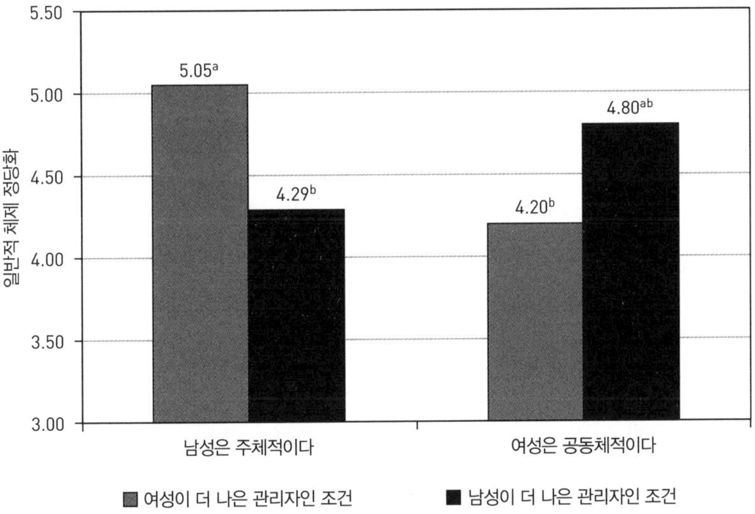

출처: Jost & Kay(2005, Study 3).
주: 각기 다른 위첨자가 붙은 평균은 서로 뚜렷한 차이가 나타났다(p<.05).

부장주의(Jackman, 1994) 현상과 비슷하다는 생각에 신빙성을 더한다. 첫 번째와 세 번째 실험에서 여성이 남성보다 더 따뜻하고 공동체 지향적이라는 고정 관념을 활성화시킨 것은 여성의 체제 정당화 점수와 관련해, 두 번째 실험에서 온정적 성차별주의를 활성화한 것과 거의 같은 효과를 냈다. 사회 체제에 대한 여성의 태도는 고정 관념 노출의 맥락에 영향을 받았지만, 상대적으로 남성의 태도는 변화가 없었다. 여성이 (다른 피지배 집단과 같이) 상황의 압력에 더 반응적이고 구속당한 것일 수도 있다(Fiske, 1993; Roberts & Pennebaker, 1995). 여성에게 온정적·가부장적 형태의 성차별주의는 적대적·공격적 형태보다 훨씬 나을 수 있다. 우월감과 폭력 사이에서 불운한 선택을 해야 할 때, 여성 대다수는 그

게 온정적 성차별주의를 참아야 한다는 뜻일지라도 전자를 택할 것이다. 여성에 대한 많은 고정 관념의 긍정적 유인가(valence: 어떤 대상에 대해 개인이 느끼는 매력 또는 배척의 정도—옮긴이)는 하나의 수준에서 통합되고, 다른 여성에 대한 여성의 억압에 기여한다.

세 번째 실험에서는 남성과 여성 모두 관리자 맥락의 실험 조작에 영향을 받았다. 그들은 남성이 주체적이라는 고정 관념에 노출된 뒤 일반적 체제 정당화 점수가 더 높았지만, 이는 여성이 대인 관계 기술로 인해 더 효과적인 관리자가 된다는 배경 정보에 접근할 때에만 그러했다. 이는 남성의 사회적 지위가 낮은 것으로 나타나는 문화적 기본값과는 다른 것으로 보이는 상황을 만들었다. 따라서 이 마지막 실험의 결과는 여러 상이한 유형의 보완적 고정 관념이 지위 및 권력관계와 관련한 특정 맥락에 따라 체제를 정당화하는 데 영향을 미칠 가능성을 암시한다.

이 세 번의 실험 모두에서 고정 관념 노출이 (심지어 고정 관념에 대한 개인적 지지보다도 더) 사회 체제에 대한 여성의 태도에 영향을 미쳤다. 많은 보완적 고정 관념을 반복적으로 학습해, 단순히 사람들에게 고정 관념을 떠올리게 하는 것만으로도 체제를 정당화하는 결과를 내기에 충분한 것일 수도 있다. 만약 그렇다면, 일단 고정 관념 관련 연합이 인구 집단의 사고에 충분히 퍼지고 나면, 활성화는 더 쉬워져야 하고 체제 정당화를 포함해 사회적·심리적 결과를 일으키는 것도 쉬워져야 한다(Kray et al., 2017도 참조).

케이와 조스트(Kay & Jost, 2005)는 젠더 고정 관념에 대한 인지적 접근성 조작, 그리고 결과 변인으로서 체제 정당화 측정을 통해 체제 정당화 이론, 특히 체제 유지가 사회적 고정 관념의 기능적 특성이라는 생각에 대한 새롭고 직접적인 증거를 제공했다. 보완적 젠더 고정 관념의 일시적 활성화는 여성(그리고 어떤 환경에서는 남성)으로 하여금 고정 관념이 활성화되지 않았을 때보다 열성적으로 사회 체제의 정당성과 젠더 불평등에 대한 관여도를 수용하게끔 한다. 비록 이런 증거가 고정 관념의 내용이 체제에 대한 이념적 충성을 유발하는 능력으로 인해 유일하게, 심지어 우선적으로 떠오른다고 확정 짓는 것은 아니지만, 매우 친숙한 젠더 고정 관념이 한 번 활성화하면 분명 이런 능력이 있음을 시사한다. 또한 이러한 고정 관념이 다른 여러 걱정스러운 결과를 초래할 수도 있는 것으로 나타났다.

여성의 자기 대상화에 대한 고정 관념 노출의 효과

자신이 사회적 대상임을 의식하는 것은 인간의 분명한 특성이다. 미국사회학회(American Sociological Association) 창립자 중 한 명인 찰스 허턴 쿨리(Charles Horton Cooley, 1964)에 따르면 "우리는 다른 사람의 마음속에서 우리의 외모, 예의범절, 목적, 행위, 성격, 친구 등에 대한 생각을 지각한다"(p. 184). 동시에 자신에 대해 외부의 또는 관찰자의 관점을 취하는 것은 개인이 자신을 사회적 대상의 렌즈를 통해 볼 때 대가가 따른다는 것으로 증명될 수 있다. 우리는 이 장의 남은 지면에서 소녀와 여성들로 하여금 자신의 몸을 대상화하는 관점을 취하게끔 하고, 바버라 프레드릭슨과 토미앤 로버츠(Barbera Fredrikson & Tomi-Ann Roberts, 1997, p. 177)의 표현을 빌리면 "자신을 쳐다보고 평가하는 대상으로 취급"하게끔 하는 문화적 환경에 초점을 맞출 것이다. 이는 **자기 대상화**(self-objectification)의 과정이자, 피지배 집단이 스스로에 대한 해로운 믿음과 태도를 내면화함으로써 자신들이 불이익을 받는 상태를 지속하는 방식을 보여주기도 한다.

소녀와 여성들이 소년과 남성들에 비해 훨씬 자주 성적 대상화의 표적이 되는 것은 분명하다. 여기서는 우리의 목적을 위해 **성적 대상화**(sexual objectification)를 단순한 도구의 지위로 여성을 격하시키는 것으로 정의한다. 성애화된 평가는 여성의 몸, 신체 부위, 성 관련 기능을 그녀의 정신적 삶과 개인적 정체성으로부터 분리하며, 이는 소외감으로 이어질 수 있다. 서구 문화의 맥락에서 여성의 몸을 평가하는 성애화된 방식은 여성들의 삶에 대한 개인적·정치적 함의를 갖는다. 잦은 성적 대상화 경험은 여성이 당사자로서의 관점("내가 어떻게 느끼는가?")보다 제삼자의 관점("내가 어떻게 보이는가?")을 취하도록 유도한다. 지속적인 자기 감시는 여성이 외모를 외부 관찰자의 입장에서 감시하게끔 한다. 시몬 드 보부아르(Simone de Beauvoir, 1989)가 다른 사람들과 마찬가지로, 그리고 서글프게 관찰한 대로 "여성은 남성과 마찬가지로 그녀의 몸이다. 그러나 그녀의 몸은 그녀가 아닌 그 무엇이다"(p. 29).

자기 대상화에는 인지적 수행 및 주관적 안녕감 저하, 강간에 대한 공포 증가, 우울증, 자해, 섭식 장애, 성 기능 부전 같은 다양한 정신 건강 관련 위험 등 수많은 사회적·심리적 대가가 따른다(Calogero et al., 2011). 몸 관련 수치심은 안녕감과 정신 건강에 대한 자기 대상화에 해로운 영향을 주는 매개 변인으로 밝혀졌다. 여성의 자기 대상화는 외모 관련 언급과 '살 얘기(fat talk)', 대인 관계에서의 성적 대상화와 낯선 사람들의 괴롭힘, 외모에 주의할 것을 상기시키는 화장실의 체중계나 전신 거울 같은 물건, 때로는 단순히 또래 남성과의 상호 작용에 대한 예측의 결과다. 자기 대상화 관련 연구는 여성의 경험을 매체 노출 및 대인 관계에서의 상호 작용이라는 맥락에 배치했으나, 자기 대상화의 이념적 부산물을 언급하거나 자기 대상화가 더 넓은 체제 정당화 행동 양상의 일부라는 걸 보여준 적은 거의 없다.

이 빈틈을 메우기 위해 레이철 캘로제로(Rachel Calogero)와 나는 외모에 대한 언급 없이도, 보완적 젠더 고정 관념 및 온정적 성차별주의에서 자기 대상화가 비롯될 가능성을 탐색했다(Calogero & Jost, 2011). 문화에 존재하는 성차별주의 신념이 사회의 기존 젠더 관계를 정당화하고 여성이 전통적 젠더 역할을 수용한다는 가정 아래, 우리는 성차별주의 신념에 대한 노출이 자기 대상화가 여성에게 수많은 해를 끼침에도 불구하고 여성의 자기 대상화를 높일 것이라는 가설을 세웠다. 우리는 조스트와 케이(Jost & Kay, 2005)의 연구에 기초해, 왜 여성이 성차별주의 고정 관념으로 인해 점화된 뒤 자신과 집단의 이익을 대가로 치르면서도 스스로를 대상화하는지 이해하기 위해 체제 정당화 이론을 활용했다.

자기 대상화는 여성의 힘과 주의력을 다른 목적 대신 외모 관리에 집중하게 함으로써 현재의 젠더 지위를 보존하는 성차별주의 이데올로기의 표현이다. 다시 말해, 자기 대상화는 여성에게 불리한 상태를 뒷받침하는 사회 규준 및 관습에 대한 여성 자신의 공모를 확보함으로써 젠더 불평등을 유지하는 더 넓은 이념 연결망의 일부다. 이번 장의 남은 부분에서 우리는 침투적 형태의 성차별주의가 여성의 자기 대상화 및 외모 관리를 증대시키지만, 남성에게는 그렇지 않음을 보여주는 실험에 대해 기술할 것이다.

여성에게 성차별주의는 일상에 숨은 위험이다. 일기를 탐구 방법으로 활용한 연구에서는 여성이 일주일에 한두 번의 성차별주의적 사건을 겪었다고 보고해 남성보다 성차별주의를 더 경험하는 것으로 나타났다(Swim et al., 2001; Saunders et al., 2017도 참조). 이러한 사건에는 전통적 젠더 역할 고정 관념의 표현("당신은 여자니까 내 빨래 좀 개"), 폄하하는 말("요년아, 맥주 좀 가져와"), 성적 대상화("벨트는 잊어버려. 저 여자 가슴 좀 봐")가 포함된다. 심지어 영국의 여성 국회의원들도 성차별주의적 발언과 자주 싸우고, 여성성을 나타내는 외모를 가꾸기 위해 애쓰며, 이로 인해 효율적인 입법자가 되는 것이 한층 어려워진다(Puwar, 2004).

온정적 성차별주의는 우리가 이미 언급했듯 소녀와 여성들에 대한 억압과 자기 억압에 영향을 미치며, 그들로 하여금 현재의 사회적 젠더 관계를 정당화하게끔 한다. 우리는 또한 온정적 성차별주의가 여성이 자신의 몸과 맺는 관계에 해로운 결과를 초래할 것이라고 의심한다. 온정적 성차별주의는 여성의 따뜻함과 순수함을 격찬하지만, 한편으로는 여성이 남성보다 열등하고 남성의 보호에 의존한다고 가정하기도 한다. 결과적으로, 여성은 대인 관계에서 무능력 및 취약함에 대한 지각을 확인함으로써 직접적인 사회적 보상을 가져다주는 것들에 주의를 집중한다. 여성의 아름다움에 부여한 가치는 여성에 대한 가시적 보상과 연결된다. 남성과 여성 모두 여성의 매력을 삶의 많은 긍정적 결과와 연관지었다. 따라서 매력적인 외모는 여성에게 일종의 화폐 기능을 한다. 결론적으로, 여성은 남성보다 외모에 더 중점을 두고, 아름다움의 이상에 순응하기 위해 더 노력한다. 이 모든 것은 능력 관련 영역에서 주의를 빼앗고 여성의 자기 결정을 제한할 뿐만 아니라, 사회 위계에서 불이익을 받는 여성의 지위를 강화한다.

따라서 여성 입장에서 온정적 성차별주의는 젠더 불평등을 정당화하면서, 자기 대상화나 외모 관리 같은 젠더화한 행동을 촉발한다. 글릭과 피스케(Glick & Fiske, 2001)가 지적했듯 성차별주의 이념은 "여성이 관습적 젠더 역할에 머무는 데 대해 유인을 제공하는 보상과 처벌의 체계를 표상"(p. 116)하며, 여성으로 하여금 여성적인 영역에서만 성공하도록 유도한다. 이러한 추론을 뒷받침하는 연구가 몇 편 있다. 온정적 성차별주의에 대한 여성의 지지는 더 많은 화장품 사용, 날씬함에 대한 이상(理想) 내면화, 외모 관련 다른 믿음 및 행동과 결부된다(이를테면 Forbes et al., 2007).

적대적·온정적 성차별주의는 분명히 다르지만 여성의 열등함을 가정하는 공통점이 있다. 따라서 둘 모두에 대한 노출은 문화에 존재하는 편견을 촉발해야 한다. 하지만 적대적 성차별주의가 알아차리고 거부하기 더 쉽기 때문에, 우리는 여성이 온정적 성차별주의에 노출된 뒤 자기 대상화를 더 하지만, 적대적 성차별주의에 노출되었을 때는 반드시 그렇지 않을 것이라는 가설을 세웠다. 우리는 조스트와 케이(Jost & Kay, 2005)의 실험에 기초해 (적대적·온정적 성차별주의의 조합 같은) 보완적 성차별주의 관련 내용에 노출되면 여성의 자기 대상화가 높아질 것이라는 예측도 했다. 체제 정당화 관점에서 볼 때 적대적·온정적 성차별주의의 조합은 온정적 성차별주의만큼 해롭게 기능하는 강력한 이념적 힘이 될 수 있다. 여성을 사회적으로 가치 있지만 부담되는 존재로 규정하는 보완적 (혹은 이 맥락에서는 **허용적**) 성차별주의는 사람들로 하여금 여성이 숭배와 비난을 동시에 받는 이유를 생각하게 한다. 전통적 젠더 역할 및 가족 안에서의 노동 분배를 여성과 남성의 타고난 강점과 약점을 반영한 것으로 규정함으로써 사회에서의 젠더 차이를 더 정당하고, 공정하고, 자연스럽고, 균형 잡힌 것으로 보이게 만들 수 있다.

온정적·보완적 형태의 성차별주의가 전통적 젠더 역할을 하는 여성의 긍정적 이미지에 대한 인지적 접근성을 높이기 때문에, 우리는 이 신념 체계가 활성화하면 여성이 남성보다 자기 대상화를 더 많이 나타낼 것이라는 가설을 세웠다. 우리는 자기 대상화의 특징인 세 가지 결과에 초점을 맞추었다. 이를 자세히 살펴보면 능력에 기초한 특성보다 외모에 기초한 특성에 가치를 더 두는 것(자기 대상화), 자신의 몸을 빈틈없이 주시하는 것(자기 감시), 외모에 대해 더 많은 수치심을 경험하는 것(몸에 대한 수치심)이다. 이러한 경향은 소녀와 여성들에게 더 해로운 한편, 젠더 관계를 정당화하고 문화적 규칙을 강화하기 때문에 체제 정당화 기능을 한다.

우리는 사람들이 고정 관념과 관련한 내용을 어떻게 처리하는지의 개인차가 이러한 효과를 매개할 가능성도 고려했다. 아리 크루글란스키(Arie W. Kruglanski, 2012)의 일반 인식 이론(lay epistemic theory)에 따르면, 사람들이 사회적 세계에서 마주치는 정보를 다루는 방식은 인지 종결을 하고 싶거나 하고 싶지 않은 심리적 욕구에 따라 형성된다. 인지 종결 욕구(need for cognitive closure, NFCC) 척도 점수는 인식론적 동기에 개인의 기질로 인한 변동성이 있음을 반영한다. 척도의 한쪽 끝은 인지 종결을 피하고 싶은 동기를, 다른 한쪽 끝은 인지 종결을 하고 싶은 동기를 포착한다.

인지 종결 욕구 척도 점수가 낮은 사람들은 불확실성을 감내하려 하고, 의사 결정을 신중하게 하며, 모호함과 비순응(저항)을 용인한다. 반면, 척도 점수가 높은 사람들은 예측 가능성과 신속한 의사 결정을 선호하고, 사고에 경직성이 나타나며, 순응을 더 좋아한다. 인지 종결을 하거나 하지 않으려는 동기적 지향은 사람들이 사회적 환경에서 정보를 해석하고 반응하는 방식, 심지어 기존 상태에 정착할지 의문을 제기할지에까지 영향을 미친다. 따라서 인지 종결을 미루려는 욕구는 고정 관념에 덜 의존하고, 의견 일치를 덜 원하고, 관습적인 사회 규준을 덜 지지하는 것과 관련이 있다. 또한 개인의 자율성, 자기 주도성, 변화에 대한 개방성이 높은 것과도 연결된다(Kruglanski, 2012). 덧붙여 정치적 보수주의(Jost et al., 2003b), 성차별주의적 태도를 지지하는 것(Doherty, 1998)과도 연관이 있다. 온정적·보완적 성차별주의는 체제를 정당화하는 이념이기 때문에 (그리고 체제를 정당화하는 이념은 불확실성을 낮추고 구조를 제공하는 역할을 하기 때문에) 인지 종결 욕구가 높은 사람들은 온정적·보완적 성차별주의에 노출되면 그 영향을 더 강하게 받아야 한다. 인지 종결 욕구 점수가 낮은 사람들은 젠더 불평등에 대해 생각을 더 오래, 깊이, 비판적으로 하는 경향이 있기 때문에 이러한 영향으로부터 보호받을 가능성이 있다. 레이철 캘로제로와 나는 세 번의 실험에서 연구 참여자들을 성차별주의 이념에 노출시키고, 자기 대상화와 외모 관리에 대한 영향을 측정했다. 정확히 말하면, 우리는 온정적·보완적 성차별주의에 우연히 노출되는 것도 남성에 비해 여성의 자기 대상화, 자기 감시, 몸에 대한 수치심을 더 촉발하지만, 적대적 성차별주의에 대한 노출은 그 자체로 이러한 영향으로 이어지지 않을 거라고 예측했다. 우리는 이런 실험에서도 이전에 기술한 고정 관념 노출 조작을 위한 교정 과제를 통해, 참여자들에게 문화적으로 일반적인 성차별주의적 신념을 상기시켰다. 아울러 이때 활성화시키는 여러 신념의 내용은 다르게 했다. 우리는 노출이 자기 대상화를 비롯한 관련 결과에 미치는 영향을 측정했다.

참여자들은 교정 과제로 생각하고, 다음의 네 가지 지문 중 하나를 읽는 조건에 배정되었다. (1) 글릭과 피스케(Glick & Fiske, 2001)의 양가적 성차별주의 척도 중 하위 척도인 온정적 성차별주의 척도에서 인용한 4개 문항, (2) 적대적 성차별주의 하위 척도에서 인용한 4개 문항, (3) 온정적 성차별주의 척도와 적대적 성차별주의 척도에서 각각 2개씩 인용한 문항, (4) 여성에 대한 고정 관념과 관련이 없지만 우호적인 4개 진술. 그런 다음 참여자들에게는 보건 대학 학생들에 대한 다른 연구라 믿게끔 하고, 자기 대상화의 상태〔자기 개념(self-concept)에서 외모 관련 특성을 중요하게 여기는 정도〕, 자기 감시(자기가 보고한, 몸을 주시하는 정도), 몸에 대한 수치심을 측정했다. 우리는 세 가지 측정 모두에서 여성의 점수가 남성보다 높은 것을 발견했다. 그러나 중요한 점은 여성의 자기 대상화 수준이 고정 관념 노출에 체계적인 영향을 받았다는 것이다. (남성은 그렇지 않았다.) 자세히 살펴보면, 온정적·보완적 형태의 성차별주의에 노출된 여성이 적대적 성차별주의에 노출되었거나 성차별주의에 노출되지 않은 통제 조건의 여성보다 자기 대상화 상태, 자기 감시, 몸에 대한 수치심이 더 높았다. 이러한 양상은 그림 8.4에 나타나 있다.

이어진 실험에서 우리는 성차별주의에 대한 노출이 여성의 외모 관리 의도에 영향을 미칠 가능성을 탐색했다. 그래서 참여자들이 교정 과제를 끝낸 뒤, 그들에게 돌아오는 일주일의 일일 계획과 그 의도를 몇 분 동안 쓰도록 했다. 연구 가설과 참여자들의 성별을 모르는 심사자들이 독립적으로 그들의 글에 운동, 다이어트, 체중 감소, 화장, 옷 쇼핑, 머리 손질 또는 염색, 태닝, 손톱 손질 등 외모 관리와 관련한 생각 및 의도가 나타나는지 코딩했다. 이번에도 전반적으로 여성의 자기 감시와 몸에 대한 수치심이 더 높게 나타났으며, 남성에 비해 글쓰기 과제에서 외모를 관리하겠다는 의도를 더 표현했다. 중요한 것은 이전 실험의 결과를 재검증했다는 점이다. 즉, 온정적·보완적 형태의 성차별주의에 노출된 여성들이 자기 감시와 몸에 대한 수치심을 적대적 성차별주의에 노출되었거나 통제 조건에 배정된 여성들보다 더 높게 보고했다. 이런 조건하에서도 여성은 식이 조절이나 체중 감소에 대한 욕구 같은 외모

그림 8.4 (통제 조건과 비교해) 온정적 및 보완적 형태의 성차별주의에 노출된 뒤 자기 대상화, 자기 감시, 몸에 대한 수치심 수준

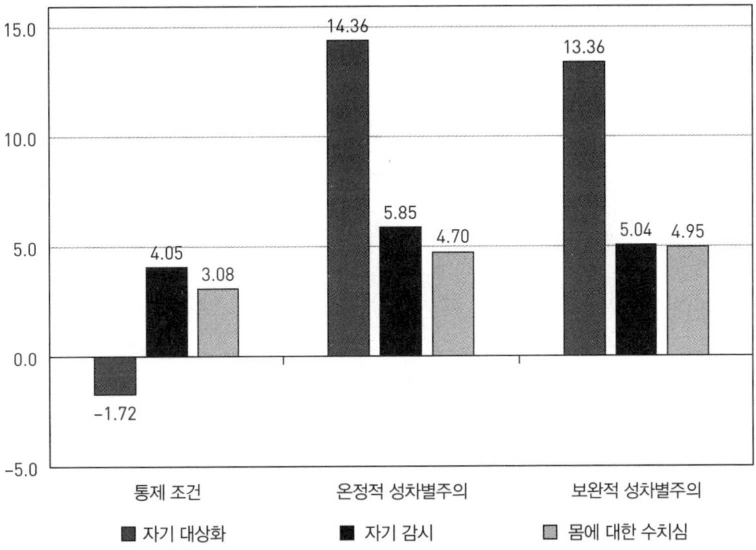

출처: 이 그림은 Calogero & Jost(2011, Study 1)의 실험 결과에 기초함.

관리 의도를 표현하는 비율이 더 높았다. 고정 관념 노출은 여성의 공적 자의식이나 전반적 자존감에는 영향을 미치지 않았으며, 이는 고정 관념 노출의 효과가 자기 대상화에 고유하다는 걸 시사한다.

세 번째 실험에서 우리는 성차별주의 노출 뒤 자기 대상화 증가에 대한 완충 요인(또는 보호 기전), 즉 인지 종결을 피하고자 하는 욕구에 대해 탐색했다. 그림 8.5에 나타난 것처럼, 온정적·보완적 형태의 성차별주의에 노출된 여성들은 적대적 성차별주의에 노출되거나 통제 조건에 배정된 여성들보다 자기 대상화 상태, 자기 감시, 몸에 대한 수치심을 더 높게 보고했다. 인지 종결 욕구는 자기 대상화 상태에 대한 고정 관

그림 8.5 (통제 조건과 비교해) 온정적 및 보완적 형태의 성차별주의에 노출된 뒤 외모 관리, 자기 감시, 몸에 대한 수치심 수준

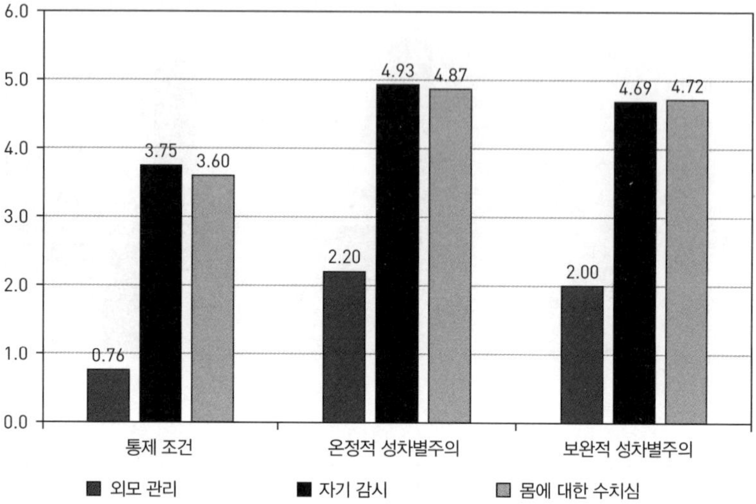

출처: 이 그림은 Calogero & Jost(2011, Study 2)의 실험 결과에 기초함.

념 노출의 효과를 매개하지는 않았으나, 자기 감시 및 몸에 대한 수치심 관련 효과는 매개했다. 인지 종결 욕구가 낮은 여성들은 온정적·보완적 형태의 성차별주의에 노출된 뒤 인지 종결 욕구 점수가 높은 여성들에 비해 자기 감시 및 몸에 대한 수치심이 확연히 낮았다. 그림 8.6에 나타난 이러한 양상은 판단을 유보하고 인지 종결을 피하고자 하는 동기가 다른 방법으로는 피하기 어려운 온정적 성차별주의의 부정적 결과로부터 여성을 보호할 수 있음을 시사한다.

그림 8.6 서로 다른 유형의 성차별주의에 노출된 뒤 여성의 자기 감시(위) 및 몸에 대한 수치심(아래)과 인지 종결 욕구 사이의 관계

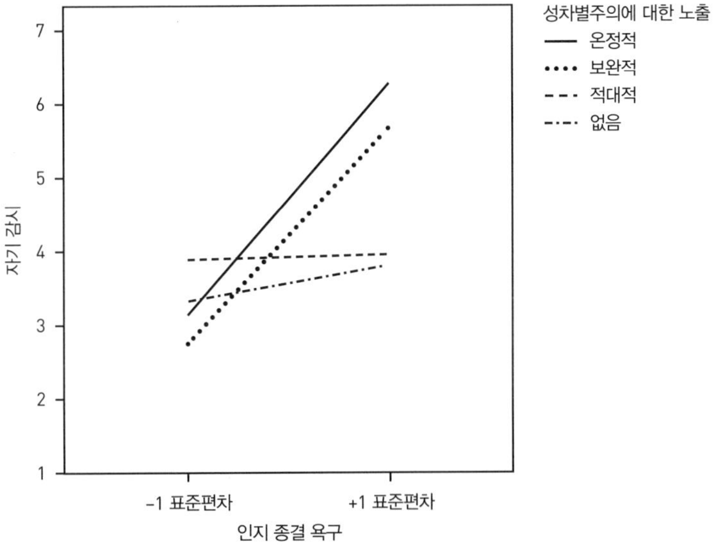

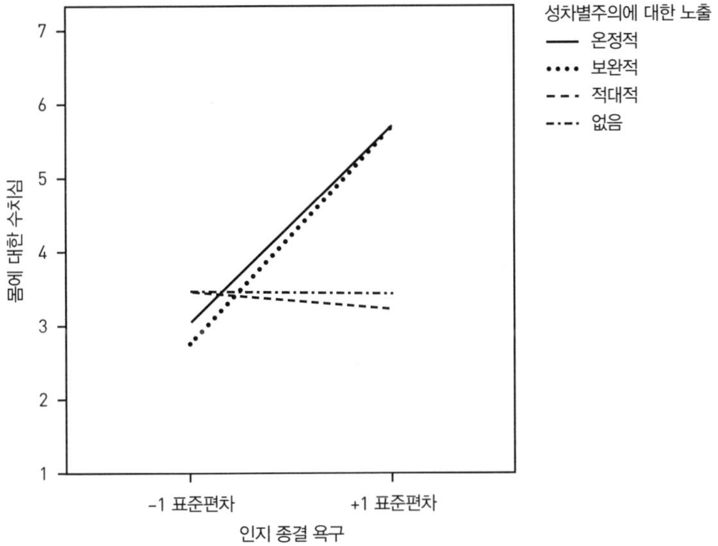

출처: Calogero & Jost(2011, Study 3).

결론

이 장에서 기술한 연구는 성차별주의 이념, 젠더 고정 관념, 자기 대상화에 대한 페미니즘 분석에 기초해 이를 확장했다(Bem & Bem, 1970; Eagly & Steffen, 1984; Fredrickson & Roberts, 1997; Glick & Fiske, 2001; MacKinnon, 1989). 이 연구는 온정적·보완적 형태의 성차별주의가 여성들에게 체제 정당화와 자기 대상화의 강력한 환경적 촉발 요인이 될 수 있다는 데 대해 실험을 통한 직접적 증거를 제공했다. 우리는 이 연구를 캘로제로(Calogero, 2013) 같은 체제 정당화 이론의 틀 안에서 수행했다. 이러한 관점에서 자기 대상화는 성차별주의가 소녀와 여성들에게 진짜 대가를 강요한다는 사실에도 불구하고, 젠더 간 불균형을 정당화하고 여성의 응종을 얻어내는 성차별주의 이념의 심리적 발현 중 하나다. 예를 들어, 외모 관리에 지속적으로 초점을 맞추는 것은 여성들의 사회적 지위를 개선하기 위한 기술과 능력의 개발을 제한할 수 있다. 외모에 가장 높은 가치를 두지 않더라도, 외모 관리에 대한 투자는 학업 및 직업에서의 성취와 만족스러운 사회적 상호 작용에 필요한 제한된 자원을 요구한다. 또한 외모 관리에는 상당한 금전 투자가 필요하기 때문에 여성들의 평균적 경제 자원이 소모될 수 있다.

18세기 말 메리 울스턴크래프트(Mary Wollstonecraft: 영국의 작가, 철학자, 사회운동가—옮긴이)는 매우 사회심리학적인 마음의 상태에 대해 썼다. “영아일 때부터 아름다움이 여성의 왕홀이라고 배운 마음은 몸에 자신을 맞추고, 도금된 새장 안을 맴돌며 그 감옥을 장식하기만을 바란다”(1958, p. 113). 핵심을 꿰뚫는 그녀의 관찰처럼 우리는 자기 대상화가 여성의 종속적 지위를 유지하는, 훨씬 넓은 이념 연결망의 일부임을 관찰했다.

우리의 연구에서 자기 대상화가 체제 정당화 동기의 직접적 원인 또는 결과임을 보여주지는 않았지만, 온정적·보완적 고정 관념에 대한 노출이 현 상태에 대한 지지 및 여성의 스스로에 대한 억압 참여를 높인다는 것을 보여주었다.

체제 정당화는 다른 다양한 방식으로도 소녀와 여성들의 억압 및 자기 억압에 영향을 미치는 것으로 보인다. 예를 들어, 체제를 정당화하는 믿음에 대한 지지는 성추행 및 캣콜링(catcalling: 공공장소에서 동의 없이 여성의 외모를 평가하거나 추근대는 행동—옮긴이) 행동 수용(Bernard et al., 2018; Saunders et al., 2017), 성녀와 창녀의 이분법에 대한 믿음(Kahalon et al., 2019), 강간 신화 허용(Chapleau & Oswald, 2014; Papp & Erchull, 2017), 심지어 소음순 크기를 줄이는 성형외과 수술에 대한 여성의 욕구(Drolet & Drolet, 2019)와도 관련이 있었다. 오늘날 아프리카·아시아·중동을 포함해 세계 여러 곳의 여성들이 자발적으로 생식기 절제를 겪으며, 중국 여성들은 1000년 가까이 고통스럽고 자기 스스로를 약화시키는 전족 관습의 대상이 되었다. 이러한 전통적 관습이 (이를 방어하고, 강화하고, 정당화하는) 사회에서 공유하는 강력한 이념 없이 그토록 문화적으로 일반화한다는 것은 (불가능하지 않다면) 어려울 것이다. 다음 장에서 우리는 종교적 신념 체계가 사회에서 비슷한 역할, 즉 사람들로 하여금 사회적 지위·권력·특권·부를 기초로 하는 다양한 형태의 불평등한 대우를 받아들이고 유지하게끔 준비시키는 역할을 하는 방식에 초점을 맞출 것이다.

09

공정한 신(그리고 공정한 사회)에 대한 믿음

체제 정당화의 한 형태로서 종교

종교에 대한 과학적 접근의 근래 흐름은 신(또는 신들)에 대한 믿음을 진화의 우연, 즉 우리 종으로 하여금 주체성을 형성하게끔 한 심리적 적응, 그리고 사회적·윤리적 세계에서 관찰 가능한 결과의 숨은 원인의 부산물로 이해하는 것이다. 핵심은—폴 블룸(Paul Bloom, 2005)이 표현한 대로—우리의 인지 기관은 "목적, 의도, 설계가 존재하지 않을 때도 그것을 보도록" 진화했다. 이는 종교적·미신적 형태의 사고가 일반적인 이유를 설명하는 데 도움을 줄 수 있으나, 종교의 사회적·동기적 기능과 종교적 신념 및 교조의 자세한 **내용**에 대해서는 알려주는 바가 거의 없다. 체제 정당화 이론의 관점에서, 종교의 (간과해왔지만) 중요한 측면은 기존 사회 질서에 대한 이념적 변호를 제공하고, 기존 관습과 배치가 정당하고 공정하므로 복종 및 보존할 가치가 있음을 전달하는 것이다. 이 장에서 우리는 종교적 신념 체계가 그 내용, 결과, 기저의 동기 관련 구조 면에서 체제를 정당화할 때가 그렇지 않을 때보다 많을 가능성을 탐색할 것이다.

종교적 믿음(또는 최소한 도덕적으로 비판할 수 없는 절대자에 대한 믿음)에 도전하는 신정론(神正論: 신은 악이나 시련을 좋은 목적을 위한 수단으로 인정하고 있으므로 바르고 의로운 존재라는 이론—옮긴이)의 문제부터 시작해보자. 만약 신이 모든 것을 알고 모든 권력을 가지고 있다면, 세상에 있는 악·고통·부정의의 존재와 일반성은 어떻게 설명할 것인가? 막스 베버(Marx Weber, 1963)가 《종교사회학(The Sociology of Religion)》에서 관찰했듯 모든 종교는 신정론의 문제에 대해 일종의 해답(어떤 경우에는 영리한 탈출구)을 제공한다. 가장 일반적인 신학적 해결책 중 하나는 세상에서의 삶에 대한 평가가 끝나면 아마도 악인은 응보로서 처벌을 받고 선인은 보상을 받는다는 내세 개념을 도입하는 것이다. 또한 멜빈 러너(Melvin Lerner, 1980)가 지적했듯이,

> 우리 문화에는 '정의로운 세상'이라는 믿음을 전파하는 강력한 힘이 있다. 서구 종교는 죄, 다른 사람들에게 해를 끼치는 것, 고통 사이의 관계를 강조한다. 비록 다음 세상에서의 영원하고 궁극적인 평가를 기대하기는 하지만, 유대교-기독교 전통에는 지상에서의 운명에 대한 신호를 덕(德) 및 영광의 상태와 연관 짓는 강력한 주제가 있다. 《성경》에서 욥(Job)은 오랫동안 심한 고통을 받았지만, 그는 보상보다 더한 것을 천국이 아닌 이 지상에서 받았다. 《구약성경》에는 "선인이 승리하고 악인은 처벌받는다"를 보여주는 예시가 많다. 종교 개혁은 우리의 문화에 스며든 세계관, 즉 '개신교 윤리'의 기초를 세웠다. ……이러한 관점에서 경제적인, 그리고 다른 측면에서의 성공은 구원의 신호이자, 성실함과 자기희생이라는 기독교 덕

목의 직접적 결과다(p. 13).

러너는 종교가 사람은 그들이 받는 것을 받아 마땅하고, 받아 마땅한 것을 받는다는, 세상이 정의롭다는 믿음에 대한 신자들의 욕구를 충족하는 데 도움이 된다고 주장한다.

하지만 종교적 이념은 공정함과 자비로운 신의 개념에 대한 직관을 입증하는 것보다 훨씬 큰 역할을 한다. 베버가 언급했듯 종교적 이념은 정의가 실현되었다(또는 실현될 것이다)라고 전파함으로써 기존 사회 질서를 옹호한다. 힌두교의 개념인 카르마(업보)와 영혼의 환생이라는 교리는 사람들로 하여금 사회에서의 현재 지위가 그들에게 걸맞고, 종교의 처방을 따라 살면 다음 생에 보상을 받을 것이라고 믿게끔 한다. 따라서 환생에 대한 믿음은 "카스트의 의무에 가장 열성적으로 매달리는 쪽이 바로 다음 생에 지위를 높이고 싶은 욕구가 가장 높은 최하위 계층이고, 이들은 사회 혁명이나 개혁을 통해 카스트 제도를 무너뜨리려는 생각을 전혀 하지 않는다"(Weber, 1963, p. 43)는 이유를 이해하는 데 도움이 된다.

유대교-기독교 전통은 기존 사회 질서가 정당하고, 공정하고, 지킬 가치가 있다는 생각을 지지하는 잘 다듬어진 이념적 정당화로 가득하다. 예를 들어, 《신약성경》 〈로마서〉 13장에서는 기존의 정치적 권위가 정당하며, 이를 따라야 한다고 한다.

1. 모두가 자신을 다스리는 권위에 복종해야 한다. 신이 세우지 않으면 권위도 없기 때문에, 존재하는 권위는 신이 세운 것이다.
2. 결과적으로 권위에 저항하는 사람은 신이 만든 것에 저항하는 것이며,

그들은 심판을 받을 것이다.

3. 지배자들은 옳은 일을 하는 사람이 아닌 그른 일을 하는 사람들에게 두려운 존재다. 권위자에 대한 두려움에서 벗어나고 싶은가? 옳은 일을 한다면 그가 당신을 인정할 것이다.
4. 그는 신의 종이기 때문에 당신에게 좋은 일을 할 것이다. 그러나 당신이 그른 일을 한다면, 두려워하라. 그는 이유 없이 칼자루를 쥔 것이 아니기 때문이다. 그는 신의 종이며, 잘못된 일을 하는 자를 처벌하는 분노의 주재자다.
5. 그러므로 권위에 복종해야 한다. 그렇지 않으면 처벌을 받을 수 있을 뿐만 아니라 양심 때문에도 그러하다.
6. 또한 권위자들이 다스리는 데 모든 시간을 쏟는 신의 종이기 때문에 당신이 세금을 내는 것이다.

종교적 텍스트에서는 성차별주의를 포함해 다양한 형태의 사회적 불평등을 용인한다(Bem & Bem, 1970, pp. 96~97).

> 아내들이여, 신에게 하듯이 남편들에게 복종하라. 예수가 교회의 머리이듯이 남편은 아내의 머리이다. ……교회가 예수에게 복종하듯이 아내들도 모든 일에서 남편에게 복종해야 한다(〈에페소서〉 5:22~24).

다음의 글에서 나타나듯이 《구약성경》과 《신약성경》에서 노예제는 정당화할 수 있는 관습이다.

> 당신이 소유할 수 있는 남성과 여성 노예들에 있어, 당신은 당신 주위의

> 여러 나라에서 남성과 여성 노예를 사 올 수 있다. 또한 당신과 잠시 머무르는 이방인과 당신의 땅에서 태어난 그들의 일족 중에서 노예를 살 수도 있으며, 그들은 당신의 재산이다. 당신은 그들을 당신의 아들들에게 상속해 영원히 소유하도록 할 수 있다. 그러나 이스라엘 백성인 당신의 형제들은 무자비하게 다스려서는 안 된다(《레위기》 25:44~26).

> 주인들이여, 당신의 주인도 천국에 계심을 알고, 당신의 노예들을 정의롭고 공정하게 대하라(《골로새서》 4:1)

많은 종교적 가르침에서는 젠더 불평등과 전통적인 가사 노동 분배를 허용하고, 도덕적인 심지어 영적인 의미를 부여한다. 이는 기독교에만 국한되는 것이 아니다. 베버(Weber, 1963)가 관찰했듯 "여성은 로마나 브라만(인도의 카스트 중 가장 높은 계급—옮긴이)의 경우와 같이 중국의 공식적 종교에서 완전히 배제되어 있다. 이는 페미니즘을 옹호하는 불교 지식인들도 마찬가지다"(p. 105).

고대 아테네인이 밀로스(Milos) 사람들을 착취하려 할 때 종교적 정당화("신이 인간에게 준 운명")를 주장했는데, 이는 "강한 자들은 그들이 할 수 있는 것을 하고, 약한 자들은 그들이 받아들여야만 하는 것을 받아들인다"(Wilson, 2012, p. 65)는 내용이었다. 중세 십자군 전쟁 때, 기독교 이념의 교리는 이교도에 대한 심문·고문·사형을 정당화하는 데 이용되었다. 또한 인종에 따른 위계와 노예제를 방어하는 데도 사용되었다(Fredrickson, 2002).[1] 예일 대학에 다닌 첫 번째 아프리카계 미국인 학생은 과거 노예였으며, 훗날 목사가 된 제임스 페닝턴(James W. C. Pennington)이었다. 그는 1849년 출간한 자서전에서 기독교인 노예주의 잔인함과 위선을 날카롭게 비판했다. "그렇다면 친절하고 독실한 주인에 대해 말하지 말라. 그들은 체제의 주인이 아니라. 체제가 그들의 주인이다"(Lassila, 2016).

종교는 모리타니(Mauritanie)같이 아직 노예제를 시행하는 지역에서 계속 주요한 정당화 기능을 하고 있다. 탈출한 하라틴족(Haratin) 노예 모크타르 테예브(Moctar Teyeb)가 〈뉴요커〉와의 인터뷰에서 말한 바에 따르면,

> 하라틴족은 물리적 힘으로 잡혀 있는 것이 아닙니다. ……심지어 그들은 항상 주인과 같은 장소에 살지도 않습니다. 그렇지만 그들은 어디 있든지 주인과 관계를 맺고 있습니다. 그들은 여전히 노예입니다. 그들의 주인은 그들을 부를 수 있고, 그들은 와야 합니다. 주인은 그들의 자녀를 데려갈 수 있습니다. 그 자녀들을 친척이나 친구에게 선물로 줄 수 있습니다. 노예제는 마음의 상태이며, 하라틴족 대부분은 노예제가 알라의 명령의 일부라고 믿습니다. 그들은 다른 삶의 방식을 모릅니다. ……모리타니의 주종 관계에서 극단적인 야만성은 예외적인 것입니다. 그것은 체제입니다. …… 어린아이일 때부터 시작됩니다. ……체제는 정말 완전합니다. ……종교는 체제에서 큰 부분입니다. 노예제에 반대하는 것은 종교에 반대하는 것입니다(Finnegan, 2000).

테예브의 어머니는 그에게 이렇게 말했다. "우리가 뭘 할 수 있겠니? 우리 조상들도 받아들였어. 신이 이걸 원하시는 거야. 뭐가 잘못됐니?" 탈출한 뒤, 테예브는 많은 하라틴족이 세뇌당했다고 믿게 되었다.

위와 같은 여러 가지 관찰을 다시 살펴보는 것은 종교를 비판하기 위

해서가 아니다. 이는 놀라울 만큼 다채로운 종교의 교리에서 특정한 주제가 계속 반복되며, 이것이 기존의 사회적·경제적·정치적 제도와 배치가 공정하고, 합당하고, 정당화될 수 있다고 믿게끔 하는 심리적 동기를 반영한다는 사실을 강조하기 위한 것이다. 이 장에서 우리의 초점은 노예제를 비롯한 극단적 형태의 박해가 아니라, 현대 사회에서 불평등의 정당화 같은 체제 정당화의 보다 일반적인 형태에 있다.

또한 우리는 여러 종교의 신학적 내용이 서로 구분 불가능하다고 주장하는 것도 아니다. 반대로, 특정한 종교적 믿음이 정의와 정당화라는 주제와 연결되는 방식에는 중요한 차이가 여럿 있다. 한 가지 예를 들면, 베버는 아래와 같이 힌두교와 유대교를 비교했다(Weber, 1963).

> 힌두교인의 개념은 이 세계에서 카스트에 따른 계층화가 계속되고, 그 자신의 카스트가 정해진 이래 내내 변하지 않은 채 남아 있다는 것이다. 자연히 그는 미래의 자기 영혼을 이러한 계층의 눈금에 맞추려 한다. 충격적인 대조를 이루는 것은 유대교인이 기존 사회 계층화를 파리아(pariah: 인도 카스트 제도에서 불가촉천민을 뜻하는 말—옮긴이)가 된 자기 민족에게 이익이 되도록 바꾸는 혁명을 통해 그의 개인적 구원을 예측한다는 것이다. 그의 민족은 파리아가 아니라 특권층이 되도록 신에게 선택받고 부름을 받았다(p. 110).

이러한 관찰에서는 여러 상이한 종교적 전통이 기존의 사회적·경제적·정치적 체제를 정당화하는지, 아니면 거기에 도전하는지 서로 다르며, 신이 온정적이고 공정한지(신학의 문제)뿐만 아니라 세속의 관습 및 체제 또한 그 자체로 온정적이고 공정한지에 대해서도 언급한다고 주장한다. 종교가 신자들로 하여금 현 상태가 공정하고, 정당하고, 바람직하고, 안정적이라고 간주하도록 장려한다면, 체제 정당화 기능을 하는 것이다.

이 장에서 우리는 체제 정당화 동기가 적어도 일정 부분은 종교적 신념의 매력을 유지하는 데 유용하다고 주장한다. 또한 체제 정당화 동기는 종교적 교리의 내용(그리고 이 교리의 정치적 이용 및 남용)이 왜 현 상태를 유지하는 정치적 보수(그리고 어떤 경우에는 반동)의 목표와 연결되는 경우가 많은지를 설명하는 데도 유용할 수 있다. 종교가 체제 정당화의 한 형태라는 생각에서 몇 가지 가설이 나왔다. 첫째, 종교적 신념은 다른 체제 정당화 신념과 마찬가지로, 확실성·안정·연대를 얻으려는 기저의 인식론적·실존적·관계적 동기와 관련되어야 한다. 둘째, 종교성은 세상이 정의롭다는 믿음, 청교도적 노동 윤리, 권위주의, 정치적 보수주의, 평등 반대, 공정한 시장 이념 같은 체제 정당화 믿음과 양(+)의 상관관계여야 한다. 셋째, 종교는 사람들이 기존 상황에 대해 더 행복해하고 만족해하는 진통제 기능을 하고, 따라서 이들이 현 상태에 도전할 가능성을 낮춰야 한다. 이러한 명제는 《1844년 경제학, 철학 초고(Economic and Philosophic Manuscripts of 1844)》에서 마르크스가 종교를 "열성" "도덕적 제재" "위안과 정당화의 보편적 기반"을 제공하는 "세계에 대한 이론"으로 분석한 것을 연상시킨다.

인식론적 · 실존적 · 관계적 동기

체제 정당화 이론에 따르면 현 사회 상태를 방어하고, 강화하고, 합리화하는 경향은 세 가지 종류로 이루어진 욕구 또는 동기에서 비롯된다. 첫째 확실성, 예측 가능성, 통제를 얻고자 하는 인식론적 동기. 둘째 불안, 공포, 위협을 관리하려는 실존적 동기. 셋째 타인과의 친애, 현실 공유 감각 개발을 통해 연대를 구하려는 관계적 동기. 성격 및 사회심리학 연구에서는 인식론적·실존적·관계적 욕구와 다양한 종교 관련 결과 사이의 연관성, 그리고 각 욕구와 다양한 체제 정당화 관련 결과 사이의 연관성을 증명했다. 여기서 우리는 가장 직접적인 연관성이 있는 결과에 주목한다.

인식론적 동기와 종교성

체제 정당화가 일부 불확실성과 모호함을 줄이기 위한 인식론적 욕구로 동기화된다는 생각과 동일하게 질서, 구조, 종결하고자 하는 개인적 욕구는 보수적이고 체제를 정당화하는 태도에 대한 지지와 양(+)의 상관관계가 있다. 그리고 개방성과 불확실성 및 모호함에 대한 관용은 그러한 태도와 음(-)의 상관관계가 있다(Jost, 2017a). 이러한 인식론적 동기 중 상당수를 종교와 연결 짓는 연구가 점점 늘어나고 있다.

벨기에 루뱅 가톨릭 대학(Catholic University of Louvain)의 바실리스 사로글루(Vassilis Saroglou, 2002)는 수많은 연구를 정리해 다수의 서구 국가에서 종교성과 불확실성 회피 사이의 상관관계는 거의 언제나 양(+)의 방향이고, 통계적으로 유의미함을 밝혔다. 더 종교적인 사람은 덜 종교적이거나 종교적이지 않은 사람에 비해 더 교조적이고, 모호성을 감내하지 않고, 개인적 통제를 필요로 하고, 새로운 경험에 덜 개방적인 경향이 있었다. 또한 인지 종결 욕구는 신의 중요성, 기도의 빈도, 종교적 근본주의와 강한 관련이 있었다. 우리는 메커니컬 터크(Mechanical Turk: 아마존사에서 운영하는 웹사이트. 연구자들이 이 웹사이트를 통해 실험 참여자를 모집하는 경우가 많다—옮긴이)를 통해 모집한 192명의 미국 성인들로 이루어진 실험 집단에서 이러한 결과를 재검증했다. 그 결과 그들이 자기 보고한 종교성은 인지 욕구와는 음(−)의 상관관계($r = -.20$, $p < .05$), 인지 종결 욕구와는 양(+)의 상관관계($r = .18$, $p < .05$)가 있었다(Hennes et al., 2012).

기독교도 61퍼센트, 기독교 이외에 다른 종교를 믿는 사람 17퍼센트, 무종교 20퍼센트인 미국 대학생 실험 집단에서도 비슷한 결과가 나왔다. 정신적 폐쇄성(닫힌 마음)과 질서 및 예측 가능성에 대한 욕구는 종교적 근본주의와 양(+)의 상관관계가 있었다(Brandt & Reyna, 2010). 1600명 이상의 일반 사회 설문 조사 참여자(개신교도 55퍼센트, 가톨릭교도 25퍼센트, 무신론자 17퍼센트)에게서 얻은 데이터에서도 정신적 폐쇄성과 종교적 근본주의 사이에서 양(+)의 상관관계가 나타났다. 브란트와 레이나(Brandt & Reyna, 2010)는 두 연구 모두에서 종교적 근본주의가—게이 남성과 레즈비언을 비롯해 전통적 가치를 해치는 것으로 여겨지는—사람들에 대한 편견과 관련이 있으며, 정신적 폐쇄성이 편견에 대한 종교적 근본주의의 효과를 매개한다는 걸 관찰했다.

실존적 동기와 종교성

어니스트 베커(Ernest Becker, 1973)는 오토 랑크(Otto Rank: 오스트리아의 정신분석가, 학자—옮긴이)의 연구에 기초해 종교가 (다른 문화적·제도적 형태처럼) 실존적 고뇌를 막고 상징적 영생을 얻기 위한 인간의 독특한 분투, 즉 죽음에 대한 부정(denial of death)의 표현이라고 주장했다. 이는 공포 관리 이론(terror management theory)의 핵심적 영감이다(Greenberg et al., 1995; Vail et al., 2010). 그러나 죽음에 대한 공포와 종교성 사이의 상관관계에 대한 증거는 일관적이지 않아서 어떤 연구에서는 양(+)의 상관관계, 다른 연구에서는 음(−)의 상관관계가 있다. 이는 죽음에 대한 불안이 종교에 대한 순응을 동기화해서일 수도 있고, 동시에 종교에 대한 순응이 불안을 달래주어서일 수도 있다. 둘 중 첫 번째 가설을 검증하기 위해 윌러(Willer, 2009)는 실험 참여자들에게 자신의 죽음에 대해 글을 쓰거나(필멸성 상기 조건), 텔레비전 시청에 대해 글을 쓰게 한 뒤(통제 조건) 내세에 대한 믿음을 질문했다. 자신의 필멸성에 대해 숙고하게끔 한 참여자들은 통제 조건 참여자들보다 내세가 존재할 가능성을 믿는 비율이 높았다. 그러나 이 효과는 처음부터 종교성 수준이 (높았던 참여자들보다) 낮았던 참여자들로 인한 것이었다.

그린버그와 동료들(Greenberg et al., 1995)은 필멸성을 인식한 참여자들이 통제 조건 참여자들에 비해 종교적 상징에 대한 공경이 높았다고 보고했다. 노렌자얀과 한센(Norenzayan & Hansen, 2006)은 필멸성 인식을 점화하면 부처나 영매 같은 종교적·초자연적 대리자에 대한 더 강한 믿음을 표현한다는 걸 보여주었다. 이 마지막 연구는 공포 관리 이론에서 비롯한, 죽음에 대한 불안이 사람들로 하여금 무신론과 불가지론을 포함해 개인적 세계관의 자세한 내용을 방어하게끔 한다는 가설과 대비된다. 필멸성 인식이 종교성 높은 사람보다 낮은 사람에게서 내세에 대한 믿음을 높인다는 윌러(Willer, 2009)의 관찰도 마찬가지다. 그러나 이러한 결과는 모두 죽음에 대한 불안을 다스리고자 하는 욕구가 내세와 관련한 믿음을 비롯한 종교적 믿음을 촉진한다는 더 넓은 범위에서의 생각과 일치한다(Vail et al., 2010 참조).

관계적 동기와 종교성

종교가 친애의 기능을 한다는 생각은 블룸(Bloom, 2005)의 종교 형제애 이론(fratenity theory of religion)에서 먼저 나타났다.

> 종교는 사람들을 하나로 묶고, 이러한 사회적 유대가 부족한 사람들과의 경계를 제공하며 …… 종교는 그것이 있는 집단이 없는 집단을 넘어서 더 오래 지속하기 때문에 번성한다. ……이렇게 개념화하면 종교는 형제애다. ……많은 종교에 대한 의문점, 예를 들어 식생활 제한이나 의복 구분은 종교를 집단 연대를 위한 도구로 보면 완벽하게 이해된다.

이렇게 보면 종교는 비슷한 생각을 가진 사람들이 독특한 사회 정체성을 유지하고 공유하는 사회 규준 및 행동 수칙을 강권하는 데 도움을 준다. 헨스와 동료들(Hennes et al., 2012)은 현실을 공유하고자 하는 종교 있는 사람들의 욕구가 종교 없는 사람들에 비해 더 높다는 것을 발견했다. 즉, 자기 보고를 통한 종교성은 다음의 두 항목에 대한 지지와 양(+)의 상관관계가 있었다. "나는 나와 신념을 전반적으로 공유하는 사람들과 비슷하게 세상을 보는 게 중요하다고 믿는다"($r=.18$, $p<.05$). "나는 나와 신념을 전반적으로 공유하는 사람들과 여러 가지 일에 대해 같은 반응을 하는 걸 선호한다"($r=.16$, $p<.05$).

만약 관계적 동기가 종교적 행동을 뒷받침한다면, 사회적 고립은 다른 조건이 같을 때 종교성 상승을 촉발해야 한다. 여기에 대한 증거가 일부 있다. 한 연구에서 따돌림에 대해 생각하고 글을 쓴 독일 기독교도들의 내적·외적 종교성(즉, 종교성 자체와 거기에 주어지는 보상으로서 종교성) 점수가 올라갔으며, 그들은 기도 및 종교 의식에 더 가치를 두었다(Aydin et al., 2010). 다른 연구에서는 "신이 나를 버렸다"나 "어머니가 돌아가셨다" 같은 실존적 위협에 대한 식역하 노출이 안정 애착 유형의 스웨덴 기독교도들의 종교성을 높였지만, 불안정 애착 유형의 경우에는 그렇지 않았다(Birgegard & Granqvist, 2004; Magee & Hardin, 2010도 참조). 이러한 결과는 종교적 믿음이 다른 이념과 마찬가지로, 가치 있게 여기는 사회적 관계를 유지하는 데 도움을 주는 (공유하는) 현실 감각을 확립할 수 있음을 시사한다.

종교성과 체제를 정당화하는 신념에 대한 지지

체제 정당화 이론에 따르면, 사회의 현 상태를 방어하고, 강화하고, 정당화하고자 하는 동기는 다양한 방식으로 나타난다. 가장 직접적인 표출은 아마 기존의 사회적·경제적·정치적 배치를 정당화하는 이념에 대한 눈에 띄는 지지일 것이다. 이러한 경우 주어진 이념이 체제를 정당화하는 것인지는 사회적·경제적·정치적 맥락의 세부 사항에 달려 있다. 동시에 일반적으로 현 상태의 도덕적·지적 정당화에 기여하는 하위 신념 체계도 있다. 현대 서구 사회의 체제 정당화 신념 체계 예시에는 세상이 정의롭다는 믿음, 청교도적 노동 윤리, 전반적 (또는 확산된) 체제 정당화, 경제 체제 정당화, 공정한 시장 이념, 평등 반대, 우익 권위주의, 사회적 다윈주의, 정치적 보수주의가 있다. 이러한 신념 체계에 대한 정의 및 설명은 부록 A.7에 제시했다.

칼리 베스 호킨스(Carlee Beth Hawkins)와 브라이언 노섹(Brian Nosek)을 위시한 여러 공동 연구자들과 나는 종교성과 이러한 체제 정당화 신념 지지 사이에는 양(+)의 상관관계가 있을 것이라는 가설을 세웠고, 30만 명 넘는 2007~2012년 암묵 프로젝트 웹사이트 방문자들의 데이터를 분석했다. 참여자들(200개 넘는 국적 중 미국, 캐나다, 오스트레일리아 출신이 가장 많았다)은 더 많은 목록(Jost et al., 2014a)에서 무작위로 가져온 항목의 하위 집합에 응답했다. 실험 집단의 74퍼센트는 백인, 7퍼센트는 흑인, 7퍼센트는 아시아계, 1퍼센트는 아메리카 인디언, 7퍼센트는 다인종이었고, 5퍼센트 정도는 '기타'에 속했다(평균 연령 30세). 우리는 종교적 입장과 자기 보고한 종교성을 1점(전혀 종교적이지 않음)에서 4점(매우 종교적임)까지의 척도로 측정했는데, 이는 가장 큰 6개 집단(무신론자, 불가지론자, 유대교도, 가톨릭교도, 개신교도, 불교도)을 대상으로 종교성과 체제를 정당화하는 믿음 사이의 연관성을 알아보기 위함이었다.

세상이 정의롭다는 믿음

우리는 세상이 정의롭다는 믿음을 6개 항목으로 측정했으며, 표 9.1에 그 내용과 종교적 입장에 따른 평균 점수를 제시했다. 1만 1000명 넘는 온라인 참여자가 각 질문에 응답했다. 모든 경우에 자기 보고한 종교성은 세상이 정의롭다는 믿음에 대한 지지와 관련이 있었다. 가장 큰 효과 크기는 "장기적으로 볼 때, 사람들은 부정의에 대한 대가를 받을 것이다" "정의는 항상 부정의를 이긴다"라는 두 항목에서 관찰했다. 무신론자와 불가지론자는 가톨릭교도와 개신교도(그리고 대부분의 경우 불교도)

표 9.1 종교성과 세상이 정의롭다는 믿음 항목 지지 사이의 실증적 관계

세상이 정의롭다는 믿음 항목	종교성과의 상관관계	무신론자	불가지론자	유대교도	가톨릭교도	개신교도	불교도
정의는 항상 부정의를 이긴다.	$r=.19$ $n=11{,}638$	$M=2.76^{a}$ $(SD=1.46)$ $n=1{,}298$	$M=2.92^{a}$ $(SD=1.49)$ $n=1{,}217$	$M=3.03^{a}$ $(SD=1.59)$ $n=369$	$M=3.74^{c}$ $(SD=1.67)$ $n=1{,}966$	$M=3.58^{b}$ $(SD=1.70)$ $n=3{,}274$	$M=3.65^{b,c}$ $(SD=1.83)$ $n=209$
삶의 모든 영역(이를테면 전문 영역, 가정, 정치)에 있는 부정의는 규칙이라기보다 예외다.	$r=.08$ $n=11{,}561$	$M=3.30^{a}$ $(SD=1.55)$ $n=1{,}310$	$M=3.39^{a}$ $(SD=1.49)$ $n=1{,}164$	$M=3.37^{a}$ $(SD=1.53)$ $n=358$	$M=3.83^{c}$ $(SD=1.50)$ $n=1{,}961$	$M=3.77^{b,c}$ $(SD=1.57)$ $n=3{,}288$	$M=3.54^{a,b}$ $(SD=1.60)$ $n=218$
사람들은 중요한 결정을 할 때 공정하고자 노력한다.	$r=.10$ $n=11{,}695$	$M=4.19^{a}$ $(SD=1.52)$ $n=1{,}269$	$M=4.35^{a,b}$ $(SD=1.42)$ $n=1{,}229$	$M=4.47^{b}$ $(SD=1.42)$ $n=367$	$M=4.66^{c}$ $(SD=1.42)$ $n=2{,}008$	$M=4.65^{c}$ $(SD=1.40)$ $n=3{,}332$	$M=4.31^{a,b}$ $(SD=1.44)$ $n=205$
장기적으로 볼 때, 사람들은 부정의에 대한 대가를 받을 것이다.	$r=.27$ $n=11{,}742$	$M=3.00^{a}$ $(SD=1.50)$ $n=1{,}328$	$M=3.39^{b}$ $(SD=1.58)$ $n=1{,}266$	$M=3.58^{b,c}$ $(SD=1.66)$ $n=372$	$M=4.24^{d,e}$ $(SD=1.65)$ $n=1{,}953$	$M=4.33^{e}$ $(SD=1.74)$ $n=3{,}387$	$M=3.96^{c,d}$ $(SD=1.73)$ $n=200$
사람들은 받아 마땅한 것을 받을 것이다.	$r=.09$ $n=11{,}760$	$M=3.22^{a}$ $(SD=1.61)$ $n=1{,}247$	$M=3.47^{b}$ $(SD=1.61)$ $n=1{,}276$	$M=3.64^{b,c}$ $(SD=1.68)$ $n=352$	$M=4.10^{d}$ $(SD=1.62)$ $n=1{,}969$	$M=3.84^{c}$ $(SD=1.62)$ $n=3{,}412$	$M=3.90^{c,d}$ $(SD=1.87)$ $n=201$
기본적으로 세상은 공정한 곳이다.	$r=.08$ $n=11{,}712$	$M=2.48^{a}$ $(SD=1.41)$ $n=1{,}297$	$M=2.59^{a,b}$ $(SD=1.40)$ $n=1{,}199$	$M=2.79^{b,c}$ $(SD=1.47)$ $n=396$	$M=3.11^{d}$ $(SD=1.55)$ $n=1{,}937$	$M=2.91^{c}$ $(SD=1.51)$ $n=3{,}344$	$M=3.05^{c,d}$ $(SD=1.60)$ $n=209$

주: 실험 집단 크기가 매우 컸기 때문에 모든 상관관계가 매우 뚜렷하게 나타났다($p<.001$). 각기 다른 위첨자가 붙어 있는 평균은 서로 뚜렷한 차이를 보인다($p<.05$). M=평균, SD=표준편차, n=실험 집단 참여자 수.

보다 세상이 정의롭다는 믿음 항목을 덜 지지했다. 유대교도는 정의 관련 믿음에서 가톨릭교도와 개신교도보다 무신론자, 불가지론자와 더 비슷한 양상을 보였다. 여기에는 몇 가지 원인이 있을 수 있는데, 신학의 내용이 다르다는 점, 유대교도가 기독교도에 비해 덜 종교적이고 정치면에서 진보적인 점 등이다. 전반적으로 종교성은 세상이 공정하고 정의로운 곳이라는 믿음과 연관이 있었다.

청교도적 노동 윤리

청교도적 노동 윤리는 사람들이 도덕적 책임감을 가지고 열심히 일하고 여가 활동을 삼가야 한다는 내용이며, 자격에 대한 지각 및 경제적 결과의 정당화와도 관련이 있다. 이는 우리가 7장에서 살펴보았듯 "부의 축적에 대한 도덕적 정당화를 제공하고" 공동체 지도자들이 시민에게 열심히 일하고 "무분별한 소비와 세속의 기쁨에 대한 참여를 자제"할 것을 장려하는 데 이용한 이념이다(Mirels & Garrett, 1971, p. 40). 표 9.2에 제시한 11개 항목에 대해 각각 최소 9500회의 온라인 응답을 받았다.

모든 경우에 종교성은 청교도적 노동 윤리 항목에 대한 더 강한 지지와 관련이 있었다. 가장 큰 효과 크기는 절대적 기준으로 볼 때 중간 수준이었으며, "삶은 우리가 전혀 고통을 겪을 필요가 없다면 그 의미가 매우 적을 것이다" "힘든 일을 열심히 할 수 있는 사람은 앞서가는 사람이다" "열심히 일하고자 하고 열심히 일하는 사람에게는 성공의 좋은 기회가 있다" "만약 사람들에게 여가 시간이 덜 있다면 우리 사회의 문제가 줄어들 것이다" "대부분의 사람은 이익이 나지 않는 오락에 너

표 9.2 종교성과 청교도적 노동 윤리 항목 지지 사이의 실증적 관계

청교도적 노동 윤리 항목	종교성과의 상관관계	무신론자	불가지론자	유대교도	가톨릭교도	개신교도	불교도
대부분의 사람은 이익이 나지 않는 오락에 너무 많은 시간을 쓴다.	r=.14 n=9,676	M=3.80[a] (SD=1.70) n=1,047	M=4.00[a,b,d] (SD=1.62) n=1,010	M=3.90[a,d] (SD=1.66) n=348	M=4.23[b,c,d] (SD=1.54) n=1,650	M=4.38[c,d] (SD=1.55) n=2,691	M=4.47[d] (SD=1.72) n=159
만약 사람들에게 여가 시간이 덜 있다면 우리 사회의 문제가 줄어들 것이다.	r=.14 n=9,508	M=2.39[a] (SD=1.44) n=1,031	M=2.57[a] (SD=1.40) n=981	M=2.60[a] (SD=1.53) n=299	M=2.91[b] (SD=1.53) n=1,638	M=3.08[c] (SD=1.56) n=2,663	M=2.54[a] (SD=1.56) n=164
쉽게 번 돈은 어리석게 쓰는 경우가 많다.	r=.09 n=9,788	M=4.52[a] (SD=1.58) n=1,061	M=4.55[a] (SD=1.53) n=972	M=4.37[a] (SD=1.61) n=343	M=4.85[b] (SD=1.58) n=1,657	M=4.93[b] (SD=1.53) n=2,735	M=4.90[a,b] (SD=1.53) n=170
삶에서 성공하지 못한 사람들 대부분은 그저 게으른 것이다.	r=.08 n=9,882	M=2.77[a] (SD=1.61) n=1,066	M=2.99[b] (SD=1.61) n=1,021	M=2.73[a] (SD=1.48) n=335	M=3.41[c,d] (SD=1.68) n=1,688	M=3.45[d] (SD=1.70) n=2,810	M=3.03[a,b,c] (SD=1.67) n=147
열심히 일하고자 하고 열심히 일하는 사람에게는 성공의 좋은 기회가 있다.	r=.14 n=9,568	M=4.72[a] (SD=1.80) n=1,058	M=4.89[a,b] (SD=1.68) n=984	M=4.91[a,b] (SD=1.68) n=302	M=5.66[c] (SD=1.40) n=1,662	M=5.63[c] (SD=1.43) n=2,683	M=5.36[b,c] (SD=1.70) n=161
직업에서 실패한 사람들은 보통 충분히 노력하지 않은 것이다.	r=.07 n=9,776	M=3.62[a] (SD=1.64) n=1,043	M=3.71[a] (SD=1.60) n=1,052	M=3.52[a] (SD=1.60) n=341	M=4.06[b] (SD=1.63) n=1,660	M=4.01[b] (SD=1.60) n=2,799	M=3.67[a] (SD=1.64) n=163

삶은 우리가 전혀 고통을 겪을 필요가 없다면 그 의미가 매우 적을 것이다.	$r=.15$ $n=9{,}624$	$M=4.11^{a}$ ($SD=1.92$) $n=1{,}051$	$M=4.59^{b,c}$ ($SD=1.74$) $n=1{,}007$	$M=4.32^{a,b}$ ($SD=1.77$) $n=306$	$M=4.82^{c}$ ($SD=1.61$) $n=1{,}654$	$M=4.96^{d}$ ($SD=1.62$) $n=2{,}693$	$M=4.83^{a,b,c,d}$ ($SD=1.82$) $n=153$
힘든 일을 열심히 할 수 있는 사람은 앞서가는 사람이다.	$r=.14$ $n=9{,}574$	$M=5.09^{a}$ ($SD=1.37$) $n=1{,}058$	$M=5.18^{a}$ ($SD=1.31$) $n=968$	$M=5.23^{a}$ ($SD=1.33$) $n=319$	$M=5.52^{b}$ ($SD=1.20$) $n=1{,}636$	$M=5.61^{b}$ ($SD=1.12$) $n=2{,}701$	$M=5.64^{b}$ ($SD=1.14$) $n=173$
만약 사람들이 충분히 열심히 일한다면 잘살 수 있을 것이다.	$r=.12$ $n=9{,}573$	$M=4.62^{a}$ ($SD=1.68$) $n=1{,}043$	$M=4.94^{c}$ ($SD=1.56$) $n=1{,}004$	$M=4.73^{a,b}$ ($SD=1.68$) $n=333$	$M=5.52^{e}$ ($SD=1.36$) $n=1{,}618$	$M=5.42^{d,e}$ ($SD=1.39$) $n=2{,}697$	$M=5.19^{b,c,d}$ ($SD=1.52$) $n=166$
나는 할 일이 별로 없을 때 불편함을 느낀다.	$r=.06$ $n=9{,}699$	$M=4.38^{a}$ ($SD=1.79$) $n=1{,}041$	$M=4.55^{a}$ ($SD=1.69$) $n=1{,}024$	$M=4.92^{b}$ ($SD=1.71$) $n=328$	$M=4.81^{b}$ ($SD=1.60$) $n=1{,}651$	$M=4.80^{b}$ ($SD=1.61$) $n=2{,}749$	$M=4.46^{a,b}$ ($SD=1.80$) $n=160$
힘든 일을 싫어하는 것은 보통 약한 성격을 반영한다.	$r=.14$ $n=9{,}718$	$M=3.95^{a}$ ($SD=1.68$) $n=1{,}021$	$M=4.02^{a}$ ($SD=1.66$) $n=1{,}004$	$M=4.15^{a}$ ($SD=1.73$) $n=329$	$M=4.59^{b,c}$ ($SD=1.60$) $n=1{,}706$	$M=4.67^{c}$ ($SD=1.58$) $n=2{,}730$	$M=4.23^{a,b}$ ($SD=1.75$) $n=167$

출처: Jost et al.(2014).

주: 실험 집단 크기가 매우 컸기 때문에 모든 상관관계가 매우 뚜렷하게 나타났다($p<.001$, 양측 검정). 각기 다른 위첨자가 붙어 있는 평균은 서로 뚜렷한 차이를 보인다($p<.05$). M=평균, SD=표준편차, n=실험 집단 참여자 수.

무 많은 시간을 쓴다" "힘든 일을 싫어하는 것은 보통 약한 성격을 반영한다" 같은 항목에서 관찰했다. 가톨릭교도는 개신교도와 마찬가지로 대부분 이러한 믿음을 지지하는 비율이 높았으며, 불교도는 절반이 넘는 횟수로 이를 지지했다. 무신론자와 불가지론자는 다른 집단에 비해 이들 항목을 지지하는 비율이 낮았다. 유대교도는 몇몇 항목에 대한 예외를 제외하면, 기독교도보다 무신론자 및 불가지론자와 더 비슷했다. 이러한 결과는 체제를 정당화하는 다른 신념에 대해 우리가 얻은 결과(뒷부분 내용 참조)와 일치하나 선행 연구 결과와는 달랐는데, 이는 유대교도와 개신교도가 '청교도적' 노동 윤리를 가톨릭교도보다 더 지지한다는 걸 시사한다.

공정한 시장 이념

대중 여론 조사에 따르면, 미국 시민 대부분은 평등주의적 이상을 지지하고 소득과 관련해 근본적 불평등이 있다고 인식하고 있으나, 그럼에도 불구하고 경제 체제는 공정하며 정당하다고 지각한다. 이 분명한 역설은 사람들로 하여금 시장에 기초한 체제에서 나오는 절차와 결과는 효율적일 뿐만 아니라 공정하다는 **공정한 시장 이념**(fair market ideology)을 고려하면 해결할 수 있다. 켈로그 경영대학원(Kellogg School of Management) 학장을 역임한 샐리 블런트(Sally Blount)와 나는 공정한 시장 이념 척도를 개발했으며, 그 점수가 자기기만, 체제 정당화, 세상이 정의롭다는 믿음, 평등 반대, 정치적 보수주의, 정치 및 경제와 관련한 추문을 축소하는 경향과 관련이 있음을 밝혀냈다(Jost et al., 2003a). 우리는 약 4500명의 온라인 응답자에게 총 6개 항목의 척도 축약 버전을 통해

표 9.3 종교성과 공정한 시장 이념(FMI) 항목 지지 사이의 실증적 관계

공정한 시장 이념 항목	종교성과의 상관관계	무신론자	불가지론자	유대교도	가톨릭교도	개신교도	불교도
자유 시장 체제는 공정한 체제다.	$r=.12$ $n=4,525$	$M=3.61^{a}$ ($SD=1.87$) $n=487$	$M=3.77^{a}$ ($SD=1.62$) $n=454$	$M=3.87^{a,b}$ ($SD=1.63$) $n=147$	$M=4.24^{b,c}$ ($SD=1.56$) $n=788$	$M=4.31^{c}$ ($SD=1.57$) $n=1,320$	$M=3.75^{a}$ ($SD=1.62$) $n=80$
일반적이거나 '정상적인' 사업은 공정해야 하며, 그렇지 않으면 살아남을 수 없을 것이다.	$r=.11$ $n=4,507$	$M=3.54^{a,b}$ ($SD=1.93$) $n=512$	$M=3.49^{a,b}$ ($SD=1.82$) $n=451$	$M=3.71^{a,b}$ ($SD=1.88$) $n=134$	$M=4.23^{c,d}$ ($SD=1.81$) $n=775$	$M=4.23^{d}$ ($SD=1.80$) $n=1,285$	$M=3.50^{a,b,c}$ ($SD=1.90$) $n=82$
시장의 압력에 대한 반응으로 움직이는 것은 항상 사업을 수행하는 공정한 방식이 아니다.	$r=-.01$ $n=4,523$	$M=5.07^{a}$ ($SD=1.59$) $n=497$	$M=4.99^{a,b}$ ($SD=1.48$) $n=472$	$M=5.00^{a,b,c}$ ($SD=1.52$) $n=142$	$M=4.67^{c}$ ($SD=1.40$) $n=750$	$M=4.76^{b,c}$ ($SD=1.44$) $n=1,299$	$M=5.19^{a,b,c}$ ($SD=1.47$) $n=74$
자유 시장 경제 체제에서 사람들은 주로 받아 마땅한 결과를 본다.	$r=.14$ $n=4,496$	$M=2.95^{a}$ ($SD=1.66$) $n=480$	$M=3.25^{b}$ ($SD=1.66$) $n=469$	$M=3.48^{a,b}$ ($SD=1.51$) $n=126$	$M=3.98^{c}$ ($SD=1.60$) $n=779$	$M=3.88^{c}$ ($SD=1.60$) $n=1,318$	$M=3.38^{a,b}$ ($SD=1.71$) $n=80$
영리 목적 사업은 비영리 사업보다 더 도덕적인 경향이 있다.	$r=.13$ $n=4,714$	$M=2.60^{a}$ ($SD=1.46$) $n=523$	$M=2.68^{a}$ ($SD=1.39$) $n=482$	$M=3.03^{a,b}$ ($SD=1.58$) $n=143$	$M=3.32^{b}$ ($SD=1.53$) $n=816$	$M=3.26^{b}$ ($SD=1.55$) $n=1,360$	$M=3.05^{a,b}$ ($SD=1.58$) $n=101$
경제 시장은 사람들에게 공정하게 보상하지 않는다.†	$r=-.11$ $n=4,484$	$M=5.25^{a}$ ($SD=1.48$) $n=495$	$M=5.05^{a}$ ($SD=1.54$) $n=429$	$M=4.76^{a,b,c}$ ($SD=1.49$) $n=131$	$M=4.59^{c}$ ($SD=1.54$) $n=811$	$M=4.65^{b,c}$ ($SD=1.51$) $n=1,277$	$M=5.13^{a,b}$ ($SD=1.35$) $n=71$

출처: Jost et al.(2014).

주: 실험 집단 크기가 매우 컸기 때문에 한 문항("시장의 압력에 대한 반응으로 움직이는 것은 항상 사업을 수행하는 공정한 방식이 아니다", $p=.57$)을 제외하고 모든 상관관계가 매우 뚜렷하게 나타났다($p<.001$, 양측 검정). 각기 다른 위첨자가 붙어 있는 평균은 서로 뚜렷한 차이를 보인다($p<.05$). M=평균, SD=표준편차, n=실험 집단 인원 수.

† 이들 문항에 대한 반대(즉, 낮은 점수)는 공정한 시장 이념에 대한 더 높은 지지를 뜻한다.

종교성이 6개 중 5개 항목에 대한 지지와 연관되어 있음을 발견했다(표 9.3). 상관관계는 전반적으로 중간 수준이었으며, 가장 강한 효과는 "자유 시장 경제 체제에서 사람들은 주로 받아 마땅한 결과를 본다", "영리 목적 사업은 비영리 사업보다 더 도덕적인 경향이 있다"라는 두 항목에서 나타났다. 가톨릭교도와 개신교도가 공정한 시장 이념 척도의 항목을 지지하는 비율이 가장 높았다.

평등 반대

우리는 평등한 소득에 대한 반대를 측정하기 위해, 표 9.4에 제시한 7개 항목에 관해 7000명가량의 온라인 응답을 받았다. 모든 경우 종교성은 평등 반대와 상관관계가 있었으며, 가장 큰 효과 크기는 "소득을 보다 평등하게 만드는 것은 사회주의를 추구하고, 사람들에게서 개인적 자유를 박탈하는 걸 의미한다" "소득이 더 평등하다면, 사람들이 열심히 일하도록 동기화할 수 없을 것이다" "부자들이 경제에 투자하고 그것이 모두에게 도움을 주기 때문에 소득이 평등해서는 안 된다" "사람들이 언젠가 정말로 성공하는 꿈을 꾸지 않게 될 것이기 때문에 소득이 더 평등해서는 안 된다"라는 항목에서 나왔다. 항목 대부분에 대해 가톨릭교도와 개신교도는 척도에서 평등 반대를 의미하는 중간점 이상의 점수를 받았으나, 다른 집단들은 중간점 이하의 점수를 받아 불평등한 소득에 반대하는 것으로 나타났다. 그렇다면 전체적으로 종교성은 공정한 시장 이념 및 평등 반대와 관련이 있다고 할 수 있으나, 이는 주로 기독교도에게 해당되었다. 자본주의에 대한 지지와 일반적 종교, 특히 기독교에 대한 믿음 사이에 역사적 관련성이 없었다는 것—그리고 예

표 9.4 종교성과 평등 반대(OEQ) 항목 지지 사이의 실증적 관계

평등 반대 항목	종교성과의 상관관계	무신론자	불가지론자	유대교도	가톨릭교도	개신교도	불교도
사회에 대한 모든 사람의 기여가 공평하게 중요하기 때문에 소득은 보다 평등해야 한다. †	$r=-.06$ $n=7,001$	$M=4.03^{a}$ $(SD=1.91)$ $n=764$	$M=3.85^{a,b}$ $(SD=1.81)$ $n=663$	$M=3.78^{a,b}$ $(SD=1.83)$ $n=228$	$M=3.50^{b}$ $(SD=1.74)$ $n=1,214$	$M=3.44^{b}$ $(SD=1.79)$ $n=2,005$	$M=4.29^{a}$ $(SD=1.86)$ $n=118$
소득이 더 평등하다면, 사람들이 열심히 일하도록 동기화할 수 없을 것이다.	$r=.13$ $n=6,925$	$M=3.27^{a}$ $(SD=1.93)$ $n=762$	$M=3.43^{a}$ $(SD=1.86)$ $n=688$	$M=3.29^{a}$ $(SD=1.96)$ $n=215$	$M=4.33^{b}$ $(SD=1.97)$ $n=1,214$	$M=4.14^{b}$ $(SD=1.94)$ $n=1,994$	$M=3.37^{a}$ $(SD=2.03)$ $n=124$
다른 사람보다 많이 소유하고 싶어 하는 것이 인간의 본성이기 때문에 소득을 보다 평등하게 만들 수 없다.	$r=.09$ $n=6,955$	$M=3.94^{a}$ $(SD=2.02)$ $n=767$	$M=4.12^{a}$ $(SD=1.86)$ $n=755$	$M=4.02^{a}$ $(SD=1.81)$ $n=191$	$M=4.70^{b}$ $(SD=1.67)$ $n=1,169$	$M=4.68^{b}$ $(SD=1.69)$ $n=1,992$	$M=4.19^{a}$ $(SD=1.87)$ $n=113$
소득을 보다 평등하게 만드는 것은 사회주의를 추구하고, 사람들에게서 개인적 자유를 박탈하는 걸 의미한다.	$r=.19$ $n=7,083$	$M=2.95^{a}$ $(SD=1.83)$ $n=761$	$M=3.20^{a}$ $(SD=1.79)$ $n=719$	$M=3.35^{a}$ $(SD=1.96)$ $n=192$	$M=4.12^{b}$ $(SD=1.84)$ $n=1,167$	$M=4.12^{b}$ $(SD=1.85)$ $n=2,081$	$M=3.14^{a}$ $(SD=1.76)$ $n=107$
부자들이 경제에 투자하고 그것이 모두에게 도움을 주기 때문에 소득이 평등해서는 안 된다.	$r=.12$ $n=6,997$	$M=2.62^{a}$ $(SD=1.63)$ $n=745$	$M=2.78^{a}$ $(SD=1.57)$ $n=701$	$M=2.96^{a}$ $(SD=1.69)$ $n=193$	$M=3.49^{b}$ $(SD=1.66)$ $n=1,152$	$M=3.46^{b}$ $(SD=1.69)$ $n=2,060$	$M=2.65^{a}$ $(SD=1.57)$ $n=123$
소득이 보다 평등하다면, 사람들은 모두 똑같이 살 것이기 때문에 삶이 지루할 것이다.	$r=.10$ $n=7,046$	$M=2.63^{a}$ $(SD=1.70)$ $n=772$	$M=2.80^{a}$ $(SD=1.65)$ $n=748$	$M=2.84^{a}$ $(SD=1.69)$ $n=217$	$M=3.45^{b}$ $(SD=1.87)$ $n=1,175$	$M=3.37^{b}$ $(SD=1.82)$ $n=1,977$	$M=2.67^{a}$ $(SD=1.75)$ $n=122$

사람들이 언젠가 정말로 성공하는 꿈을 꾸지 않게 될 것이기 때문에 소득이 더 평등해서는 안 된다.	r=.12 n=7,175	M=3.09[a,b] (SD=1.88) n=777	M=3.25[b] (SD=1.85) n=760	M=3.35[b] (SD=1.86) n=239	M=4.00c (SD=1.89) n=1,255	M=3.85c (SD=1.90) n=1,979	M=2.80[a] (SD=1.73) n=144

출처: Jost et al.(2014).

주: 실험 집단 크기가 매우 컸기 때문에 모든 상관관계가 매우 뚜렷하게 나타난다($p<.001$, 양측 검정). 각기 다른 위첨자가 붙어 있는 평균은 서로 뚜렷한 차이를 보인다($p<.05$).

M=평균, SD=표준편차, n=실험 집단 참여자 수.

†이들 문항에 대한 반대(즉, 낮은 점수)는 평등 반대를 더 지지한다는 것을 뜻한다.

수의 경제관이 사회주의적이라고 할 수는 없더라도 평등주의적이었다는 것(Ross et al., 2012)—을 고려하면, 왜 종교를 믿는 사람들이 회의주의자보다 자본주의 경제 체제와 그 산물인 불평등한 소득에 우호적 태도를 취할 가능성이 높은지를 설명하는 데 체제 정당화 동기가 도움을 줄 것이다.

우익 권위주의와 정치적 보수주의

종교성이 정치적 보수 및 우익 성향과 양(+)의 상관관계가 있다는 것은 잘 알려져 있다(Beit-Hallahmi & Argyle, 1997). 제이미 네이피어(Jamie Napier)와 나는 세계 가치 조사(World Values Survey) 데이터를 분석했는데, 미국에서 종교성(종교적 신념 및 교회 출석 같은 행동)과 (이념에 대한 자기 보고식 척도로 측정한) 정치적 우익 성향 사이에는 $r = .30$ 정도의 상관관계가 있었다(Napier & Jost, 2006). 양(+)의 상관관계는 활용 가능한 데이터의 모든 국적과 종교적 성향에 유의미했다. 또한 우리는 19개국 민주주의 국가의 데이터를 분석해, 교육 수준과 소득의 영향을 통제했을 때 종교성이 권위에 대한 복종, 인습주의, 우익 성향에 대한 강력한 예측 변인임을 발견했다(Napier & Jost, 2008a).

이때 우리는 우익 권위주의 척도에서 15개 문항을 발췌해 각각 7000명가량의 온라인 응답을 받았다. 표 9.5에 나타난 것처럼, 종교성은 이들 문항과 매우 강한 상관관계가 있었다. 어떤 경우에는 이것이 놀라운 일이 아닌데, 특정 문항에서 신, 교회, 《성경》을 직접 언급하기 때문이다. 하지만 종교성은 "'전통적 방식'과 '전통적 가치'는 지금도 최선의 삶의 방식을 보여준다" "인터넷을 검열해 사람들이 파괴적이고 역

표 9.5 종교성과 우익 권위주의(RWA) 항목 지지 사이의 실증적 관계

우익 권위주의 항목	종교성과의 상관관계	무신론자	불가지론자	유대교도	가톨릭교도	개신교도	불교도
오늘날 사회를 지배하는 급진적이고 부도덕한 흐름을 무너뜨리기 위해 우리나라에는 강한 지도자가 필요하다.	$r=.20$ $n=7,104$	$M=2.70^{a}$ $(SD=1.79)$ $n=807$	$M=2.90^{a,b}$ $(SD=1.78)$ $n=711$	$M=3.14^{b}$ $(SD=1.92)$ $n=199$	$M=3.81^{c}$ $(SD=1.83)$ $n=1,180$	$M=3.91^{c}$ $(SD=1.86)$ $n=2,027$	$M=3.36^{a,b}$ $(SD=1.94)$ $n=108$
우리나라에는 많은 사람이 분노하더라도, 전통적인 방식에 맞설 용기가 있는 자유롭게 생각하는 사람들이 필요하다. †	$r=-.26$ $n=6,967$	$M=6.36^{a}$ $(SD=.96)$ $n=748$	$M=6.22^{a}$ $(SD=.98)$ $n=747$	$M=6.06^{a}$ $(SD=1.25)$ $n=214$	$M=5.56^{b}$ $(SD=1.30)$ $n=1,251$	$M=5.39^{c}$ $(SD=1.50)$ $n=1,931$	$M=5.73^{a,b}$ $(SD=1.44)$ $n=123$
'전통적 방식'과 '전통적 가치'는 지금도 최선의 삶의 방식을 보여준다.	$r=.34$ $n=7,062$	$M=2.41^{a}$ $(SD=1.37)$ $n=755$	$M=2.73^{a,b}$ $(SD=1.46)$ $n=704$	$M=3.24^{c}$ $(SD=1.77)$ $n=209$	$M=3.90^{d}$ $(SD=1.61)$ $n=1,210$	$M=4.13^{e}$ $(SD=1.68)$ $n=2,096$	$M=3.21^{b,c}$ $(SD=1.67)$ $n=123$
우리 사회는 우리가 전통적이지 않은 가치와 의견에 관용과 이해를 보인다면 더 나아질 것이다.	$r=-.26$ $n=7,030$	$M=6.23^{a}$ $(SD=1.06)$ $n=788$	$M=6.11^{a}$ $(SD=1.04)$ $n=720$	$M=5.97^{a}$ $(SD=1.12)$ $n=196$	$M=5.54^{b}$ $(SD=1.36)$ $n=1,216$	$M=5.21^{c}$ $(SD=1.58)$ $n=1,966$	$M=6.20^{a}$ $(SD=1.10)$ $n=124$
더 늦기 전에 낙태, 음란물, 결혼에 대한 신의 법칙을 엄격하게 지켜야 한다.	$r=.58$ $n=6,853$	$M=1.18^{a}$ $(SD=.67)$ $n=748$	$M=1.36^{a}$ $(SD=.83)$ $n=716$	$M=1.87^{b}$ $(SD=1.54)$ $n=197$	$M=3.13^{c}$ $(SD=1.92)$ $n=1,111$	$M=3.93^{d}$ $(SD=2.11)$ $n=1,947$	$M=1.83^{b}$ $(SD=1.56)$ $n=115$
사회는 강한 지도자보다 다른 생각을 하는 사람들에게 개방성을 보여야 하며, 세상은 특별히 사악하거나 위험한 곳이 아니다. †	$r=-.24$ $n=6,967$	$M=5.58^{a,b}$ $(SD=1.33)$ $n=734$	$M=5.49^{a,b,c}$ $(SD=1.26)$ $n=727$	$M=5.20^{c,d,e}$ $(SD=1.40)$ $n=207$	$M=4.93^{e}$ $(SD=1.49)$ $n=1,170$	$M=4.49^{f}$ $(SD=1.66)$ $n=2,064$	$M=5.61^{a,d}$ $(SD=1.20)$ $n=94$

인터넷을 검열해 사람들이 파괴적이고 역겨운 기사를 보지 못하게 하는 것이 최선이다	r=.28 n=7,093	M=1.67[a] (SD=1.22) n=784	M=2.12[b] (SD=1.44) n=739	M=2.19[b,c] (SD=1.71) n=214	M=3.11[d] (SD=1.95) n=1,215	M=3.30[e] (SD=1.99) n=2,044	M=2.36[a,b,c] (SD=1.64) n=111
많은 좋은 사람이 국가에 도전하고, 교회를 비판하며, '정상적인 삶의 방식'을 무시한다.†	r=−.14 n=7,104	M=5.87[a] (SD=1.58) n=780	M=5.49[b] (SD=1.69) n=748	M=5.34[b] (SD=1.66) n=192	M=4.88[c] (SD=1.49) n=1,247	M=4.94[c] (SD=1.54) n=2,048	M=5.24[b,c] (SD=1.80) n=123
우리는 우리 조상들이 세운 사회에 도전하는 세력을 끝장내야 한다.	r=.17 n=6,848	M=2.63[a] (SD=1.64) n=754	M=2.84[a] (SD=1.51) n=729	M=2.97[a] (SD=1.66) n=192	M=3.52[b] (SD=1.60) n=1,185	M=3.58[b] (SD=1.68) n=1,955	M=3.06[a] (SD=1.59) n=110
사람들은 《성경》과 종교에 관심을 덜 갖고, 자신의 도덕 기준을 계발해야 한다.†	r=−.60 n=7,125	M=6.43[a] (SD=1.04) n=783	M=6.06[b] (SD=1.27) n=753	M=5.25[c] (SD=1.71) n=197	M=4.12[d] (SD=1.75) n=1,264	M=3.13[d] (SD=1.88) n=1,992	M=5.79[a,b] (SD=1.37) n=126
세상을 망치려는 급진적이고 부도덕한 사람이 많으며, 사회는 그들을 막아야 한다.	r=.20 n=6,933	M=3.25[a] (SD=1.83) n=730	M=3.29[a] (SD=1.74) n=721	M=3.45[a] (SD=1.86) n=220	M=4.21[b] (SD=1.70) n=1,197	M=4.12[b] (SD=1.69) n=2,018	M=3.61[a] (SD=1.80) n=95
나쁜 문학을 검열하기보다 수용해야 한다.†	r=−.28 n=7,035	M=6.29[a] (SD=1.08) n=767	M=6.15[a,b] (SD=1.18) n=722	M=5.97[b] (SD=1.37) n=221	M=5.32[c] (SD=1.59) n=1,238	M=5.02[d] (SD=1.74) n=2,004	M=5.51[a,b] (SD=1.66) n=117
팩트(fact)는 우리가 법과 질서를 수호하기 위해 범죄와 성적 부도덕에 대항해 더 노력해야 한다는 것을 보여준다.	r=.28 n=6,785	M=2.76[a] (SD=1.74) n=752	M=3.03[a,b] (SD=1.73) n=698	M=3.37[b] (SD=1.88) n=191	M=4.26[c] (SD=1.80) n=1,202	M=4.37[c] (SD=1.77) n=1,885	M=3.47[b] (SD=1.87) n=120

문제를 일으키는 사람을 이성과 인간애로 대우하면 오늘날의 사회 상황이 개선될 것이다. †	$r = -.11$ $n = 7{,}039$	$M = 5.23^{a}$ ($SD = 1.55$) $n = 795$	$M = 4.94^{a,b}$ ($SD = 1.52$) $n = 730$	$M = 4.89^{b}$ ($SD = 1.50$) $n = 221$	$M = 4.40^{c}$ ($SD = 1.58$) $n = 1{,}199$	$M = 4.27^{c}$ ($SD = 1.62$) $n = 2{,}033$	$M = 5.10^{a,b}$ ($SD = 1.52$) $n = 118$
우리나라를 안에서부터 좀먹는 악을 제거하도록 돕는 것이 모든 진정한 시민의 의무다.	$r = .22$ $n = 7{,}033$	$M = 3.62a$ ($SD = 1.89$) $n = 765$	$M = 3.76a$ ($SD = 1.76$) $n = 711$	$M = 3.87a$ ($SD = 1.87$) $n = 225$	$M = 4.58^{b}$ ($SD = 1.70$) $n = 1{,}199$	$M = 4.67^{b}$ ($SD = 1.71$) $n = 2{,}025$	$M = 4.23a$ ($SD = 1.96$) $n = 118$

출처: Jost et al.(2014).

주: 실험 집단 크기가 매우 컸기 때문에 모든 상관관계가 매우 뚜렷하게 나타난다($p < .001$, 양측 검정). 각기 다른 위첨자가 붙어 있는 평균은 서로 뚜렷한 차이를 보인다($p < .05$).

M=평균, SD=표준편차, n=실험 집단 참여자 수.

† 이들 문항에 대한 반대(즉, 낮은 점수)는 우익 권위주의에 대한 더 높은 지지를 뜻한다.

겨운 기사를 보지 못하게 하는 것이 최선이다" "오늘날 사회를 지배하는 급진적이고 부도덕한 흐름을 무너뜨리기 위해 우리나라에는 강한 지도자가 필요하다" 같은 종교 관련 주제를 언급하지 않은 진술에 대한 지지와도 강한 관련성이 있었다. 종교성은 "우리 사회는 우리가 전통적이지 않은 가치와 의견에 관용과 이해를 보인다면 더 나아질 것이다" "우리나라에는 많은 사람이 분노하더라도, 전통적인 방식에 맞설 용기가 있는 자유롭게 생각하는 사람들이 필요하다" 같은 진술에 대한 거부와도 강하게 연관되었다. 참여자 대부분은 우익 권위주의 점수가 낮은 편이었으며, 특히 무신론자와 불가지론자의 점수가 눈에 띄게 낮았다. 유대교도와 불교도의 점수는 중간이었고, 가톨릭교도와 개신교도의 점수가 가장 높았다.

(30만 명에 달하는) 모든 참여자에게 자기 자신의 이념적 위치를 −3점(매우 보수적)부터 3점(매우 진보적)까지의 척도에서 정해달라고 요청했다. 또한 1만 명 정도의 참여자는 자기 자신을 다른 사회적·경제적 진보주의-보수주의 척도에서 1점(매우 진보적)부터 7점(매우 보수적) 사이로 평가했다. 표 9.6에 나타난 것처럼, 종교성은 사회적·경제적·정치적 주제에 관해 자기 보고한 보수주의와 강한 상관관계가 있었다. 무신론자는 가장 진보적인 집단이었고, 불가지론자·불교도와 유대교도가 순서대로 뒤를 따랐고, 그다음이 가톨릭교도와 개신교도였다.

보수적이고 체제를 정당화하는 종교적 태도와 관련해 좀더 비가시적인 방식을 조사하기 위해, 샘 고슬링(Sam Gosling)과 나는 텍사스 대학 학부생들로 이뤄진 두 대규모 집단(N = 617, 766)을 대상으로 다양한 개인적 선호를 탐색했다. 응답은 2000년과 2004년에 활동, 가치, 삶의 방식에 대한 한층 넓은 연구의 일환으로 수집했다. 표 9.7에 요약한 결

표 9.6 종교성과 정치 성향 사이의 실증적 관계

정치 성향 측정	종교성과의 상관관계	무신론자	불가지론자	유대교도	가톨릭교도	개신교도	불교도
-3(강한 보수주의)부터 3(강한 진보주의)까지의 범위에서 자기 이념 평가	$r=-.33$ $n=294{,}807$	$M=1.70^{e}$ $(SD=1.38)$ $n=30{,}865$	$M=1.48^{d}$ $(SD=1.34)$ $n=29{,}327$	$M=1.37^{c}$ $(SD=1.58)$ $n=9{,}280$	$M=.40^{b}$ $(SD=1.54)$ $n=52{,}435$	$M=.13^{a}$ $(SD=1.69)$ $n=84{,}573$	$M=1.26^{c,d}$ $(SD=1.49)$ $n=5{,}165$
1(강한 진보주의)부터 7(강한 보수주의)까지의 범위에서 사회적 진보주의-보수주의 평가	$r=.36$ $n=10{,}021$	$M=2.12^{a}$ $(SD=1.35)$ $n=1{,}119$	$M=2.35^{a}$ $(SD=1.33)$ $n=1{,}043$	$M=2.41^{a}$ $(SD=1.51)$ $n=275$	$M=3.55$b $(SD=1.67)$ $n=1{,}664$	$M=3.85^{c}$ $(SD=1.78)$ $n=3{,}021$	$M=2.61^{a}$ $(SD=1.52)$ $n=171$
1(강한 진보주의)에서 7(강한 보수주의)까지의 범위에서 경제적 진보주의-보수주의	$r=.24$ $n=10{,}161$	$M=3.08^{a}$ $(SD=1.63)$ $n=1{,}117$	$M=3.23^{b}$ $(SD=1.53)$ $n=1{,}006$	$M=3.37^{b,c}$ $(SD=1.74)$ $n=331$	$M=4.00^{d}$ $(SD=1.60)$ $n=1{,}785$	$M=4.32^{e}$ $(SD=1.62)$ $n=2{,}841$	$M=3.26^{a,b,c}$ $(SD=1.44)$ $n=184$

출처: Jost et al.(2014).

주: 실험 집단 크기가 매우 컸기 때문에 모든 상관관계가 매우 뚜렷하게 나타났다($p<.001$, 양측 검정). 각기 다른 위첨자가 붙어 있는 평균은 서로 뚜렷한 차이를 보인다($p<.05$). M=평균, SD=표준편차, n=실험 집단 참여자 수.

표 9.7 자기 보고 태도와 개인적 종교성의 상관관계

태도 자극	실험 집단 1(N=616)	실험 집단 2(N=759)
대기업	.26***	.15***
부자	.34***	n/a
보편적 건강 보험	n/a	−.14***
여성은 집에 있어야 한다는 생각	.33***	n/a
결혼	.37***	n/a
동성애자 연합	n/a	−.43***
정치인	.17***	n/a
미국 정부	.23***	.21***
경찰	.24***	.20***
군대	n/a	.24***
참여자들이 사는 주	n/a	.30***
대부분의 미국인	n/a	.22***
미국 국기 게양	n/a	.23***
공화당원	.36***	.32***
민주당원	.03	−.21***
보수주의자/보수주의	.22***	.30***

출처: Jost et al.(2014).

주: 이 데이터는 조스트와 동료들(Jost et al., 2008a)의 연구에서 다른 결과가 나왔던 대학생 실험 집단에 기초한 것이다. 실험 집단 1의 데이터는 2000년에, 실험 집단 2의 데이터는 2004년에 모았다. 각 숫자는 두 변수만의 상관 계수를 뜻한다. n/a=실시하지 않음.

*** p<.001(양측 검정)

과를 보면, 더 종교적인 사람들이 제도, 권위, 대기업, 부자, 결혼, 집에 있는 여성, 정치인, 미국 정부, 경찰, 군대, 자기 삶의 여건, 대부분의 미국인, 성조기, 공화당원, 보수주의자 등 미국 사회 체제와 관련한

생각에 한층 우호적인 태도를 취했다. 또한 더 종교적인 사람들은 건강 보험 전반, 동성 결혼, 민주당원에게 더 부정적인 태도를 취했다(Jost et al., 2014a).

체제 정당화

우리는 표 9.8에 제시한 일반적 체제 정당화 항목에 각 7000명의 응답을 받았다. 종교성은 8개 항목 중 7개 항목에 대한 지지와 상관관계가 있었다. 상관관계는 "우리나라는 세계에서 가장 살기 좋은 나라다" "우리 사회는 해마다 나빠지고 있다" "모두에게 부와 행복에 대한 공평한 기회가 있다" 같은 3개 항목에서 가장 강했다. 가톨릭교도와 개신교도는 체제 정당화 항목을 지지하는 비율이 가장 높았으나, 무신론자와 불가지론자는 이들 항목을 거부하는 경향이 있었다. 몇 개 항목에 대해서는 유대교도와 불교도가 무신론자와 기독교도 사이에 위치했다. 비록 우리가 관찰한 효과의 크기가 일반적으로 매우 크지는 않았지만, 종교적인 사람들이 사회 체제를 방어하고 정당화할 가능성이 높다는 가설을 지지하기는 했다(표 9.8 참조).

우리가 실시한 인터넷 설문 조사의 한계 중 하나는 각 참여자가 전체 척도가 아닌 각 항목에 응답했다는 것이다. 이는 실험 집단의 크기를 늘리는 대신 측정의 신뢰도를 희생한다는 뜻이다. 우리는 종교성과 체제 정당화 사이의 상관관계를 더욱 정확하게 추정하기 위해, (전체 가운데) 몇 가지 체제 정당화 척도를 다음 5개 실험 집단에서 실시했다. (a) 2010년 미국 중서부 지역에서 신문 광고를 통해 모집한 성인 79명, (b) 메커니컬 터크를 통해 모집한 성인 192명, (c) 2012년 봄 학기에 기

표 9.8 종교성과 일반적 체제 정당화(GSJ) 항목에 대한 지지 사이의 실증적 관계

일반적 체제 정당화 항목	종교성과의 상관관계	무신론자	불가지론자	유대교도	가톨릭교도	개신교도	불교도
나는 일반적으로 사회가 공정하다고 생각한다.	$r=.10$ $n=7,080$	$M=2.81^{a}$ $(SD=1.48)$ $n=799$	$M=3.01^{a}$ $(SD=1.44)$ $n=757$	$M=3.17^{a}$ $(SD=1.56)$ $n=207$	$M=3.65^{c}$ $(SD=1.59)$ $n=1,137$	$M=3.46^{b}$ $(SD=1.54)$ $n=2,052$	$M=3.09^{a,b}$ $(SD=1.48)$ $n=123$
일반적으로 우리나라의 정치 체제는 그래야 하는 대로 작동하고 있다.	$r=.06$ $n=6,993$	$M=3.14^{b}$ $(SD=1.72)$ $n=762$	$M=3.13^{a,b}$ $(SD=1.59)$ $n=716$	$M=3.31^{a,c}$ $(SD=1.58)$ $n=220$	$M=3.62^{d}$ $(SD=1.66)$ $n=1,154$	$M=3.53^{c}$ $(SD=1.65)$ $n=1,997$	$M=2.94^{a,b}$ $(SD=1.66)$ $n=112$
사회는 급진적으로 재구조화되어야 한다.†	$r=-.03$ $n=6,984$	$M=4.79^{a}$ $(SD=1.69)$ $n=785$	$M=4.48^{a,b}$ $(SD=1.59)$ $n=743$	$M=4.08^{c}$ $(SD=1.76)$ $n=209$	$M=4.25^{c}$ $(SD=1.58)$ $n=1,167$	$M=4.36^{b,c}$ $(SD=1.59)$ $n=2,011$	$M=4.74^{a}$ $(SD=1.63)$ $n=122$
우리나라는 세계에서 가장 살기 좋은 나라다	$r=.21$ $n=6,953$	$M=3.62^{a}$ $(SD=1.81)$ $n=795$	$M=3.82^{a}$ $(SD=1.69)$ $n=720$	$M=4.34^{b}$ $(SD=1.73)$ $n=196$	$M=4.82^{c}$ $(SD=1.74)$ $n=1,196$	$M=4.95^{c}$ $(SD=1.73)$ $n=1,959$	$M=3.87^{a}$ $(SD=1.70)$ $n=129$
대부분의 정책은 공공선을 위한 것이다.	$r=.10$ $n=6,975$	$M=3.66^{a}$ $(SD=1.48)$ $n=732$	$M=3.82^{a}$ $(SD=.44)$ $n=669$	$M=3.75^{a}$ $(SD=1.42)$ $n=211$	$M=4.21^{c}$ $(SD=1.46)$ $n=1,153$	$M=4.19^{b,c}$ $(SD=1.45)$ $n=2,042$	$M=3.91^{a,b}$ $(SD=1.52)$ $n=116$
모두에게 부와 행복에 대한 공평한 기회가 있다	$r=.14$ $n=6,970$	$M=2.78^{a}$ $(SD=1.83)$ $n=743$	$M=3.06^{b}$ $(SD=1.78)$ $n=731$	$M=2.93^{a,b}$ $(SD=1.74)$ $n=212$	$M=3.91^{d}$ $(SD=1.94)$ $n=1,171$	$M=3.78^{c,d}$ $(SD=1.94)$ $n=1,975$	$M=3.35^{a,b,c}$ $(SD=2.07)$ $n=112$

우리 사회는 해마다 나빠지고 있다.†	r=.15 n=7,201	M=3.93[a] (SD=1.64) n=804	M=4.06[a] (SD=1.51) n=799	M=4.09[a] (SD=1.65) n=212	M=4.46[c] (SD=1.49) n=1,178	M=4.70[b] (SD=1.53) n=2,036	M=4.38[a,b,c] (SD=1.64) n=127
사회는 사람들이 보통 받아 마땅한 것을 받도록 만들어져 있다.	r=.08 n=7,043	M=2.75[a] (SD=1.52) n=759	M=2.86[a] (SD=1.52) n=742	M=2.56[a] (SD=1.37) n=200	M=3.37[b] (SD=1.60) n=1,197	M=3.26[b] (SD=1.58) n=1,994	M=2.67[a] (SD=1.41) n=110

출처: Jost et al.(2014). 또한 부록 B.3 참조.

주: 실험 집단 크기가 매우 컸기 때문에 한 문항("사회는 급진적으로 재구조화되어야 한다", p=.01)을 제외하고 모두 상관관계가 매우 뚜렷하게 나타났다(p<.001, 양측 검정). 각기 다른 위첨자가 붙어 있는 평균은 서로 뚜렷한 차이를 보인다(p<.05). M=평균, SD=표준편차, n=실험 집단 참여자 수.

† 이들 문항에 대한 반대(즉, 낮은 점수)는 체제 정당화에 대한 더 높은 지지를 뜻한다.

표 9.9 종교성과 여러 체제 정당화 척도 사이의 상관관계

실험 집단 설명	일반적 체제 정당화	경제 체제 정당화	정치 체제 정당화	젠더 체제 정당화
미국 중서부 시골 지역 성인	r=.35** n=79	r=.05 n=79	n/a	n/a
메커니컬 터크에서 모집한 미국 노동자	r=.24*** n=192	r=.24*** n=192	n/a	r=.29*** n=192
뉴욕 대학 학부생들	r=.16** n=407	r=.15** n=405	r=.22*** n=404	r=.10* n=401
미국 성인의 국가 대표 표본	r=.11*** n=1,500	r=.20*** n=1,500	n/a	r=.21*** n=1,500
헝가리 성인의 국가 표본	r=.30*** n=920	r=.17*** n=920	n/a	n/a

출처: 이 표는 조스트와 동료들(Jost et al., 2014)의 연구에서 인용한 것이다. 미국 성인의 국가 대표 표본은 아제베두와 동료들(Azevedo et al., 2017)의 연구를 통해 얻었으며, 헝가리 표본은 애나 켄데(Anna Kende)와 함께 모았다. 체제 정당화를 측정하는 척도 문항은 부록 B.2~B.5에 제시했다.

주: n/a=이 척도는 이 실험 집단에서 실시하지 않았다.

*p<.05, **p<.01, ***p<.001(양측 검정).

본적인 측정 도구에 응답한 뉴욕 대학 학부생들, (d) 2016년 미국 하원 의원 선거 관련 설문 조사에 참여한 성인 1500명, (e) 국가 단위 설문 조사에 참여한 헝가리 성인 920명. 표 9.9에 나타난 것처럼, 자기 보고한 종교성은 일반적 체제 정당화(r값은 .16에서 .35 사이), 경제 체제 정당화(r값은 .05에서 .24 사이), 정치 체제 정당화(r = .22), 젠더 체제 정당화(r값은 .10에서 .29 사이)와 상관관계가 있었다.

종교적 이념의 진통제 기능

아마 대부분의 독자는 **종교는 민중의 아편**이라는 마르크스와 엥겔스의

악명 높은 말에 친숙할 것이나, 이 말의 더 넓은 맥락에 대해서는 그렇지 않을 것이다.

> 종교적 고통은 실제 고통의 표현인 동시에 실제 고통에 대한 저항이다. 종교는 억압받는 존재의 한숨이고, 영혼 없는 상황의 영혼인 것과 마찬가지로, 마음 없는 세상의 마음이다. 그것은 민중의 아편이다. ……민중의 진짜 행복을 위해서는 민중의 환상 속 행복인 종교의 철폐가 필수적이다. 그것의 조건에 대한 환상을 포기하라는 요구는 환상이 필요한 조건을 포기하라는 요구다. 따라서 종교에 대한 비판은 비통의 계곡, 종교라는 것의 후광에 대한 비판 속에서 형성된다. ……그러므로 천국에 대한 비판은 세속에 대한 비판이 된다(1964, pp. 41~42).

19세기에 아편은 "질병, 고통, 굶주림을 비롯한 고통에 대한 위안이나 완화제"(Wolff, 2002, p. 20)로 많이 처방되었다. 마르크스와 엥겔스는 종교가 대부분의 사람이 가난과 비극의 덫에 걸린 세상의 거친 현실에 대처하기 위한 이해할 만한 (심지어 어떤 면에서는 존경할 만한) 시도라고 생각했다. 그것은 "마음 없는 세상의 마음"이고 "고통에 대한 저항"이었다. 이러한 관점에서 종교는 "현실 세계의 가혹함을 떠나 위안을 얻기 위한 도피의 한 형태, 즉 진통제"(Turner, 1991, p. 32)였다.

또한 마르크스와 엥겔스에 따르면, 종교적 해결책은 상상이나 환상이었고, 억압적인 상황을 바꾸는 데는 아무 도움이 되지 않았으므로 진정한 행복에 기여하는 데 궁극적으로 실패했다. 또는 에리히 프롬(Erich Fromm, 2004)이 말한 것처럼 "종교는 대중이 현실로부터 오는 많은 좌절에서 물러나는 것을 더 쉽게" 만들었고, "삶을 효과적으로 견딜 만하게 만드는 정도의 만족"을 주었으며, 사람들이 "자신의 입장을 복종하는 이들에서 저항하는 이들로 바꾸려 시도하는" 것을 막았다(p. 13).

우리가 이미 제안한 것처럼, 체제를 정당화하는 신념에 대한 지지는 부정 정서를 낮추고 긍정 정서를 높이는 진통제 기능을 하며, 결과적으로 현 상태에 대한 만족을 높이는 역할을 한다. 예를 들어, 경제적 불평등이 정당하며 필요하다고 믿는 것은 삶의 만족 증가와 관련이 있으며(Jost et al., 2003c), 정치적 보수주의는 소득과 상관없이 자기 보고한 행복과 관련이 있었다(Napier & Jost, 2008b). 체제 정당화 신념을 고수하는 것은 사회적 불평등으로 인해 촉발될 수 있는 죄책감, 불안, 부조화, 좌절감, 도덕적 분노의 감소와 연관이 있다(Jost et al., 2008b). 또한 종교적 헌신은 주관적 안녕감과 긍정적 연관이 있다. 파거먼트(Pargament, 2002)가 언급한 대로, 종교는 특히 "사회적으로 더 소외된 집단(이를테면 노인, 아프리카계 미국인, 여성, 가난한 사람들)에 도움을 줄 것이다"(p. 178).

우리는 소득 낮은 응답자들을 대상으로 한 설문에서, 종교성이 유럽계 미국인의 경우에는 일반적 체제 정당화와 양(+)의 상관관계가 있지만 (다소 놀랍게도) 아프리카계 미국인 응답자들의 경우에는 그렇지 않음을 관찰했다(Rankin et al., 2009). 또한 종교성은 소득 낮은 유럽계 미국인 집단에게는 긍정 정서, 삶에 의미가 있다는 감각, 삶에 대한 만족, 행복과 연결되었지만, 소득 낮은 아프리카계 미국인 집단에게는 그렇지 않았다. 소득 낮은 아프리카계 미국인 집단에서 종교성은 더 강한 숙달감(mastery), 수행과 관련한 자존감하고 관련이 있었다. 이러한 결과는 종교가 가난한 사람들에게 체제 정당화의 한 형태라는 생각과 넓게 보면 일관적이지만, 종교성의 심리적 이점은 모든 인종 집단에 대해 동등하지 않았다. 후속 연구에서는 사회적 지지에 대한 지각 같은 다른 요인을 통제했을 때, 체제 정당화가 종교 있는 사람들이 없는 사람들보다 행복한 이유를 얼마나 설명하는지 알아보는 것이 유용할 터이다.

결론

에리히 프롬(Erich Fromm, 1962)은 마르크스와 프로이트 사이에 분명한 차이가 있음에도 불구하고, "인간을 해방시키겠다는 타협하지 않는 의지, 그리고 해방의 수단으로서 진리와 이 해방의 조건이 〔종교적〕 환상의 사슬을 부수는 인간의 능력에 달려 있다는 데 대한 타협하지 않는 똑같은 신념"(p. 26)을 공유했다고 했다. 이는 종교가 사람들이 (프로이트의 경우) 자기 자신을 바꾸는 것, (마르크스의 경우) 사회를 바꾸는 것을 가로막고 있다는 걸 가정하는 말이다. 비슷하게 체제 정당화 이론도 종교적 사고의 보수적이고 현 체제 유지적인 성격을 강조한다.

동시에 탤컷 파슨스(Talcott Parsons, 1963)는 예언자를 포함한 몇몇 영향력 있는 종교 관련 인물들이 스스로 "확립되어 있는 질서에 공개적으로 반대하는"(p. xxxiv) 입장에 섰다고 했으며, 이것은 막스 베버(Max Weber, 1963)가 한 질문의 핵심 중 하나이기도 했다. 라틴아메리카에서 나타난 것과 같은 해방신학, 도러시 데이(Dorothy Day)와 피터 모린(Peter Maurin)이 이끈 미국의 가톨릭 노동자 운동은 더 큰 사회적·경제적·정치적 평등을 요구한 급진적 종교 운동의 기억할 만한 두 가지 사례다. 사회학자 게리 마크스(Gary T. Marx, 1967)는 다음과 같이 관찰했다.

> 한편 확립된 종교 관습은 일반적으로 현 상태에 지분이 있으며, 따라서 보

수주의를 지지해왔다. 또한 신자들은 내세를 지향하는 경향이 있기 때문에 종교적 열정, 특히 더 근본주의적인 기독교 분파에서 표현하는 것은 정치적 급진주의 발달의 대안으로 인식되어왔다. 반면, 종교는 보편적 인본주의 관련 가치와 누군가가 정치 문제에서 신의 뜻을 실천한다고 믿는 데서 오는 힘을 통해 급진적 사회 변화에 종종 강력한 긍정적 역할을 했다(p. 64).

대부분의 주류 종교 경전 및 운동이 보수적 요소만큼 진보적 요소를 내포하고 있다. 그러므로 우리는 왜 종교 신자들이 계속해서 더 보수적이고 체제를 정당화하는 생각을 종교 없는 사람보다 더 많이 표현하는지를 물어야 한다.

시인 오든(W. H. Auden, 1977)은 조직화한 종교를 탓했다.

종교 집단이 조직화한 교회가 되면 정치적 운동이 되고, 교회가 전쟁이나 경제의 변화를 막았다는 역사적 증거는 없지만, 하여튼 그들의 이론은 정반대다. 거꾸로 종교는 항상 공식적 입장을 유지하는 걸 행동 준칙으로 삼고, 정치적으로 현상 유지를 허용하고, 그 지지자들의 폭력과 광기 어린 특성에는 눈감으며, 폭력적 위기가 나타날 때마다 동의에 따른 합의를 설교한다(pp. 352~353).

마크스(Marx, 1976)는 1960년대 아프리카계 미국인의 종교성 연구에서 (마틴 루서 킹 목사를 비롯한 많은 종교 지도자의 리더십에도 불구하고) 교회 출석과 종교에 대한 믿음의 연쇄적 효과가 시민권에 대한 지지를 약화시킨다고 결론지었다. 비슷하게 이 장에서 요약한 증거도 종교성이 체제에 도전적인 생각보다 체제를 정당화하는 생각과 관련이 있다고 암시한다. 이러한 관련성을 통해 적어도 부분적으로는, 일시적 또는 지속적으로 불확실성, 위협, 사회적 고립을 낮추려는 인식론적·실존적·관계적 욕구가 높아진 사람들이 종교적이고 체제를 정당화하는 신념 체계에 경도된다는 사실을 설명할 수 있을 것이다.

라이프니츠(Leibniz: 독일의 철학자—옮긴이)는 신에 대한 믿음이 우리가 "가능한 모든 세계 중 최선의 세계에서 살고" 있어야 한다는 결론으로 이어진다는 유명한 주장을 했지만, 종교가 체제를 정당화한다는 관점에서는 우리가 가능한 모든 세계 중 최선의 세계에서 살고 있다고 믿고 싶은 바람이 종교적 이념을 동기화한다고 (그리고 이러한 이념으로 인해 동기화된다고) 주장한다. 볼테르(Voltaire, 1759)가 《캉디드(Candide)》에서 신정론에 대한 라이프니츠의 낙관적인 글을 풍자했지만, 그 또한 공정한 신에 대한 믿음을 버릴 수 없는 것으로 보았다.

> 만약 신이 존재하지 않았다면, 그를 발명해야 했으리.
> 현자들로 하여금 신을 선포하고 왕들이 그를 두려워하게 하라.
> 왕들이여, 만약 당신들이 나를 억압한다면, 만약 당신의 추기경들이
> 당신으로 인해 흐르는 무고한 사람들의 눈물을 부정한다면,
> 나의 복수는 천국에 있으니, 두려움에 떠는 법을 배우라.
> 그것은 적어도 유용한 믿음의 과실이리라.

마찬가지로 정의 동기는 이사야(Isaiah) 예언자로 하여금 이렇게 주장하게끔 했다.

> 이는 내가 선택한 단식이 아니던가
> 부정의의 사슬을 풀고 멍에의 끈을 끄르기 위해서
> 억압받는 사람들을 자유롭게 하고 모든 멍에를 부수기 위해서 아니던가?(〈이사야서〉 58:6).

이사야는 또 이렇게 말한다.

> 늑대는 양과 함께 먹고,
> 사자는 키우는 소처럼 여물을 먹으리라.
> 그리고 먼지는 뱀의 고기가 되리라.
> 그들은 내 신성한 산에서 해치지도 파괴하지도 않을 것이다,
> 주님께서 말씀하셨다(〈이사야서〉 65:25).

또한 모턴 도이치(Morton Deutsch, 2006)가 지적한 것처럼, 어떤 종교적 믿음은 부정의와 억압에 도전하려는 동기와 근본적으로 일치한다. 동시에 우리는 신에 대한 믿음과 보수적이고 체제를 정당화하는 태도 사이에 더 강한 관련성이 있다고 주장했다. 종교의 사회적·동기적·이념적 기능을 고려하지 않고 인지적 적응의 부산물로 취급한 진화론적 관점은 이러한 가능성을 간과했다.

신념과 이념이 부분적으로는 불완전한 (심지어 억압적인) 상황에 대처하기 위해 존재한다는 생각은 체제 정당화 이론의 주된 초점이다. 우리는 이 책 전체에 걸쳐 주류 및 비주류 집단 구성원들이 자기가 의지하고 있는 사회적·경제적·정치적 체제를 방어하고, 강화하고, 정당화하는 수많은 방식을 탐색했다. 대부분의 연구는 보수주의, 우익 권위주의,

사회적 지배 지향성, 공정한 시장 이념, 평등 반대 같은 정치적 태도 및 이념, 그리고 능력주의 신념 체계의 역할에 초점을 맞추었다. 공통분모는 각각이 기존 사회 질서에 대한 도덕적 지지나 지적 지지, 또는 둘 모두를 제공하고, 따라서 일반적 제도·권위·배치를 공정하게, 곧 복종하고 보존할 만한 가치가 있는 것으로 보이게끔 한다는 것이다.

이 장에서 우리는 종교적 신념 체제(특히 우리가 연구한 인구 집단 맥락에서 가톨릭과 개신교 체제) 또한 체제 정당화와 연관이 있다는 추가 증거를 제시했다. 종교의 설득력을 더 느끼는 사람들은 불확실성, 위험, 사회적 불화를 줄이려는 인식론적·실존적·관계적 욕구가 더 강하고 현 사회 상태에 더 만족한다. "인간은 그저 지상에서의 삶이 너무 괴롭고 고통스럽기 때문에 종교를 만들었을 뿐"(Wolff, 2002, p. 19)이라고 한 마르크스가 옳았다고 결론짓는 것은 지나칠 터이다. 또한 종교적 신념의 이념적 기능에 대한 (종교성의 선행 자극, 양상, 결과에서 나타나는 공통점을 설명하는 데 도움을 주는) 진지한 사회심리학적 분석은 오랫동안 미뤄져왔다.

지금까지 우리는 현 사회 상태의 안정성을 유지하는 사회적·심리적 과정에 집중했다. 뒤에서는 (아마도 독자의 관점에 따라 더 낙관적일 수 있는) 사회 변화의 전망에 초점을 맞출 것이다. 이를 위해 다음 장에서 우리는 변화에 대한 저항을 극복하는 방법을 살펴보고, 그다음 장에서는 저항과 집단행동의 동기 관련 선행 자극 및 기타 선행 자극에 대해 알아볼 것이다.

10

변화에 대한 저항 극복과 기후 변화에 관한 동기화한 회의론

변화에 대한 저항을 이해하는 것은 사회심리학이 태동했을 때부터 그 연구에서 필수적이었다. 19세기 말 미국의 사회학자 소스타인 베블런(Thorstein Veblen)은 인간 정신의 타고난 보수적 측면, 즉 사람들이 진보와 사회 변화보다 관습과 전통을 우대하는 방식에 냉철하게 주의를 기울였다. 베블런은 대표작 《유한계급론(The Theory of the Leisure Class)》(1899)에서 산업혁명과 관련한 쓰레기 및 과시적 소비 문화를 비판했다. 그는 이러한 삶의 방식이 사회를 이끄는 데 비관적이었지만, 그럼에도 전문 과학자들이 이제 우리 앞에 불길하게 다가오고 있다고 여기는 환경 재앙을 예측하지는 못했다. "생활 및 사고 습관의 모든 변화는 성가신 것"이라고 베블런은 썼다. 아울러 그는 인간 본성에 "행동하고 세상을 바라보는 허용된 방식에서 어떻게든 벗어나려는 데 대한 본능적 혐오, 모든 인간에게 공통적이고 환경의 압력에 의해서만 넘어설 수 있는 혐오"가 있다고 믿었다(p. 199).

놀랍게도, 사회심리학으로 분류되는 최초의 교과서 두 권 중 하나를 쓴 독특한 심리학자 윌리엄 맥두걸(William McDougall)은 사고 및 행동 습관에 대해 베블런과 똑같은 관점을 유지했다. 맥두걸(McDougall, 1908)에 따르면,

> 모든 연령대의 모든 사람 마음에서 공통적인, 매우 일반적인 경향 중에 …… 반복을 통해 모든 정신 과정이 촉진되는 경향, 사고 및 행동 습관을 형성하는 경향은 개인이 나이가 들수록 점점 더 고착된다. 그리고 결과적으로 익숙한 것을 …… 선호하고 새로운 것을 싫어하는 경향은 정확한 중간 정도를 넘어선다(p. 347).

그는 "모방은 사회의 매우 보수적인 경향"(p. 347)이며, 습관은 사회 조직에 필요한 관습을 유지시키기 때문에 적응적일 수 있다고 했다.

맥두걸이 관찰한 한 가지 문제는 사람들이 "수단을 목표로 바꾸는"(p. 349) 경향이 있다는 것이다. 성인 초기에 우리는 생활 수단으로 (또는 잘살거나 행복하기 위해) 돈을 벌려고 하지만, 곧 돈 버는 것 자체가 목적이 되고 "진짜 목적은 상당 부분 희생된다"(pp. 359~350). 맥두걸이 문화적 반복을 통해 형성되는 집단의 관습으로 본 것도 그 자체가 목적이 된다. 그는 사람들이 관습을 "많은 경우 노력이나 불편함 같은 비용을 상당히 치르면서" "모든 유용한 목적"을 달성하고 시간이 오래 지나서도 유지하는 것을 걱정했다(p. 350). 그는 "이러한 수단을 목적으로 탈바꿈시킬 것을 드러내놓고 명령하는" "도덕주의자들"을 의심했다. 불행히도 맥두걸은 이런 논점을 이상한 방향으로 가져갔고, 자유와 평등이라

는 계몽적 이상은 복지와 행복을 얻기 위한 수단인데 그 자체를 목적으로 취급한 게 미국에서 "검둥이 문제(negro problem)"를 초래했다고 주장했다. 아마도 맥두걸은 복지와 행복이 유럽계 후손에게는 적절한 목적이지만, 다른 사람들에게는 꼭 그렇지 않다고 믿은 것으로 보인다.

실험사회심리학의 관점에서 본 변화에 대한 저항

1933년 나치 독일을 벗어나 미국으로 온 쿠르트 레빈은 현대 사회심리학의 창시자로 인정받고 있다. 레빈은 20세기 초 맥두걸을 비롯한 심리학자들이 주장한 **습관**이나 **관습** 같은 지나치게 모호한 개념을 거부했다. 현대 인지심리학 연구에 따르면, 맥두걸이 친숙함의 중요성을 강조한 게 합리적인 것으로 보이지만, 레빈(Lewin, 1947b)은 습관 개념이 "수십 년 동안 심리학의 진보에 혼란을 초래했으며" 단순히 서로를 반드시 구분해야 하는 "다양한 과정의 혼재를 뜻하는 잘 알려진 용어"라고 했다(p. 32).

맥두걸은 인간 행동을 동물의 본능과 훈련 양식으로 보았지만, 레빈은 사회과학을 실험물리학으로 은유했다. 그는 인간 행동을 개인 내부에서 작용하는 힘과 외부에서 작용하는 힘으로 이해하는 **장 이론**(field theory)을 개발했다. 레빈(Lewin, 1947a, b)은 베블런과 맥두걸이 제기한 문제, 예를 들어 왜 개인적·사회적 변화가 그렇게 어렵고 느린지에 대한 질문을 탐색하기 위해 장 이론을 활용했다. 그는 성격 구조와 관련한 인지적·동기적 역동 같은 내부의 힘이 한 종류의 안정성을, 즉각적 상황 (그리고 사회적 동조 압력) 같은 외부의 힘이 다른 종류의 안정성을 준다고 주장한다. 레빈은 사회 규준, 기준, 제도가 이권이 되고 우리는 그 것들을 보호하게 된다고 주장했다. 다시 말해, 개인은 사회 집단에 내포되어 있고, 사회 집단은 사회 체제(또는 구조)에 내포되어 있다.

이런 관점에서, 변화에 대한 저항이 강력한 이유는 우리가 속한 집단에 가치를 두고, 우리의 태도나 행동을 바꾸려면 친구와 가족 구성원이 공유하는 사회적 현실의 위안을 떠나야 하기 때문이다. 태도는 일단 한 번 형성되면 그대로 굳어지고, 이를 바꾸는 유일한 방법은 일시적으로 풀어주는 것이다. 이상적인 것은 친구들의 태도도 풀어지고, 전체 집단이 논의의 대상이 되는 것이다. 만약 이러한 맥락에서 설득이 이루어진다면, 새로운 태도가 그 자리에 굳어지고, 똑같은 사회적 관계로 인해 강화된다.

제2차 세계대전 동안 미국 정부는 식량 부족 및 배급 제한 문제로 인해, 사람들의 섭식 행동을 바꾸도록 돕는 데 레빈의 도움을 구했다. 다소 모순적이게, 레빈은 개인의 상황보다 집단의 상황에 지속되는 변화를 일으키는 게 더 효과적일 것이라고 보았다. 그래서 그는 지역 주민을 모아 영양 관련 정보를 주고, 음식에 관해 민주적으로 모집한 열린 토론에 참여하게끔 했다. 레빈은 이 방법이 섭식 습관을 변화시키는 어떤 방법보다 효과적이라는 걸 발견했다.

그의 제자 리언 페스팅거는 (개인의 인지 및 동기 체제에도 집단과 사회 체제와 마찬가지로, 통일성과 일관성에 대한 압력이 있다는 관찰을 포함해) 레빈의 생각 대부분을 확장시켰다. 페스팅거(Festinger, 1957)는 사람들이 ('인지 부조화'라는 혐오스러운 심리 상태에서 벗어나기 위해) 기존 관점을 확증해주는 정보를 찾고, "기존 부조화를 증대시키는 새로운 정보를 피하려"(p. 22) 한다고 지적했다. 예를 들어, 흡연자는 담배가 건강에 나쁘다는 것을 보여주는 연구에 비판적인 자료를 찾고, 그러한 결론을 지지하는 정보를 피할 것이다. 이러한 선택적 노출 문제가 있는 경우 설득은 간단한 일이 아니며, 이는 기후 변화에 대한 과학적 정보의 경우 특히 시급한 문제다.

태도 및 행동 변화에 대한 개방성 vs. 저항

인지적 일관성에 대한 욕구에 더해, 다른 많은 요인이 사람들이 태도와 행동을 바꿀 가능성을 낮춘다.

- 첫 번째 요인은 자아 관여, 개인적 중요성, 이권이다. 석유나 가스 산업에 재정적으로 의존하는 사람들이 기후 변화를 인식하거나 행동하는 데 저항하는 것은 놀라운 일이 아니다. 문제는 여기에 해당하는 사람이 전 세계에 수백만 명이라는 것이다.
- 두 번째 요인은 사회적 확인, 집단의 지지, 주변 사람들로부터의 압력이다. 기후 변화에 회의적인 공동체에서 살며 일하는 사람들은 그렇지 않은 사람보다 더 저항할 것이다. 레빈이 보여주었듯 만약 이전의 의견을 풀어내고 싶다면, 직관에 반하는 것처럼 보이더라도 개인보다 이러한 집단의 구성원과 함께 일하는 것이 더 낫다.
- 사람들은 믿음직스럽고, 권력 있고, 매력적이고, 전문적이고, 자기와 비슷하다고 지각하는 정보원에게 더 잘 설득된다. 반대로 믿음직스럽지 않고, 매력 없고, 유사성 없는 사람이 주장할 경우 변화에 저항한다. 인구 모집단 일부의 과학 공동체에 대한 불신 확산은 기후 변화와 관련한 문제를 완화하기 위한 행동에 심각한 장애물이다(Leiserowitz et al.,

2012).

- 윌리엄 맥과이어는 사람들이 확률 판단을 바람직성 판단에 맞게 조정함으로써 미신적 사고(wishful thinking)를 한다고 주장했다. 다시 말해, 사람들은 (환경 재앙 같은) 전혀 바람직하지 않은 결과가 나타날 확률이 낮다고 합리화한다(McGuire & McGuire, 1991).
- 사람들은 누군가 그들을 설득하려 하는 것을 알 때 태도 변화에 저항하고, 전에 들은 논의에 대해 면역을 형성하며, 방어 반응을 동시적으로 생각한다(McGuire, 1999). 21세기에 설득에 대한 면역은 기후 변화 관련 소통에서 우려스러운 과제로 떠올랐다.
- 아리 크루글란스키(Arie Kruglanski, 2012)는 사람들의 인지 종결 욕구가 지속적 또는 일시적으로 높을 때, 의견을 "붙잡아 굳히고(seize and freeze)", 태도 변화에 저항한다는 것을 보여주었다. 어떤 사람들은 불확실성, 모호함, 반추를 좋아하지 않는다. 그들은 빨리 마음을 굳히고 생각하기를 그만두고 싶어 한다. 시간의 압박, 〔종종 인지적 부하(cognitive load)라고 하는〕 정신적 분산, 알코올 섭취 같은 특정한 상황은 원래 인지 종결 욕구가 높지 않은 사람에게조차도 인지 종결 욕구와 설득에 대한 저항을 높인다. 흥미롭게도 이와 같은 상황 관련 요인은 정치적으로 보수적인 신념, 의견, 명칭에 대한 선호 상승과 관련 있는 것으로 보인다(Eidelman et al., 2012).
- 만약 사람들이 어떤 문제에 대해 (개인적으로 연관되어 있다고 볼 때 자주 그렇듯이) 깊게 또는 체계적으로 생각한다면, 이후 설득에 저항할 가능성이 더 높다(Eagly & Kulesa, 1997). 전문가의 메시지에 저항하는 사람은 비전문적 메시지에 저항하는 사람들보다 더 강하고 변치 않는 의견을 형성하는 경향이 있다. 이는 아마 전문가에게 반대하는 것이 스스로

에 대한 자신감을 강화하기 때문으로 보인다(Tormala & Petty, 2004).

- 마지막으로, 사람들은 그들에게 중요한 다른 태도와 논리적 또는 심리적으로 연관되는 태도를 바꾸는 데 더 저항한다. 고전적인 예시는 서로 연관된 신념, 의견, 가치의 연결망인 이념이다(McGuire, 1999). 사람들은 이념과 관련한 태도에 있어서는 크게 저항하는데, 왜냐하면 한 가지 태도를 바꾸면 논리적으로 연관된 다른 태도도 재고해야 하며, 그렇지 않으면 인지 부조화, 위선의 오명 같은 결과에 직면해야 하기 때문이다.

마지막 요인인 이념의 역할은 우리의 기후 변화 관련 과학적 정보에 대한 저항 연구의 주요 초점이 되어왔다. 나는 인지적 일관성, 합리화, 태도 변화에 대한 개방성 대 저항에 관한 고전 사회심리학 연구에서 얻은 통찰을 발전시키고자 했다. 이 장의 남은 부분에서 나는 나의 학생들과 내가 했던, 회의론 및 환경 관련 실천을 동기화하는 데 대한 이념 및 체제 정당화 과정의 역할, 그리고 특정한 조건에서 이러한 동기화된 힘이 더 건설적인 방향으로 작용하는 방식과 관련한 몇몇 연구 결과를 기술할 것이다.

기후 변화에 대한 동기화된 회의론: 체제 정당화의 역할

인간으로 인한 기후 변화에 대한 회의론은 특히 기후 변화가 일어나고 있고, 문제가 되며, 인간 활동의 결과임을 부정하는 사람들 중 대다수를 차지하는 보수적 백인 남성에게 일반적이다(McCright & Dunlop, 2011).

지난 25년 동안 기후과학자들이 원인, 결과, 양상에 대해 훨씬 많은 것을 알아냈다는 사실에도 불구하고, 이 기간에 이념 극화(極化)는 낮아지기보다 높아졌다. 확실히 해두자면 (기후 변화에 대한 의심을 만들어내기 위해 설계한 많은 금전적 지원을 받은 운동을 포함해) 이념 극화에는 주요한 원인이 있다(Oreskes & Conway, 2010). 이러한 힘의 유의성을 과소평가해서는 안 된다. 그러나 개인적·집단적·사회적 분석 수준에서 작동하는 체제 정당화 과정도 있다. 그리고 이는 너무 자주 간과된다.

이리나 페이지나(Irina Feygina), 레이철 골드스미스(Rachel Goldsmith)와 나는 정치적 보수주의자들과 일반적·경제적 체제 정당화 측정에서 점수가 높았던 사람들이 환경 문제에 관심을 덜 기울이고, 기후 변화에 더 회의적이고, 재활용을 비롯한 다른 생태주의적 행동을 보고하는 비율이 더 낮음을 알아냈다(Feygina et al., 2010). 또한 체제 정당화의 차이는 왜 보수주의자와 남성이 진보주의자와 여성보다 환경 문제를 인식하고 친환경 정책을 지지하는 확률이 낮은지를 설명하는 데 도움이 된다. 특히 경제 체제 정당화는 기후 변화에 대한 태도의 강력한 예측 요인이다(Hennes et al., 2012, 2016).

왜 경제 체제 정당화는 기후 변화에 대한 회의론과 관련되는 것일까? 아마도 이는 자본주의하에서 산업을 통한 생산과 경제 성장이 환경을 비롯한 인간 및 비인간 자원에 대한 착취에 오래 의존해왔기 때문일 것이다. 따라서 환경에 대한 방어는 산업의 일반적 관습, 그리고 이러한 경우에는 아마 자유 시장 체제의 정당성에까지 도전하는 것이다. 또한 인간이 초래한 기후 변화 문제를 인식하는 것은 정부 규제의 필요성을 수용하는 것과 마찬가지이고, 이는 많은 경제적 보수주의자들에게 허용할 수 없는 일이다.

체제 정당화 이론을 지지하는—핀란드 대학생들을 대상으로 한—한 연구에서는 우익 성향과 기후 변화에 대한 인식을 국가에 대한 위협으로 간주한다는 게 밝혀졌다. 이 연구는 일반적 체제 정당화 척도와 국가 식량 분배 체계 정당화를 핀란드어 번역판 점수로 예측했다(Vainio et al., 2014). 후자는 "핀란드인의 식습관은 기후 변화를 가속화하지 않는다" "핀란드의 식량 생산은 이미 충분히 친환경적이다" "핀란드 음식은 세계에서 가장 기후 친화적이다"와 같은 항목에 찬성하는 정도로 측정했다. 핀란드 식량 체제에 대한 정당화는 음식 선택과 관련한 지식이 적은 것, 기후 친화적 음식 선택 지연과 관련이 있었다. 두 유형의 체제 정당화 모두 인간으로 인한 기후 변화를 부정하는 것과 연관이 있으며, 이는 "기후는 늘 변해왔다. 인간은 기후 변화에 한 역할이 없다" 같은 항목에 대한 찬성, "기후 변화는 개개인의 행동으로 생긴 배출로 가속화되었다" 같은 항목에 대한 반대를 통해 측정했다.

오스트레일리아의 국가 표본 설문 조사 결과, 경제 체제 정당화 척도(부록 B.2의 항목 참조) 점수가 탄소세 부여를 비롯한 친환경 계획에 대한 지지와 음(-)의 상관관계가 있는 것으로 나타났다(Leviston & Walker, 2014). 또한 체제 정당화는 환경 문제(이를테면 "나는 기후 변화에 대해 무언가를 해야 한다는 도덕적 의무감을 느낀다")에 대한 도덕적 개입과도 음(-)의 상관관계가 있었다. 그리고 체제 정당화가 진통제 역할을 한다는 생각과 일관되게 체제 정당화는 기후 변화와 관련한 죄책감, 수치심, 분노, 두려움 감소와 연관이 있었다.

특히 세상은 정의롭다고 믿는 경향이 있는 사람들은 환경 문제와 관련한 심각한 메시지에 따라 기후 변화에 더 회의적이 되었다. 한 실험에서 글자 맞추기로 세상이 정의롭다는 믿음(이를테면 "세상은 상당히 예측 가능하다" "정의는 어떻게든 언제나 승리할 것이다")을 강화하는 어구를 만들고 위협적 메시지에 노출된 참여자들은 통제 조건에 배정된 참여자들보다 기후 변화를 덜 믿고, 탄소 발자국을 줄이려는 바람이 더 낮았다(Feinberg & Willer, 2011).

에린 헨스(Erin Hennes)와 나는 체제 정당화가 과학적 데이터에 대한 평가 및 기억, 그리고 심지어 촉각에까지 영향을 미치는 편향된 형태의 정보 처리를 촉진함으로써, 기후 변화에 대한 회의론을 동기화한다는 걸 보여주었다(Hennes et al., 2016). 한 연구에서 우리는 사람들을 2010년 정부간기후변화위원회(Intergovernmental Panel on Climate Change, IPCC) 보고서의 오탈자를 비롯한 오류 관련 논쟁에 대한 신문 기사에 노출시켰다. 그런 다음 참여자들은 인간으로 인한 기후 변화에 대한 과학적 증거의 질을 평가하고 자신이 믿는 바를 보고했으며, 경제 체제 정당화 척도를 작성했다. 가설과 같이 경제 체제 정당화 점수가 높은 사람들은 기후 변화에 대한 증거가 약하다고 평가했고, 증거에 대한 평가는 기후 변화에 대한 전반적 회의론을 매개했다. 이러한 관찰 결과는 현 상태를 방어하는 사람들이 과학적 증거를 간과함으로써 기후 변화에 대한 회의론을 유지하는 한 가지 방식을 보여주었다.

또한 우리는 체제 정당화 동기가 높아지면 사람들이 더 편향된 방식으로 정보를 처리하고, 그래서 기후 변화에 대한 과학적 우려의 신뢰성이 떨어지게 된다는 것을 증명했다. 한 실험에서 대학생들은 체제 의존 조작에 노출되자 체제 정당화 경향이 전반적으로 높아졌다. 학생들 중 절반은—사회과학 연구에 따르면—그들의 삶의 질이 '체제', 이 경우에는 정부와 경제 분야를 비롯한 관련 정책 및 제도에 매우 의존적이라는 글을 읽었다. 다른 절반은 체제가 그들의 삶과 안녕에 미치는 영향이

거의 없다는 글을 읽었으며, 이것이 현 상태를 정당화하는 동기를 감소시킬 것으로 기대했다.

높은 체제 의존 조건에 배정된 참여자들은 더 의존적인 느낌을 보고했으므로, 조작은 의도한 대로 이루어졌다. 더 중요한 것은 이들이 낮은 체제 의존 조건에 배정된 참여자보다 기후 변화에 대한 회의론을 더 많이 표현했다는 것이다. 그리고 그들은 뉴스 기사에 나온 과학적 증거를―부정과 회의론을 촉진하는 방식으로―잘못 기억하는 비율이 더 높았다. 예를 들어, 그들은 발전소·승용차·화물차의 탄소 배출 비율을 옳게 기억하지 못했다. 낮은 체제 의존 조건에 배정된 참여자의 64퍼센트에 비해, 높은 체제 의존 조건에 배정된 참여자 중에서는 21퍼센트만이 맞게 답했다. 또한 높은 체제 정당화에 배정받았으며 틀린 답을 제시한 모두가 주어진 원인에 귀인할 수 있는 탄소 배출량을 과소평가했지만, 다른 조건에서는 그렇지 않았다(표 10.1 참조).

또한 높은 체제 의존 조건에 배정받은 학생들은 기후 변화 보고서의 오류를 사실 보고서의 공동 저자를 비롯한 기후 변화 과학자들이 발견했다는 걸 회상하는 비율이 낮았다. 낮은 체제 의존 조건의 60퍼센트에 비해, 높은 체제 의존 조건에서는 36퍼센트만이 옳게 답했다. 높은 체제 의존 조건에 배정된 참여자 중 29퍼센트가 지구 온난화에 회의적인 과학자들이 오류를 발견했다고 잘못 보고했다. 낮은 체제 의존 조건에 배정된 참여자 중에는 4퍼센트만이 같은 실수를 했다(표 10.1 참조).

다른 실험에서 에린 헨스와 나는 연구 참여자들을 영향력 있는 기후 변화 회의론자들이 미 항공우주국(NASA) 다큐멘터리에 반응하는 텔레비전 프로그램에 노출시켰다. 그다음으로 참여자들은 다큐멘터리의 세부 사항을 기억해보고, 기후 변화에 대한 과학적 증거의 질을 스스로

표 10.1 기후 변화 정보 관련 회상에서 나타나는 오류에 대한 높은 체제 의존성의 효과

"지구 온난화에 대한 기사에 따르면, 발전소·승용차·화물차로 인한 탄소 배출 비율은 어느 정도입니까?"라는 질문에 대한 응답 분포 비율

실험 조건	1/5	1/4	1/3	1/2	2/3	**3/4**	4/5	정답 없음
높은 체제 의존	7.1%	14.3%	21.4%	7.1%	21.4%	**21.4%**	0.0%	7.1%
낮은 체제 의존	0.0%	4.0%	8.0%	0.0%	4.0%	**64.0%**	8.0%	12.0%

"누가 IPCC 보고서에서 오류를 발견했습니까?"라는 질문에 대한 응답 분포 비율

실험 조건	A	B	C	D				
높은 체제 의존	32.1%	28.6%	**35.7%**	3.6%				
낮은 체제 의존	24.0%	4.0%	**60.0%**	12.0%				

출처: Hennes et al.(2016).

주: 비율은 같은 조건 내에서 계산했다. 정답은 진하게 표시했다. A=CATO 연구소의 학자들, B=MIT 교수를 비롯해 기후 변화에 회의적인 학자들, C=IPCC **공동 저자를 포함해 지구 온난화가 일어나고 있다고 믿는 과학자들**, D=AP통신의 작가.

평가했다. 가설과 같이 경제 체제 정당화 점수가 높은 사람들은 (낮은 사람들에 비해) 이전에 제시한 데이터를 기후 변화 문제를 최소화하고 증거의 질을 약하게 보는 식으로 잘못 기억했다(Hennes et al., 2016). 이러한 증거는 정보 처리의 편향이 지속적 또는 일시적으로 기후 변화 관련 회의론을 유지하는 데 핵심 역할을 할 수 있음을 시사한다.

우리는 이러한 생각을 비영리 환경 단체인 환경방어기금(Environmental Defense Fund, EDF)에서 진행한 초점 집단 면담(focus group interview) 분석을 통해 더 탐색했다. 그들의 목표는 기후 변화에 대한 보수적 의견을 더 이해하고, 효과적인 메시지를 전달하는 캠페인을 개발하는 것이었다. EDF에서는 면담이 끝난 뒤 나의 연구실 구성원과 초점 집단의 영상을 공유했고, 따라서 우리는 질문 내용이나 면담 참여자를 통제하지 않았다. 영상은 생생하고 풍부했으며, 일반 시민이 집단 상황에서 기후 변화 관련 정보를 어떻게 처리하는지에 대한 실질적 통찰을 제공했다. 모든 면담 참여자는 선거에서 공화당에 투표한 인디애나주와 펜실베이니아주 유권자였다. 이들은 8~9개 집단으로 나뉘어 2시간 동안의 반(半)구조화 면담에 참여했다. (여성이 절반 정도였고, 유럽계 미국인이 거의 대부분이었으며, 연령은 19~63세였다.)

우리는 체제를 정당화하는 태도를 동시적으로 지지하는 사람들이 기후 변화에 대한 거짓된 정보를 받아들일 가능성이 더 높은지 탐색했다. 먼저 연구 보조원들이 영상 녹취록을 만들고 기후 변화에 대한 믿음, 체제 정당화, 특정 진술을 사실로 보는지 등 몇 가지에 대해 코딩을 했다. 또한 연구 보조원들은 사실에 대한 진술이 정말 참인지(즉, 진술을 뒷받침하는 증거가 있는지), 아니면 거짓인지(즉, 진술을 뒷받침하는 증거가 없는지) 확인하기 위해 온라인 조사를 실시했다.

초점 집단 안내자가 참여자들에게 "지구 온난화는……"이라는 문장을 완성하도록 요청했을 때, 전체가 공화당 지지자인 이 실험 집단 안에서조차도 "일어나고 있지 않다" "사기다"부터 "문제다" "인간으로 인한 것이다"까지 응답의 범위가 다양했다. 체제를 정당화하는 태도의 표현에도 가변성이 있었다. 예를 들어, 한 참여자는 "지구의 좋은 관리자가 되는 것은 우리 모두가 추구해야 할 일입니다. 하지만 우리의 생활 방식과 경제를 단지 그것 때문에 파괴하는 것은 …… 우리가 해야 할 일이 아니에요"라고 말했다. 다른 참여자는 "솔직히 저는 공기에 문제가 있는 것 같지 않아요. 공기는 좋은 것 같아요. 그리고 저는, 제 생각에는 우리나라(미국—옮긴이)는 꽤 좋은 곳이고, 대기 오염은 제가 제일 걱정하는 다섯 가지 안에 들지 않아요"라고 했다. 이 참여자들은 체제 정당화가 높은 사람들로 코딩했다. 또 다른 참여자들은 현 상태에 더 비판적인 것으로 나타났기 때문에, 체제 정당화가 낮은 것으로 코딩했다. "우리는 모두가 목소리를 내는 이런 종류의 민주주의에서 살아야 하죠. ……〔하지만〕 저는 전반적인 생활 수준이 점점 더 낮아지고 있는 것 같아요."

체제를 정당화하는 진술을 한 참여자들은 분명 인간으로 인한 기후 변화를 믿는 비율이 낮았다. 흥미롭게도 그들은 '사실에 기초한' 진술을 하는 비율이 다른 사람들과 같았지만, 이러한 진술은 참인 비율이 낮고 거짓인 비율이 높았다. 그 예시는 다음과 같다. "역사에 걸쳐 지구가 창조된 이후 화산이 폭발하고 있고, 한 번의 화산 폭발이 자동차를 전부 합친 것보다 우리의 환경에 독성 물질을 더 많이 내보낸다" "그린란드가 그린란드인 이유는 원래 초록색이었기 때문이다. 아무도 큰 변화가 있다고 해서 세상이 끝난다고 말하지 않았다". 또한 기후 변화에 회의적인 사람들도 사실에 기초한 진술을 하는 비율이 높았지만, 이들도 진술이 거짓인 비율은 높았다. 따라서 우리는 (상대적으로 제약이 없는 실제 환경에서) 체제를 정당화하는 경향이 기후 변화에 대한 회의론뿐만 아니라 잘못된 정보 및 과학적 사안에 대한 거짓 진술의 표현과도 관련 있다는 유력한 증거를 얻었다.

주변 온도 판단에 대한 체제 정당화의 효과

몇몇 연구 결과에 따르면 사람들은 추운 날보다 더운 날 기후 변화를 더 믿는다(Egan & Mullin, 2012). 코미디언 존 스튜어트(Jon Stewart)를 비롯해 다른 사람들도 이 현상을 풍자했다. 따라서 에린 헨스와 나는 더 낮은 기온을 지각하는 (또는 보고하는) 것은 지구 온난화에 대한 회의론을 촉진하므로, 체제 정당화가 지속적으로 높은 사람들과 체제에 의존한다고 더 느끼게 된 사람들은 외부 온도를 낮게 추정하도록 동기화될 것이라는 가설을 세웠다.

예를 들어, 한 연구에서 우리의 연구 보조원들은 여름에 뉴욕시 워싱턴 스퀘어 파크(Washington Square Park)에서 성인들에게 (기후 변화에 대해서는 아무것도 언급하지 않고) 현재 기온을 추정해달라고 요청했다. 가설과 같이 경제 체제 정당화 점수가 높은 사람들은 점수가 낮은 사람들보다 기온을 더 낮게 추정했다. 기온 지각은 기후 변화에 대한 믿음에 미치는 경제 체제 정당화의 효과를 매개했으며, 이는 편향된 지각이 회의론을 촉진할 수 있음을 보여준다.

우리는 실험에서 체제 의존을 조작해 이 연구를 다시 수행했는데, (일반적으로 경제 체제 정당화가 기온 과소 추정과 관련 없음을 확인하기 위해) 실내에서 같은 절차를 반복했다. 우리는 체제 정당화가 내부 기온 지각과 관계없음을 관찰했고, 그 결과 동기화된 지각(기온이 낮다는 지각—옮긴이)은 기후 변화에 대한 믿음에 심리적 영향이 일정하게 있을 때에만 일어나는 것으로 보였다.

또한 우리는 미국인을 대상으로 인식론적·실증적·관계적 동기의 개인차와 경제 체제 정당화, 환경 관련 태도를 비롯해 사회적·정치적 태도에 대한 온라인 설문을 진행했다. 우리는 개인의 인지 욕구(노력이 필요한 인지 활동을 하고 즐기는 경향) 점수가 경제 체제 정당화와 음(-)의 상관관계가 있는 반면, 죽음에 대한 불안, 생각이 비슷한 사람들과 현실을 공유하고자 하는 욕구는 경제 체제 정당화와 양(+)의 상관관계가 있음을 알아냈다. 경제 체제 정당화는 지구 온난화에 대한 믿음에 미치는 인식론적·실증적·관계적 동기의 효과를 매개했다. 그 결과의 전반적 양상을 표 10.1에 제시했다. 전체 모형은 지구 온난화에 대한 믿음의 통계적 변량 중 34.3퍼센트를 설명했다. 결국 확실성·안정성·동조를 얻고자 하는 사람들은 경제 체제가 더 정당하다고 보았으며, 기후 변화가 일어나고 있되 인간 활동 때문이라는 걸 덜 믿는 것으로 나타났다.

어떤 비평가들은 체제 정당화 이론이 사회 변화가 어떻게 그리고 왜 일어날 수 있는지 설명하지 못한다고 주장했다(Huddy, 2004; Reicher, 2004; Rubin & Hewstone, 2004; Sidanius et al., 2004). 예를 들어, 데제르와 라이엔(Désert & Leyens, 2006)은 체제 정당화 이론에서 "체제를 주어진 영원한 '운명'으로 본다"(p. 311)고 주장했다. 이는 체제 정당화 이론에 대한 명백히 잘못된 해석이다. 우리는 사회 변화가 **불가능**하다고 말하는 것이 아니다. 그보다는 사회심리학의 역사에서 나타난 다른 많은 관점에서와 마찬가지로, 체제 정당화 이론도 지속적인 실질적 변화는 (심리적 이유로도, 다른 이유로도) 어렵다고 주장한다. 레빈의 시대부터 축적된 변화에 대한 저항 관련 증거로 미루어볼 때, 일부가 그러하듯이 사회 변화가 안정성 같은 하나의 결과라고 가정하는 것도 옳지 않다.

사실 체제 정당화의 관점에서 사회 변화를 일으키는 몇 가지 방식이 있다. 하나는 주어진 상황에서 체제 정당화 동기를 넘어설 수 있는 다른 동기—자기 및 집단 정당화(개인적·집단적 이익 및 자존감을 방어 및 강화하려는 동기)—가 있다는 것이다. 또한 체제 정당화 이론에서는 사람들이 현 상태의 변화에 자주 저항한다고 보지 않으나, 새로운 체제가 들어설 가능성이 높아 (또는 필연적으로) 보이면 그 새로운 상태에 대해 예비적 정당화를 한다고 여긴다(Kay et al., 2002; Laurin, 2018). 따라서 국가자원보호협의회(National Resources Defense Council) 의장 프랜시스 베이네크(Frances Beinecke, 2015)가 "청정에너지를 통한 미래는 필연적이다"(p. 724)고 강조한 것은 지혜로운 행동이었다. 또한 체제 정당화 이론에서는 현 상태의 변화에 대해, 사회 체제의 공식적이고 인정받는 이상과 비일관적으로 기술했을 때보다 일관적으로 기술했을 때, 사람들이 덜 방어적이고 더 개방적일 것이라고 본다. 다음 절에서 우리는 이러한 생각에 대해 다룬다.

체제 방어를 최소화하기 위한 친환경 계획의 틀 짜기

현 상태에 대한 변화는 그것이 **체제의 제한**을 받을 때(일반적 사회 체제에서 비롯되었거나 또는 강한 연관성을 공유하는 것으로 볼 때) 더 받아들이기 쉽다는 생각은 페이지나와 동료들(Feygina et al., 2010)이 언급했다. 우리는 만약 보수주의자와 체제 정당화 성향이 높은 사람들이 친환경 계획에 저항하는 게 그들이 경제 체제에 문제가 있다는 걸 인정하고 싶지 않거나, 자신의 행동을 바꾸기를 망설이거나, 현 상태를 유의한 변화로부터 방어하고 싶어서라면, 친환경 계획을 애국적이고 미국적인 삶의 방식을 보호하는 목표와 일관적인 것으로 다시 틀 짜기(framing)함으로써, 그들의 체제 정당화를 제어할 수 있다는 가설을 세웠다. 우리는 친환경 행동에 대한 욕구가 체제의 제한을 받을 때(즉, 미국 체제의 보존과 일치할 때), 확실히 체제 정당화 성향이 높은 사람들이 환경을 위하는 데 더 개입하고, 친환경 청원서에 서명하고자 한다는 걸 발견했다.

개념적 재검증의 일환으로 연구를 실시한 트로이 캠벨과 에런 케이

(Troy Campbell & Aaron Kay, 2014)는 공화당 지지자들이 "미국은 기후 변화를 멈추는 데 기여할 수 있고, **녹색 기술로 세계를 선도하는 데서 이익**을 얻을 수 있다"라고 제안하는 글을 읽고 나서, 산업에 대한 정부 규제의 필요성을 강조하는 글을 읽었을 때와는 반대로 인간 활동이 기후 변화에 일조했다는 데 찬성하는 비율이 더 높음을 알아냈다. 또한 다른 연구에서 공화당 지지자들은 탄소세를 세금으로 기술했을 때 탄소세 부과에 저항했다. 이는 아마도 세금 부과가 그들의 경제 이념에 위협을 주거나 맞지 않는다고 평가하기 때문으로 보인다(Hardisty et al., 2010). 같은 비용을 **보완**으로 기술했을 때, 그들은 탄소세 적용에 더 개방적이었다. (민주당 지지자들과 무당층은 탄소세의 명칭 조작에 영향을 받지 않았다.) 이러한 접근은 설득·이념·체제 정당화 동기에 대한 이론과 연구를 결합한 것으로, 환경 분야에서 변화에 대한 저항을 극복하기 위한 개입을 설계하는 데 유용한 것으로 증명되었다.

친환경 조직에서는 미국의 작은 마을에 대한 향수 어린 전망 같은 사회적·문화적으로 친숙한 것을 보존하려는 욕구 관련 가치에 점점 더 많이 호소하고 있다. 한 가지 예는 키스톤 특대 파이프라인(Keystone XL Pipeline)을 통해 캐나다 앨버타주에서 미국 텍사스주까지 액체 석유를 운반하려는 계획을 중지시키기 위한 캠페인이었다. 진보 활동가들은 네브래스카주 농부들에게 "'환경'이라는 단어를 쓰거나 기후 변화를 언급하지 않도록 주의하고, '땅에 대한' 이야기, 그리고 외국인 부자들이 나라의 물을 위험하게 만들고 있다는 이야기를 더 함으로써" 호소했다. 여기에는 '진짜' 문제를 회피하고, 필요한 희생을 지연하는 단어 놀이를 하게 될 위험이 있지만, (실용적 관점에서) 이념적 방어의 강한 힘을 무시하거나 그 자체에 대한 갈등을 촉발하는 것은 어리석은 일이다.

기후 행동(The Climate Mobilization)이라는 비영리 조직은 환경 관련 행동을 취하는 것을 애국적 의무로 프레이밍하고, "미국은 제2차 세계대전 당시의 국내 전선 운동(home-front mobilization: 조국의 전쟁 승리를 위해 국내의 시민들도 각자의 역할을 통해 참여해야 한다는 운동—옮긴이)과 비교할 수 있는 수준으로 개입해야 한다"고 주장했다. 2014년 프랜시스 베이네크는 오바마 대통령의 행동을 미국 전통과의 연속성을 강조하면서 칭찬했다.

> 미국은 우리의 야생적이고, 아름답고, 역사적인 공공 구역 목록에 추가할 왕관의 보석을 하나 더 얻었습니다. 오늘 오바마 대통령은 50만 에이커에 달하는 뉴멕시코주의 땅을 오르간산-데세르산 국가기념물(Organ Mountains-Desert Peaks National Monuments)로 지정했습니다. 이는 고귀한 전통의 일부입니다. 지난 100년 동안 거의 모든 대통령이 국가 기념물을 지정했습니다. ……오바마 대통령의 보호 구역 지정은 우리의 자연·문화 유산을 계속 변질되지 않게 지키는 이 전통을 보증합니다.

사람들은 사회심리학적 이유로, 이미 확정된 현 상태의 일부가 되는 것을 지지하고 방어하는 걸 훨씬 쉽게 여긴다.

현재의 환경 상황에 낙관적이기는 어렵다. 부분적으로는 변화에 저항하게끔 하는 (체제 정당화를 포함한) 많은 사회심리적 힘으로 인해 비관주의가 더 정확해 보인다. 더 좋지 않은 것은 진보주의자와 보수주의자 사이의 뚜렷한 차이로 인해 이념 갈등, 극화, 답보 상태가 악화한다는 것이다(Jost, 2017a). 그러나 체제를 정당화하고자 하는 충동이 환경 보호를 위한 노력으로 제한될 가능성(그리고 어떤 메시지가 다른 것보다 더 잘 기능한다는 사실)은 기후회의론과 환경을 위한 실천의 부재를 결국 극복할 수 있을 것이라는 일정한 희망을 준다.

결론

이 장에서 우리는 사회적·인지적·동기적 힘이 (아예 그렇지 않은 것보다 더 자주) 사람들로 하여금 인간으로 인한 기후 변화에 맞서 의미 있는 행동을 (하나의 사회로서) 하게끔 하는 개인적·사회적 변화를 만드는 데 저항하도록 한다고 강조했다. 스티븐 가디너(Stephen Gardiner, 2011)가 《완벽한 도덕적 습격(A Perfect Moral Storm)》에서 썼듯이 "불확실성에 직면했을 때는 현상 편향"이 있다. 이는 "기본적 변화를 고려하는 것은 불안하고, 심지어 스트레스를 주며" "행동의 사회적 결과는 크고, 이해하기 쉽고, 확고한" 반면, "행동하지 않는 것의 결과는 불확실하고, 가변적이고, 측정하기 어렵기" 때문이다(p. 31). 이러한 결론은 환경을 위해 행동하지 않는 것에 대한 체제 정당화 동기 관련 분석과 매우 비슷하다. 하지만 그렇다고 해서 어떤 지도자도 목표에 도달할 수 없다거나, 국가 에너지 정책을 더 지속 가능한 방향으로 움직이는 것이 불가능하다는 뜻은 아니다.

쿠르트 레빈의 전통을 따르는 학자들은 "〔지도자가〕 효과적으로 변화의 필요성을 전달하고 그 변화를 계획하는 데 집단 참여를 촉진하는 모임을 통해"(Coch & French, 1948, p. 531) 변화에 대한 저항이 결국 꺾일 수 있다는 가정 아래 민주적 절차에 대한 신념을 피력할 것이다. 이념과 관련한 신념은 어떤 경우 공리와도 같다. 생각하지 않고 받아들이며 진정으로 숙고하는 법이 없기 때문에, 마침내 반론이 나왔을 때 설득력 있는 공격에 취약하다(McGuire, 1999). 친환경 행동에 반대하는 합리화(이를테면 녹색 정책이 경제에 해롭다는 주장) 중 어떤 것이 종이 호랑이인지는 더 살펴보아야 한다.

이글리와 쿨레사(Eagly & Kulesa, 1997)는 "환경 문제에 대한 설득을 위한 교훈"을 하나 더 제시했는데, 이는 "정보를 많이 전달하고 자주 반복하는 것"이다(p. 131). 이것은 좋은 생각인데, 사람들은 친숙한 정보가 참이라고 가정할 때가 많기 때문이다. 이는 왜 당연하게 들리는 빈말이 공개적으로 반증될 때까지 유지되는지를 설명하는 데 도움을 주는 메타 인지에 대한 사실이다. 이런 생각이 말이 되는 또 다른 이유는 환경을 생각하는 시민은 불가피하게 기후회의론자를 만날 테고, 그때 그들에게 반박할 수 있는 강한 근거를 갖추어야 하기 때문이다. 환경을 위해 행동하지 않는 데 맞서기 위해 사회적 영향 전략을 사용하는 데 윤리적으로 불편함을 느끼는 사람은 맥과이어(McGuire, 1999)의 재치 있는 말을 생각해보아야 한다. "미래의 전망을 보는 소수의 반항적인 청년들과 꿈을 꾸는 노인들은 설득이 사회적 이동성 확보와 갈등 해소에 최악의 수단임을 인식할 것이다. 다른 모든 수단을 제외하고 말이다" (p. 389).

만약 틀 짜기를 비롯한 설득 전략이 실패한다면, 가뭄·산불·허리케인 같은 기후 관련 사건에 개인적으로 노출되는 것이 사람들로 하여금 외현적이 아니면 암묵적으로라도 녹색 정책과 정치인을 지지하게끔 만들 수 있다(Miller et al., 2014; Rudman et al., 2013). 미래의 희망을 재난의 직접적이고 고통스러운 경험에 두기를 망설이게 되지만, 보다 계획적이고 능동적인 다른 선택지가 부족하다는 느낌을 지우기가 점점 어려워지고 있다. 베블런(Veblen, 1899)의 이런 충고는 여전히 우리에게 두려움을 준다. 변화에 대한 본능적 혐오는 우리가 환경의 불운한 압력을 마지막으로 한 번, 아마도 심각하게 경험한 뒤 사라지는 게 가능할까? 다음 장에서 우리는 (비록 거의 언제나 수적으로 소수이지만) 일부 사람들이 현재의 사회적 상황에 대한 도전과 개선을 목표로 하는 집단행동 참여에 더 강하게 동기화되는 낙관적 가능성을 고려해볼 것이다.

11

왜 사람들은 저항하거나 저항하지 않는가

무엇이 사람들로 하여금 시위와 집단행동에 참여하도록 동기화하는 것일까? 이는 사회학 및 정치과학 분야에서 근본적인 질문이다. 이 주제에 대한 가장 영향력 있는 처방인 《왜 인간은 저항하는가(Why Men Rebel)》에서, 테드 거(Ted Gurr, 1970)는 좌절-공격 및 상대적 박탈감에 대한 여러 이론에 기초해 "인간은 만약 피하거나 극복할 수 없는 해로운 자극에 노출되면, 그 근원을 공격하려는 타고난 기질이 있다"(pp. 22~23)고 주장했다.

하지만 세계에서 일어나는 부정의를 고려할 때, 실제로 저항하는 사람이 얼마나 적은지 놀랍기만 하다. 2010~2014년 수집한 세계 가치 조사 데이터에 따르면, 북미·서유럽·오스트레일리아·뉴질랜드 시민 5명 중 한 명 미만이 정치 관련 시위에 참여했고, 3분의 1 이상은 절대 참여하지 않을 것이라고 말했다(표 11.1 참조). 아마 이러한 침묵이 왜 찰머

표 11.1 북미·서유럽·오스트레일리아·뉴질랜드 응답자들이 특정한 형태의 집단행동에 참여했거나 참여하겠다고 응답한 비율

차수 / 기간	집단행동의 유형														
	청원 서명(N=12,665)			불매 운동 참여(N=12,458)			평화 시위 참여(N=12,579)			파업 참여(N=12,507)			기타 저항 행동(N=10,097)		
	참여한 적 있다	참여할 것 같다	참여하지 않을 것이다	참여한 적 있다	참여할 것 같다	참여하지 않을 것이다	참여한 적 있다	참여할 것 같다	참여하지 않을 것이다	참여한 적 있다	참여할 것 같다	참여하지 않을 것이다	참여한 적 있다	참여할 것 같다	참여하지 않을 것이다
북미															
미국	60.8	31.1	8.1	15.7	51.9	32.4	13.9	55.6	30.5	7.5	42.3	50.2	5.7	58.6	35.7
멕시코	18.4	39.3	42.3	2.6	15.4	82.0	10.2	40.6	49.1	5.5	28.9	65.6	4.2	31.2	64.6
서유럽															
독일	43.2	32.6	24.2	13.3	33.6	53.1	21.4	47.6	30.9	12.2	41.6	46.2	11.5	44.8	43.7
네덜란드	35.5	52.6	11.8	7.8	46.6	45.6	12.0	46.3	41.7	8.9	48.2	42.9	6.2	28.6	65.2
에스파냐	23.8	41.3	34.9	6.4	33.8	59.8	26.6	38.2	35.2	21.2	34.5	44.3	—	—	—
스웨덴	68.3	25.1	6.6	22.5	50.0	27.5	21.1	53.3	25.6	16.6	58.6	24.8	14.6	59.0	26.4
오스트랄라시아															
오스트레일리아	71.2	25.3	3.5	15.0	51.0	34.0	18.0	52.6	29.4	14.9	45.9	39.2	7.2	59.3	33.5
뉴질랜드	83.9	13.3	2.9	20.9	49.0	30.1	21.3	45.5	33.2	21.6	39.0	39.4	6.2	55.6	38.2
합계(가중치 없음)	**47.7**	**34.4**	**17.9**	**12.2**	**40.5**	**47.4**	**16.9**	**47.9**	**35.2**	**11.9**	**42.0**	**46.1**	**7.8**	**47.8**	**44.4**

출처: Jost et al.(2017). 데이터(N=10,097~12,665)는 세계 가치 조사(2010~2014)와 조사 대상 8개국에서 무작위로 선정한 참여자들(N=613~2,207)과의 대면 인터뷰에서 가져왔다.

스 존슨, 하워드 진, 배링턴 무어 주니어 같은 사회역사학자들이 테드거의 관점과 매우 다른지 설명해줄 것이다.

> 사회 안에서 사람들은 태생적으로 저항적이지 않다(Johnson, 1982, p. 61).

> 미국에서 인종 문제의 비극은 남북전쟁 이후 거의 한 세기 동안 흑인과 백인 모두 흑인의 열등함—그리고 그에 따른 역할 분배—에 대한 안정적이고 가치 있게 여겨지는 정의를 받아들였다는 것이다(Johnson, 1982, p. 74).

> 인류 역사에서 저항은 고통에 대해 때때로 나타나는 반응일 뿐이었다. 착취, 권위에 대한 복종의 사례가 저항의 사례보다 훨씬 많다(Zinn, 2002, p. 16).

> 사람들은 필연적이거나 그렇게 보이는 것에는 그게 얼마나 고통스럽든 간에 정당성을 부여하는 경향이 분명히 있다. 그렇지 않으면 고통을 견딜 수 없을 것이다. 필연적이라는 이러한 느낌을 넘어서는 것이 정치와 관련해 효과적인 도덕적 분노의 발달에 필수적이다(Moore, 1978, pp. 458~459).

사회심리학에서 체제 정당화 및 사회 지배 이론은 왜 개인들이 사회체제의 해로운 자극에 반드시 대항하지 않고, 대신 피치 못할 것에 원하는 만큼의 정당성을 부여하는지 설명해왔다. 두 이론 모두 "합의하에 지지하는 체제를 정당화하는 이념—또는 정당화하는 신념—이 억압적이고 위계적으로 조직화된 집단 간 사회관계를 유지하는 방식"(Jost & Sidanius, 2004)을 언급한다. 예를 들어, 자본주의 국가의 시민들은 극단적 형태의 경제적 불평등을 감수하는데, 이는 그들이 개인의 노력과 능력은 그 비율에 맞게, 따라서 공정하게 보상받는다는 능력주의 이념의 원리를 수용하기 때문이다(Bartels, 2008; Kelly & Enns, 2010; Luttig, 2013; McCall, 2013; Mijs, 2019; Trump, 2018).

그러나 지금까지 체제를 정당화하는 신념의—집단적 저항을 약화시키는—역할에 대한 연구는 아주 적었다. 이 장에서 우리는 지금까지 수행한 연구를 정리할 것이다. 이들 연구에서는 내집단이 불이익을 받는 상황에 저항할 때, 이를 약화시키는 체제 정당화의 효과를 보여준다. 우리가 요약한 여러 연구에서는 체제 정당화 이론과—불확실성의 현저함, 내집단 동일시, 집단 기반 분노, 전복적 저항과 비전복적 저항의 차이를 포함해—집단행동에 대한 기타 영향력 있는 관점을 통합한다. 이 장의 다음 부분에서 우리는 체제 정당화가 집단행동의 아주 특수한 형태, 즉 비판하고 도전하는 사람들에 대항해 현 상태를 방어하고 유지하려는 집단행동을 동기화하는 방식을 탐색할 것이다.

저항하고자 하는 의지에 대한 체제 정당화의 효과

체제를 정당화하려는 동기는 기존 사회 체제의 변화를 겨냥하는 시위에 대한 지지와 명백히 대비된다. 집단의 이익(또는 집단 정당화에 대한 동기)은 자기 집단에 도움이 되는 집단행동에 참여하도록 비주류 집단 구성원을 촉진하는 반면, 체제 정당화 신념에 대한 지지는 내집단 편에서서 시위에 참여하는 것과 음(-)의 상관관계가 있다는 가설을 세울 수 있다. 바젤리스 하이칼리스페트리시스(Vagelis Chaikalis-Petritsis), 도미

닉 에이브럼스, 제임스 시다니어스, 요야네커 판데르토른, 크리스토퍼 브랫(Christopher Bratt)과 나는 이 가설을 세 가지 연구를 통해 탐색했다(Jost et al., 2012).

왜 비주류 집단 구성원은 자신의 개인적·집단적 이익에 반하는 체제 정당화를 하는 것일까? 우리가 살펴보았듯 한 가지 이유는 체제 정당화가 불확실성과 예측 불가능성을 낮추고자 하는 인식론적 욕구를 채워주기 때문이다. 현 상태와 타협하는 것은 확실하고 안정적이라는 느낌을 주는 반면, (정신적으로도) 저항하는 것은 예측 불가능성과 위험을 불러온다. 비주류 집단의 일부 구성원은 사회 변화가 바람직하다고 볼 수 있지만, '사과 수레를 넘어뜨리는 것(upsetting the apple cart: '문제를 일으킨다'는 뜻의 관용어—옮긴이)'은 본질적으로 불안한 일이다. 어떤 사회 집단에게나 투쟁의 결과를 미리 알고 저항하는 일은 불가능하다. 갈등이 끝나면 집단의 지위는 향상될 수도, 악화할 수도, 이전과 같이 유지될 수도 있다.

체제 정당화 이론은 모든 신념 체계가 인식론적 욕구 충족과 동일하게 연관되어 있다는 불확실성-정체성 이론을 포함해 여느 관점과 다르다. 예를 들어, 마이클 호그(Michael Hogg, 2005)는 "불확실성은 사회의 평형 상태나 변화로 이어질 수 있다"거나 "불확실성은 체제에 도전적이거나 위계를 약화시키는 이념과 마찬가지로 체제를 정당화하거나 위계를 강화하는 이념을 생산할 수 있다"고 주장했다(p. 222). 이와는 대조적으로 동료들과 나는 불확실성의 현저함이 높아지면, 체제에 도전하는 시위 행동에 대한 지지가 높아지기보다 낮아질 것이라는 가설을 세웠다.

우리는 불확실성의 현저함을 실험을 통해 조작함으로써 이 가설을 검증하고, 불확실성의 현저함이 체제 정당화 수준과 상호 작용할 수 있다는 좀더 사변적인 가설에 대해서도 알아보았다. 즉, 체제 정당화 수준이 높은 비주류 집단 구성원은 시위할 가능성이 전반적으로 낮은 반면, 체제 정당화 수준이 낮은 비주류 집단 구성원의 경우 불확실성의 현저함이 높을 때보다 낮을 때 시위에 대한 의지가 더 높을 것이라고 생각한 것이다. 다시 말해, 우리는 불확실성의 현저함과 체제 정당화가 모두 낮을 때에만 시위에 대한 지지가 낮을 가능성을 고려했다. 사회 정체성 이론 연구에서, 집단 정체성이 강력한 구성원은 비주류 상태를 지각할 때 집단행동이라는 수단을 통해 맞설 가능성이 특히 높은 것으로 밝혀졌기 때문에(Hogg & Abrams, 1988; Simon & Klandermans, 2001; Tajfel & Turner, 1986; van Zomeren et al., 2008), 우리는 비주류 집단 구성원 사이에서 내집단 동일시가 시위에 대한 지지와 양(+)의 상관관계가 있을 것이라는 가설을 세웠다.

테드 거(Ted Gurr, 1979)의 상대적 박탈감 이론을 비롯해 많은 이론적 관점에서는 **분노**가 저항의 중요한 선행 자극이라고 본다. 부정의를 느꼈을 때 그 반응으로 일어나는 분노(즉, 도덕적 분노)는 분명 시위 참여의 강력한 예측 요인이다(van Zomeren et al., 2008). 이를 행동 지향 정서(action oriented emotion)라고 하는데, 사람들이 자신의 상황에 대해 무언가를 하도록 동기화되기 때문이다. 따라서 우리는 과거의 연구와 같이, 내집단 입장에서는 집단 기반 분노가 시위와 양(+)의 상관관계가 있을 것으로 예측했다.

우리는 이미 체제를 정당화하는 신념이 분노를 포함해 부정 정서를 낮추는 진통제 기능을 하며, 따라서 현 상태에 대한 만족을 높인다고 주장했다. 우리는 이전 실험에서 사고방식 점화 기법을 적용해 높은 체제 정당화 사고방식을 유도했으며, 이러한 사고방식은 도덕적 분노(분노의 느낌과 불평등에 대한 스트레스) 및 비주류 집단을 돕고자 하는 의지를 낮추었다(Wakslak et al., 2007). 하지만 이 실험은 외집단의 불이익에 대한 반응에 초점을 맞춘 반면, 이 장에서 기술하는 연구에서는 내집단의 불이익에 대한 반응에 중점을 둔다. 따라서 우리는 체제 정당화가 집단행동 참여에 대한 핵심 선행 자극인 집단 기반 분노와 음(-)의 상관관계가 있을 것이라는 가설을 세웠다.

연구자들은 시위의 규준적 형태와 비규준적 형태를 구분 지을 때가 많다. 그러나 권력 다툼으로 인해 기존 규준이 실제로 정당한지와 관련해 의문이 제기되는 경우가 많다는 걸 기억하는 것이 중요하다(Simon & Klandermans, 2001). 이러한 이유로 내집단과 외집단의 규준이 상충할 때는 규준과 비규준의 구분이 모호할 수 있다. 그 행동이 현 상태에 **전복적**(disruptive)인지 **비전복적**(nondisruptive)인지 고려하는 것이 더 유용할 것이다. (파업이나 폭동 같은) 전복적 행동은 사회 질서와 많은 시민의 일상생활을 바꾸지만, 청원 서명이나 편지 쓰기 같은 비전복적 형태의 시위는 그렇지 않다. 전복적 행동의 목표는 복잡하고 노력이 필요하다. 그 의도는 내집단의 정당성에 대한 관심에 크게 주목하게끔 하는 사건을 펼치는 것이다(Feinberg et al., 2020). 그러므로 전복적 행동은 행동의 연속선상에서 보다 극단적인 한쪽, 즉 사회 정체성 이론에 따르면 한 집단이 정의로운 대접을 받으려면 그 집단 구성원이 사회 체제의 변화가 필요하다고 강하게 믿는 상황인 **사회 변화 신념 구조**(social change belief structure)를 나타낸다(Hogg & Abrams, 1988).

그렇다면 전복적 행동은 자신의 집단에 가치를 두고 정체성을 강하게 느끼며, 체제가 어떻게 왜 부당하고 부정의한지에 대해 명확한 이념적 비판을 할 수 있는 사람들이 취할 가능성이 더 높다. 그들에게 폭력 시위에 참여하는 것과 같은 전복적 행동은 체포되거나 다치는 개인적 대가가 있다 해도 고장 난 체제에 대한 합리적 반응이다(Tausch et al., 2011). 전복적 행동의 목표는 기존 권위의 규칙을 정하는 권한에 도전하거나, 어떤 사회 집단에 대해 (노조 같은) 통합적 실체로서 인정을 받는 것과 같이 꽤 멀리 있을 수 있다.

반면 (청원 서명이나 편지 쓰기 같은) 비전복적 행동은 일반적으로 좌절감을 표출하거나, 어떤 주장 또는 행동의 특정 부분을 인정하도록 권력자를 설득하는 것과 같은 더 근접한 목적이 있을 수 있다. 비전복적 행동은 대가가 더 적고 실행하기 더 쉽기 때문에, 정서 반응에 더 강하게 영향을 받는다(Tausch et al., 2011). 체제 정당화는 사람들이 좌절감과 분노에 대처하는 데 도움을 주기 때문에, 그 활성화는 청원 서명 같은 비전복적 행동 참여와 관련한 단기적인 정서적 스트레스를 감소시킬 수 있다.

선행 연구에 따르면, 전복적 시위와 비전복적 시위의 심리적 선행 자극은 질적으로 다르다. 예를 들어, 반세계화 시위자들에 대한 연구에서 사회적 지배 지향성(집단에 기초한 위계를 선호하는 성향)은 비전복적 시위 참여와 음(-)의 상관관계가 있었지만, 전복적 시위와는 관계가 없었다(Cameron & Nickerson, 2006). 다른 연구에서 분노는 비전복적 시위에 참여하고자 하는 의지를 예측했지만, 전복적 시위와는 관련이 없었다(Tausch et al., 2011). 따라서 우리는 (a) 사회적 지배 지향성이 체제를 정당화하는 이념이고, (b) 체제 정당화가 집단 기반 분노를 줄임으로써 시위에 대한 지지를 낮춘다는 가정 아래, 체제 정당화가 비전복적 시위에 집단 기반 분노를 통한 간접 효과가 있을 것으로 예측했다.

요약하면, 조스트와 동료들(Jost et al., 2012)은 세 가지 연구에서 다음의 가설을 탐색했다.

H1. 체제 정당화는 집단 시위에 대한 지지와 음(-)의 상관관계가 있을 것이다.

H2. 불확실성의 현저함이 높을 때 (불확실성의 현저함이 낮을 때에 비해) 집단 시위에 대한 지지와 음(-)의 상관관계가 있을 것이다.

H3. 체제 정당화는 집단 기반 분노와 음(-)의 상관관계가 있을 것이다.

H4. 비전복적 집단 시위에 대한 체제 정당화의 부정적 효과는 집단 기반 분노가 매개할 것이다.

첫 번째 연구에서, 우리는 2008년 정부가 시행한 월스트리트 금융회사에 대한 논쟁적인 긴급 구제와 관련해 뉴욕 대학 학생들의 반응을 탐색했다. 어떤 사람들에게 이러한 긴급 구제는 미국 납세자들로부터 대형 다국적 기업으로 향하는, 그 기업의 관리자들에게 막대한 보상을 해준 상향 재분배였다. 스탠퍼드 대학 경영대학원 교수 제프리 페퍼(Jeffrey Pfeffer, 2010)에 따르면, 체제 정당화 이론을 통해 세계 금융 위기 이후 도덕적 분노가 크게 나타나지 않은 이유를 설명할 수 있다.

〔체제 정당화 이론은〕 왜 미국인 수백만 명에게 자기 행동의 결과가 아닌 사건으로 인해 닥친 경제적 재난에 분노와 반복되는 실수를 바꾸려는 압력이 예상보다 적게 나타나는지 이해하는 데 도움을 준다. 사람들은 미국과 그 체제에 대해 좋은 감정을 느낌으로써 금융 분야 종사자들이 받는 높은 임금을 포함해 이미 존재하는 위계질서에서 정당성을 박탈하지 않는 방식으

로 벌어진 일을 이해한다.

이에 따라 우리는 체제 정당화와 불확실성의 현저함이 모두 월스트리트 긴급 구제 반대 시위에 대한 지지를 낮출 것이라는 가설을 세웠다. 우리는 경제 체제 정당화를 측정하고, 불확실성의 현저함을 사고방식 점화 기법을 통해 조작하고, 시위의 전복적 형태와 비전복적 형태에 대한 지지를 비교했다.

학생들 중 절반은 불확실하게 느꼈던 경험에 대해 글을 쓰도록(불확실성에 대한 현저함이 높은 조건) 안내받았으나, 나머지 절반은 텔레비전 시청에 대해 썼다(통제 조건). 그런 다음 학생들은 긍정 및 부정 정서 척도를 작성했다. 그리고 모든 참여자들이 우리가 수정한 '미국이 은행의 불량자산 구매 계획을 확대했다'라는 제목의 〈뉴욕 타임스〉 기사를 읽었다. 여기에는 아래와 같은 내용이 포함되었다.

> **워싱턴**–불량한 가계 부채 및 주택 담보 대출 안정성의 해로운 결합에서 여러 미국 은행을 해방시키려는 행정부의 새로운 계획은 예상보다 광범위하고 개인 투자자에게 관대하지만, 납세자를 큰 위험에 빠뜨리고 있기도 하다. 재무부 장관 티모시 가이트너(Timothy F. Geithner)가 월요일에 밝힌 세 가지 대책을 합치면 은행을 끌어내리고, 신용 대출 시장을 마비시키고, 경제 회복을 지연시키는 부동산 자산을 총 2조 달러에 매입할 수 있다. 주식 시장이 열림과 동시에 주요 주가 지수가 모두 오르면서, 투자자들은 반색하고 있다. 다우존스 산업평균지수는 500포인트 또는 6.84퍼센트 오른 7775.86으로 장을 마감했다. 우레와 같은 반응은 계획을 처음 간략하게 발표했을 때 투자자들의 쓰디쓴 실망과 대비되었다. ……"정부가 위험을 감

수하고 있다는 데는 의심의 여지가 없습니다." 가이트너 장관은 기자들과 의 브리핑에서 이렇게 말했다. "문제는 최선의 방법이 무엇이냐 하는 것입니다."

마지막으로 학생들은 정부의 긴급 구제에 대한 비전복적 저항에 참여하고자 하는 의지("나는 같은 뉴욕 대학 학생들과 함께 정부에 항의하는 편지/이메일을 보낼 용의가 있다")와 전복적 저항에 참여하고자 하는 의지("나는 저항의 표시로 뉴욕 대학 건물 점거에 참여할 용의가 있다")를 보고했다.

경제 체제 정당화와 불확실성의 현저함은 대학교 건물을 점거하는 전복적 저항에 대한 지지와 음(-)의 방향으로, 그리고 독립적으로 관련이 있었다. 이런 결과는 우리가 세운 앞의 두 가설과 일치했다. 비전복적 저항 경향(편지 쓰기 캠페인에 대한 지지)과 관련해서는 경제 체제 정당화와 불확실성의 현저함 사이에서 통계상의 상호 작용을 관찰했다. 경제 체제 정당화 점수가 더 낮은 학생들은 불확실성의 현저함이 높을 때 (낮을 때에 비해) 저항에 참여하고자 하는 의지가 덜했다. 불확실성의 현저함 효과는 경제 체제 정당화에서의 개인차를 넘어설 만큼 강력한 것으로 나타났으나, 이는 비전복적 저항에만 해당되었다. 체제 정당화가 낮은 사람들도 불확실성이 높은 경우에는 불만을 표출할 가능성이 낮았다. 이러한 결과는 불확실성의 현저함이 체제에 도전하고자 하는 사람들에게 체제에 도전하는 행동을 촉진한다는 호그(Hogg, 2005)의 주장과 상반된다.

다음의 두 연구는 실제 정치 활동가들과 관련된 현장 실험이었다. 우리는 두 경우 모두에서 체제 정당화 동기를 조작하고, 집단행동에 참여하고자 하는 의사를 측정했다. 그중 한 연구에서 우리는 그리스 노동절 시위의 좌익 참여자들을 보완적 고정 관념 또는 보완적이지 않은 고정 관념에 노출시키고, 그들의 체제 정당화 수준, 분노, 전복적·비전복적 저항을 측정했다. 또 다른 연구에서는 영국에서 시위에 참여한 학교 교사들에게 체제를 거부하는 사고방식을 유도했다. 이러한 점화 이후, 우리는 그들의 체제 정당화, 내집단 정체성 형성, 분노, 전복적·비전복적 저항에 대한 지지 수준을 측정했다.

노동절 연구에서 우리는 7장에서 기술한 방법을 통해 참여자들을 보완적 고정 관념(이를테면 가난하지만 행복하다)의 여러 예시에 직접 노출시킴으로써 체제 정당화 동기를 직접 조작했다. 2008년 5월 1일 2명의 연구자가 그리스 아테네에서 25명의 시위자에게—행복하든 불행하든 가난한 사람에 대한—그리스어로 번역한 글을 읽어달라고 요청했다.

> 닉(Nick)은 그리스의 대도시 출신이다. 그는 결혼했고 자녀가 2명 있으며, 갈색 머리에 키는 180센티미터 정도다. 닉은 어린 시절 축구를 좋아하는 아이였으며, 지금도 언제나 모든 지역 스포츠 팀의 소식을 찾아본다. 닉은 **그의 삶에서 거의 모든 측면을 즐기고 있다**(삶의 거의 모든 측면에서 별로 행복하지 않다.) **하지만**(그리고) 임금이 낮아 생활비를 대고 생계를 꾸리는 데 어려움이 있다. 6월에 닉은 41세가 된다.

그런 다음 시위자들은 닉에 대한 질문과 일반적 체제 정당화 척도의 한 문항, 즉 "정부 정책 대부분은 공공의 이익을 위한 것이다"에 답했다. 또한 그들은 국가 연금 수령 연령을 높이자는 법안에 대한 의견도 제공받았다. 이 법안을 발표한 게 노동절 바로 전날이었고, 대부분의 단체가 그 발표에 시위의 초점을 맞추었기 때문에 우리는 여기에 집중했다. 우리는 시위자들에게 정부에 얼마나 분노하는지, 다른 시위자들과 자신을 얼마나 동일시하는지 물었다. 그리고 (a) 청원 서명을 할지, (b) 조치를 멈추기 위해 공공 기관 건물을 점거할 의사가 얼마나 있는지도 물었다.

비록 절대적 기준으로 보았을 때는 두 조건 모두에서 체제 정당화 점수가 낮았다. 그러나 가난하지만 행복한 고정 관념 조건에 배정받은 시위자들은 가난하고 불행한 조건에 배정받은 참여자들에 비해 체제 정당화 점수가 높았다. 또한 전자의 집단(보완적 고정 관념 조건 집단—옮긴이)은 정부에 대한 더 낮은 분노, 전복적 저항에 참여하고자 하는 더 낮은 의지를 표현했다. 따라서 우리는 저항이 사회적으로 바람직하거나 아니면 규준적으로 볼 때 허용 가능한 맥락에서, 첫 번째 가설에 대해 실험을 통한 지지를 얻었다. 조작은 비전복적 저항에 대한 지지에 영향을 미치지 않았는데, 이는 아마 응답자들이 연구 당시 이미 비전복적 저항에 참여하고 있었기 때문일 것이다. 분노와 내집단 정체성 형성은 모두 비전복적 저항에 대한 지지와 양(+)의 상관관계가 있었으며, 전복적 저항과는 약하지만 관련성이 있었다.

그다음 우리는 파업 중인 영국 학교 교사 노조원 59명을 대상으로 온라인 실험을 수행했다. 절반가량의 교사들이 체제 거부 조건에 배정받은 후, 다음과 같은 안내를 받았다.

> 영국에서 여러 가지가 정치적, 법적. 사회적, 경제적으로 조직화 또는 합의되는 방식을 생각해주십시오. 이 중 어떤 것이 특히 나쁘게 작용하고, 전체로서 국가를 위해 일하는 방식으로 나쁘기 때문에, 따르지 말라고 다른 국가에 강력하게 추천하겠습니까? 귀하는 의회, 고용, 교육, 가정, 사회 규준 및 역할, 문화 전통, 종교와 같은 법, 정책, 제도를 생각할 수 있습니다.

이 중 귀하가 다른 국가에 따르지 말라고 권하는 한 가지와 그 이유에 대해 몇 줄 써주십시오.

통제 조건 참여자들은 대신 다음과 같은 안내를 받았다.

1학년과 2학년 학생들에게 사용한 교수 방법의 차이를 생각해주십시오. 이 중 어떤 것이 아동들의 학습에 특히 나쁘기 때문에, 따르지 말라고 다른 교사들에게 강력하게 추천하겠습니까? 이 중 귀하가 다른 교사들에게 따르지 말라고 권하는 한 가지 교수법과 그 이유에 대해 몇 줄 써주십시오.

우리는 체제 거부 조건 참여자들이 영국에 대해 비판적인 글을 쓰고, 통제 조건 참여자들이 교수 방법에 초점을 맞추었는지 확인했다. (그들은 그렇게 했다.)

또한 교사들은 일반적 체제 정당화 척도를 작성했고(항목은 부록 B.3 참조), 내집단과 동일시하는 정도, 자신들의 분노 수준, 비전복적·전복적 저항에 참여할 의도를 평가받았다. 비전복적 저항 참여 의도를 측정하기 위해, 우리는 "나는 ……을 하려고 한다"라는 문장에서 빈칸에 들어갈 말의 보기를 다음과 같이 제시했다. (1) 정부에 보낼 전국교사노조 청원에 서명하기, (2) 지역 교육청에 전국교사노조 동료들과 함께 편지나 이메일 보내기, (3) 전국교사노조 모임에 참여해 교사의 임금과 파업에 대해 논의하기, (4) 전국교사노조 동료들과 함께 대중에게 전단지 나눠주기. 그리고 전복적 저항 참여 의도 측정에서도 "나는 ……을 하려고 한다"라는 문장의 빈칸에 다음의 네 가지 항목을 제시했다. (1) 교사 임금 관련 시위에 참여하기, (2) 우리 학교 정문에서 열리는 전국교사노조 피켓 시위에 참여하기, (3) 파업하기, (4) 우리 학교 건물 점거에 참여하기.

체제 거부 조건에 무작위로 배정받은 교사들은 (통제 조건에 비해) 일반적 체제 정당화 점수가 낮았고, 정부에 대한 분노를 더 표현했으며, 비전복적 형태의 저항과 마찬가지로 전복적 형태의 저항도 용인했다. 체제 거부 조작은 체제 정당화에 대한 부정 정서를 뚜렷하게 유발했으며, 집단 동일시에 대한 약한 긍정 정서에 대해서도 마찬가지였다. 체제 정당화는 분노와 음(-)의 상관관계가 있는 반면, 내집단 동일시는 분노와 양(+)의 상관관계가 있었다. 분노는 비전복적 저항을 분명하게 예측했으며(하지만 전복적 저항에 대해서는 그렇지 않았다), 이는 토시와 동료들(Tausch et al., 2011)의 연구 결과와 같았다. 체제 정당화는 비전복적·전복적 저항에 참여하지 않고자 하는 의도와 약하게 관련되었다. 반면, 집단 동일시는 비전복적·전복적 시위에 대한 지지와 양(+)의 상관관계가 있었으며, 이는 사회 정체성 이론의 내용과 일치했다.

매개 분석에 따르면, 체제 거부 조건에 배정되면 체제 정당화 감소, 집단 동일시 증가가 일어났고, 두 변인은 분노에 대해 반대되는 효과를 일으켰다. 분노는 체제 정당화와 집단 동일시가 비전복적 저항에 미치는 효과를 매개했으나, 전복적 저항에 대한 효과는 매개하지 않았다. 이들 세 가지 연구 결과를 액면 그대로 받아들여서는 안 되는데, 왜냐하면 실험 집단 크기가 상대적으로 작고, 통계적 검증을 통해 매개 변인과 결과 변인 사이의 인과관계를 증명할 수 없기 때문이다.

그러나 이러한 연구는 내집단을 위한 시위에 참여하고자 하는 의지와 관련해 체제 정당화 및 불확실성의 현저함에 대한 효과를 탐색하고자 한 첫 번째 시도였다. 다양한 실험 조건 및 방법을 사용하고, 미국·

그리스·영국에서 참여자를 모집했으며, 실제 활동가들이 포함된 실험 집단을 대상으로 한 이러한 연구는 체제 정당화 이론에 기초한 가설에 대해 중간 수준의 지지를 제공했다. 우리는 체제 정당화가 분노 및 시위 참여 의지와 음(−)의 상관관계가 있고, 시위 참여 의지에 대한 체제 정당화 효과를 매개하는 것을 관찰했다. 불확실성의 현저함은 전복적 시위 참여 동기 감소, 그리고—체제 정당화가 낮을 때—비전복적 저항 참여 동기 감소와 연관되었다. 원래 체제 정당화 수준이 낮은 사람들에 대해서는 불확실성의 현저함이 저항 수준을 높일 것이라는 대안적인 가설은 지지를 얻지 못했다.

이러한 연구 결과는 시위의 전복적 형태와 비전복적 형태를 구분하는 방식을 지지한다. 전복적·비전복적 저항 모두에 대해 두 가지 결과 변인 사이에 서로 양(+)의 상관관계가 있고 효과의 전반적 양상은 비슷했으나, 우리는 첫 번째와 두 번째 연구에서 체제 정당화가 전복적 저항 참여에 대한 망설임과 더 강한 관련성이 분명히 있음을 관찰했다. 동시에 분노는 비전복적 저항과는 관련되었지만, 전복적 저항과는 관련되지 않았다. 세 번째 연구에서 분노를 통한 체제 정당화의 간접 효과(체제 정당화의 진통제 효과)는 비전복적 저항의 경우에만 나타났다. 교사 파업의 맥락에서, 전복적 시위에 참여하고자 하는 의사는 분노나 체제 정당화보다 노조와의 동일시로 인해 예측되었다.

왜 사람들이 정부를 비롯한 권위에 저항하는지에 대한 유명한 질문으로 돌아가서 "인간은 금방 주어진 사회적 수단 이상을 원하고, 이러한 수단이 부적절한 것으로 판명되면 빠르게 분노한다"(Gurr, 1970, p. 58)거나 "사회 비교를 통해 자신의 내집단이 외집단보다 못한 처우를 받고 있다는 것을 알게 되면, 이는 일반적으로 부당한 불평등 또는 부정의의 느낌으로 이어진다”(Simon & Klandermans, 2001, p. 324)고 결론짓는 것은 충분치 않다. 이런 일반화는 (체제 정당화가 높은 사람들과 반대로) 체제 정당화가 낮은 사람들에 대해 훨씬 더 참이다. 우리는 (불확실성의 현저함, 또는 보완적 고정 관념에 대한 노출, 또는 체제를 거부하는 사고방식의 부재를 통해) 체제 정당화 동기가 일시적으로 높아지면, 사람들은 불이익의 원인에 대해 의미 있는 행동을 취할 확률이 낮음을 확인했다. 저항하려는 의사에 대한 동기적 선행 자극을 우리가 체제 정당화 과정에 대해 알고 있는 것, 그리고 집단 동일시 및 집단 기반 분노 같은 요인을 포함시켜 더 깊이 통합적으로 이해할 필요가 있다. 따라서 지금까지 우리가 요약한 연구는 옳은 방향을 향해 첫걸음을 떼었다고 할 수 있으나, 혁명이나 체제 변화를 예측할 수 있으려면 아직 갈 길이 멀다. 길게 보면 심리학적·사회학적·정치적·경제적·역사적·문화적 수준의 분석을 연결 짓는 일이 필수적이다. 그래야만 우리는 군중이 시위를 일으키는 이유(그리고 일으키지 않는 이유)를 진정으로 이해하게 될 것이다.

집단행동에 대한 이론 통합적 관점

우리가 이미 살펴보았듯 집단행동에 대한 사회심리학 모형은 상대적 박탈감과 사회적 동일시 이론에 상당 부분 기초하고 있다. 이들 이론에서는 시위의 세 가지 주요 선행 자극, 즉 (a) 부정의 지각에 따른 분노, (b) 사회적 동일시, (c) 집단 효능감에 대한 믿음을 강조한다. 이들 모형에 따르면 “집단행동은 사람들에게 공동의 이익이 있고, 상대적으로 박탈감을 느끼고, 분노하고, 그들이 변화를 불러일으킬 수 있다고 믿고,

사회 집단과 강하게 동일시할 때 일어날 가능성이 높다”(McGarty et al., 2014, p. 726).

마르틴 판조메런과 동료들(Martjin van Zomeren et al., 2008)은 수많은 선행 연구 결과를 통합하기 위해 집단행동의 사회 정체성 모형(social identity model of collecive action, SIMCA)을 발전시켰다. 이 모형은 “사회 정체성은 집단행동을 직접적으로, 그리고 부정의와 효능감 변인을 통해 간접적으로 예측한다”(p. 511)고 주장한다. 이는 사회심리학에서 가장 영향력 있는 집단행동 관련 모형이다. 집단행동의 사회 정체성 모형은 명쾌하고 유용하지만, 사회 정체성 이론에 따라 시위를 오직 우리 대 그들(내집단 대 외집단)의 역동으로 해석했기 때문에 이념적 체제 수준의 요인은 간과한 것으로 보인다. 사회 정체성 분석은 중요하지만 우리가 4장과 5장에서 주장한 것처럼, 사회적·정치적 행동에 대해서는 자초지종을 전부 말해주지 않는다. 집단행동을 연구하고 있는 심리학자들은 대부분 사회 체제의 역할과 그것이 유발하는 동기를 다루지 않았다. 체제 정당화 이론은 빈틈을 메우는 데 도움을 줄 수 있다.

시위에 참여하기로 (또는 참여하지 않기로) 선택하는 것은 두 가지 면에서 본질적으로 이념적이다. 첫째, 기존 사회 체제에 대한 선호를 드러낸다. 이는 라이트 밀스(C. Wright Mills, 1968)의 “가능성 있는 정치적 영향을 성찰하는 것은 정책, 제도, 권력자를 비판하거나 인정한다는 면에서 이념적이다”(p. 130)라는 관찰을 반영한다. 둘째, 정치적 시위자들(그리고 그들에게 반대하는 시위자들)은 좌익 또는 우익 이념에 경도된다. 프랑스 대혁명 이후 (우측의) 보수는 위계적 전통을 방어함으로써 사회적 현상태를 유지하려고 한 반면, (좌측의) 진보는 더 큰 사회적·경제적·정치적 평등의 방향을 향해 사회 변화를 밀어붙였다. 이전의 사회과학적 설명에서는 집단행동을 현 상태에 대한 저항으로 좁게 해석함으로써 현 상태를 유지하기 위한 보수주의 운동의 동기에 대해 설명할 필요를 가렸다.

따라서 집단행동에 대해 더 완전한 설명을 하려면, 체제 정당화 현상과 관련된 것을 포함해 사회 구조적·이념적 과정을 통합해야 한다. 또한 체제 정당화 동기의 개인차와 함께 그 강도를 증가 또는 감소시키는 외부 환경도 고려해야 한다. 우리는 체제 정당화가 사회 체제를 향한 도덕적 분노 감소와 관련되고, 따라서 비주류 집단 편에서 저항할 가능성을 낮춘다는 걸 보여주는 연구를 정리하는 것으로 시작한다. 이는 사람들이 언제 도덕적 분노를 경험하고 언제 경험하지 않는지, 그리고 도덕적 분노가 (현 상태를 방어하는 집단행동과 대비되는) 현 상태에 도전하는 집단행동으로 이어지는지 설명하는 데 유용하다.

체제 정당화 이론에 따르면 사람들은 대부분 적어도 어느 정도는 그들이 의존하는 사회·경제·정치 체제를 방어하고, 강화하고, 정당화하는 데 동기화된다. 이러한 접근은 킨더와 시어스(Kinder & Sears, 1985)가 사회에서 "가장 깊은 수수께끼"라고 묘사한 현상, 즉 "때때로 일어나는 저항이 아닌 침투적인 평온"을 설명하는 데 도움이 된다(p. 702). 우리는 체제 정당화 경향에서 나타나는 일정한 가변성을 설명하기 위해 특히 세 가지 변인에 초점을 맞추었다. 이는 왜 친숙한 제도, 배치, 생각, 실행(현 상태)을 자연스럽고 필연적인 것으로 경험하며, 정당하고 안정적이라는 주관적 느낌을 갖게 되는지를 설명하고자 한 영향력 있는 사회학 논문인 피터 버거와 토머스 루크먼(Peter Berger & Thomas Luckmann, 1991)의 《현실의 사회적 구성(The Social Construction of Reality)》에서 예측한 것이다.

첫 번째 요인은 **인식론적 동기**, 즉 확실성, 구조, 예측 가능성, 통제에 대한 욕구다. 버거와 루크먼에 따르면, 사회 제도가 "서로 연결된다"는 느낌은 "인간의 심리적·생리적 구조에 내재된 연결에 대한 타고난 '욕구'"에서 비롯된다(pp. 63~64). 마찬가지로 우리는 사람들이 현 상태를 정당화하도록 동기화되는 이유는 그렇게 함으로써 질서, 구조, 예측 가능성에 대한 인식론적 욕구가 충족되기 때문이라고 주장한다(Hennes et al., 2012). 반대로 반체제 시위자들은 불확실성, 모호함, 통제 부족과 관련한 막대한 불편감에 직면하며, 특히 체포나 군중의 폭력 같은 예측 불가능한 결과를 마주할 때 더욱 그렇다.

두 번째 요인은 **실존적 동기**, 즉 안전과 안정에 대한 욕구다. 버거와 루크먼은 "제도적 질서는 공포를 막는 방패를 표상"하고, "상징적 우주"(이념의 세계)가 "제도적 질서의 보호 구조에 대한 궁극적 정당화를 부여"함으로써 "궁극적 공포에서 개인을 보호한다"고 주장했다(p. 102). 이는 사람들이 자주 기존 사회 체제를 정당화하는 것은 그게 안전과 안정에 대한 실존적 욕구를 만족시키는 데 도움을 주기 때문이라는 생각이다. 반면, 권력 체제에 대한 대항은 큰 공포와 불안을 야기할 것이며, 이는 경찰과 군대의 행동으로 인해 악화할 것이다.

세 번째 요인은 **관계적 동기**, 즉 비슷한 타인들과 동일시하며 친교를 맺고, 가치 있게 여기는 사회 집단에 소속되고자 하는 욕구다. 버거와 러크먼에 따르면 "현실 유지의 사회적 과정"에서 "중요한 타인과 덜 중요한 타인을 구분 짓는 것이 가능하다"(p. 149). 그들은 이를 설명하기 위해 종교 이념을 예로 들었다. "만약 누군가 가톨릭을 믿는다면 …… 믿지 않는 아내로 인해 현실의 믿음을 위협받을 가능성이 매우 높"으며, 따라서 "가톨릭교회가 …… 다른 종교 신자와의 결혼에 눈살을 찌

푸리는 것은 논리적인 일이다”(p. 152). 조직은 그 구성원이 다른 지지자들과 연결되고 비판자들로부터 분리됨으로써 정당성 지각의 측면에서 명백한 이익을 얻는다. 따라서 생각이 비슷한 타인들과 관계를 맺고 현실을 공유하고자 하는 관계적 동기는 사회 질서를 유지하는 데 강력한 동기적 역할을 할 수 있는 반면(Hardin & Higgins, 1996), 현 상태에 의문을 제기하는 것은 대인관계에 문제를 초래한다. 활동가들은 시위를 통해 서로 가까워지겠지만, 동시에 주류 사회의 이념을 따르는 친구와 가족들로부터는 고립될 것이다.

인식론적·실존적·관계적 욕구의 개인차는 보수적이고 체제를 정당화하는 성향과 관련이 있다. 이는 두 편의 대규모 메타 분석 연구에서 나온 결과다(Jost et al., 2003b; Jost, 2017a). 또한 헨스와 동료들(Hennes et al., 2012)의 연구에서는 낮은 인지 욕구, 죽음에 대한 강한 불안, 현실 공유에 대한 높은 욕구가 각각 독립적으로 (부록 B.2에 제시한 항목으로 측정한) 높은 경제 체제 정당화 점수를 예측한다는 것을 알아냈다. 또한 경제 체제 정당화는 인식론적·실존적·관계적 동기가 보수적이고 체제를 지지하는 티 파티 운동에 대한 허용과 진보적이고 체제에 도전하는 월가 점령 운동 불허에 미치는 효과를 매개했다(그림 11.1).

정서는 집단행동에서 중요한 역할을 하는 것으로 알려졌다. 사람들은 개인과 집단뿐만 아니라 사회 체제에 대한 정서도 경험한다(Solak et al., 2012). 부정의는 (도덕적 분노 같은) 부정적인 체제 수준 정서를 일으킬 수 있으나, 개인들은 국가에 대한 자부심, 경제에 대한 만족감, 권력자에 대한 감사 등 긍정적인 체제 수준 정서도 공유한다. 도덕적 분노는 체제 정당화 과정을 통해 누그러질 수 있으며, 시위에 대해 필요조건이지만 충분조건은 아닌 것으로 보인다. 사회 체제에 대한 만족과 감사는

그림 11.1 경제 체제 정당화와 티 파티 운동 및 월가 점령 운동에 대한 인식론적·실존적·관계적 동기의 효과

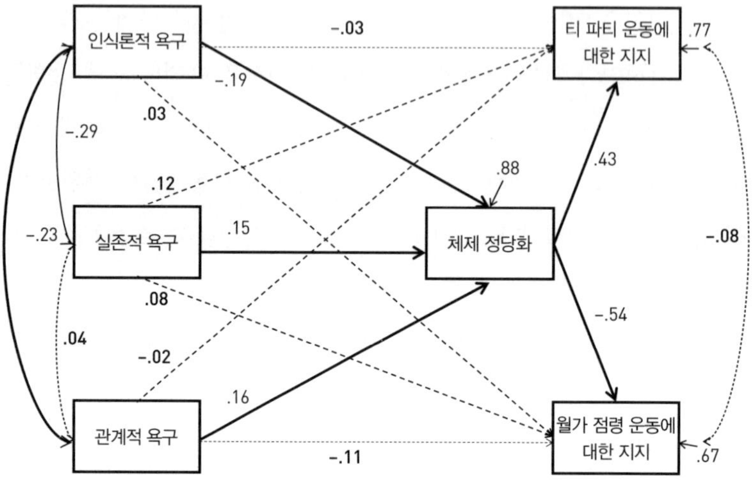

출처: Hennes et al.(2012).

행동하지 않게 하거나, (반체제에 대한 반응으로써) 현 상태 유지를 목표로 하는 집단행동을 일으키는 것으로 사료된다(Durrheim et al., 2014; Eibach et al., 2015; Osborne et al., 2012).

한 연구에서는 (모두 최소 3년의 근무 경력이 있는) 스탠퍼드 대학 경영학 석사 과정(MBA) 학생 179명이 가상의 사회 질서에 대해 동료들과 교감을 했다(Jost et al., 2008b). 연구자들은 스타파워(StarPower: 서로 다른 수준의 권력을 가진 참여자들이 부와 권력관계를 경험해보는 교육용 게임—옮긴이)를 수정해 권력·지위·특권이 높거나 중간이거나 낮은 3개 집단을 만들고, 각각 세모·동그라미·네모라는 이름을 붙였다. 참여자들은 협상 과제라고 소개받은 과제를 한 시간 이상 수행하면서, 가장 높은 점수를 받기 위해 몇 번의 라운드에 걸쳐 다양한 가치를 지닌 포커 칩을 선택 및 교

환했다.

이렇게 구성한 사회 체제는 자본주의 사회와 마찬가지로 성공과 실패의 원인을 어디에 귀인시킬지 모호했다. 참여자들이 게임의 규칙에 대해 알기 전에 칩 5개를 선택하게 함으로써, 시작할 때의 점수를 불평등하게 정했다. 그런 다음 참여자들은 이어지는 여러 라운드 동안, 특정한 제약 아래 다른 참여자와 협상할 수 있었다. 이때 참여자들에게는 다른 참여자와의 협상에 성공해 자기 지위를 향상시킬 수 있는 기회가 제한적으로 주어졌고, 이로써 누군가가 얻은 결과가 운으로 인한 것인지 능력으로 인한 것인지 모호해졌다.

참여자들은 개인 점수의 합계에 기초해 높은 권력 집단, 중간 권력 집단, 낮은 권력 집단으로 계층화되었고, 각자 소속을 드러내는 배지를 착용해야 했다. 어떤 경우에는 개인의 계층 간 이동이 가능했지만, (참여자들 모르게) 처음의 이권은 유지 및 확대되었다. 마지막 라운드에서 가장 권력 있는 집단(세모 집단) 구성원은 가치 높은 칩이 충분하게 들어 있는 가방에서 비밀스럽게 칩을 고를 기회를 얻었다. 그들은 게임 내내 강한 헤게모니를 유지했고, 스스로 게임의 규칙을 만들도록 허가받았으며, 이는 일반적으로 본인·집단·체제에 유리한 내용이었다.

게임이 끝날 때 참여자들은 자신이 경험한 가상의 사회 체제가 공정하고, 정당하고, 능력주의에 맞는지에 대한 질문을 받았다. 더 자세히 살펴보면, 그들은 다음의 진술에 대한 찬성과 반대를 밝히도록 요청받았다. (a) "이 게임을 열심히 하면 성공할 수 있다", (b) "안내자가 알려준 게임의 규칙은 기본적으로 공정했다", (c) "세모 집단이 정한 새로운 규칙은 그들이 자신의 지위를 스스로 얻은 것이기 때문에 정당했다". 참여자들은 이 세 가지 항목에 대해 1점(매우 반대함)부터 9점(매우 찬성함)

그림 11.2 스타파워 시뮬레이션에서 사회적 지위 함수인 좌절감, 죄책감, 만족감, (과제 한정) 체제 정당화의 평가. 평균이 높으면 자기 보고한 좌절감, 죄책감, 만족감, (과제 한정) 체제 정당화가 높은 것임.

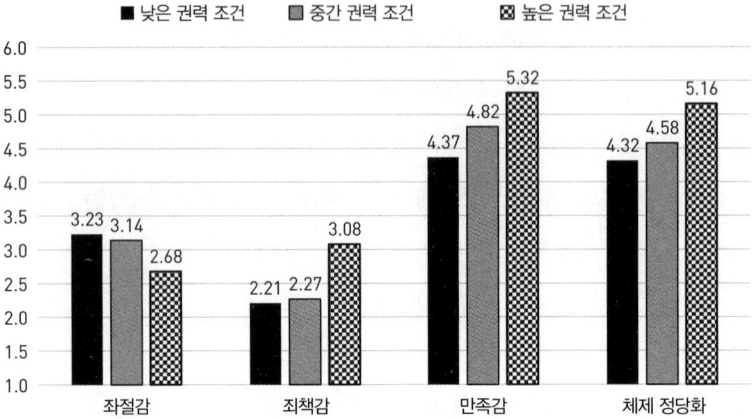

출처: 이 그림은 Jost et al.(2008b)의 연구 결과에 기초한 것이다.

까지의 척도에서 응답했으며, 우리는 이 응답을 합산해 체제 정당화 지수를 구했다. 또한 참여자들은 게임을 하는 동안 전반적으로 얼마나 긍정적으로, 그리고 부정적으로 느꼈는지, 그리고 몇 가지 특정 정서를 느낀 정도에 대해 질문을 받았다. 이 특정 정서에는 만족과 관련한 네 가지 정서(기쁨, 자부심, 만족감, 행복), 죄책감과 관련한 세 가지 정서(죄책감, 수치심, 내적 갈등), 좌절감과 관련한 두 가지 정서(좌절감, 분노)가 포함되었다. 여기에 대해서도 참여자들은 1점(전혀 느끼지 않았다)부터 9점(매우 많이 느꼈다)까지의 척도로 응답했다.

그림 11.2에 그 결과를 제시했다. 권력이 가장 높은 집단 구성원은 죄책감을 더 느꼈으나, 다른 두 집단에 비해 만족감도 더 느꼈다. 권력이 가장 낮은 집단 구성원은 다른 두 집단에 비해 좌절감을 더 느꼈으

그림 11.3 스타파워 연구에서 사회적 지위 함수인 정서 평가에 대한 (과제 한정) 체제 정당화의 효과. 수치는 (과제 한정) 체제 정당화를 낮은 권력, 중간 권력, 높은 권력 집단 각각의 구성원 정서 평가에서 예측 변인으로 사용한 세 가지 모형을 통해 산출한 표준화된 회귀 계수(regression coefficient, ßs).

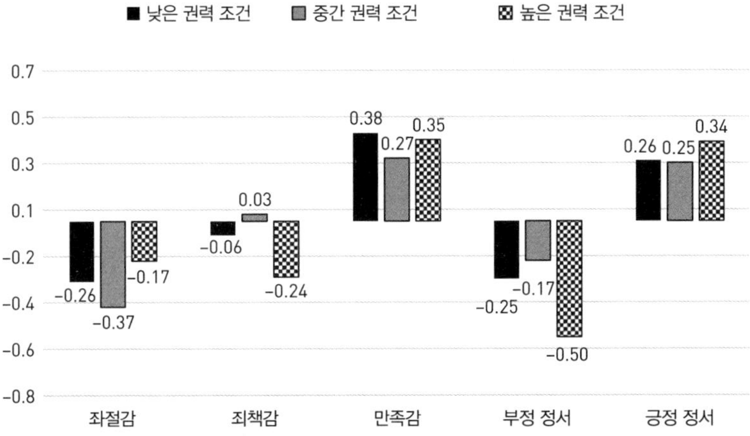

출처: 이 그림은 Jost et al.(2008b)의 연구 결과에 기초한 것이다.

나, 이 결과는 통계적으로 두드러지지 않았다. 권력이 가장 높은 집단 구성원은 체제 정당화 점수가 다른 두 집단 구성원보다 높았으나, 그 차이는 크지 않았다.

또한 그림 11.3과 같이 체제를 정당화하는 신념에 대한 지지는 세 집단 모두에서 만족감 및 긍정 정서 지지와 관련 있었으며, 권력이 가장 높은 집단에서는 죄책감 감소, 권력이 가장 낮은 집단에서는 좌절감 감소 등 전반적으로 부정 정서 감소와 관련이 있었다. 이 연구는 검증력이 낮고 통계적으로 뚜렷한 효과가 전혀 나타나지 않았기 때문에 그 결과를 주의해서 해석해야 한다. 하지만 정서 경험이 가상의 사회 체제에서 참여자의 입장을 반영하고, 체제의 정당성 평가와도 관련이 있다는 사례일 수는 있다.

다른 연구에서는 사회경제적 지위가 높은 가정 출신 학부생들을 체제 정당화 사고방식을 유발하는, 가난한 사람이 부자가 된 이야기에 노출시키거나 통제 조건을 배정했다(Wakslak et al., 2007). 그런 다음 참여자들이 다른 연구라고 믿게끔 하자 높은 체제 정당화 조건에 배정받은 참여자들은 불평등에 대해 도덕적 분노를 덜 표현하고, 사회의 비주류 집단 구성원을 돕는 데 자원할 의사도 덜 표현했다. 가설에서처럼 도덕적 분노는 체제 정당화가 남을 돕고자 하는 의지를 약화시키는 효과를 매개했다.

다른 몇몇 연구는 체제 정당화가 부정 정서 감소와 만족감 증가뿐만 아니라, 체제에 도전하는 비주류 집단 구성원의 시위 활동 지지 및 권력에 대한 의지 감소와도 관련이 있음을 보여주었다(이를테면 Feinberg et al., 2020; Hässler et al., 2018). 한 연구에서 줄리아 베커와 스티븐 라이트(Julia Becker & Stephen Wright, 2011)는 독일 여성들을 적대적 성차별주의에 노출시킨 결과, 그들이 부정 정서를 경험하고 젠더 체제 정당화를 거부한다는 걸 발견했다. 그러나 다른 여성들은 더 미묘하고 온정적인 형태의 성차별주의에 노출된 결과, 긍정 정서를 더 경험하고 젠더 체제 정당화에서 더 높은 점수를 받았다. 젠더 체제 정당화는 온정적 성차별주의에 대한 노출이 페미니스트 집단행동에 대한 여성의 지지를 떨어뜨리는 효과를 매개했다. 비슷하게 대니 오스본과 크리스 시블리(Danny Osborne & Chris Sibley, 2013)는 뉴질랜드에서 체제 정당화가 정서적 스트레스 및 정치적 행동 지지와 음(–)의 상관관계가 있음을 알아냈다. 또한 체제 정당화는 (a) 개인적 박탈감이 정서적 스트레스 및 생활 수준에 대한 불만족에 미치는 효과, (b) 집단적 박탈감이 내집단의 시위 지지에 미치는 효과를 약화시켰다.

다양한 조건하의 연구에서, 체제 정당화가 개인적·사회적 변화에 대한 저항을 불러일으키는 것으로 나타났다. 우리가 앞 장에서 살펴보았듯 미국에서 정치적 보수주의자들(그리고 경제 체제 정당화가 높은 사람들)은 기후 변화 같은 환경 문제를 축소하고, 과학적 증거에 대한 거짓된 진술을 받아들이는 것으로 나타났다. 핀란드에서 기후 변화를 국가 체제에 대한 위협으로 지각하는 것은 일반적 체제 정당화 및 핀란드 식량 분배 체제에 대한 정당화를 예측했다(Vainio et al., 2014). 오스트레일리아에서 경제 체제 정당화는 환경 문제에 대한 낮은 개입 및 친환경 계획 지지 감소와 관련이 있었다(Leviston & Walker, 2014).

크레이그 맥가티와 동료들(Craig McGarty et al., 2014)은 반대 운동의 핵심 문제를 다음과 같이 지적했다. "국가의 상징으로 둘러싸인 중앙 정부를 공격하는 데서 생기는 부당성이라는 오점이 …… 국가 기관을 통제하고, 반대자들이 국가에 불충한 것처럼 보이게끔 한다"(p. 729). 이러한 문제는 체제 정당화 분석에 매우 유용한데, 시위자들에 대한 역공(backlash)은 체제 방어 동기를 반영할 때가 많기 때문이다(이를테면 Langer et al., 2019; Rudman et al., 2012; Yeung et al., 2014). 일반적으로 주류 사회 구성원은 현 상태에 도전하는 사람들을 의심하며, 그들의 역공은 체제 비판에 대한 반응으로써 강화된다. 그러나 우리가 앞 장에서 살펴보았듯 체제 정당화 동기는 사회 변화 촉진에 활용될 수 있으며, 정의를 비판하는 사람들은 장기적으로 보면 현 상태의 정당성을 약화시키는 데 도움을 줄 수 있다. 또한 현 사회 상태의 대안에 관해 이상적인 생각을 갖도록 촉진하는 것은, 체제 정당화 동기를 약화시키고 사회 변화에 대한 헌신을 강화하는 것으로 나타났다(Badaan et al., in press; Fernando et al., 2018).

줄리아 베커, 대니 오스본, 비비언 바단(Vivienne Badaan)과 나는 집단행동의 통합 모형을 제안했으며, 여기에는 인식론적·실존적·관계적 욕구와 현 상태에 대한 비판 및 인정을 비롯한 이념적 과정이 포함되었다(Jost et al., 2017a). (사회 체제의 정당성 또는 안정성에 대한 위협에 반응해 높아지고, 도덕적 분노 같은 체제를 향한 정서와 관련이 있는) 체제 정당화 동기는 집단행동이 일어날 가능성이 있는지, 어떤 형태를 취할지 예측한다. 통합 모형에는 집단행동의 사회 정체성 모형에서 밝힌 변인, 즉 사회적 동일시, 도덕적 분노, 집단 효능감에 대한 믿음도 포함되어 있다.

그림 11.4의 통합 모형에서는 집단행동(그리고 행동하지 않는 것)에 대한 새로운 가설을 다음과 같이 제시한다.

1. 인식론적, 실존적, 관계적 욕구는 체제 정당화와 양(+)의 방향으로 연결될 것이다.
2. 내집단 동일시는 사회 체제에서 이익을 보는 사람들의 경우 체제 정당화와 양(+)의 방향으로 연결되겠지만, 사회 체제에서 이익을 보지 못하는 사람들의 경우 체제 정당화와 음(−)의 방향으로 연결될 것이다.
3. 체제 정당화는 부정의 지각 및 사회 체제를 향한 분노와 음(−)의 방향으로 연결될 것이다.
4. 체제에 기초한 분노는 체제에 도전하는 시위와는 양(+)의 방향으로 연결되는 반면, 체제를 지지하는 시위와는 음(−)의 방향으로 연결될 것이다.
5. 집단에 기초한 분노와 집단 효능감 지각은 사회 체제에서 이익을 보는 사람들과 이익을 보지 못하는 사람들에 대해 각각 다른 형태의 집단행

그림 11.4 체제 도전 및 지지 시위에 대한 사회 정체성 및 체제 정당화 이론 통합 모형

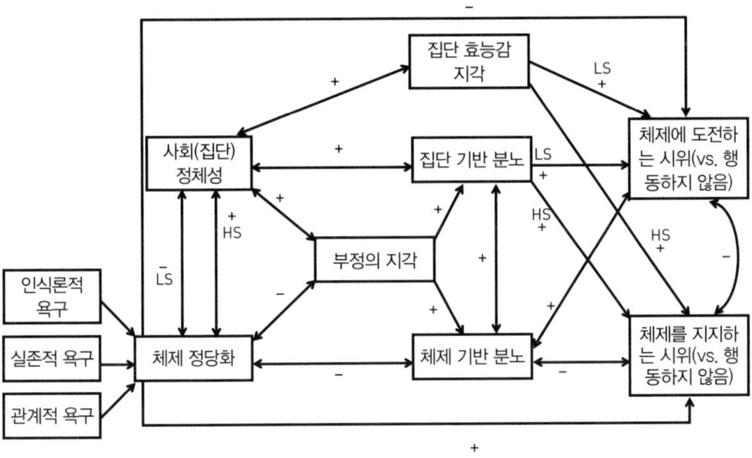

출처: Jost et al.(2017a).

*LS: 체제 정당화가 낮은 경우, HS: 체제 정당화가 높은 경우—옮긴이.

동과 연결될 것이다.

a. 사회 체제에서 이익을 보지 못하고 체제에 기초한 분노, 집단에 기초한 분노, 집단 효능감 지각이 높은 사람들은 이 세 가지 변인이 낮은 사람들보다 체제에 도전하는 시위 관련 활동을 할 가능성이 높을 것이다.

6. 사회 체제에서 이익을 보고 집단에 기초한 분노 및 집단 효능감 지각이 높은 (그러나 체제에 기초한 분노가 낮은) 사람들은 집단에 기초한 분노, 집단 효능감 지각이 낮은 (그리고 체제에 기초한 분노가 높은) 사람들보다 체제를 지지하는 집단행동을 할 가능성이 높을 것이다.

위의 가설을 모두 종합하면, 체제 정당화 동기가 낮은 사람들은 체제

를 지지하는 시위에 참여할 확률은 낮아야 하지만, 체제에 도전하는 집단행동(즉, 불복, 반대)에는 참여할 것이며, 이는 특히 그들이 비주류 집단과 자신을 강하게 동일시할 때 그러할 것이다. 반대로 체제 정당화 동기가 높은 사람들은 체제에 도전하는 시위에 참여할 확률은 낮지만, 체제를 지지하는 집단행동(즉, 반발)에는 참여할 것이며, 이는 특히 그들이 주류 집단과 자신을 강하게 동일시할 때 그러할 것이다.

이 모형에서는 집단행동에 대한 여러 이론에 나오는 변인을 통합했으며, 질적으로 다른 형태의 집단행동 또는 행동하지 않는 것을 예측하는 데 있어 사회적(즉, 역사적·문화적·정치적) 요인, 집단의 지위, 이념적 동기, 정서 경험의 중요성을 고려했다. 이렇게 함으로써 시위 및 사회 변화의 사회적·인지적·동기적 선행 자극에 대한 훨씬 더 온전한 연구를 향한 길을 닦았다. 또한 타인의 체제 정당화 경향에 대한 지각이 집단 효능감을 느끼는 데 영향을 미칠 가능성을 제기했다. 티무르 쿠란(Timur Kuran, 1991)이 보여주었듯 기존 체제에 대한 동료 시민들의 지지가 시위 참여 의사를 결정하는 필수적 요인이라면, (군대의 시가행진이나 스포츠 경기에서 국가 제창 같은) 가시적인 체제 지지 의식이 사회 체제 정당화 동기를 만연하게 하므로 체제 도전 시위는 실패할 것이라는 느낌을 강화하는지 분석할 필요가 있다.

집단행동의 통합 모형을 뒷받침하는 증거

대니 오스본과 크리스 시블리가 이끈 프로젝트는 뉴질랜드와 미국에서의 대규모 연구를 통해 집단행동의 통합 모형을 검증했다(Osborne et al.,

2019a). 첫 번째 연구에서 우리는 뉴질랜드 태도 및 가치 연구(New Zealand Attitude and Values Study, NZAVS)에서 얻은—차별과 사회 부정의에 직면해 있는 원주민—마오리족($n = 2,328$)과 유럽계 뉴질랜드인($n = 13,819$)의 응답 데이터를 분석했다. 일반적 체제 정당화 척도에서 뽑은 네 가지 항목을 맥락에 맞게 수정해 설문 응답자들에게 제시했다. "나는 전반적으로 뉴질랜드 사회가 공정하다고 생각한다" "뉴질랜드의 정치 체제는 일반적으로 마땅히 그래야 하는 대로 작동하고 있다" "뉴질랜드에서는 모두에게 부와 행복에 대해 공평한 기회가 주어진다" "뉴질랜드의 정책 대부분은 공공의 이익을 위한 것이다". 또한 응답자들에게 '마오리족의 권리를 지지하는 행진 및 대중 시위'(체제에 도전하는 집단행동)를 얼마나 지지하는지, 전시에 국가를 위해 싸울 의사가 얼마만큼 있는지(체제를 지지하는 집단행동) 물었다. 우리는 마오리족(낮은 지위)과 유럽계 뉴질랜드인(높은 지위) 응답자 모두에 대해 체제 정당화는 체제에 도전하는 집단행동 지지와 체제를 지지하는 집단행동 찬성에 반대 효과가 있을 것이며, 집단행동의 사회 정체성 모형에서 밝힌 변인이 이러한 효과를 매개할 것이라는 가설을 세웠다.

표준적인 통계 지수로 보았을 때 다집단 구조 방정식 모형(multigroup structural equation)은 데이터를 분석하기에 적합했다. 가설과 같이 체제 정당화는 마오리족과 유럽계 뉴질랜드인 집단 모두에서 체제에 도전하는 집단행동에 대한 지지와는 음(-)의 방향으로 연결되었고, 체제에 찬성하는 집단행동에 대한 지지와는 양(+)의 방향으로 연결되었다. 또한 두 집단 모두에서 체제 정당화는 집단에 기초한 부정의 지각, 집단에 기초한 분노, 체제에 대한 불만족과 음(-)의 방향으로 연결되었다. 체제 정당화는 정치적 효능감과는 두 집단 모두에서 양(+)의 상관관계가 있었다. 즉, 사회가 공정하고 정의롭다고 믿는 것은 사람들이 체제를 개선하기 위해 효과적으로 일할 수 있다고 느끼는 것과 관련되었다(Cichocka et al., 2018도 참조).

가설과 같이 체제 정당화는 유럽계 뉴질랜드인에게는 내집단 동일시와 양(+)의 방향으로 연결되었지만, 마오리족에게는 음(–)의 방향으로 연결되었다. 두 집단 모두에서 내집단 동일시는 정치적 효능감, 집단에 기초한 부정의, 집단에 기초한 분노와 양(+)의 방향으로 연결되었다. 중요한 것은 마오리족의 경우 내집단 동일시가 체제에 도전하는 집단행동과 양(+)의 방향으로, 유럽계 뉴질랜드인의 경우 체제를 지지하는 집단행동과 양(+)의 방향으로 약하게 연결되었다는 것이다. 집단에 기초한 부정의 지각은 두 집단 모두에서 집단에 기초한 분노와 양(+)의 방향으로 연결되었다. 마오리족의 경우 집단에 기초한 부정의 지각과 체제에 도전하는 집단행동이 양(+)의 방향으로, 유럽계 뉴질랜드인의 경우는 음(–)의 방향으로 연결되었다. 종합하면, 사회 정체성 이론과 체제 정당화 이론의 통찰을 결합한 집단행동의 통합 모형은 뉴질랜드 연구에서 아주 잘 뒷받침되었다.

우리는 이 결과를 재검증하고 확장하기 위해, 미국에서 1144명의 유럽계 미국인과 369명의 소수 인종 미국인 응답자를 대상으로 후속 연구를 실시했다. 이 연구에서 우리는 일반적 체제 정당화와 함께, 다음 여러 문항에 대한 지지를 바탕으로 체제에 도전하는 집단행동 지지를 측정했다. (a) '흑인 목숨도 소중하다(Black Lives Matter)' 운동을 지지하는 항의 행진, (b) 소수 인종에 대한 경찰관들의 과잉 진압에 대한 관심 고취를 위한 시위, (c) 미식축구 선수들이 국가 연주 시 무릎을 꿇는 행동, (d) 미국 남부에 있는 남부연합 관련 동상 철거를 지지하는 시위행진, (e) 소수자의 권리를 지지하는 항의 행진 및 대중 시위. 또한 체제를 지지하는 집단행동 찬성은 다음과 같은 문항에 대한 지지를 통해 측정했다. (a) '모든 목숨이 소중하다(All Lives Matter)' 운동을 지지하는 항의 행진, (b) 미국 남부에 있는 남부연합 관련 동상 철거에 반대하는 시위행진, (c) 백인의 권리를 지지하는 항의 행진 및 대중 시위, (d) '미국을 다시 위대하게(Make America Great Again)' 운동을 돕기 위한 집회 참여, (e) 미국과 멕시코 간 장벽 건설을 지지하는 시위.

우리의 모형은 (통계 검증 결과—옮긴이) 데이터에 매우 적합했다. 뉴질랜드 연구에서와 같이 체제 정당화는 지위 낮은 집단(소수 인종)과 지위 높은 집단(유럽계 미국인) 모두에서, 체제에 도전하는 집단행동과는 음(-)의 방향으로, 체제를 지지하는 집단행동과는 양(+)의 방향으로 연결되었다. 소수 인종 응답자들의 경우, 체제 정당화는 집단에 기초한 부정의, 집단에 기초한 분노, 체제에 기초한 분노와는 음(-)의 방향으로 연결되었다. 주류 응답자들의 경우 체제 정당화는 비주류 응답자들과 마찬가지로 체제에 기초한 분노와 음(-)의 방향으로 연결되었으나, 집단에 기초한 부정의 지각과는 양(+)의 방향으로 연결되었다. 두 집단 모두에서 체제 정당화는 집단 효능감 및 체제를 지지하는 집단행동과 양(+)의 방향으로 관련되었지만, 체제 정당화와 체제에 도전하는 집단행동 사이의 관계는 모형에 포함된 다른 여러 변인을 통해 완전히 매개되었다.

가설과 같이 소수 인종 응답자들의 경우, 집단에 기초한 부정의 지각이 체제에 기초한 분노와 양(+)의 방향으로, 체제를 지지하는 집단행동과는 음(-)의 방향으로 연결되었다. 반면 유럽계 미국인 응답자들의 경우, 집단에 기초한 부정의 지각이 체제에 기초한 분노 및 체제에 도전하는 집단행동과는 음(-)의 방향으로, 체제를 지지하는 집단행동과는 양(+)의 방향으로 연결되었다. 주목할 것은 두 집단 모두에서 체제에 기초한 분노가 체제에 도전하는 집단행동 지지(그리고 체제를 지지하는 집단행동에 대한 반대)를 예측했다는 것이다. 따라서 우리는 뉴질랜드와 같이 미국에서도 집단행동에 대한 통합 모형을 뒷받침하는 강력한 증거를 얻었다.

결론

사회 속 개인과 집단에게 사회적 저항에 참여할 것인지, 또는 더 추상적인 수준에서 현 상태의 여러 요소에 반대할지 아니면 방어할지 결정하는 것은 절대 쉬운 일이 아니다. 사회과학의 합리적 선택 이론 관점에서, 사람들은 저항 운동에 참여할지, 참여하지 않을지 결정할 때 수많은 선택지를 견주어본다. 여기에는 저항에 성공했을 때 얻을 수 있는 이익의 가치 추정, 참여로 인해 치를 대가, 이러한 손해와 이익이 실현될 확률, 이러한 확률에 자신의 참여가 영향을 미칠지에 대한 판단이 포함된다(이를테면 Kuran, 1991). 사회심리학자들은 위험과 보상에 대한 합리적 판단이 저항할지 여부에 개입된다는 입장을 상당 부분 받아들인다. 그러나 내집단 동일시, 집단에 기초한 부정의 지각, 분노 또는 도덕적 분노의 느낌, 사회 변화가 가능하다는 희망찬 기대, 즉 집단 효능감 같은 다른 요인도 있다(van Zomeren et al., 2008).

이렇게 잘 알려진 집단행동 참여의 선행 자극에 우리는 몇 가지를 더 하고자 한다. 체제 정당화 이론의 관점에서 저항에 참여할지에 대한 개인의 결정은 기존 체제의 정당성 또는 부당성 평가에 달려 있으므로 본질적으로 이념적이라는 점에 대한 이해가 필수적이다. 정치적 보수주의, 그리고 어떤 경우 종교성은 현 상태에 대한 지지를 유지하는 데 핵심 역할을 한다(Badaan et al., 2018). 이 책에서 요약한 여러 연구에서, 우리는 체제 정당화 동기가 (불확실성, 위협, 사회적 부조화를 줄이려는 기저의 인식론적·실존적·관계적 욕구와 마찬가지로) 보수주의, 종교성, 기존의 사회적·경제적·정치적 제도와 배치를 정당화하려는 경향과 연결된다는 것을 발견했다.

체제 정당화가 높은 사람의 전형은 우리가 살펴보았듯 반추 및 숙고하고자 하는 경향이 낮고 질서, 확실성, 구조, 인지 종결에 대한 인식론적 욕구가 높은 사람이다. 그 또는 그녀는 생명과 건강에 대한 실존적 위협, 그리고 생각이 비슷한 타인들과의 의견 일치와 동조를 유지하는 데는 매우 주의 깊은 경향이 있다. 반면, 체제 정당화가 낮은 사람의 전형은 모호함, 불안정성, 갈등, 사회적 부조화를 받아들이고자 하는 경향이 보다 강하다. 이러한 사람은 사회 변화의 불확실한 전망에 대해 개방적이고, 결과와 상관없이 전통과 사회적 안정성을 유지하는 것보다 현 사회 상태에 대한 보다 평등주의적인 대안을 현실로 만드는 것에 헌신한다. 시인 카바피스(K. P. Kaváfis)가 썼듯이,

> 영혼을 성장시키고자 하는 사람은
> 복종과 존경으로부터 스스로를 자유롭게 해야 한다.
> 그는 몇몇 법은 따르겠지만
> 법과 관습은 대부분 어길 것이고,
> 정해진, 맞지 않는 규준을 넘어설 것이다…….

그는 파괴적인 행동을 두려워하지 않을 것이다.

집의 반은 무너져야 할 것이다.

이렇게 그는 지혜를 향해 자랑스럽게 자라날 것이다(p. 5).

정치적 투쟁은 많은 것에 달려 있으며, 그중 하나는 복잡한 심리적 투쟁을 개인의 마음속과 사회 구성원 사이에서 모두 해결하는 것이다. 전통적이고 확립된 규준을 지켜야 할까, 아니면 보다 나은 무언가로 대체하기 위해 노력해야 할까?

12

체제 정당화 이론 이후 25년

비판, 반론, 앞으로의 방향

25년 전 마자린 바나지와 나는 사람들이 자기와 내집단의 이익과 관련한 자존감을 방어하고 합리화하기 위한 자기 정당화 및 집단 정당화 경향에 더해, 기존의 사회적·경제적·정치적 배치를 방어하고 합리화하기 위한 **체제** 정당화 경향을 나타내며, 가끔은 개인적·집단적 이익을 대가로 치르고서라도 그럴 것이라고 추측했다. 특히 우리는 "흑인 미국인, 남아프리카공화국의 반투족, 과테말라의 마야인, 인도의 낮은 카스트 같은 하위 집단이 내집단을 폄하하고, 자신의 권리를 박탈한 외집단에 긍정적 태도를 보이거나 최근까지 그렇게 해왔다"(Brown, 1986, p. 558)는 말에서 드러나는 것처럼, 기존 이론이 비주류 개인 및 집단의 스스로에 대한 부정적 고정 관념 동조 및 외집단 선호에 대한 완전히 만족스러운 설명을 제공하지는 않는다고 느꼈다.

휴스턴과 워드(Hewstone & Word, 1985), 힌클과 브라운(Hinkle & Brown,

1990)의 비판에 따르면, 사회 정체성 이론(Tajfel and Turner, 1986)을 비롯해 집단 간 관계에 대한 접근에서는 외집단 선호를 적절하게 설명하지 않았다. 우리는 체제 정당화 이론을 제안할 때 이러한 비판을 진지하게, 아마도 비판 당사자들보다도 더 진지하게 받아들였다. 그리고 더 풍부한 설명을 하기 위해 "자기 자신에 대한 억압을 유지하는 거짓된 믿음"(Cunningham, 1987, p. 225)을 유지하는 것으로 정의되는 '허위의식' 개념에 대한 사회주의-페미니스트적 접근을 취했다. 우리는 이러한 생각에 가능성이 있으며, 지금까지 실험사회심리학에서 탐색하지 않은 방향을 제시한다고 느꼈다.

우리의 주장에서 가장 독특한 측면은 비주류 집단 구성원조차도 (심리적 이유로) 기존 사회 체제가 정당하다고 믿고 싶어 한다는 것이었다. 이러한 제안은 3장에서 소개한 체제 정당화 이론의 영향력 있는 선행 연구에서 명시적으로 나타나지 않았다. 아마도 안토니오 그람시가 다음과 같이 썼을 때, 거기에 가장 가까이 다가섰을 것이다. "대다수 사람이 급진적 변화 이후 무슨 일이 생길지 생각하면 망설이고 침착성을 잃는다. ……그들은 단지 현재가 산산이 부서지는 것만을 상상할 수 있으며, 새로운 질서의 가능성을 지각하는 데는 실패한다"(Fiori, 1970, pp. 106~107). 변화에 대한 저항을 설명하는 것은 레빈(Lewin, 1947a, b)이 주장한 장 이론의 목표이자, 체제 정당화 이론에서 핵심적인 부분이었다. 그러나 체제 정당화 이론에서는 더 나아가 허위의식을 단순히 사회학적 산물이나 문학적 비판의 도구가 아닌, 인지적·동기적 과정으로서 실증적으로 탐색하고자 했다. 체제를 정당화하는 메시지는 특권층의 소통(담론의 상부 구조), 그리고 (비주류 집단도 포함해) 체제 정당화 신념으로 완화되는 심리적 욕구와 이익 관계가 있는 사회 체제 구성원(동기의 하부 구조)을 통해 전파된다.

처음에 체제 정당화 이론의 목표는 고정 관념, 편견, 외집단 선호를 설명하는 것이었다(4장 참조). 우리가 이 책을 통해 살펴보았듯 체제 정당화 이론은 나중에 공정함, 정의, 정당성, 자격, 자격의 평가, 빈곤과 불평등의 귀인 및 설명, 개인과 집단에 대한 동시적·숙고적인 사회적 추론, 사회적·경제적·정치적 문제에 대한 태도 및 의견, 특정한 사회정치적 결과 및 사건에 대한 합리화, 정치적·종교적 이념을 포함해 훨씬 넓은 범위의 결과로 확장되었다.

체제 정당화 이론에 따르면, 사람들은 (상황 및 기질 관련 요인에 따라 다양한 수준으로) 기존의 사회·경제·정치 체제의 여러 측면을 방어하고, 강화하며, 의존하도록 동기화된다. 체제를 정당화하는 것은 현 상태에 대한 만족감을 높이고, 불확실성, 위협, 사회적 부조화를 줄이려는 기저의 인식론적·실존적·관계적 욕구를 만족시킴으로써 진통제 기능을 한다. 하지만 체제 정당화는 부정 정서를 낮추는 것뿐만 아니라 현 상태에 대한 긍정 정서를 높이기도 한다. 체제 정당화는 체제에 도전하는 시위 활동에 대한 지지를 감소시킨다. 또한 사회 정의 성취에 장애물이 될 때가 자주 있다. 이것이 내가 앞 장들에서 주장해온 바이다.

물론 사회과학을 연구하는 모두가 우리의 이론적 주장에 동의하지는 않는다. 때로는 도움을 주는 방식으로 때로는 매섭게 이러한 생각에 반론을 제기하고 비판하는 사람들이 있다. 연구자로서 그러한 비판에 언제, 어떻게 답해야 할지 아는 것은 어려운 일이다. 응답이 너무 적으면 무관심해 보일 수 있고, 너무 많으면 방어적으로 보일 것이다. 체제 정당화 이론 연구를 시작한 지 사반세기가 지난 지금이 그동안 쌓인 질문과 비판에 어떤 방식으로든 답하기에 알맞은 때일 것이다. 여기서 우리는 체제 정당화 이론에 대한 주요 반론을 몇 가지 소개하고, 여기에 답할 것이다. 아울러 이 장 끝부분에서는 체제 정당화 이론을 사회적·정치적 행동을 더 잘 이해하고 설명하는 데 활용하는 새롭고 유망한 방법을 밝힐 것이다.

비판과 반론

체제 정당화 이론에 대한 한 가지 비판은 외집단 선호는 현 상태의 내면화를 정말로 반영하는 것이 아니고, 객관적인 집단 간 차이 및 사회적 현실의 구속력을 보여준다는 것이다(Brewer, 2007; Brown, 2010; Owuamalam et al., 2019; Rubin & Hewstone, 2004; Spears et al., 2001). 우리는 5장에서 이러한 주장에 대해 길게 응답했다. 우리의 입장은 외집단 선호는, 특히 내현적 측정을 통해 나타난 경우, 실제로 매우 강력하고 체제 정당화, 정치적 보수주의, 평등 반대의 개인차와 연결된다는 것이다(Ashburn-Nardo et al., 2003; Essien et al., in press; Hoffarth & Jost, 2017; Jost et al., 2001, 2004). 또한 사회에서 특히 가치를 절하하는 집단은 암묵적 외집단 선호를 드러낼 가능성이 더 높으며(Essien et al., in press; Rudman et al., 2002; Uhlmann et al., 2002), 이는 그들이 올포트(Allport, 1954), 레빈(Lewin, 1948)을 비롯한 학자들이 논의했듯 열등감을 내면화하고 있음을 시사한다.

체제 정당화 이론에 대한 두 번째 비판은 사람들이 체제 정당화 신념을 흡수하도록 사회화했더라도, 반드시 체제 정당화를 하도록 동기화되는 것은 아니라는 것이다(Huddy, 2004; Mitchell & Tetlock, 2009; Owuamalam et al., 2019; Reicher, 2004; Rubin & Hewstone, 2004; Spears et al., 2001). 이러

한 비판에 대한 응답으로 우리는 체제 정당화가 동기화되며, 목표 지향적인 과정이라는 생각을 지지하는 최소 다섯 가지 증거를 제시한다. (1) 정치적 보수주의와 관련한 신념을 포함해 체제를 정당화하는 신념의 지지는 자기기만 및 동기화된 사회 인지와 연결된다. (2) 사람들은 체제의 장점을 확인할 기회가 주어지지 않는 한 많은 경우 전반적 사회체제에 대한 위협, 비판, 도전에 방어적으로 반응한다. (3) 체제 정당화 과정에서는 결과 동등성(equifinality), 결과 다양성(multifinality) 같은 목표 추구의 고전적 특성이 나타난다. (4) 사람들은 체제를 지지하는 결론을 내리기 위해 선택적, 편향적 정보 처리를 한다. (5) 사람들은 사회경제적 체제의 정당성을 유지하기 위해 노력할 의지를 나타낸다(특히 Brescoll et al., 2013; Jost et al., 2010; Ledgerwood et al., 2011; Liviatan & Jost, 2014). 이러한 생각 중 몇 가지에 기초해 워털루 대학의 에런 케이와 동료들(Aaron Kay et al., 2009b)은 "세상은 이래야 한다고 생각하는 대로 세상을 바라보는" 데 대한 동기화된 선호를 보여주는 우아한 실험을 몇 차례 진행했다(p. 421).

세 번째 비판은 체제 정당화 이론이 언제, 어디서, 누구에게 체제 정당화가 작동하는지 적절하게 밝히지 못한다는 것이다. 특히 체제 정당화 이론은 사회 변화의 발생을 설명하지 못한다고 비판받는다(Désert & Leyens, 2006; Huddy, 2004; Reicher, 2004; Rubin & Hewstone, 2004; Sidanius et al., 2004). 우리는 이러한 비판에 대해 10장과 11장에서 자세히 다루었다. 또한 이 책 전반에 걸쳐 체제 정당화 경향의 많은 상황 관련 조절 변인(맥락)과 기질 관련 조절 변인(개인차)을 밝힌 실험 및 현장 연구를 기술했다. 상황 관련 조절 변인에는 고정 관념에 대한 노출, 체제에 대한 비판, 현 상태의 정당성 및 안정성에 대한 위협, 체제의 필연성 및 불가피성 지각, 전통 있는 오랜 역사에 대한 지각, 무력감 또는 의존성의 느낌이 있다. 체제 정당화의 기질 관련 조절 변인에는 특히 불확실성, 위협, 사회적 부조화를 낮추려는 인식론적·실존적·관계적 동기(Hennes et al., 2012)가 있으며, 여기에 대해서는 11장에서 논의했다.

비주류 집단은 체제 정당화 경향에 특히 동기화되는가

허위의식에 대한 마르크스의 분석을 인지 부조화 연구와 통합하려 시도한 사회 이론가 욘 엘스테르(Jon Elster, 1982)는 "상위 계급의 이익은 하위 계급이 자신들의 열등한 지위에 대한 이념을 만들어냄으로써 더 잘 충족된다"고 했다. 이는 "지나친 순응"으로 이어져 "하위 계급의 이익에 반할 수 있"지만 "부조화를 줄인다는 점에서는 하위 계급의 이익"에 부합할 수 있다(p. 142). 이러한 생각은 육체노동자를 면담하고 그들이 "자기가 불공정한 사회에서 착취당하는 희생자가 된다고 생각하기보다는 공정한 사회에서 알맞은 자리에 있다고 생각하는 것이 덜한 형벌이다"(p. 227)고 했던 레인(Lane, 1962)의 생각과 매우 비슷하다. 또한 이는 미국 대학의 사교 모임에서 호된 신고식을 치른 학생들이 그 체제의 열광적인 지지자가 되는 것을 포함해, 인지 부조화의 여러 고전적인 예시와도 잘 들어맞는다. 학문적 이야기는 그만두고서라도, 영화감독 마이클 무어(Michael Moore)는 영화 〈화씨 9/11(Fahrenheit 9/11)〉에서 다음과 같이 말했다.

> 나는 항상 동네에서 가장 안 좋은 지역에 살고, 가장 안 좋은 학교에 다니고, 가장 힘들게 사는 아주 가난한 사람들이 체제를 방어하려고 제일 먼저

나선다는 것이 놀라웠다.

이러한 예에서 단서를 얻어 브렛 펠엄, 올리버 셀던(Oliver Sheldon), 빌리언 나이 설리번(Bilian Ni Sulivan)과 나는 (인지 부조화와 체제 정당화 관점을 통합해 만든) 현 상태에서 가장 불이익을 받고 있는 사람들이 기존의 사회 체제, 권위, 결과를 정당화하고 싶은 욕구가 가장 강할 것이라는 가설을 탐색했다(Jost et al., 2003c). 우리는 소득 낮은 유럽계·아프리카계·라틴계 미국인이 정부를 신뢰할 확률이 높고, 정부 비판을 규제할 것을 지지하고, 사회에서 능력주의가 실현되고 있으며 경제적 불평등은 정당할뿐더러 필요하다고 인식한다는 공공 여론 설문 조사 결과에서 일부 증거를 얻었다. 이러한 결과는 개념적으로 재검증되었으며, 주어진 상황에서 가장 고통받는 사람이 그 상황을 정당화하는 데 특히 동기화된다는 인지 부조화 이론의 생각과 큰 틀에서 일치한다. 후속 연구에서도 전반적인 측면에서 비슷한 결과가 나왔으며(Li et al., 2020), 일부 연구에서는—적어도 특정한 조건에서는—체제 정당화의 진통제 효과가 주류 집단보다 비주류 집단에서 강한 것으로 나타났다(Sengupta et al., 2017; Vargas-Salfate, 2017).

그러나 조스트와 동료들(Jost et al., 2003c)은 "자신의 물질적·상징적 이익에 대한 경제적 이론을 비롯한 여러 이론이 사회적·정치적 태도 및 행동의 '기저선'이 된다고 할 수 있을 것이다"(p. 14)라고 직접적으로 밝혔다. 우리는 아래와 같이 덧붙였다.

> 정확히 말하자면, 우리는 비주류 집단 구성원이 항상 (또는 평상시에도) 체제에 대한 이념적 지지를 제공할 확률이 가장 높다고 주장하는 게 아니

다. 사실 체제 정당화가 비주류 집단 구성원의 자기 고양, 자기 이익, 내집단 선호의 동기와 상충할 때는 …… 이들 동기로 인해 약화되어야 한다(p. 17).

이러한 주의에도 불구하고 비판자들은 인지 부조화 기반의 강력한 가설을 체제 정당화 이론과 혼동한다(이를테면 Brandt, 2013; Caricati, 2017; Owuamalam et al., 2018, 2019).

특히 브란트(Brandt, 2013)는 인지 부조화에 기반한 강력한 가설을 "지위-정당성 가설(status-legitimacy hypothesis)"로 명명하고, 이를 원래 연구에 없던 (젠더와 교육 수준 같은) 다른 영역으로 확장시켰다.[1] 그의 통계 분석 결과, 지위가 낮은 집단과 높은 집단 사이에 부를 비롯한 다른 기관에 대한 신뢰도 차이는 상대적으로 적었다. 이에 기초해 그는 이런 현상이 "이론적 설명이 필요하지 않은 우연한 사건"(p. 766)이라고 결론 내렸다. 정리하면, 브란트는 비주류 집단에서 체제 정당화가 더 많이 나타난다는 증거를 충분히 찾을 수 없었지만, 사회 정체성 이론에서 예측한 것과 같은, 집단에 기초한 자기 이익에 대해서도 일관적인 증거를 찾지 못했다. 이렇게 결과에 차이가 없다고 해서 왜 가난한 사람들이 현 상태를 지지하는지를 설명해야 할 필요가 없어지는 것은 아니다.

우리는 또 한 번 반복되는 문제를 마주한다. 왜 비주류 집단이 주류 집단만큼 (어떤 경우에는 거의 그들과 똑같이) 현 사회 상태의 여러 측면을 방어하고 정당화하는 것일까? 한 가지 명확한 예시는 노동 계급의 보수주의를 들 수 있다(Jost, 2017b). 스테이시와 그린(Stacey & Green, 1971)은 "〔영국의〕 보수 정당은 그들이 얻는 표의 절반가량을 육체노동자들로부터 받"으며 "일반적으로 이러한 계급의 30~35퍼센트는 보수 정당을 지지한다"고 썼다(p. 13). 프랭크 파킨(Frank Parkin, 1967) 또한 보수 정당이 높은 비율을 차지하는 노동 계급 유권자의 지지 없이는 선거에서 이길 수 없을 뿐만 아니라, 보수 정당을 지지하는 사람들은 "지배적인 제도적 질서와 핵심 가치"의 "정치적 수호자"라는 정치적 기득권을 가지고 있다고 주장했다(p. 282).

2017년 YouGov 설문 조사에 따르면, 영국 노동 계급 유권자의 43퍼센트가 보수 정당을 선호했으며, 26퍼센트만이 노동당을 선호했다. 미국의 관찰자들은 (조지 W. 부시나 도널드 트럼프 같은) 보수파 정치인들의 정책이 부자들에게 얼마나 유리한지를 고려할 때, 그들을 지지하는 노동 계급의 비율을 보고 놀랄 때가 많다(Gest, 2016). 동시에 노동 계급의 보수주의라는 '신화'가 '사실이 아님을 증명'하려는 반대자들은 "〔트럼프 지지자의〕 35퍼센트만이 가구 연소득 5만 달러 이하"라고 지적한다. 트럼프 지지자들이 힐러리 클린턴 지지자보다 좀더 부유한 (그러나 교육 수준은 낮은) 것은 사실이지만, 백만장자에게 투표한 220만 명의 연소득이 5만 달러 이하라는 사실은 변치 않는다.

노동 계급의 보수주의라는 주제는 여러 세대에 걸쳐 사회과학자들을 사로잡았으며, 이는 아마도 이 주제가 정치적 태도에서 자기 이익의 역할이라는 표준적 가정과 어긋나기 때문일 것이다. 지난 몇 년 동안 혁신적인 연구가 쏟아져 노동 계급의 보수주의 관련 현상에 대한 우리의 이해를 넓혔고, 이 중 몇 편은 체제 정당화 이론에서 영감을 받았다. 이러한 연구는 현 상태에 대한 비주류 집단의 지지가 "이론적 설명이 필요하지 않은 우연한 사건"(p. 766)이라는 브란트(Brandt, 2013)의 평가에 의문이 들게끔 한다. 레인(Lane, 1962)과 혹스차일드(Hochschild, 1981)의 풍부한 전통에서 비롯한 질적 인터뷰에서도, 현장 연구를 통한 양적 증거와 마찬가지로 새로운 증거가 나왔다. 이들 연구는 체제 정당화 이론의 기반이 되는 증거를 확장함으로써, 심리학 연구를 주도하고 있는 수동적인 실험 연구와 모호하고 분명치 않은 질문을 포함할 때가 많으며 그 밖에 다른 문제도 안고 있는 공공 여론 설문 조사의 한계를 넘어선다.

중요한 예를 하나 들면, 남아프리카공화국에서 아파르트헤이트가 종식된 뒤 백인 가정에서 일하는 소득 낮은 흑인 여성 가사 노동자들을 흑인 연구 보조원이 면담한 결과, 이 여성들은 자신이 고용주와 상호 이익 관계에서 이득을 얻고 있다고 여겼는데, 이러한 평가를 의심할 만한 객관적인 기반이 있는 경우에조차 그러했다(Durrheim et al., 2014). 연구자들은 "아파르트헤이트의 종식과 노동법의 발전에도 불구하고, 100만 명에 가까운 노동자가 하인 같은 일을 하고 있으며, 노동 시간이 길고 일반적으로 보잘것없는 임금을 받는 것처럼 불공정하고 심지어는 불법적인 대우를 받는 등 가사 노동이 착취적인 관습으로 남아 있다"(p. 161)고 지적했다. 그러나 가사 노동자 대부분이 자신은 운이 좋다고 여겼다. 그들은 "고용주의 행동을 '관대하게'" 해석했으며 "감사를 표하고, 열심히 일하고, 기존의 권력 및 특권 관계를 수용함으로써 (고용주의 행동에—옮긴이) 상응하는 '은혜를 갚고자 하는' 충동"(p. 160)을 느꼈다(감사의 체제 정당화 기능에 대한 예리한 분석을 보려면 Eibach et al., 2015 참조). 콰줄루나탈 대학(University of Kwazulu-Natal)의 케빈 더하임(Kevin Durrheim)에 따르면, 고용주와 가사 노동자 모두 "도움을 균형 있고 공정한 교환으로 보았다. 그들은 자신을 임금을 덜 받거나 착취당하는 노동자로 보지 않았고, 서로에게 이익이 되는 관계에 동등하게 참여하는 사람으로 보았다"(p. 160).

다른 질적 연구에서 미국 북서부에 살며 소득 낮은 라틴계 및 아프리카계 미국인 어머니들은, 빈곤의 원인은 가난한 사람의 성격 결함에서 찾을 수 있다는 체제 정당화 신념을 상당수 표현했다. 한 참여자는 아래와 같이 주장했다.

> 그들은 이유가 있어서 가난한 거지, 이유 없이 가난한 게 아녜요. 만약에 당신이 가난하다면 인생에 목표가 없고, 스스로 돈을 벌고 싶지 않아서 그런 거예요. ……당신이 가난한 건 당신이 가난하길 원하기 때문에 그래요. 만약 당신이 마약쟁이라면, 마약 중독자라면, 술 마시고 약을 하는 건 자기 잘못이잖아요. 다른 사람 잘못이 아니에요. 자기 잘못이지……(Godrey & Wolf, 2016, p. 97).

미주리주 캔자스시티에 사는 소득 낮은 미국인을 대상으로 한 인터뷰에서도 비슷한 결과가 나왔다(Douglas, 2016). 예를 들어, 한 가난한 여성은 복지 제도를 비판했다. "애가 다섯인데 또 아이를 갖고 여전히 복지 기금을 짜내려고 할 때, 저는 세금을 싫어하는 만큼 그런 걸 아주 싫어해요. ……그런 여자가 내 세금으로 놀고먹는데 이제 여섯째를 가졌대. 아니죠. ……복지, 복지 …… 그만해야 해요! 딱 잘라서, 끝! 그런 여자들한테는 복지 기금을 그만 줘야 해요"(pp. 34~35).

프랑스 고등학생을 대상으로 한 연구에서는 사회경제적 지위가 낮은 아동들이 학업 성공은 순전히 능력주의 관련 요인에 달려 있다고 믿었으며, 이러한 믿음이 사회적 수준에서의 체제 정당화와 관련이 있는 것으로 나타났다(Wiederkehr et al., 2015). 미국 남동부에 사는 소득 낮은 가정 출신 청소년 중 6학년 때 체제 정당화 신념이 높은 아이는 6학년 때

성적이 좋은 편이지만, 8학년에 이를 때까지 자존감, 교실 내에서의 품행, 교실 바깥에서의 위험 행동 면에서 점점 나빠진다는 결과도 있다(Godfrey et al., 2019). 이러한 결과는 (현 상태에서 불이익을 받고 있는 사람들에게) 체제 정당화는 단기적으로 진통제 역할을 하지만, 장기적으로는 자기 가치, 집단 이미지, 집단행동 면에서 대가가 따를 것이라는 생각과 일치한다.

여러 국가에서 실시한 조사 결과, 프랑스·독일·네덜란드·영국·칠레의 대규모 집단에서 낮은 교육 수준(그리고 영향력이 덜했지만 낮은 소득)은 우익 권위주의, 사회적 지배 지향성 같은 체제 정당화 신념과 관련되었다. 또한 카르바초와 동료들(Carvacho et al., 2013)은 이러한 변인이 왜 노동 계급 응답자가 여성, 동성애자, 유대인, 무슬림, 외국인, 이민자, 노숙자 등 다양한 사회 집단에 대해 편견을 더 나타내는지 설명하는 데 도움을 준다고 보았다(Napier & Jost, 2008a도 참조). 브란트(Brandt, 2013)와 대조적으로 이들 연구자는 "노동 계급은 사회 체제를 정당화하는 데 일반적으로 잘 맞는 이념적 사고를 개발하고 재생산하는 것으로 보인다"(Carvacho et al., 2013, p. 283)고 결론지었다.

뉴질랜드의 지위 낮은 소수 인종 집단(마오리족, 아시아계, 태평양제도계)은 정치 체제를 강하게 지지하지는 않았지만, 소득·교육·고용·건강 면에서 인종 집단 간 뚜렷한 격차가 유지되고 있음에도 불구하고 사회의 인종 집단 간 관계가 매우 공정하다고 지각했다. 마오리족에게는 특히 정치화된 집단 정체성이 있었으나, 그럼에도 불구하고 그들은 "적어도 인종 집단 위계에서 이익을 얻는 집단만큼 인종 집단 간 관계를 정당화했다"(Sengupta et al., 2015, p. 335).

비비언 바단과 나는 (사회적·경제적 불평등이 크고 종파에 기초한 위계적 정

표 12.1 레바논 국가 표본 조사(2016년 4월 1~18일)에서 체제 정당화와 정치 성향 및 인구통계학적 특성의 상관관계

	경제 체제 정당화	일반적 체제 정당화
자기 보고한 이념적 성향(좌우)	.297*	.231*
사회적·문화적 보수주의	.034	.305*
경제적 보수주의	.143*	.417*
종파 분리 체제 정당화	.222*	.525*
종교성	.116*	.013
소득	−.145*	.137*
교육	−.016	−.121*
당파적 성향	.176*	.077

출처: Jost et al.(2017b)에서 인용. 종파 분리 체제 정당화 측정에 사용한 항목은 부록 B.6 참조.
주: 수치는 이변량 상관 계수(N=500)를 나타낸다. 경제 체제 정당화(부록 B.2 참조)와 일반적 체제 정당화(부록 B.3 참조)는 점수가 높을수록 체제 정당화가 더 강하다. 이념 관련 변인은 점수가 높을수록 더 보수적이고 우익적인 성향을 나타낸다. 당파적 성향은 2005년부터 레바논에서 형성된 두 가지 주요 정치 연합 중 하나에 대한 선호로 정의하며, 1점(주로 경제적 측면에서 좌파·사회주의 성향인 3월 8일 연합을 강하게 지지함)부터 5점(주로 경제적 측면에서 보수주의·자본주의 성향인 3월 14일 연합을 강하게 지지함)까지의 리커트(Likert) 척도로 측정했다.
*p<.01(양측 검정)

치 체계가 확고하게 자리 잡은) 레바논에서 국가 표본 설문 조사를 실시했다(Badaan et al., 2020). 우리는 더 가난한 사람들이 다른 참여자에 비해 일반적 체제 정당화가 낮았지만, 경제 체제 정당화 점수는 더 높음을 관찰했다. 두 가지 체제 정당화 점수가 모두 높은 사람들은 종파에 따른 위계적 정치 체제의 정당성을 더 강하게 지지했고, 경제 체제 정당화 점수가 더 높은 사람들은 더 종교적이며, 사회주의적인 '3월 8일 연합(March 8 alliance)'과 반대로 신자유주의적이고 친자본주의적인 '3월 14일 연합(March 14 alliance)'은 더 지지하는 것으로 나타났다(표 12.1).

구조 조정 대상이 된 독일 노동자 500명에 대한 설문 결과, 노동자 대부분은 해고가 필연적일 뿐만 아니라 효율적이고 정당한 것으로 보았다. 심지어 일부는 해고당한 노동자들이 자유를 얻었다고 생각했다. 이러한 신념이 동기화된 사회를 반영한다는 생각과 일관되게, 구조 조정 가능성이 더 높다고 느낀 노동자들은 구조 조정을 더 효율적이고 정당한 것으로 지각했다(Richter & König, 2017).

대부분의 사회과학 이론에서는 사회에서 불평등이 높아지면 경제적 자원의 재분배에 대한 대중의 요구가 높아져야 한다고 가정하지만, 사실 미국에서는 반대 현상이 나타났다(Kelly & Enns, 2010; Luttig, 2013). 불평등이 높아지면 기존의 보수적인 사고가 심화되는데, 이는 시민들이 현 경제 상태를 방어하고 정당화하기 때문으로 보인다(Trump, 2018). 사람들(특히 보수주의자)은 자본주의 사회의 불평등을 과소 추정하고, 사회적 이동 가능성, 특히 지위가 높아질 가능성은 과대 추정했다(Bartels, 2008; Davidai & Gilovich, 2015; Kraus & Tan, 2015; Norton & Ariely, 2011). 인지적인 동시에 동기적인 이 모든 과정은 현 상태에 대한 이념적 지지를 강화한다(Day & Fiske, 2017).

뉴질랜드에서 실시한 종단 연구는 노동 계급 구성원이 2007~2008년 세계 금융 위기가 시작될 때부터 더 보수적이 되었으나, 중산층과 상류층의 정치적 지향은 변하지 않았다고 주장했다. 연구자들은 이런 결과를 인지 부조화에 기초한 가설과 강력하게 일관적으로 해석했고, "보수적 신념 체계는 사람들에게 질서와 구조에 대한 욕구를 충족시키는 데 필요한 안정성을 주는 것으로 보이"며, 이러한 욕구는 특히 가난한 사람들에게 현저하게 나타난다고 했다. 결과적으로 "경제적 불확실성과 대변동의 시기에 가난한 사람들은 부자보다 보수주의 수준이 더 높아진다"(Milojev et al., 2015, p. 9).

체제 정당화 이론은 노동 계급의 보수주의에 대한 실마리를 제공했고, 왜 비주류 집단이 때로는 주류 집단의 구성원과 똑같은 체제 정당화 신념을 고수하는지 설명하는 데 도움을 준다. 만약 (자본주의 체제에 대한 정당화를 포함해) 체제 정당화가 불확실성, 위협, 사회적 부조화를 줄이려는 기저의 인식론적·실존적·관계적 욕구를 채워준다고 보면, 왜 보수적 태도를 통해 이익을 볼 기반이 부족한 사람들 사이에서 보수적 태도가 일반적인지 이해하기가 좀더 쉬워진다. 노동 계급 구성원을 포함해 모두에게 인식론적·실존적·관계적 동기가 있기 때문에, 보수주의적 정치인과 관련한 심리적 이점이 (제도적 이점과 마찬가지로) 있는 것이다. 하지만 사람들이 기존 사회 체제를 정당화하도록 동기화해 있다는 사실이 **필연적으로** 또는 **단일하게** 그렇게 만들 것이라는 뜻은 아니다. 특정 정치 체제를 포함해 어떤 체제는 명백하게 부패했기 때문에 시민들이 그 정당성을 자신 있게 유지할 수 없다. 이는 그들로 하여금 (종교나 가족 체제 같은) 다른 곳에서 그들의 체제 정당화 욕구를 채우게 만들 것이다.

파킨(Parkin, 1967)이 오래전 지적한 대로, 대부분의 맥락에서 진보적이고 체제에 도전하는 세계관을 수용하는 것은 "정치적 일탈"(p. 278)의 한 가지 형태다. 따라서 저항을 유지하는 것은 비판적이고 계급 의식이 있으며(이를테면 Gurin et al., 1980; Mansbridge & Morris, 2001), 사회적·경제적 결핍의 진정한 원인을 알고, 많은 사회 계급에 대한 대중 담론의 특징인 "무지(cluelessness)"와 "무정함(callousness)"을 피하는 대안적 활동가 공동체로부터 계속적으로 지지를 받을 수 있는지 여부에 달려 있다(Williams, 2017). 그럴 때만이 정치 활동의 보다 건설적인 형태, 즉 착취와 억압에서 평등, 사회 정의, 자유로 나아가기 위해 헌신하며, 인본주의적이고 사려 깊고 영감을 주는 형태의 가능성이 있을 것이다.

노동 계급의 보수주의 그 자체로는 인지 부조화 감소와 크게 상관이 없을지 모르지만,[2] 우리가 이 책을 통해 살펴본 증거를 생각하면 전반적인 사회 체제를 방어하고 정당화하는 사람들은 그 체제에서 직접 이익을 얻거나 자기 이익으로 인해서만 동기화하는 사람뿐이라는 주장은 믿기 어렵다(이를테면 Owuamalam et al., 2019). 레이놀즈와 동료들(Reynolds et al., 2013)이 주장했듯 자기 범주화(self-categorization)나 집단 동일시가 체제 정당화의 필수 조건도 아니다. 우리는 이 책 전반에 걸쳐 누군가 능력주의 신념 체제를 비롯한 자본주의 이념의 주요 요소를 지지하기 위해, 자신을 자본주의자로 규정할 필요는 없다는 점을 살펴보았다. 체제 정당화 측면에서 인종 및 젠더 편향에 대해서도 같은 이야기를 할 수 있을 것이다.

오우아말람과 동료들(Owuamalam et al., 2019)은 사회 정체성 이론에 비주류 집단 구성원이 왜 그들이 고통받는 불평등한 체제를 방어하고 정당화하는지에 대해 완벽하게 적절한 설명이 있다고 주장했지만, 우리는 이를 반박하고자 한다. 오우아말람과 동료들은 "가난한 미국인은 국가 의료 보험 확대에 반대하는 정당에 투표할 것이고, 그 이유는 그들이 미국과 자신을 상당히 동일시하고, 자유 시장 자본주의를 이 국가 내집단을 규정하는 가치로 지각하고, (투표를 포함해) 이 가치를 지지하는 행동을 하는 데 동기화되기 때문이다"(p. 369)라고 주장했지만, 이는 의문의 여지가 크다. 왜 가난한 미국인은 건강 보험을 제공하는 정당에 투표하지 않고, 왜 그들의 가치를 절하하고 폄하하는 미국적 정체성의 물질적 상징을 비롯해 다른 상징을 거부하지 않고, 10년마다 계속해서 그들로 하여금 더 적은 임금을 받기 위해 보다 힘들게 일하도록 하는 자유 시장 자본주의의 정당성에 의문을 제기하지 않을까? "우월한 집단과의 동일시"(Owuamalam et al., 2018, p. 91, 2019, p. 365; Reynolds et al., 2013, p. 235)라는 이론에 손짓하는 것은 이념과 정체성의 자세한 내용에 관한 중요한 질문에 답하는 데 도움이 되지 않는다.

체제 정당화 이론의 원래 목표 중 하나는 (허위의식의 예시를 포함해) 역사적으로 계속되어온 불평등과 착취 체제에 정당성과 안정성을 부여하는 이념적 과정 및 결과에 대한 사회심리학적 이해를 제공하는 것이었다. 사회 정체성 이론가들(Brown, 2010; Leach et al., 2003; Owuamalam et al., 2019; Rubin & Hewstone, 2004) 사이에서 매우 인기 있는, 지고 있는 축구팀 비유는 사람들이 어떻게 억압적 사회 체제에 대처하는지(그리고 어떻게 대처하지 않는지)와 아무 상관이 없다. 우리가 5장에서 언급했듯 오랫동안 발전의 기회 평등을 부정당한 억압받는 사람들, 예를 들면 일하는 빈곤층(working poor) 같은 사람들의 처지는, 규칙이나 과정이 객관적으로 공정하고 정당하다고 평가할 수 있는 축구 게임에서 지고 있는 팀과 비교할 수 없다. 싱어송라이터 토드 스나이더(Todd Snider)의 노래 〈감옥에서(Incarcerated)〉의 가사처럼 "아무도 가난한 사람들이 고통받는 것처럼 고통받지는 않는다".

체제 정당화 이론은—주니어스 플래그 브라운(Junius Flagg Brown, 1936)의 《사회 질서의 심리학(Psychology of the Social Order)》(Stone & Finison, 1980) 이후—사회심리학의 역사에서 몇 안 되는, 개인과 집단의 생각·느낌·행동에 사회 체제가 영향을 미치는 방식에 초점을 맞추는 이론이다. 남아프리카공화국에서 아파르트헤이트 체제가 흑인들의 의식에 영향을 미친 방식을 이해하고자 했던 연구에서, 스티븐 비코(Steven Biko,

1987)는 다음과 같이 관찰했다.

> 체제라는 말의 근본적 의미는 당신의 존재를 통제하고, 당신의 행동을 좌우하며, 일반적으로 당신 위에 군림하는 권위가 되는, 사회에서 작동하는 힘—사회에서 제도화하거나 제도화되지 않고 작동하는 힘—이다(p. 51).

비코는 오우아말람과 동료들(Owuamalam et al., 2019)을 비롯한 사회 정체성 이론가들과 달리 이념과 사회관계에 대한 근본적인 진실, 즉 우리가 고수하는 생각 중 어떤 것은 우리에게 좋지 않으며, 이렇게 볼 때 그러한 생각은 우리 개인이나 내집단의 이익에 도움이 되지 않는다는 걸 인식했다. 사회 질서는 개인과 집단의 삶을 구조화하고 조직화하기만 하는 것이 아니다. 사회 질서는 우리가 이 책 전체에 걸쳐 살펴보았듯 (사회 정체성 및 사회 지배 이론을 포함해) 자기 및 집단 정당화 이론의 관점만으로는 자명해질 수 없는 기저의 인식론적·실존적·관계적 욕구를 채워준다.

인지 부조화 이론의 관점에서, 사람들은 자신이 전체주의 체제에서처럼 강요받는 것과 반대로 그 체제에 참여하기로 선택했다고 느끼는 한 자신에게 고통을 주는 체제를 정당화할 수 있다. 물론 (체제 정당화 이론의 핵심적 생각과 일관되게) 종교를 비롯해 그 밖의 카스트 제도, 노예 소유제, 나치 강제 수용소, 소비에트연방식 공산주의와 같이 매우 강압적이지만 생존을 위해 의존해야 하는 체제를 방어하고 정당화하는 것도 가능하다.

왜 보수주의자는 진보주의자보다 행복한가

평균적으로 보수주의자는 진보주의자보다 행복하다. 네이피어와 조스트(Napier & Jost, 2008b, Study 1)는 미국 연방 선거 연구 데이터에서, (소득, 연령, 혼인 상태, 종교를 비롯한 인구통계학적 특성을 통제한 뒤에도) 자기 보고한 행복 및 삶의 만족을 포함한 주관적 안녕감 측정에서 보수주의자의 점수가 진보주의자보다 뚜렷하게 높다는 걸 관찰했다. 이념에 따른 이러한 주관적 안녕감의 차이는 사회의 불평등이 공정하고 정당하다는 신념을 통해 매개되었다. 이런 발견은 우리가 앞 장에서 살펴본, 정치적 보수주의는 체제를 정당화하는 이념의 원형이라는 생각과 일치한다. 체제를 정당화하는 이념이 사람들을 현 상태에 좀더 만족하게끔 하는 진통제 기능을 한다면, 보수주의자는 진보주의자보다 행복해야 한다. 그리고 미국뿐만 아니라 다른 곳에서도 이는 사실이다.

우리는 세계 가치 조사에 참여한 다른 9개국, 즉 체코·핀란드·독일·뉴질랜드·노르웨이·슬로바키아·에스파냐·스웨덴·스위스의 데이터에서 주관적 안녕감의 이념에 따른 차이를 재검증했다(Napier & Jost, 2008b, Study 2). 또한 우리는 만약 보수주의자가 경제적 불평등을 진보주의자보다 더 정당화한다면, 그들의 주관적 안녕감은 미국에서 지난 30여 년간 진행된 급격한 소득 불평등의 증가에 영향을 덜 받았을 것이라는 가설을 세웠다. 지니계수(소득 불평등의 거시경제학적 지표)와 관련해 진보주의자와 보수주의자가 자기 보고한 행복 수준을 비교해본 결과, 우리는 인구통계학 요인을 통제했을 때 불평등 증가가 전반적으로 행복 감소와 연관이 있다는 걸 알아냈다. 하지만 이러한 감소는 진보주의자의 경우 유의하게 급격했으며, 이는 불평등의 쾌락적이지 않은 효과에 대한 보수주의자의 이념적 완충재가 없기 때문인 것으로 보인다(Napier & Jost, 2008b, Study 3).

이러한 결과의 전반적 양상은 아주 많이 재검증되었다. 보수주의자는 진보주의자에 비해 더 행복하다고 보고했다(이를테면 Bixter, 2015; Burton et al., 2015; Butz et al., 2017; Choma et al., 2009; Cichocka & Jost, 2014; Newman et al., 2019; Okulicz-Kozaryn et al., 2014; Onraet et al., 2016; Schlenker et al., 2012; Wojcik et al., 2015). 하지만 그렇다고 해서 비판자들이 체제 정당화가 진통제 기능을 한다는 생각에 대한 반박을 멈춘 것은 아니다. 예를 들어, 제튼과 동료들(Jetten et al., 2012)은 진보주의자와 보수주의자 사이의 행복 차이는 보수주의자가 더 부유하다는 사실에 귀인할 수 있고, 이것이 "그들에게 집단 소속감을 더 느끼게 할 수 있으며"(p. 6) 그래서 그들이 더 행복한 것이라고 했다. 이 연구자들은 "보수주의자를 행복하게 만드는 것은 보수주의 이념이 아니라 물질적 이점"(p. 12)이라고 결론지었다.

이는 흥미로운 생각이지만 네이피어와 조스트(Napier & Jost, 2008b)의 연구 결과를 설명할 수 없다. 우리가 모든 분석에서 참여자의 개인 소득을 통제했음에도, 행복 차이는 뚜렷하게 나타났기 때문이다. 버츠와 동료들(Butz et al., 2017)은 이 주제를 더 깊이 파고들어 독일의 국가 표본 집단에서 나온 데이터를 분석했고, 사회적·경제적 불평등의 정당화가 보수주의와 삶의 만족도 사이의 관계를 매개한다는 것을 보여줌으로써 체제 정당화 이론에 대한 명확한 지지를 제공했다. 대안으로 제시한—소속된 집단의 개수(Jetten et al., 2012), 전반적인 낙관주의(Schlenker et al., 2012) 같은—다른 변인에 대해서는 그렇지 않았다.

보이칙과 동료들(Wojcik et al., 2015)은 그동안 나온 모든 증거에도 불구하고, 보수주의자가 진보주의자보다 행복하다는 기본 가정에 도전했다. 언어 사용과 사진의 미소 분석에 따르면, 사실 진보주의자가 보수주의자보다 행복하다는 것이 이 연구자들의 주장이다. 하지만 그들의 분석에서 가장 큰 문제는 주관적 안녕감과 객관적 안녕감을 합했다는 것이다. 체제 정당화 이론에서는 보수주의자가—예를 들어, 아리스토텔레스의 에우다에모니아(eudaemonia: 행복, 복리) 개념과 같은—객관적 측면에서 행복하다거나 보수주의 사회가 진보주의 및 사회민주주의 사회보다 사람들을 **진정으로** 행복하거나 건강하게 만든다고 주장하지 않는다. 오히려 증거에 따르면 그렇지 않다(Okulicz-Kozaryn et al., 2014).

네이피어와 조스트(Napier & Jost, 2008b)는 체제 정당화 이론에 따라 합리화, 부정, 최소화 같은 방어적 심리 메커니즘이 사람들로 하여금 경제적 불평등을 포함한 사회적 부정의 추정에 영향을 덜 받게 할 것이라는 가설을 세웠다. 이는 보수주의자가 행복하다고 **보고하는** 이유 중 하나다. 보이칙과 동료들이 언어와 표정 단서에 기초해서 내린 결론은 흥미롭지만, 그들은 체제 정당화가 **주관적인** 스트레스를 감소시키는 진통제 기능을 한다는 가설에 도전한 것은 아니다.

동시에 진보주의자와 좌파가 (그들이 사회 부정의에 더 민감하다면) 보수주의자와 우파보다 **우울한 현실주의**(depressive realism)에 더 취약할 수도 있다. 그리고 많은 경우, 차별 및 부정의에 대한 민감성은 정신적·신체적 증상으로 측정하는 **객관적** 스트레스에 중요한 영향을 줄 수 있다. 예를 들어, 샤르자드 구다르지와 동료들(Shahrzad Goudarzi et al., 2020)은 경제 체제 정당화가 높은 사람들은 노숙자가 자신의 처지를 이야기하는 영상을 보았을 때 (경제 체제 정당화가 낮은 사람들에 비해 주관적 스트레스같이 자기 보고한 지표에서) 부정 정서를 덜 느꼈다고 보고했으며, 부정적인 생리적 각성(피부 전도 및 눈썹주름근의 활성화로 측정한 객관적 스트레스)도 덜 보인다는 것을 관찰했다.

체제 정당화 이론에 따르면 "사회에서 불이익을 받는 입장을 평화롭게 받아들이는 것은 좋은 일이다"(p. 373)라는 오우아말람과 동료들(Owuamalam et al., 2019)의 주장은 정말 잘못되었다. 연구자들은 오랫동안 체제 정당화가 비록 단기적으로는 진통제 기능을 할지라도(Jost & Hunyady, 2003) 장기적으로 보면 비주류 집단 구성원에게 심리적으로 해로울 수 있는 가능성을 탐색해왔다(Jost & Thompson, 2000). "비록 체제 정당화가 안녕감을 촉진할지라도, 불공정한 체제를 정당화하는 것은 궁극적으로 역풍을 불러올 수 있다"(p. 345)고 한 오스본과 동료들(Osborne et al., 2019b)이 핵심에 훨씬 가까이 다가갔다. 최근 연구는 게이와 레즈비언이 현 상태의 정당성을 지지하는 경우, 그 대가와 이득을 동시에 경험한다고 주장한다(Bahamondes-Correa, 2016; Suppes et al., 2019). 미래의 연구자들은 고드프리와 동료들(Godfrey et al., 2019)같이 아동기와 청소년기의 발달 궤적을 고려할 수 있을 것이며, 구다르치와 동료들(Goudarzi et al., 2020)이 했듯 주관적 및 객관적 안녕감에 대한 행동 지표와 함께 생리적 지표를 측정할 수 있을 것이다. 그렇게 할 때에만 우리는 체제 정당화의 심리적 대가와 이득을 보다 자세하게 측정해 우리의 환상을 재보고 그 대가가 감수할 만한 것인지 결정할 수 있을 것이다.

체제 정당화의 개인차와 인간의 뇌

사회과학자들은 사람이 순전히 정치인·언론인 등을 통한 정치색의 하향식 전달에 따른 사회화의 영향으로 자신의 신념, 의견, 가치를 결정한다고 가정할 때가 많다. 최근 심리학자와 신경과학자들은 정치 관련 태도와 행동에 대한 상향식 영향력을 밝히는 데서 괄목할 만한 진보를 이루었다. 최근 연구에 따르면 (불평등에 대한 허용 또는 거부 및 체제 변화에 대한 지지 또는 저항과 같은) 체제 정당화 과정과 연결된 이념 성향의 개인차는 유전의 영향을 반영하며(Kandler et al., 2012), 특정한 신경해부학적 구조 및 기능에서 나타난다(Nam et al., 2018).

이전 여러 장에서 언급했듯 수십 년 동안의 연구에서는 진보주의자와 보수주의자가 질서, 구조, 인지 종결, 확실성에 대한 개인적 욕구 같은 인식론적 동기 및 인지적·동기적 유형, 인지적 유연성, 통합적 복잡성 측면에서 다르다는 것을 보여주었다(Jost, 2017a). 이와 관련한 개인차 변인은 갈등에 대한 주시(monitoring)다. 누군가 습관적 반응을 억제하고 새로운 자극에 다르게 반응할 수 있는지, 즉 두 가지 상충하는 반응 경향성 사이에서 맞는 선택을 할 수 있는지는 1000분의 1초의 문제다. 데이비드 아모디오(David Amodio)와 나는 진보주의자가 보수주의자보다 예상치 못한 자극을 더 잘 인식하고 적절하게 반응하는, 이념에 따른 차이가 있을 것이라는 가설을 세웠다.

우리는 이 가설을 검증하기 위해, 참여자들이 친숙한 자극에 빠르고 정확하게 반응해야 하는 지속/중지 과제(go/no-go task) 훈련을 실시했다. 가끔씩 예상치 못한 자극(중지)이 나타났고, 참여자들은 이때 훈련된 반응을 하지 않도록 지시받았다. 갈등에 대한 주시는 앞띠겉질(anterior cingulate cortex, ACC)에 국소화(localization: 특정한 뇌 영역이 어떤 기능을 담당하는 것—옮긴이)되어 있는 것으로 받아들여지기 때문에, 우리는 뇌파 검사를 활용해 이 영역에서 나타나는 보수주의자와 진보주의자의 신경 인지적 반응을 비교했다. 가설과 같이 진보주의자가 보수주의자보다 더 잘 중지 자극을 주시하고 반응을 억제했으며, 과제를 수행하는 동안 앞띠겉질의 신경 활동이 더 많이 나타났다(Amodio et al., 2007). 이를 비롯한 여러 연구 결과로 미루어볼 때, 진보주의자는 새롭고 모호한 정보를 처리하는 데 더 민감하고 유연한 반면, 보수주의자는 더 변치 않는 인지 양식을 나타낸다(이를테면 Zmigrod et al., 2018 참조).

특정 뇌 영역의 신경생리학적 구조는 비교적 안정적인 이념 차이에 대한 유용한 지표일 수도 있다. 신경 구조 연구는 느리게 변화하는 겉질(피질)의 두께 및 표면을 이루는 회색질(grey matter) 부피를 평가했다. 회색질은 특정 뇌 영역의 작동 능력으로 이해할 수 있으며, 많은 연구에서 회색질의 부피가 큰 것은 그 영역에서 담당하는 기능의 효율성이 높은 것으로 여긴다. 유니버시티 칼리지 런던(University College London)의 지레인트 리스(Geraint Rees) 교수와 배우 콜린 퍼스(Colin Firth)가 참여한 료타 카나이와 동료들(Ryota Kanai et al., 2011)의 중요한 연구에서, 정치적 지향과 신경해부학적 구조 사이의 상관관계가 나타났다. 연구자들이 영국 대학 학생들의 뇌 영역 부피를 측정하자 좀더 진보적인 학생들은 앞띠겉질의 회색질 부피가 큰 반면, 보수적인 학생들은 오른쪽 편도체(amygdala), 왼쪽 대뇌섬(insula), 오른쪽 내후각피질(entorhinal cortex)의 회색질 부피가 컸다. 앞띠겉질은 복잡한 주시 활동, 편도체는 주로 위협 반응과 연결된다는 점을 고려할 때, 이러한 신경해부학적 차이는 앞선 여러 장에서 제기한, 불확실성 및 위협 관리와 관련한 인식론적·실존적 동기 면에서 진보주의자와 보수주의자가 다르다는 생각과 들어맞는다. 카나이와 동료들(Kanai et al., 2011)은 "앞띠겉질의 부피가 더 큰 개인이 불확실성과 갈등을 감내하는 능력이 더 높아 더 진보적인 시각을 허용할 수 있는 것으로 보인다"(p. 678)고 결론지었다.

스토니 브룩 대학(Stony Brook University)의 해나 남(H. Hannah Nam)이 이끄는 연구팀은 신경 구조 및 기능에서 나타나는 이념에 따른 차이를 더 깊이 이해하기 위해, 체제 정당화와 편도체 그리고 인접한 바깥 영역 회색질 부피의 관계를 탐색했다. 편도체는 (위협과 불확실성에 대한 정보를 포함해) 동기화되어 있으며 (주어진 상황에서—옮긴이) 현저해진 정보 처리, 집단 맥락에서 사회적 상호 작용에 대한 주시 및 촉진에 핵심 역할을 한다. 예를 들어, 더 큰 편도체는 위계적인 사회 체계에서 개인의 위치를 더 효율적으로 학습하는 것과 관련이 있다(Kumaran et al., 2012).

남과 동료들(Nam et al. 2018)은 2개의 미국 성인 실험 집단을 대상으로 뇌 구조 스캔을 실시하고, 기존 사회 체제가 공정하고, 정당하며, 마땅히 그래야 하는 대로 작동하고 있는지에 대한 믿음을 측정하는 일반적 체제 정당화 척도(부록 B.3의 항목 참조) 작성을 요청했다. 일반적 체제 정당화 점수가 높은 개인은 양쪽 편도체(bilateral amygdalae)와 대뇌섬 및 안와전두피질(orbitofrontal cortex) 같은 인접 영역의 회색질 부피가 더 컸다. 이러한 결과는 결론을 내리기에는 불충분하지만, 이념이 특정 뇌 구조 및 기능에서 나타난다는 주장에 대한 추가 증거가 된다. 또한 우리는 더 큰 편도체 부피와 향후 3년 동안 체제에 도전하는 시위에 참여하는 비율이 낮은 것 사이에 관련이 있음을 관찰했으며, 이러한 결과는 편도체가 체제 정당화 과정에서 동기와 관련한 역할을 한다는 생각에 힘을 싣는다.

이 모든 생리학 관련 연구에는 중요한 주의 사항이 있는데, 인과관계가 모호하다는 것이다. 동료들과 나는 이를 "정치신경과학의 닭과 달걀 문제"(Jost et al., 2014b, pp. 317~318)라고 규정했다. 뇌 활동(또는 신경학적 각성)의 차이가 체제 정당화가 낮은 사람과 높은 사람에 대해 이념의 차이를 불러일으키는 역할을 할 수도 있지만, 특정한 이념적 입장을 취하는 것이 뇌의 구조 및 기능에 영향을 미칠 수도 있다. 명상이나 택시 운전 경로를 배우는 것이 여러 뇌 영역의 구조와 그 사이의 연결을 변화시키는 것처럼—브라이트바트 뉴스(Breitbart News: 미국의 극우 성향 뉴스—옮긴이)나 더 네이션(The Nation: 미국의 진보 성향 뉴스—옮긴이) 같은—이념과 관련한 환경에 잠겨 있는 것이 뇌의 조직과 작동을 바꾸는 것도 가능하다. 인간의 뇌 피질 구조와 정치 관련 태도는 성인 초기에 이를 때까지 발달이 끝나지 않기 때문에 (또한 성인기 전반에 걸쳐 어느 정도는 가변적이기 때문에), 정치신경과학 분야에는 뇌 구조나 기능의 변화가 사회적·정치적 행동에 영향을 미치는지(그리고 그 반대의 경우가 사실인지), 그 인과관계를 분리하기 위해 설계한 연구가 필요하다.

뇌 손상 환자들에 대한 연구가 해석의 범위를 좁히는 데 도움을 줄 수 있다. 특정한 뇌 영역의 손상은 심리 관련 기능에 영향을 미치는 것으로 알려져 있다. 비인간 영장류(nobhuman primates)의 뇌 손상 연구는 편도체가 특히 히말라야원숭이(rhesus macaques)의 복잡하고 위계적인 사회 체제에서 방향을 잡는 데 중요하다고 주장한다. 예를 들면, 편도체에 손상을 입은 개체는 사회적 위계가 떨어진다는 증거가 일부 있다. 이러한 사회적 지배력의 상실은 사회적·물리적 환경에 대한 이해력이 떨어졌기 때문으로 볼 수 있다. 양쪽 편도체가 손상된 히말라야원숭이는 위협적 자극에 대한 공포 반응, 그리고 위협이 될 수도 있는 낯선 개체와의 상호 작용 억제가 감소했다. 마찬가지로 (부상이나 희귀한 신경학적 질환으로 인해) 편도체가 손상된 사람은 위협적이고 모호한 자극에 대한 접근을 덜 억제했다(Feinstein et al., 2011). 편도체는 쥐, 고양이, 개처럼 인간이 아닌 동물에서 종에 따라 특정하게 나타나는 사회적 지배 행동에 대해서도 중요한 역할을 하는 것으로 알려져 있다. 종합하면, 뇌 손상 및 회색질 측정 연구 결과는 편도체가 같은 종의 다른 개체와 상호 작용하고, 개인의 사회적 지위를 유지하고, 복잡하고 위계적인 사회 체제에 성공적으로 적응하는 데 필수적인 뇌 구조라는 단서를 준다.

체제 정당화 이론에 따르면 사람들은 불확실성, 위협, 사회적 저항 및 부조화를 관리하고 싶다는 기저의 인식론적·실존적·관계적 욕구를 채우기 위해 기존의 사회적·경제적 불평등을 감내하고 정당화한다. 현 상태 유지를 선호하는 인지적·동기적 지향에는 지배력의 위계에 대한 주의 및 위계적인 사회적 배치에 대한 선호가 필요하며, 여기에는 편도체와 그 인접 영역이라는 공통의 신경학적 기반이 있는 것으로 보인다. 사회적·정치적 신경과학에 대한 후속 연구에서 이런 가능성을 더욱 자세히 탐색하면 좋을 것이다.

진화적 관점에서는 체제 정당화 경향이 사회적 응집력 및 질서에 기여할 가능성이 있다. 이는 사회 체제 속 불평등에 대한 침묵이 사회적 조화에 대한 헌신의 신호일 수도 있기 때문이다. 종교 의식이 수 세기에 걸쳐 계층화된 사회에 안정성을 빌려준 것으로 보이듯(Watts et al., 2016), 체제를 정당화하는 사고방식은 인류 역사에 걸쳐 정당성의 감각과 유명한 합의를 촉진했을 수 있다. 이러한 생각은 문화적 진화의 기전과 일치한다(Flannery & Marcus, 2012). 지배 집단과 피지배 집단 간 일종의 이념적 협력이 개입한, 사회적으로 조정된 체제 정당화의 형태는 내부의 투쟁으로 고통받는 사회 체제에 비해 사회 또는 문화 체제 수준의 적합도(fitness)와 생존을 높일 것이다. 물론 다른 종과 같이, 공동체 구성원에게 발생하는 이익은 피지배 집단 개개인의 건강과 안전을 대가로 치르는 것이다. 체제 정당화가 단순히 진화의 부산물, 게리 마커스(Gary Marcus, 2008, p.51)가 "클루지(kluge)"라고 부른 것일 가능성도 있다. 즉, 다른 사회적·심리적 적응의 불운하고 우연한 결과일 수도 있는 것이다.

문화적 집단 선택이라는 측면에서 체제 정당화 과정에 대한 진화적 설명은 "개인 수준에서는 생식이나 생존, 또는 둘 다에 일부 악영향을 미치는" 특질을 "만약 집단의 이익이 충분히 크다면" 선호할 수 있을 때 아마 가능할 것이다(Richerson et al., 2016, p. 8). 인간의 사회 집단은 모방, 동조, 특권 제시 같은 기전을 통해 문화적 규준의 측면에서 상당히 다양해질 수 있고, 어떤 집단이 전달한 문화 규준은 다른 집단이 전달한 것보다 경쟁에 이점이 되었을 수 있다. 따라서 선사 시대의 인간에게 적어도 일부 구성원이 자발적으로 구속 상태에 참여하는 집단은 구성원이 권위자들에게 빠르게 대항하는 사회적 안정성이 덜한 집단보다 진화적으로 성공적이었을 수 있다. 이러한 생각은 가정에 기초하고 있는 것이 맞지만, 우리가 이 책에서 요약한 사회심리학적 증거를 해석하는 데 더 넓은 진화적 맥락을 제공할 수 있다.

사회적 · 정치적 행동 연구의 추가적 함의

체제 정당화 이론은 매우 실용적이고 쿠르트 레빈의 전통 안에서 사회와 관련성이 있다. 이 이론을 통해 현 체제 옹호자들이 무시하기로 택한 많은 문제를 포함해 개인과 사회의 문제를 진단하고 설명할 수 있다. 여기에는 계급주의, 인종주의, 성차별주의, 이성애주의, 자기 대상화, 권위주의적 복종, 부패와 기업의 부정행위 허용, 사회적·경제적 불평등의 정당화, 이민자와 외부인에 대한 적대감, 인간으로 인한 기후 변화에 대해 동기화된 회의론, 환경에 해로운 산업의 방치를 포함해 여러 가지가 있다. 이 책 전반을 통해 우리는 체제 정당화 이론을 사회적 행동의 이해에 적용할 수 있는 방법을 찾고자 했다. 책을 마치기 전에, 특히 정치 관련 행동 연구의 적용에 대해 조금 더 이야기하는 게 유용할 것이다.

체제 정당화 이론은 집단행동 참여(또는 비참여), 특정 정당, 후보, 운동에 대한 지지(또는 반대)를 비롯한 정치 관련 행동에 대해 많은 함의를 품고 있다. 전 세계에서 진행한 연구 결과, 체제 정당화는 거의 언제나 정치적 보수주의 또는 우익 관련 태도와 연관되었다. 이는 보수주의가 현 상태를 유지하고자 하는 이념이며, 우파가 좌파에 비해 더 기존의 사회적·경제적 불평등이 정당하고, 바람직하며, 필요하다고 지각한다는 생각과 일치한다. 표 12.2와 같이 아르헨티나·핀란드·헝가리·레바논·뉴질랜드·스웨덴·영국·미국에서 체제 정당화와 우익 권위주의 사이에 사회과학의 기준으로는 강한 양(+)의 상관관계(자주 .4 이상)가 있었다. 독일·폴란드·라트비아에서는 상관관계가 보다 약하게 나타났지만, 거의 모든 경우에 양(+)의 방향이었고 통계적으로 유의했다.

지금까지 우리가 체제 정당화와 우익 지향 사이에서 뚜렷한 음(-)의 상관관계를 관찰한 유일한 국가는 프랑스로, 일반적 체제 정당화는 (보수주의보다) 진보-사회주의와 관련한 태도, (높기보다) 낮은 수준의 권위주의적 태도 및 이민자에 대한 적대감과 관련되었다. 이러한 관찰에 기초해서 보았을 때, 계몽주의의 이상인 자유·평등·박애는 프랑스에 매우 잘 자리 잡아 이제 현재의 사회 상태가 된 것으로 보인다. 우리는 쿠바·중국을 비롯해 오랜 사회주의 (또는 공산주의) 국가에서는 자료를 모

표 12.2 12개국에서 측정한 체제 정당화와 정치 지향 사이의 이변량 상관관계

표본 설명	체제 정당화 측정 도구	정치 성향 측정 도구	상관관계(r)	표본 크기(N)	인용 또는 출처
아르헨티나: 편의 표집(convenience sampling)한 부에노스아이레스 성인 표본	경제 체제 정당화 척도 에스파냐어 번역판	자기 좌-우 성향 보고	.416***	328	Badaan et al.(2018)
부에노스아이레스 대학 학생			.412***	373	
핀란드: 헬싱키와 탐페레 지역 대학생	일반적 체제 정당화 척도 핀란드어 번역판		.440***	350	Vainio et al.(2014)
프랑스: 국가 대표 표본(2017년 프랑스 선거 연구)	일반적 체제 정당화 척도 프랑스어 번역판		-.170***	22,277	Pavlos Vasilopoulos (개인적 소통)
독일: 국가 대표 표본(YouGov 온라인 패널)	일반적 체제 정당화 척도 독일어 번역판		.086*	757	
헝가리: 국가 표본(성인 모집단과 인구통계학적으로 비슷)	일반적 체제 정당화 척도 헝가리어 번역판		.312***	931	Anna Kende (개인적 소통)
	경제 체제 정당화 척도 헝가리어 번역판		.235***		
국가 표본(성인 모집단과 인구통계학적으로 비슷)	일반적 체제 정당화 척도 헝가리어 번역판	자기 보고한 진보-보수 성향	.369*** .303***	1,005	
라트비아: 편의 표집한 성인 표본	일반적 체제 정당화(6개 항목 척도)	자기 보고한 좌-우 성향	.228***	251	Dimdins et al.(2016)

레바논: 국가 대표 표본	일반적 체제 정당화 척도 레바논어 번역판		.231***	500	Badaan et al.(2018)
		자기 보고한 사회적 보수주의(진보-보수)	.305***		
		자기 보고한 경제적 보수주의(진보-보수)	.417***		
뉴질랜드: NZAVS(2011~2012)	일반적 체제 정당화(4개 항목)	자기 보고한 진보-보수 성향	.243***	6,476	Danny Osborne (개인적 소통)
NZAVS(2012~2013)		자기 보고한 좌-우 성향	.362***	6,555	
		자기 보고한 진보-보수 성향	.222***	11,121	
NZAVS(2013~2014)		자기 보고한 좌-우 성향	.351***	11,163	
		자기 보고한 진보-보수 성향	.259***	16,133	
NZAVS(2014~2015)		자기 보고한 좌-우 성향	.421***	16,048	
		자기 보고한 진보-보수 성향	.291***	14,562	
NZAVS(2015~2016)		자기 보고한 좌-우 성향	.468***	14,612	
		자기 보고한 진보-보수 성향	.321***	12,764	
NZAVS(2016~2017)		자기 보고한 좌-우 성향	.495***	12,749	
		자기 보고한 진보-보수 성향	.326***	20,396	
	민족 체제 정당화(2개 항목 척도)		.324***	20,761	
	젠더 체제 정당화(2개 항목 척도)		.316***	20,751	
	경제 체제 정당화(1개 항목 척도)		.324***	20,235	
	일반적 체제 정당화(4개 항목 척도)	자기 보고한 좌-우 성향	.455***	20,048	
	민족 체제 정당화(2개 항목 척도)		.410***	20,400	
	젠더 체제 정당화(2개 항목 척도)		.487***	20,391	
	경제 체제 정당화(1개 항목 척도)		.391**	19,899	

폴란드: 국가 대표 인터넷 사용자 표본	일반적 체제 정당화 척도 폴란드어 번역판	자기 보고한 사회적 · 경제적 · 전반적 정치 보수주의	.108*	501	Cichocka & Jost (2014)
폴란드 성인 국가 대표 표본			.099**	1,038	Aleksandra Cichocka (개인적 소통)
		자기 보고한 좌-우 성향	.068*	1,108	
스웨덴: 룬드 대학 학생	일반적 체제 정당화 척도 스웨덴어 번역판		.712***	332	Artur Nilsson (개인적 소통)
	경제 체제 정당화 척도 스웨덴어 번역판		.748***		
편의 표집한 성인 표본	일반적 체제 정당화 척도 스웨덴어 번역판		.518***	398	
		자기 보고한 진보-보수 성향	.114*	383	
편의 표집한 성인 표본		자기 보고한 좌-우 성향	.194***	418	
편의 표집한 성인 표본	일반적 체제 정당화(6개 항목 척도)		.525***	320	Dimdins et al.(2016)
영국: 소셜 미디어 사용자 YouGov 패널(SoMA)	일반적 체제 정당화 척도	자기 보고한 좌-우 성향	.372***	1,853	SMaPP
프롤리픽 아카데미(Prolific Academy) 설문	영국 실정에 맞춘 일반적 체제 정당화 척도	정치 정당 선호	.369***	332	Zmigrod et al.(2018)
미국: 메캐니컬 터크로 모집한 노동자	일반적 체제 정당화 척도	자기 보고한 진보-보수 성향	.358***	181	Hennes et al.(2012)
	경제 체제 정당화 척도		.594***		
뉴욕 대학 학생(2004~2016)	일반적 체제 정당화 척도		.335***	9,487	Jost et al.(2017b)
	경제 체제 정당화 척도		.429***	9,761	

국가 표본 패널 설문(YouGov 2016년 미국 선거)	일반적 체제 정당화 척도		.237***	3,329	SMaPP
국가 대표 표본(SSI)	일반적 체제 정당화 척도		.152***	1,500	Azevedo et al.(2017)
	경제 체제 정당화 척도		.532***		
	젠더 체제 정당화 척도		.455***		
비대표성 반복 검증 표본(SSI)	일반적 체제 정당화 척도		.166***	2,119	Flávio Azevedo (개인적 소통)
	경제 체제 정당화 척도		.612***		
	젠더 체제 정당화 척도		.478***		
뉴욕 대학 학생	일반적 체제 정당화 척도		.266***	218	Artur Nilsson (개인적 소통)
	경제 체제 정당화 척도		.445***	385	
성인 대상 온라인 설문	일반적 체제 정당화 척도		.256***	352	
		주제에 기초한 보수주의	.307***		
	경제 체제 정당화 척도	자기 보고한 진보-보수 성향	.497***		
		주제에 기초한 보수주의	.590***		
메캐니컬 터크로 모집한 노동자(2017)	일반적 체제 정당화 척도	자기 보고한 진보·좌익 대 보수·우익 성향	.402***	1,511	Danny Osborne (개인적 소통)

출처: Jost(2019). 체제 정당화를 측정한 항목은 부록 B.2~B.4 참조.

주: NZAVS=New Zealand Attitudes and Values Study(국가 대표 패널 설문), SoMA=Social Media Analysis Tool(YouGov), SSI=Survey Sampling International, SMaPP=Social Media and Political Participation Laboratory at New York University.

*$p<.05$, **$p<.01$, ***$p<.001$

표 12.3 2016년 대선 직전 미국의 국가 대표 표본에서 나타난 체제 정당화 관련 상관관계(N=1,500)

	일반적 체제 정당화	경제 체제 정당화	젠더 체제 정당화
인구통계학적 변인			
연령	.27	.21	.19
소득	.21	.19	.17
교육 수준	.12	.10	.05(ns*)
성별(남성)	.19	.23	.29
종교성	.11	.20	.21
정치 성향(상징적 이념)			
자기 보고한 좌-우 이념 성향	.15	.52	.46
자기 보고한 경제적 이념 성향	.17	.56	.45
자기 보고한 사회적 이념 성향	.10	.47	.42
자기 보고한 이념(위 3개 항목 통합)	.15	.56	.48
공화당과의 동일시	.11	.51	.44
주제에 기초한 보수주의(조작적 이념)			
사회적·경제적 보수주의 척도(Everett)	.22	.50	.51
보수주의 척도(Feldman–Johnston)	.19	.61	.51
보수주의 척도(Henningham)	.13	.54	.44
보수주의 척도(Inbar–Pizzaro–Bloom)	.15	.58	.50
보수주의 척도(Zell–Bernstein)	.19	.65	.54
기타 태도 및 성격 측정			
국가와의 동일시	.35	.21	.32
우익 권위주의	.08	.43	.38
사회적 지배 지향성	.13	.57	.38
사회 운동에 대한 지지			
페미니즘	-.02 (ns)	-.41	-.37
1960년대 시민권 운동	-.05 (ns)	-.30	-.27
환경주의	-.05 (ns)	-.40	-.29
흑인 목숨도 소중하다	-.08	-.47	-.42
LGBTQ+	-.09	-.45	-.40
월가 점령 운동	-.13	-.47	-.32
정의에 대한 민감성			
가해자 관점	-.12	-.29	-.13
희생자 관점	-.31	-.30	-.25
수혜자 관점	-.25	-.43	-.35
관찰자 관점	-.27	-.47	-.37

출처: Jost(2019). 체제 정당화를 측정한 항목은 부록 B.2~B.4 참조.
주: 수치는 이변량 상관을 나타낸다. 다른 언급이 없는 한 이 표의 모든 상관관계는 $p<.01$(양측 검정) 수준에서 통계적으로 유의하다.
*ns: not significant, 유의미하지 않음—옮긴이.

을 수 없었지만, 이러한 맥락에서는 체제 정당화와 좌익 지향 사이의 강한 상관관계를 예측해볼 수 있을 것이다.

2016년 미국 대통령 선거가 얼마 남지 않았을 때, 플라비오 아제베두와 동료들(Flávio Azevedo et al., 2017)은 미국인 1500명을 대상으로 일반적·경제적·젠더 체제 정당화 척도를 포함한 국가 표본 설문 조사를 실시했다. 이 연구에서 나온 많은 관찰 결과를 표 12.3에 요약했다. 일단 일반적·경제적·젠더 체제 정당화 점수는 모두 (r값 범위가 .35~.61인) 강한 양(+)의 상관관계가 있었다. 이는 체제를 정당화하는 일반적 성격 차원이 있을 가능성을 시사한다. 또한 세 가지 체제 정당화 유형 모두 우익 권위주의, 사회적 지배 지향성, 국가와의 동일시, 사회적·경제적 보수주의의 다양한 상징적·조작적 측정과 양(+)의 상관관계가 있었다. 이 실험 집단에서 소득과 교육은 세 가지 체제 정당화 유형 모두와 양(+)의 상관관계가 있었으나 그 강도는 약했다.

(일반적 체제 정당화를 제외하고) 경제적·젠더 체제 정당화는 월가 점령 운동, 흑인 목숨도 소중하다, 페미니즘, 환경주의, 심지어 1960년대의 시민권 운동까지 체제에 도전하는 사회 운동에 대한 저항을 예측했다. 세 가지 체제 정당화 유형 모두 희생자, 관찰자, 수혜자, 가해자 입장에서 **정의에 대한 민감성**과 음(-)의 상관관계가 있었다. 이러한 결과는 정의로운 세상 이론과 체제 정당화 이론의 주요한 차이를 말해준다는 점에서 중요할 수 있다. 러너(Lerner, 1980)는 정의의 성취에 대한 진정성 있

는 관심(즉, 정의 동기)이 세상이 정의롭다는 믿음(BJW) 및 희생자를 비난하는 경향과 양(+)의 상관관계가 있어야 한다고 주장했지만, 체제 정당화 이론에서는 사회 체제를 **정당화**하고자 하는 동기와 **부정의**의 가능성에 대한 민감성 사이에 음(−)의 상관이 있을 것이라고 예측했다. 우리는 이를 표 12.3에서 확인할 수 있다.

아제베두와 동료들(Azevedo et al., 2017)은 일반적 체제 정당화와 2016년 미국 대선의 두 주요 후보에 대한 선호 사이에는 상관관계가 없었지만, 경제적·젠더 체제 정당화는 도널드 트럼프에 대한 지지와는 양(+)의 방향으로, 힐러리 클린턴에 대한 지지와는 음(−)의 방향으로 관련된 것을 발견했다. 모든 소득 및 교육 수준에서, 경제적·젠더 체제 정당화는 트럼프 지지와 양(+)의 관련이 있었고, 클린턴 지지와는 음(−)의 관련이 있었다. 체제 정당화의 세 가지 유형을 다중 회귀 모형에 투입했을 때, 일반적 체제 정당화는 (더 전복적이고 덜 전통적인 후보인) 트럼프보다 (주류에 더 가까운 후보인) 클린턴에 대한 선호와 더 관련되었다.

이러한 결과는 트럼프 지지자들이 오바마 대통령(그리고 내무부 장관 힐러리 클린턴) 치하의 민주당 정부라는 현 상태를 거부하지만, (일반적인 정치적 보수주의자처럼) 기존의 경제 및 젠더 불평등은 강하게 정당화하는 것으로 나타났다. 트럼프 지지자들은 자본주의하의 세계 경쟁에 따른 결과에 매우 좌절한 것으로 보이지만, 그 좌절에 대해 경제 체제 자체를 비난하지는 않았다.

좀더 일반적으로 보면, 이 연구는 우리에게 사회 체제가 다양하다는 것, 개인이 특정 체제를 정당화하는 방식과 정도 또한 다르다는 것을 상기시킨다. 트럼프 지지자를 포함해 일부 사람들은 자본주의 체제와 거기에 따르는 경제적 불평등, 전통적 핵가족과 그 안에서의 불공평한 노동 분배를 방어하고 정당화하는 데 동기화되었다. 클린턴 지지자 같은 다른 사람들은 이러한 체제의 정당성에 (적어도 어느 정도는) 의문을 제기하지만, 미국의 자유민주주의 제도는 열성적으로 방어한다.

맺음말

1964년 9월 11일, (23세의 존 레넌이 이끌던) 비틀스는 플로리다주 공연에서 인종 분리의 관습에 따르기를 거부했다. 우리는 어떻게 매우 젊은 4명의 백인 남자가 많은 미국인이 분리 정책이라는 현 상태를 받아들였던 50년 전 인종 문제에 관해 그렇게 높은 도덕적 명확성을 얻었는지 스스로에게 물을 수도 있다. 비틀스는 미국인이 아니라 영국인이었기 때문에 순전히 국가 수준의 내집단 선호 (또는 외집단 폄하) 문제였다고 말하기엔 섣부른 것이, 그들은 미국의 많은 것을 사랑했고 영국의 많은 것을 비판했다. 알려진 바에 따르면 그들은 체제를 정당화하는 경향이 높은 사람들이 전혀 아니었다. 예를 들어, 존 레넌은 1969년 베트남전에 대한 저항의 표시로 영국 여왕에게 대영제국 훈장을 반납했다.

내부자가 현 상태에 의존하고 (따라서 이를 방어하고, 정당화하고, 또는 적어도 감내하려 하며) 단점을 축소하는 안보다는, **미국 체제를 바깥에서 보았다는 것**이 1964년 비틀스에게 도움이 되었을 것이다. 오늘날의 우리가 노예제의 악을 분명하게 인식하는 것이 역사상 가장 위대한 윤리적 정신이었던 아리스토텔레스보다 훨씬 쉽다. 우리 중 거의 모두가 인종, 민족, 사회 계급, 젠더, 성적 지향에 기초한 편견과 차별에 우리의 증조부모님이 그랬던 것보다 훨씬 민감하다. 이는 진정한 진보가 거의 항상 느릴지라도, 우리가 사회에서 도덕적 진보를 이루고 있음을 시사한다. 그러나 이는 우리가 지금 놓치고, 간과하고, 눈감고, 합리화하고 있는 것이 무엇인지를 진정으로 걱정하게 만들기도 한다. 아마 우리는 무엇보다도, 개인적으로나 집단적으로나 비판적 통찰력을 키워야 할 것이다. 그렇지 않으면 역사 속에서 우리에게 주어진 몇 안 되는 순간에 사회 체제와 배치에 악영향을 주는 부정의에 계속 공모할 가능성이 있다.

부록 A

1. 이론적 선행 연구: 지배 이데올로기와 허위의식(3장)

Carl Marx & Friedrich Engels, *The German Ideology* (1970)

핵심 개념: 지배 이념, 이념, 환상, 종교의 진통제 기능

"지배 계급이라는 개념은 모든 시대의 지배 이념이다. ……언제든지 사용할 수 있는 물질적 생산 수단을 가진 계급이 동시에 정신적 생산 수단도 통제한다." "만약 모든 이념에서 인간과 그들의 환경이 카메라 옵스큐라에서처럼 거꾸로 나타난다면, 이 현상은 신체적 생명 과정에서 망막에 물체가 거꾸로 나타나듯이 사람들의 역사적 생명 과정에서 나타나는 것이다." "사람들은 생산의 현재 상태를 유지하는 데 관심이 있다." "종교는 민중의 아편이다." "〔사람들에게〕 조건에 대한 환상을 포기하길 요청하는 것은 환상이 필요한 조건을 포기하길 요청하는 것이다."

Antonio Gramsci, *Selections from the Prison Notebooks* (1971)

핵심 개념: 지배적 이념, 문화적 헤게모니, 자발적 동의

"사회적 헤게모니와 정치적 정부의 기능에는 다음과 같은 것이 포함된다. 지배적이고 근본적인 집단이 사회적 삶에 대해 가정한 일반적 방향에 인구 집단 대다수가 부여한 '자발적' 동의. 이러한 동의는 '역사적으로' 지배 집단이 향유하는 특권(그리고 이에 따르는 자신감)에서 유래하며, 이는 생산 세계에서의 위치와 기능 때문이다. 이념이 역사적으로 필요한 이상 '심리적' 타당성이 있다. 그들은 인간의 집단을 '조직화하고', 인간이 움직이는 영역을 창조하고, 그들의 위치에 대한 의식을 획득하고, 투쟁한다. 잘 알려진 신념에는 물질적 힘 같은 에너지가 있다. 기존 사회 질서는 안정적이고 조화롭게 조율된 체제로 표상되며, 대다수 사람들은 급진적 변화 이후 무슨 일이 생길지를 생각하면 망설이고 침착성을 잃는다. ……그들은 단지 현재가 산산이 부서지는 것만을 상상할 수 있으며, 기존 체제보다 더 잘 조직화되고, 더 생명력 있는 새로운 질서의 가능성을 지각하는 데 실패한다."

György Lukács, *History and Class Consciousness* (1971)

핵심 개념: 계급 의식, 물화(reification), 허위의식

"의식을 전체 사회에 연관시킴으로써 만약 그들이 즉각적인 행동과 사회의 전체 구조에 대한 영향 면에서 특정 상황과 거기서 비롯되는 이익을 평가할 수 있다면, 인간이 특정 상황에서 갖는 생각과 느낌을 형성하는 것이 가능해진다."

"변증법적 수단은 우리에게 단순히 이 의식의 '거짓됨'을 주장하고, 참과 거짓의 유연하지 못한 대립을 유지하도록 허락하지 않는다. 반대로 이는 '허위의식'을 역사적 총체성과 역사적 과정의 한 단계로서 탐색하기를 요구한다."

Jon Elster, "Belief, Bias and Ideology" (1982)

핵심 개념: 이념적 환상의 미시적 기초, 왜곡, 합리화, 분석적 마르크스주의

"사회에서 억압받고 착취당하는 계급은 그들을 억압하는 사회 질서가 정의롭다고 믿는 경향이 있다. 아마도 이 신념은 주로 왜곡, 즉 정서적 합리화 수단 때문일 것이다. 하지만 여기에는 환상의 요소, 순수하게 인지적인 원천에서 비롯되는 편향도 있다." "상위 계층의 이익은 하위 계층이 그들의 열등한 위치를 정당화하는 이념을 동시적으로 발명할 때 더 잘 충족된다. 이러한 이념은 부조화 감소로 이끈다는 점에서 하위 계급의 이익에서 비롯하지만, 과도해지는 경향으로 인해 그들의 이익과는 반대되며, 적당하기보다는 지나친 응종으로 이어진다."

Jennifer Hochschild, *What's Fair?* (1981)

핵심 개념: 왜 '개는 짖지' 않는가?

"미국의 가난한 사람들은 아래를 향한 부의 분배를 지지하지 않는 것으로 보인다. 지금 미국에는 가난한 사람이 더 큰 경제적 평등을 추구하는 정치 운동이 없고, 있었던 적도 거의 없다. 이러한 정치 운동이 헌법상 성공할 수도 있다는 점에서 그러한 부재는 더 놀랍다. 인구 대부분이 평균 이하의 부를 갖고 있다는 점을 고려할 때, 더 많은 사람이 하향 재분배를 통해 손해보다는 이익을 볼 것이다. 그럼에도 불구하고 인구 집단 중 더 가난한 소수는 말할 것도 없고, 더 가난한 다수는 자신들의 경제적 불이익을 위해 투표한다."

James Kluegel & Eliot Smith, *Beliefs about Inequality: American's Views of What Is and What Ought to Be* (1986)

핵심 개념: 지배 이념, 계층화 신념, 심리적 통제, 정서적 이득

"특정 마르크스주의 이론에서는 …… 노동 계급에 속하는 사람들이 자신의 이익과 체제를 정당화하는 그들의 신념 사이에 충돌이 생긴다는 걸 알게 될 것이라고 가정한다." "내적 통제에 대한 신념은 지배적 이념의 일부로, 개인의 사적 삶에서의 적응에 도움이 된다. 이러한 믿음은 보다 긍정적이고 덜 부정적인 정서 경험으로 이어진다. ……(개인의 삶에서 중요한 결과에 대한 실제적인 통제가 언제나 동반되지는 않더라도) 심리적 통제에는 긍정적 결과가 따르는 것으로 보인다. 이러한 결과는 사람들로 하여금 지배 이론 전체에 대한 신념을 유지하도록 동기화하기 때문에 중요하다."

Sandra Bem & Daryl Bem, "Case Study of a Nonconscious Ideology" (1970)

핵심 개념: 무의식적 이념, 평등에 대한 환상, 보완적 고정 관념 형성

"사회에서 남성과 여성이 보완적이지만 평등한 위치를 유지하고 있다는 이념적 합리화는 꽤 최근에 발명된 것으로 보인다. 더 이전에는—그리고 오늘날의 더 보수적인 회사에서는—평등주의적 장식을 위한 이념의 필요성을 느끼지 못했다." "1954년 미국 대법원에서는 '분리되었지만 평등한(separate but equal)'이라는 표어에 기만이 깔려 있다고 판결했다. 어떤 법원도 더 비가시적인, 즉 여성을 성공적으로 그 자리에 머물게 하는 표어인 '보완적이지만 평등한'에 대해 같은 판결을 내리지 않을 것이다."

Catharine Mackinnon, *Toward a Feminist Theory of the State* (1989)

핵심 개념: 사회주의–페미니즘, 성적 대상화, 의식 고취

"페미니스트의 의문은 …… 여성의 지위를 정당화하고 숨기려는 태도, 여성의 몸을 억누르는 일상적 관습과 관념적인 한계에 대한 의식 고취를 통한 폭넓은 폭로와 함께 시작된다." "젠더 사회화는 …… 여성이 그들의 섹슈얼리티에 대한 남성의 이미지를 여성으로서의 정체성으로 내면화하고(자신의 것으로 만들고), 그렇게 함으로써 그것을 세상의 현실로 만드는 과정이다." "남성의 권력은 그 자체를 진실로 만드는 신화다. 의식 고취는 동시에 한편으로는 전체이고 다른 한편으로는 환상인 남성의 권력에 대립하는 것이다. 의식 고취 과정에서 여성은 그들이 남성이 전부이고 여성은 그들의 부정(negation)이지만, 양성은 평등하다고 배웠다는 것을 깨닫게 된다. ……어떤 여성도 젠더 사회 체제에서 여성이 된다는 것의 의미를 벗어날 수 없다."

2. 이론적 선행 연구: 고정 관념 형성, 편견, 그리고 열등감의 내면화(3장)

Kurt Lewin, *Field Theory in Social Science* (1947a); *Resolving Social Conflicts* (1948)

핵심 개념: 집단 자기혐오, 열등감의 느낌, 변화에 대한 저항, 장 이론

"유대인의 자기혐오는 많은 혜택받지 못하는 집단과 공통적인 현상이다. 더 잘 알려지고 더 극단적인 사례는 미국 흑인들에게서 찾아볼 수 있다." "사회학에서는 더 낮은 사회 계급 구성원이 더 높은 계급 구성원의 패션, 가치, 이상을 수용하는 경향이 있다는 것을 널리 받아들인다." "자기혐오는 심리병질적(psychopathological) 현상으로 보이며, 그 예방은 주로 정신과 의사의 과업인 것처럼 보인다. 그러나 현대 심리학에서는 많은 심리적 현상이 개인이 자신을 발견하는 사회적 상황의 표현이라는 것을 알고 있다." "유대인의 자기혐오는 유대인이 아닌 사람들과 평등한 지위를 성취했을 때 비로소 사라질 것이다." "변화의 조건에 대한 연구는 '변화 없음'의 조건, 즉 평형(equilibrium) 상태에 대한 분석을 통해서 올바르게 시작할 수 있다."

Gordon Allport, *The Nature of Prejudice* (1954)

핵심 개념: 고정 관념의 합리화 기능, 내면화

"기존의 문화적 압력이 너무나 거세기 때문에 소수 집단 구성원은 때로 다른 집단과 같은 렌즈를 통해 자신들을 본다." 어떤 경우 "희생자는 그의 '더 좋은 것(betters)'에 동의하는 것처럼 가장하기보다 실제로 그것에 동의하며, 그 자신의 집단을 그들의 눈으로 본다". "고정 관념의 합리화 및 정당화 기능은 집단 특성의 반영이라는 기능을 넘어선다." "당신과 나는 보통 사회 체제의 특정 측면이 우리의 행동을 얼마나 구속하고 통제하는지 인식하지 못한다."

Norbert Elias, *The Civilizing Process* (2000); Norbert Elias & J, Scotson, *The Established and the Outsiders* (1994)

핵심 개념: 확립된 질서, 국외자, 집단 카리스마, 낙인, 권력의 우월함 및 열등함, 사회적 형성

"그들이 사회의 핵심 집단이라면, 예를 들어 농노와의 관계에서 봉건 영주라면, '흑인'과의 관계에서 '백인'이라면, 유대인과의 관계에서 비유대인(Gentiles)이라면, 가톨릭교도와의 관계에서 신교도라면, (과거에) 여성과의 관계에서 남성이라면, 다른 국가와의 관계에서 크고 강한 국가이거나 국가 연합이라면 …… 또는 이웃에 새로 정착한 노동 계급 집단 구성원과의 관계에서 오래전부터 자리 잡은 노동 계급 집단이라면, 이 모든 경우에 권력이 더 강한 집단은 자신들을 더 '나은' 사람들이라고 높여 보고, 일종의 집단 카리스마를 부여하고, 모든 집단 구성원이 다른 사람들에게는 부족한 특정한 덕(virtue)을 공유한다고 본다. ……모든 경우에 '우월한' 사람들은 권력이 덜 강한 사람은 덕이 부족하다고, 즉 인간적인 측면에서 열등하다고 느끼게끔 만들 것이다." "권력 차이가 매우 클 때, 국외자 위치에 있는 집단은 자신들을 억압하는 사람들과 같은 잣대로 자신을 평가할 것이다. 그들은 억압자의 규준으로 자신들이 부족하다는 것을 발견한다. 그들은 자신들의 가치가 덜하다는 걸 경험한다."

Frantz Fanon, *The Wretched of the Earth* (1963)

핵심 개념: 식민화, 피억압 집단의 심리학, 국가 의식

"식민주의자 부르주아들은 원주민을 조용하게 만드는 일에 필연적인 종교의 도움을 받는다. 반대쪽 뺨을 갖다 대고, 침입자를 용서하고, 사람들이 침을 뱉고 모욕해도 움츠러들지 않은 모든 성인(聖人)을 연구하고 본받을 예시로 추켜세운다." "원주민은 영원한 꿈이 박해자가 되는 것인 억압받는 사람이다. 사회 질서의 상징—경찰, 병영의 나팔 소리, 군대 시가행진과 나부끼는 깃발—은 억제하는 동시에 자극적이다." "필연성에 대한 믿음은 억압자에 대한 모든 비난을 제거한다. 불운과 빈곤의 원인은 신에게로 돌아간다. 그가 운명이다. 이런 식으로 개인은 …… 정착민과 그들의 땅에 머리를 숙이고, 일종의 내적 재안정화를 통해 무심한 평안을 얻는다."

Steven Biko, *I Write What I Like* (1978); *No Fears Expressed* (1987)

핵심 개념: 식민주의, 백인의 지배, 열등감 콤플렉스, '흑인 의식'

"억압자의 손에 있는 가장 강력한 무기는 피억압자의 마음이다." "흑인은 300년의 치밀한 억압, 폄하, 조롱의 결과인 열등감 콤플렉스로 고통받고 있다." "모든 흑인의 모든 것이 껍데기, 인간의 그림자, 그 자신의 비극에 익사하는 완전한 패배자, 노예, 양과 같은 소심함으로 억압의 굴레를 견디는 검은 소가 된다." "'흑인 의식'은 흑인에게 그들 자신의 기준과 전망의 가치를 보여주고자 한다. 이는 흑인에게 그들의 기준으로 스스로를 판단하고, 스스로를 백인화하고 (white-wash) 흑인이 서로를 판단하는 기준마저 백인의 기준으로 만든 백인 사회에 속지 말 것을 촉구한다." "우리는 모두 같은 체제로 인해 억압받고 있다."

Henri Tajfel, *Human Groups and Social Categories* (1981); Henri Tajfel & J. C. Turner, "The Social Identity Theory of Intergroup Behavior"(1986)

핵심 개념: 집단 간 관계의 안정성 및 정당성 지각, 현 상태의 수용, '인지적 대안'의 부재

"외집단에 대한 사회적 고정 관념은 다음과 같은 조건에서 만들어지고 널리 확산하는 경향이 있다. (i) 복잡하고 일반적으로 스트레스를 주는 큰 규모의 사회적 사건을 이해하려는 시도, (ii) 외집단에 반하는 행동 또는 행동 계획의 정당화가 필요할 때." "자원 분배의 사회적-구조적 차이가 서로 합의해 수용한 지위 체제를 통해 제도화·적법화·정당화될 때 (또는 적어도 지위 체제가 인지적 대안 형성을 방지할 만큼 충분히 견고하고 침투적일 때), 그 결과는 지위가 다른 여러 집단의 자민족중심주의가 높아지지 않고 낮아지는 것이다." "사회 정의 연구에서 중요한 필수 항목에는 사회적 신화와 일반화된 부정의 수용 사이에 관련된 세부 사항 확립이 포함된다."

3. 이론적 선행 연구: 사회적 부정의에 대한 감내(3장)

Chalmers Johnson, *Revolutionary Change* (1982)

핵심 개념: 사회적 안정성 및 변화, 사회적 평형과 비평형

"사회 안에서 사람들은 태생적으로 저항적이지 않다. 사회는 폭력의 한 형태인 혁명을 초월한 인간 상호 작용의 한 형태다. 이렇게 볼 때 혁명은 특수한 불만족스러운 존재에 대한 증언이며, 반사회적이다. ……혁명은 우연히 일어나지 않으며, 전혀 일어날 필요가 없다. 혁명은 급진적 구조 변화를 겪고 있거나 아직 변화가 더 필요한 사회에서만 합리적으로 심사숙고할 수 있다." "미국에서 인종 문제의 비극은 남북전쟁 이후 거의 한 세기 동안 흑인과 백인 모두 흑인의 열등함—그리고 그에 따른 역할 분배—에 대한 안정적이고 가치 있게 여겨지는 정의를 받아들였다는 것이다. 흑인 인구 대부분은 그들 자신의 집단에서 소수인 사람들이 만든 혁신을 지지하지 않았다."

Howard Zinn, *Disobedience and Democracy* (2002)

핵심 개념: '굳어진 부정의', 법과 질서, 이의

"사회의 경향은 지금까지 그래 왔던 것을 유지하는 것이다. 인류 역사에서 저항은 고통에 대해 가끔 나타나는 반응일 뿐이다. 우리는 저항의 예보다 착취에 대한 인내, 권위에 대한 복종에 대한 예를 더 많이, 끝없이 들 수 있다. 유럽에서 수 세기에 걸쳐 이루어진 농노제, 동방에서 수천 년 동안 이루어진 지주제와 비교해 소작농 봉기의 수를 헤아려보라. 미국에서 일어난 노예 반란의 건수와 드러내놓고 저항하지 않은 채 평생 고난을 겪으며 살아간 수백만 명의 기록을 대조해보라. 우리가 가장 주의해야 할 부분은 자연스럽게 폭동을 일으키는 경향이 아니라, 사람들이 힘겨운 환경에 맞닥뜨렸을 때 거기에 굴복하는 경향이다."

Barrington Moore Jr., *Injustice: The Social Bases of Obedience and Revolt* (1978)

핵심 개념: 고통, 억압, 설명, 정당화, '심리적 마취'

"사람들은 필연적이거나 그렇게 보이는 것에는, 그것이 얼마나 고통스럽든 정당성을 부여하는 경향이 분명히 있다. 그렇지 않으면 고통을 견딜 수 없을 것이다." "고통과 학대를 견딜 수 있는 인간의 능력은 인상적이다. 비극적이게도 그렇다." "문화적 규준과 공유하는 인식 수준에서 현재의 상태가 공정하고, 지속적이고, 필연적이라는 환상을 극복할 필요가 있다." "모든 억압당하거나 고통받는 집단은 그들의 운명, 구성원, 특히 그 지도자 및 대변자와 관련해 설명을 찾고자 한다." "계층화된 사회에서 일반적으로 성직자들이 체계화하는 사회 불평등의 원리는 고통의 더 일반적이고 습관적인 형태를 설명하고 정당화한다."

Morton Deutsch, *Distributive Justice* (1985)

핵심 개념: 부정의에 대한 감내, 공격자와의 동일시, 집단 자기혐오

"자기에 대한 개념을 긍정적으로 유지하고자 하는 욕구에도 불구하고, 이는 보편적이지 않다. 부정의의 희생자는 만약 자기 자신을 우호적으로 본다면, 자신의 경험에 분노하고 저항하려 시도할 것이다. 그 과정에서 그는 억압자에게 도전해야 할 것이다. 만약 억압자가 그보다 강력하고 사회의 법을 비롯한 제도의 지지를 받는다면, 그는 자신의 분노를 바탕으로 행동하거나 심지어 표현하는 것조차도 위험하다는 걸 깨달을 것이다. 이러한 환경에서 희생자는 안나 프로이트가 '공격자와의 동일시'라고 이름 붙인 과정을 통해, 부정의하다는 위험한 느낌과 분노를 부정하고, 자신에 대한 억압자의 경멸하는 태도를 내면화함으로써 통제할 것이다. ……따라서 그는 레빈의 표현대로 '자기혐오자', 즉 자신의 희생을 자기 자신이나 자기 집단의 탓으로 돌리는 사람이 될 것이다."

Melvin Lerner, *The Belief in a Just World: A Fundamental Delusion* (1980)

핵심 개념: 세상이 정의롭다는 믿음, 통제 욕구, 받아 마땅함, 신화, 희생자 비난

"사람들은 신뢰 · 희망 · 미래에 대한 자신감을 가지고 일상생활을 하기 위해 자신이 공정한 세상에 살고 있다고 믿고 싶어 하고, 그렇게 믿어야 한다." "우리는 인간으로서 여러 사건을 도덕적 관점에서 바라본다. 또한 '적절성(appropriateness)'의 측면도 보며, 모든 것이 적절한 방식으로 들어맞기를 바란다." "우리 문화에서 가난으로 고통받는, 또는 상대적으로 빈곤한 사람이 그들만의 상응하는 보상을 받는다는 것은 거의 클리셰나 마찬가지다. 그들은 사실 나름의 방식으로 행복하다. 걱정 없고, 주어진 것을 받아들이며, '삶의 단순한 기쁨'을 느끼고 즐길 수 있다. 어떤 종교적 신념 체계는 고통에서 미덕을 찾으며, 후생에서의 보상을 가정한다."

Tom Tyler & Kathleen McGraw, "Ideology and the Interpretation of Personal Experience: Procedural Justice and Political Quiescence" (1986)

핵심 개념: 지배 이념, 문화적 사회화, 절차의 공정성에 대한 믿음

"절차가 역기능적이라는 시각의 발달은 문화적 사회화의 결과다. 비주류 집단은 '시험' 이동성 체제('contest' mobility system)라는 미국에서 지배적인 이념을 받아들인다. 그들이 이 절차를 공정한 것으로 받아들이기 때문에, 시민들은 사회적 배치 체제가 공정하다고 결론짓고, 이 체제의 분배 결과가 분배의 정의 원리에 부합하는지 분석하지 않는다. ……비주류 집단은 사회적 가치를 수용함으로써, 그들의 상황에서 부정의를 감지하는 데 비효과적인, 따라서 정치적 침묵으로 이끄는 측면에 집중하도록 유도된다."

Brenda Major, "From Social Inequality to Personal Entitlement: The Role of Social Comparisons, Legitimacy Appraisals, and Group Membership" (1994)

핵심 개념: 사회 비교 편향, 자기 자격 폄하, 귀인을 통한 정당화

"객관적으로 혜택받지 못한 사람들이 객관적으로 더 혜택받은 사람들만큼 스스로의 환경에 더 만족한다고 보고할 때가 자주 있다." "사회 비교에서 나타나는 편향은 부당함에 대한 인식을 가로막고, 귀인에서 나타나는 편향의 부당함을 정당화하는 경향이 있다." "사람들은 주로 자신이 과거에 받았거나 자신과 비슷한 사람이 받는 대우나 결과를 받아 마땅하다고 느낀다." "비주류 집단 구성원이 그들의 불리한 지위를 인식할 때조차도 그들은 그것이 정당하다고 평가한다. 그 결과 비주류 집단은 더 혜택받은 집단 구성원보다 개인적으로 자격이 부족하다고 믿게 되는 경우가 많다." "사회 정의와 관련해 가장 흥미로운 현상은 사람들이 현 상태가 자신에게 불리할 때조차도 그걸 정당화하는 경향이 있다는 것이다." "불평등한 사회적 분배는 정당화되는 강력한 경향이 있다."

4. 이론적 선행 연구: 사회 질서에 대한 제도적 정당화(3장)

Peter Berger & Thomas Luckmann, *The Social Construction of Reality* (1991)

핵심 개념: 제도화, 정당화, 응집성에 대한 욕구, 현실을 당연한 것으로 받아들이는 본성

"제도적 세계에는 '설명하고' 합리화할 수 있는 방식의 정당화가 필요하다." "그러나 제도가 일단 만들어놓으면 유지되는 경향이 있음에도 불구하고, 제도화는 되돌릴 수 없는 과정이 아니다." "의미를 통합하는 이러한 경향이 심리적 욕구에 기초한 것, 따라서 생리학적 기반이 있는 것일 가능성이 있다. (즉, 인간의 심리적·생리학적 구조에 응집성에 대한 내재된 '욕구'가 있을 수 있다.)" "제도적 질서에 대한 이런 정당화는 혼란을 막기 위한 지속적인 필요에도 직면한다."

Jürgen Habermas, *Legitimation Crisis* (1975); *The New Conservatism* (1989)

핵심 개념: 적법화에 대한 욕구, 정당화, 체제의 위기, 체계적인 방해를 받는 소통으로서 이념

"국가를 중심으로 조직화된 사회에서는 구조적 이유로—부족 사회에서는 존재할 수 없었던—적법화에 대한 욕구가 일어난다." "사회 체제는 욕구를 해석하고 행동을 허가하거나 의무로 만드는 규준적 구조의 도움을 받아 사회에 내적 본성을 적용한다. 여기서 나타난 동기의 개념은 사회 체제가 정당화를 필요로 하는 규준을 수단으로 내적 본성의 통합을 성취한다는 특정 사실을 가리지 말아야 한다." "권위의 정당한 명령이라는 틀 안에서, 일정 시간 동안 이익의 충돌을 잠재우고 통합할 수 있다. 이는 정당화하는 세계관 또는 이념의 성취다." "기존 질서의 정당성에 대한 믿음이 사라지면 곧 …… 제도의 체제 안에 잠재되어 있던 힘이 풀려난다."

Pierre Bourdieu, *Outline of a Theory of Practice* (1986)

핵심 개념: 정당화하는 담론, 계급 아비투스(habitus), 확립된 질서

"일단 구축된 메커니즘 체제가 스스로 작동해 확립된 질서를 객관적으로 재생산할 수 있게 되면 …… 지배 계급은 그들이 지배하는 체제가 그 지배를 실행하기 위해 스스로 단계를 밟도록 놔두기만 하면 된다." "확립된 질서를 정당화하는 과업은 전통적으로 이념의 질서에 속해 있다고 여겼던, 법 같은 메커니즘에만 주어지지 않는다. ……가장 성공적인 이념적 효과는 말이 필요 없고, 공모의 침묵 이상을 요구하지 않는 것이다." "많은 사회에서 확립된 질서를 정당화하기 위해 혈통 모델(lineage model)이나, 더 일반적으로 계보학적 표상(genealogical representations)을 만드는 이념적 활용은 …… 만약 이러한 이론적 활용 자체가 계보학과 계보학자들의 기능에 의문을 갖는 걸 막지 않았다면, 진작에 의심의 여지 없이 문화인류학자에게 확실해졌을 것이다."

Vaclav Havel, "The Power of the Powerless" (1991)

핵심 개념: 권력, 죄책감, 책임, 사회 질서

"권력 위계에서의 위치가 책임감과 죄책감의 수준을 결정하지만, 그 위치는 아무에게도 끝없는 책임감과 죄책감을 주거나, 이를 완전히 면제해주지는 않는다. 따라서 삶의 목표와 체제의 목표 사이 갈등은 사회적으로 정의한 2개의 분리된 공동체 갈등이 아니다. 그리고 매우 일반화된 관점만이 (심지어 추정적으로만) 우리에게 사회를 지배자와 피지배자로 나누는 것을 허락한다. ……전체주의 이후 체제에서 연속적인 갈등은 사실상 개개인을 통해 발현된다. 자기 삶을 살아가는 사람 모두가 체제의 희생자인 동시에 지지자이기 때문이다. 따라서 우리가 체제를 통해 이해하는 것은 하나의 집단이 다른 집단에 강요하는 사회 질서가 아니라, 전체 사회에 스며드는 무언가와 그것을 조형하는 데 영향을 미치는 무언가다……."

Mary Jackman, *The Velvet Glove: Paternalism and Conflict in Gender, Class, and Race Relations* (1994)

핵심 개념: 온정적 가부장주의, 이념, 강압, 사회적 통제

"지배의 과실을 즐기는 집단은 …… 피지배 집단을 현재의 질서를 합리화하는 일반적 세계관에 묶어놓기 위해 노력한다. 사회적 통제를 위한 가장 확실한 방법은 피지배 집단이 스스로를 통제하도록 유도하는 것이다. 이렇게 볼 때 선택할 수 있는 직접적인 무기는 이념이다." "제도는 응종을 자의식의 영역에서 제거함으로써 불평등을 정당화하고 안정시킬 수 있다. ……권력의 공개적인 주장에 대해 권력자가 누리는 이점은 위협이 암묵적으로, 발전한 이념적 체제 아래 잠긴 채 남아 있다는 것이다."

5. 이론적 선행 연구: 권위주의, 사회적 지배, 정치 이념(3장)

Thorstein Veblen, *The Theory of the Leisure Class* (1899)

핵심 개념: 습관, 보수주의, 변화에 대한 혐오

"문화적 도식 변화에 대한 부유한 계층의 반대는 본능적인 것이고, 물질적 이익에 대한 계산에 우선적으로 좌우되는 것이 아니다. 이는 행동하고 세상을 바라보는 데 허용된 방식에서 어떻게든 벗어나는 것에 대한 본능적 혐오, 모든 인간에게 공통적이고 환경의 압력에 의해서만 넘어설 수 있는 혐오다. 생활 및 사고 습관의 모든 변화는 성가신 것이다." "인간의 삶에서 무엇이 좋고 옳은지에 대한 관점의 모든 변화는 최선의 경우 더디다. 이는 특히 진보라고 부르는 방향의 변화에서 사실이다."

Theodor W. Adorno, Else Frenkel-Bunswik, Danial J. Levinson & R. Nevitt Sanford, *The Authoritarian Personality* (1950)

핵심 개념: 권위주의, 파시스트가 될 가능성, 자민족중심주의, 가짜 보수주의, 사회 변화에 대한 저항

"아마 보수주의를 정의하는 요소는 적어도 표면적으로는, '있는 그대로'의 기존 사회 조직 및 작동 방식에 대한 애착일 것이다. '존재하는 것은 정당하다'는 생각과 연결되는 것은 기존의 권위를 이상화하고 '미국의 방식'이 매우 잘 기능하고 있다고 생각하는 경향이다. 사회 문제는 무시하거나, 기존 사회 구조에 내재한 결함보다 외부의 영향 때문이라고 본다. 만성적인 문제를 합리화하는 한 가지 방법은 그것이 '자연스럽다'고 하는 것이다. ……반면 누군가 '진보적'이 되려면, 기존 권위를 적극적으로 비판할 수 있어야 한다. 이러한 비판은 온건한 개혁(이를테면 산업에 대한 정부 규제 확대)에서 현 상태의 완전한 전복까지 다양한 형태를 취할 것이다."

Erich Fromm, *Beyond the Chains of Illusion: My Encounter with Marx and Freud* (1962)

핵심 개념: 환상, 종교적 신비화, 해방

"마르크스의 '진실이라는 무기'에 기초한 가정은 프로이트와 같다. 즉, 인간은 환상이 실제 삶의 고통을 견딜 만하게 만들어주기 때문에 환상을 가지고 산다는 것이다." "'허위의식'은 말하자면 현실의 왜곡된 상(picture)이고, 인간을 약하게 만든다. 현실과 접촉하고, 올바른 상을 보는 것이 그를 더 강하게 만든다."

Robert Lane, *Political Ideology: Why the American Common Man Believes What He Does* (1962)

핵심 개념: 합리화, 이념, 노동 계급의 보수주의, '행복의 평등'

"사회에서 '모두를 위한 평등한 기회'가 있다는 것을 강조할수록 그 사회 구성원이 자기 자신의 사회적 지위에 대한 허용 가능한 합리화를 개발해야 할 필요성이 커진다." "열린사회에서 상대적으로 지위 낮은 사람들이 자존감에 압박을 받을수록 자신의 지위를 사회 질서 속에서 '자연스럽고' '적절한' 것으로 설명할 필요성이 커진다. 지위 낮은 사람들은 일반적으로 공정한 사회가 자신을 옳은 자리에 배치했다고 생각하는 것이 불공정한 사회가 자신을 착취하거나 희생시킨다고 생각하는 것보다 덜 괴롭다는 걸 알게 된다." "왜 혁명과 급진적 사회 운동이 일어나는지를 설명하는 것만큼, 왜 그것들이 일어나지 않는지를 설명하는 것도 중요하다."

Philip Mason, *Patterns of Dominance* (1971)

핵심 개념: 지배, 심리적 의존, '불평등의 가정'

"불평등에 기초한 사회 체제는 일정 수준의 심리적 만족을 제공해야 한다. 그렇지 않으면 이러한 체제는 널리 퍼지거나 오래갈 수 없다." "통치자들이 피지배자가 자신들과 너무나 다르기 때문에 절대 자신들을 대신하길 바라지 못하도록 하면서, '그들의' 지배 계급을 국외자들로부터 지켜내야 한다고 믿게 하는 건 지배 집단의 이익을 위한 것이다." "노예, 농노, 소작농, 노동자, 하인을 유지하는 힘은 평가에 대한 두려움뿐만이 아니다. ……그들은 어떻게든 체제는 자연 질서의 일부이며 세상은 항상 이럴 것이라고 믿어야 한다." "역사의 너무나 많은 부분에서 너무나 많은 사람이 명확하게 불공정한 대우를 받아들였다는 사실이 개인주의 사회의 관찰자에게는 언제나 의문일 것이다."

Felicia Pratto, Jim Sidanius, Lisa M. Stallworth & Bertram F. Malle, "Social Dominance Orientation: A Personality Variable Predicting Social and Political Attitues" (1994); Jim Sidanius & Felicia Pratto, *Social Dominance: An Intergroup Theory of Social Hierarchy and Oppression* (2001)

핵심 개념: 사회적 지배, 위계를 촉진하고 위계를 강조하는 정당화 신화

"집단 간 불평등을 촉진하거나 유지하는 이념은 차별을 정당화하는 도구다. 이러한 이념이 원활하게 작동하면 사회에 널리 수용되고 자명한 진실로 나타나야 한다. 따라서 우리는 이러한 이념을 위계 정당화 신화(hierarchy-legitimizing myths)라고 부른다." "여러 사회에 억압 정도의 유의한 차이가 있음에도 불구하고 …… 많은 사회에서는 불평등을 촉진하는 기본적인 사회적·심리적 요소를 공유한다. 이는 '우월한 집단'과 '열등한 집단'을 규정하고—이러한 구분과 여기서 파생될 수밖에 없는 정책을 정당화하려는—사회적으로 공유하는 신화다." "비교적 안정적인 집단 기반 위계 안에서, 피지배 집단이 하는 활동 대부분은 집단 기반의 지배 체제를 전복하려 하기보다는 협조한다고 할 수 있다."

6. 체제에 대한 비판, 도전, 위협 노출의 체제 정당화 효과(2005~2017년 발표된 38개의 실험)(3장)*

Jost et al. (2005, Study 3)

이스라엘 사회의 (제대로 기능하는 것과 반대되는) 악화에 대한 글을 읽음.

지위 높은 유대인(아슈케나짐)과 지위 낮은 유대인(세파르딤)의 보완적 고정 관념 차별화, (두 집단 모두) 아슈케나짐 유대인은 더 지적이고, 야심 있고, 주체적이라고 인식한 반면, 세파르딤 유대인은 더 친근하고, 전통적이고, 공동체적이라고 인식함.

Kay et al. (2005, Study 1a)
미국 사회의 (제대로 기능하는 것과 반대되는) 악화에 대한 글을 읽음.
권력 있는 사람들은 더 지적이고 독립적이지만 덜 행복하게 지각되었음(즉, 권력과 인과관계가 있는 것으로 보이는 특질은 고양하고, 지위와 관련 없는 특질은 절하함).

Kay et al. (2005, Study 1b)
미국 사회의 (제대로 기능하는 것과 반대되는) 악화에 대한 글을 읽음.
비만인 사람들을 더 게으르지만 더 사회성 있는 것으로 판단함(즉, 비만과 인과관계가 있는 것으로 보이는 특질은 폄하하고, 지위와 관련 없는 특질은 절하함).

Ullrich & Cohrs (2007, Study 1)
마드리드 테러를 (테러리즘이나 체제와 관련 없는 위험과 대비해) 상기시킴.
독일의 기존 사회·정치 체제에 대한 정당성을 높게 봄(일반적 체제 정당화).

Ullrich & Cohrs (2007, Study 2)
9·11 테러 또는 마드리드 테러 공격을 (인터넷 관련 주제와 대비해) 상기시킴.
독일의 기존 사회·정치 체제에 대한 정당성을 높게 봄(일반적 체제 정당화).

---

* 이 목록은 조스트(Jost, 2009)의 연구에서 인용했다.

Ullrich & Cohrs (2007, Study 3)

9·11 테러 또는 마드리드 테러 공격을 (인터넷 관련 주제와 대비해) 상기시킴.

독일의 기존 사회·정치 체제에 대한 정당성을 높게 봄(일반적 체제 정당화).

Lau et al. (2008)

캐나다 사회가 (제대로 기능한다는 것과 대비해) 악화한다고 기술하는 글을 읽음.

남성은 온정적 성차별주의와 관련한 고정 관념 규준에 맞는 여성에게 연애 상대로서 관심을 더 표현함(그러나 그 밖의 여성에 대해서는 그렇지 않았음).

Kay et al. (2009b, Study 4)

캐나다 사회의 (제대로 기능하는 것과 반대되는) 악화에 대한 글을 읽음.

'그러한 것'을 '그래야만 하는 것'으로 더욱더 크게 인식('~하다'에서 '~해야 한다'로 옮겨감, 현재 정치에서 나타나는 여성에 대한 표상이 바람직하다고 판단함).

Banfield et al. (2011, Study 2)

(미국 지리에 대한 글과 대비되는) 미국적 삶의 방식을 폄하하는 짧은 글을 읽음.

특히 체제 정당화가 지속적으로 낮은 참여자들 사이에서, 외국 소비재보다 국내 소비재에 대한 선호가 높아짐.

Banfield et al. (2011, Study 3)

실험에서 왜 미국에 '최선의 삶의 방식'이 있는지 그 이유를 (적은 것과 대비해) 많이 생각해보도록 안내함.

특히 체제 정당화가 지속적으로 낮은 참여자들 사이에서, 외국 소비재보다 국내 소비재에 대한 선호가 높아짐.

Cutright et al. (2011, Study 1)

미국 사회의 (제대로 기능하는 것과 반대되는) 악화에 대한 글을 읽음.

특히 체제 정당화가 지속적으로 낮은 참여자들 사이에서, 외국 소비재보다 국내 소비재에 대한 선호가 높아짐.

Cutright et al. (2011, Study 2)

미국 사회의 악화에 대한 글을 읽음(죽음을 상기시키는 조건과 치통을 점화하는 조건과 대비되는 조건).

특히 체제 정당화가 지속적으로 낮은 참여자들 사이에서, 외국 소비재보다 국내 소비재에 대한 선호가 높아짐.

Cutright et al. (2011, Study 4)

(미국 지리에 대한 글과 대비되는) 미국적 삶의 방식을 폄하하는 짧은 글을 읽음.

체제 정당화가 지속적으로 높은 참여자들 사이에서, 글쓴이에 대한 폄하가 나타남. 체제 정당화가 지속적으로 낮은 참여자들 사이에서, 외국 소비재보다 국내 소비재에 대한 선호가 높아짐.

Cutright et al. (2011, Study 5)

(미국 지리에 대한 글과 대비되는) 미국적 삶의 방식을 폄하하는 짧은 글을 읽음.

체제 정당화가 지속적으로 높은 참여자들 사이에서, 미국을 나타내는 상징이 있는 제품에 대한 선호 상승. 체제 정당화가 지속적으로 낮은 참여자들 사이에서, 외국 소비재보다 국내 소비재에 대한 선호 상승.

Day et al. (2011, Study 1)

아랍계 캐나다인에 대한, 차별이 체제에 기인한다고 주장하는 글을 읽음(차별이 없다는 글을 읽는 조건과 대비됨).

남성 참여자 집단에서 일부일처제 이념 지지 상승.

Day et al. (2011, Study 2)

캐나다 사회의 (제대로 기능하는 것과 반대되는) 악화에 대한 글을 읽음.

남성 참여자 집단에서 일부일처제 이념 지지 상승.

Day et al. (2011, Study 3)

신뢰 관계에 대한 제도가 불안정하고 약하다는 내용의 글을 읽음(이 제도가 안정적이고 강하다는 글을 읽는 조건과 대비됨).

캐나다의 기존 사회·정치 체제 지지 상승(일반적 체제 정당화).

Laurin et al. (2011, Study 1)

캐나다에 젠더 차별이 널리 퍼져 있다는 내용의 글을 읽음〔헝가리의 새로운 수도(水道) 체제에 대한 글을 읽는 조건과 대비됨〕.

여성은 여성을 더 공동체적이라고, 남성은 남성을 더 주체적이라고 고정 관념을 적용함.

Ledgerwood et al. (2011, Study 1)

미국 사회의 (제대로 기능하는 것과 반대되는) 악화에 대한 글을 읽음.

열심히 일하는 것과 경제적 성공 사이의 (능력주의적) 관계를 지지하는 과학적 증거를 더 강력하다고 판단함(증거를 축소하는 것과 대비됨).

Mallet et al. (2011, Study 4)

미국 사회의 (제대로 기능하는 것과 반대되는) 악화에 대한 글을 읽음.

체제 정당화가 높은 사람들은 증오 범죄 정책 지지가 낮아짐(그러나 체제 정당화가 낮은 사람들은 그렇지 않았음).

Wakslak et al. (2011, Study 1)

(a) 미국 사회가 악화하고 있다거나, (b) 고등학교 위계가 불공정하다는 내용의 글을 읽음(글을 읽지 않는 통제 조건과 대비됨).

두 체제 위협 조건 모두에서 소규모(고등학교) 및 대규모(국가) 체제에 대한 지지가 높아짐.

Wakslak et al. (2011, Study 2)

(a) 미국 사회가 악화하고 있다거나, (b) 핵가족이 불안정하다는 내용의 글을 읽음(글을 읽지 않는 통제 조건과 대비됨).

두 체제 위협 조건 모두에서 소규모(핵가족) 및 대규모(국가) 체제에 대한 지지가 높아짐.

Rudman et al. (2012, Study 4)

미국 사회의 악화에 대한 글을 읽음(미국 사회가 제대로 기능한다는 글을 읽는 조건, 또는 글을 쓰는 통제 조건과 대비됨).

고정 관념에 저항하는 여성에 대한 역공. 주체적 여성이 더 지배적이지만 덜 호감이 가고 고용 가능성이 낮다고 판단함(그러나 주체적 남성에 대해서는 그렇지 않았음).

Brescoll et al. (2013, Study 1)

미국 사회의 악화에 대한 글을 읽음(미국 사회가 제대로 기능한다는 기억 통제 조건, 또는 글을 읽지 않는 통제 조건과 대비됨).

남성과 여성 모두 젠더에 대한 생물학적 본질주의(essentialism)를 더 강력하게 지지했고, 젠더 차이가 불변한다고 진술하는 비율이 더 높았음.

Brescoll et al. (2013, Study 3)

미국 사회의 악화에 대한 글을 읽음(미국 사회가 제대로 기능한다는, 또는 반대 주장을 하는 통제 조건과 대비됨).

남성과 여성 모두 젠더 차이에 대한 본질주의적 설명을 더 강력하게 지지함.

Brescoll et al. (2013, Study 4a)

미국 사회의 (제대로 기능하는 것과 반대되는) 악화에 대한 글을 읽음.

남성과 여성 모두 젠더 차이를 불변하는 것으로 간주했을 때 (가변적인 것으로 간주했을 때보다) 사회문화적·생물학적 설명을 더 강력하게 지지했음.

Friedman & Sutton (2013)

아프가니스탄 전쟁에서 사망한 시민들에 대한 신문 기사를 사치품 광고 옆에 배치함(사치품 소비, 나아가 불평등을 점화)(광고가 없는 조건과 대비됨).

정치적 보수주의자들의 경우 전쟁에서 시민들의 부상을 허용하는 정도가 높아짐(그러나 진보주의자들은 그렇지 않았음).

Liviatan & Jost (2014, Study 1a)

미국의 경제·정치 체제를 비판하는 연설 원고를 읽음〔〈스타 트렉(Star Trek)〉의 경제·정치 체제, 지리학 연구 체제에 대한 글을 읽는 조건과 대비됨).
컴퓨터를 이용한 어휘 결정 과제(lexical decision task)에서 정당성 관련 단어에 대한 응답 촉진(정당성과 관련되지 않은 단어와 대비됨).

Liviatan & Jost (2014, Study 1b)
미국의 경제·정치 체제를 비판하는 연설 원고를 읽음(미국인 집단의 창의력 부족, 지리학 연구 체제에 대한 글을 읽는 조건과 대비됨).
컴퓨터를 이용한 어휘 결정 과제에서 정당성 관련 단어에 대한 응답 촉진(정당성과 관련되지 않은 단어와 대비됨).

Liviatan & Jost (2014, Study 2)
미국의 경제·정치 체제를 비판하는 연설 원고를 읽음(지리학 연구 체제에 대한 글을 읽는 조건과 대비됨).
미국 체제의 장점을 확인할 기회가 주어지기 전에는 컴퓨터를 이용한 어휘 결정 과제에서 정당성 관련 단어에 대한 응답 촉진(정당성과 관련되지 않은 단어와 대비됨). 그러나 기회가 주어지고 난 다음에는 그렇지 않았음.

Liviatan & Jost (2014, Study 3)
미국의 경제·정치 체제를 비판하는 연설 원고를 읽음(지리학 연구 체제에 대한 글을 읽는 조건과 대비됨).
체제 관련 이미지(체제와 관련 없는 이미지와 대비됨)에 노출된 뒤 이어진 순차적 평가 점화 과제에서 긍정적 형용사(부정적 형용사와 대비됨)에 대한 응답 촉진.

van der Toorn et al. (2014, Study 1)

미국 사회의 (제대로 기능하는 것과 반대되는) 악화에 대한 글을 읽음.

국가에 대한 애착에서 나타나는 이념적 차이가 줄어듦. 진보주의자들이 국가와의 동일시를 더 강하게 표현함.

van der Toorn et al. (2014, Study 2)

미국 사법 체계의 실패, 즉 화이트칼라 범죄자들이 법의 허점을 이용해 풀려나는 것(기소되는 것과 대비됨)에 대한 글을 읽음.

국가에 대한 애착에서 나타나는 이념적 차이가 줄어듦. 진보주의자들이 미국과의 동일시를 더 강하게 표현함.

Yeung et al. (2014, Study 1)

캐나다 사회의 (제대로 기능하는 것과 반대되는) 악화에 대한 글을 읽음.

페미니스트로 기술한 여성의 똑같은 진술에 대한 이념적 반대 증가(페미니스트가 아닌 여성 조건과 대비됨).

van der Toorn et al. (2017)

미국 사회의 악화에 대한 글을 읽음(핸드폰 사용이 건강에 좋지 않다는 글을 읽는 조건. 실내 식물에 대한 글을 읽는 통제 조건과 대비됨)

청소년들의 일반적 체제 정당화 증가. 정치적으로는 더 보수적으로 (그리고 덜 진보적으로) 자기 정체성을 규정함.

Jolley et al. (2018, Study 1)

영국 사회의 (제대로 기능하는 것과 반대되는) 악화에 대한 글을 읽음.

실제 음모론과 음모론에 대한 일반적 관념 지지 증가.

Jolley et al. (2018, Study 2)
영국 사회의 (제대로 기능하는 것과 반대되는) 악화에 대한 글을 읽음.
일반적 체제 정당화 증가. 그러나 이는 음모론에 노출된 참여자들에게만 해당함.

Jolley et al. (2018, Study 3)
영국 사회의 (제대로 기능하는 것과 반대되는) 악화에 대한 글을 읽음.
사회 문제에 대해 제도 및 체제 관련 원인보다 개인 및 소집단을 비난하는 경향과 일반적 체제 정당화 증가. 그러나 이는 음모론에 노출된 참여자들에게만 해당함.

7. 체제 정당화 신념 체제의 몇 가지 유형, 정의, 예시(3장)*

청교도적 노동 윤리
사람들은 열심히 일하고 여가 활동을 삼가야 할 도덕적 책임이 있다. 열심히 일하는 것은 미덕이며 그 자체로 보상이다(Jones, 1997; Katz & Hass, 1988; Mirels & Garett, 1971; Quinn & Crocker, 1999; Weber, 1963).

---

* 조스트와 후녀지(Jost & Hunyady, 2005)의 연구에서 인용 및 수정했다.

능력주의 이념

체제는 개인의 능력 및 동기에 보상하며, 따라서 성공은 개인의 자격에 대한 지표다(Day & Fiske, 2017; Jost et al., 2003c; Ledgerwood et al., 2011; McCoy & Major, 2007; Mijs, 2019).

공정한 시장 이념

시장에 기초한 과정 및 결과는 효율적일 뿐만 아니라 태생적으로 공정하고 정당하다(Hafenbrädl & Waeger, 2017; Griva & Chryssochoou, 2015; Jost et al., 2003a).

경제 체제 정당화

경제적 불평등은 자연스럽고, 필연적이며, 정당한 것이다. 경제적 결과는 공정하고 마땅한 것이다(Azevedo et al., 2017; Hennes et al., 2012, 2016; Jost & Thompson, 2000).

세상이 정의롭다는 믿음

사람들은 일반적으로 받아 마땅한 것을 받고, 받고 있는 것을 받아 마땅하다, 결과라는 측면을 고려할 때, 어떠한 것은 그래야 마땅한 것이다(Dalbert, 2002; Feinberg & Willer, 2011; Hafer & Bègue, 2005; Lerner, 1980).

권력 거리

불평등은 사회 질서의 자연스럽고 바람직한 부분이다, 권력 차이가 큰 것은 허용 가능하고 정당하다(Hofstede, 2001; Jost et al., 2003a; Winterich & Zhang, 2014).

사회적 지배 지향성

집단에 기초한 사회 위계에 대한 전반적 선호, 사회 집단 간 불평등한 관계 갈망(Jost & Thompson, 2000; Kugler et al., 2010; Sidanius & Pratto, 2001).

평등 반대

사회적·경제적 평등의 증진은 지속 불가능하고 바람직하지 않다. 사회에 해가 될 것이다(Eagly et al., 2004; Jost & Thompson, 2000; Kluegel & Smith, 1986).

우익 권위주의

저항하는 사람들에 대한 공격성, 확립된 권위에 대한 복종, 관습적인 전통에 대한 순응(Altemeyer, 1998; Carvacho et al., 2013; Duckitt & Sibley, 2009; Jost et al., 2003b).

사회적 다윈주의

가장 적합한 사회 구성원이 성공할 것이고, 경쟁적인 사회 위계가 자연스러울 뿐만 아니라 자연 선택을 통해 인류를 개선하는 방식으로서 필요하다는 믿음(Hofstadter, 1992; Rudman & Saud, 2020).

정치적 보수주의

전통주의, 변화에 대한 저항(이를테면 사회적 보수주의), 불평등 수용(이를테면 경제적 보수주의)(Butz et al., 2017; Jost, 2006, 2017b; Jost et al., 2003b; Kandler et al., 2012; Pacilli et al., 2011).

부록 B

1. 현 상태에 대한 합리화, 열등감의 내면화, 자기 · 집단 · 체제 정당화 동기 사이에서 일어날 수 있는 잠재적 갈등에 관한 18가지 가설(5장)

현 상태에 대한 합리화

H1. 사람들은 (a) 개인적 책임이 없을 때도, (b) 처음에 그 사건을 매력적이라고 평가했는지 여부와 상관없이, (c) 특히 관여된 동기가 낮을 때보다 높을 때, 일어날 확률이 높은 사건을 확률이 낮은 사건보다 더 바람직하다고 평가함으로써 (예상되는) 현 상태를 합리화할 것이다.

(Kay et al., 2002; Laurin, 2018; McGuire & McGuire, 1991)

H2. 사람들은 집단 간 사회적·경제적 지위 차이를 합리화하기 위해 고정 관념을 이용할 것이기 때문에, 같은 지각 대상 집단에도 체제에서 사회적 지위 또는 위치가 높다고 지각하는지 낮다고 지각하는지에 따라 다른 고정 관념을 적용할 것이다.

(Jost, 2001)

H3. 사람들은 사회 체제에 대한 비판이나 위협에 반응해, 그러한 비판이나 위협이 없을 때에 비해 지위 높은 집단과 낮은 집단을 차별화하기 위하여 고정관념을 더 많이 이용함으로써 체제를 방어하고 정당화할 것이다.

(Jost et al., 2005; Kay et al., 2005; Laurin et al., 2011)

H4. 집단 간 지위 또는 권력 차이에 대한 설명(또는 거짓 설명)을 제공하면 (a) 차이를 합리화하기 위한 고정 관념의 적용이 늘어나고, (b) 비주류 집단 구성원으로 하여금 그들의 상황에 대해 (부정적이기보다) 더 긍정적인 정서를 표현하게 할 것이다.

(Batalha et al., 2007; Haines & Jost, 2000)

H5. 비주류 집단 구성원은 그들에게 권력이 없는 이유, 무력함에 대한 설명을 실제보다 더 정당한 것으로 잘못 기억할 것이다.

(Haines & Jost, 2000)

열등감의 내면화

H6. 지위 낮은 집단 구성원의 경우, (a) 개방적이고, 수동적이지 않고, 질적인 측정 방법, (b) 암묵적·간접적이고 폐쇄적이지 않은 방법으로 측정한 인지적·정서적·행동적 결과에서도 외집단 선호가 나타날 것이다.

(Jost, 2001; Jost et al., 2002)

H7. 지위 낮은 집단 구성원은 외현적 측정보다 암묵적 측정에서 외집단 선호를 나타낼 가능성이 더 높은 (또는 내집단 선호를 나타낼 가능성이 더 낮은) 반면, 지위

높은 집단 구성원은 외현적 측정보다 암묵적 측정에서 내집단 선호를 나타낼 가능성이 더 높다.

(Axt et a., 2018; Essien et al., in press; Jost et al., 2004; Rudman et al., 2002; Uhlmann et al., 2002)

H8. 사회 체제의 정당성 지각이 높아지면, (a) 지위 높은 집단 구성원은 내집단 선호를 더 많이 나타내는 반면, (b) 지위 낮은 집단 구성원은 외집단 선호를 더 많이 나타낼 것이다. (그리고 내집단 선호는 덜 나타낼 것이다.)

(Jost, 2001; Jost & Burgess, 2000)

H9. 체제 정당화 경향이 높아짐에 따라 (a) 지위 높은 집단 구성원은 내집단 선호의 증가(그리고 외집단 선호의 감소)를 나타내며, (b) 지위 낮은 집단 구성원은 외집단 선호의 증가(그리고 내집단 선호의 감소)를 나타낸다.

(Jost et al., 2005)

H10. 정치적 보수주의가 늘어나면서 (a) 지위 높은 집단 구성원은 내집단 선호의 증가(그리고 외집단 선호의 감소)를 나타내며, (b) 지위 낮은 집단 구성원은 외집단 선호의 증가(그리고 내집단 선호의 감소)를 나타낸다.

(Essien et al., in press; Jost et al., 2001, 2004; Jost & Thompson, 2000)

H11. 비주류 집단 구성원은 주류 집단 구성원에 비해 자신의 자격을 절하할 것이며, 이는 표면상 평등주의적 사회 환경에서도 마찬가지일 것이다.

(Jost, 1997; Major, 1994; Pelham & Hetts, 2001)

H12. 비주류 집단 구성원은 아직 끝나지 않은 일보다 이미 끝난 일에 대해 (주류 집단 구성원에 비해) 자기 자격 폄하를 할 가능성이 더 높다.

(Blanton et al., 2001)

자기·집단·체제 정당화 동기의 잠재적 갈등

H13. 지위 낮은 (또는 비주류) 집단의 구성원은 지위 높은 (또는 주류) 집단에 비해 자기 집단에 대한 양가감정을 더 많이 느낄 것이다.

(Jost & Burgess, 2000)

H14. 지위 낮은 (또는 비주류) 집단의 구성원은 체제의 정당성 지각(또는 체제 정당화)이 커질수록 자신의 집단에 대한 양가감정이 높아질 것이다.

(Jost & Burgess, 2000)

H15. 지위 높은 (또는 주류) 집단 구성원은 체제의 정당성 지각(또는 체제 정당화)이 커질수록 자기 집단에 대한 양가감정이 낮아질 것이다.

(Jost & Burgess, 2000)

H16. 체제 정당화는 (a) 주류 집단 구성원의 자존감 증가, (b) 비주류 집단 구성원의 자존감 감소와 관련이 있다.

(Bahamondes-Correa, 2016; Godfrey et al., 2019; Harding & Sibley, 2013; Jost & Thompson, 2000; Quinn & Crocker, 1999)

H17. 체제 정당화는 (a) 주류 집단 구성원의 우울 감소, (b) 비주류 집단 구성원

의 우울 증가와 관련이 있다.

(Bahamondes-Correa, 2016; Godfrey et al., 2019; Harding & Sibley, 2013; Jost & Thompson, 2000; Quinn & Crocker, 1999)

H18. 체제 정당화는 (a) 주류 집단 구성원의 신경증 감소, (b) 비주류 집단 구성원의 신경증 증가와 관련이 있다.

(Bahamondes-Correa, 2016; Godfrey et al., 2019; Harding & Sibley, 2013; Jost & Thompson, 2000; Quinn & Crocker, 1999)

2. 경제 체제 정당화 측정을 위한 설문지 항목(5, 9, 10, 11, 12장)*

1) 만약 사람들이 열심히 일한다면, 거의 언제나 그들이 원하는 것을 얻을 수 있다.
2) 경제적 차이가 널리 퍼져 있다고 해서 그것이 필연적인 것은 아니다. (역)**
3) 사회에서 부의 차이가 나는 것은 자연의 법칙으로 인한 것이다.
4) 경제 체제가 불공정하다고 생각할 만한 이유는 많다. (역)
5) 빈곤을 없애는 것은 사실상 불가능하다.
6) 가난한 사람들은 기본적으로 부유한 사람들과 다르지 않다. (역)
7) 우리 사회에서 앞서나가지 못하는 사람들 대부분은 체제를 탓해서는 안 되

---

* 출처: Jost & Thompson(2000).

** (역) 표시가 있는 항목은 '역문항'으로, 분석할 때 점수를 역으로 계산한다. (이를테면 역문항의 5점 척도에서 1점을 받은 경우 5점으로 계산한다. 참여자의 설문 의도 파악을 방지하기 위한 장치다—옮긴이.)

며, 탓할 것은 자기 자신뿐이다.

8) 자원의 평등한 분배가 우리 사회를 위한 가능성이다. (역)

9) 사회 계급의 차이는 세상의 자연스러운 질서에서 나타나는 차이를 반영한다.

10) 사회의 경제적 차이는 자원의 정당하지 못한 분배를 반영한다. (역)

11) 모두를 위한 일자리가 충분할 때는 오지 않을 것이기 때문에 가난한 사람은 항상 있을 것이다.

12) 경제적 위치는 사람들의 성취에 대한 정당한 반영이다.

13) 사람들이 세상을 평등하게 만들기 위해 경제 체제를 바꾸고자 한다면, 그렇게 할 수 있다. (역)

14) 자원의 평등한 분배는 부자연스럽다.

15) 극단적인 부와 극단적인 빈곤을 동시에 만들어내는 경제 체제는 불공정하다. (역)

3. 일반적 (또는 확산된) 체제 정당화 측정을 위한 설문지 항목(5, 6, 7, 8, 9, 11, 12장)*

1) 일반적으로 사회는 공정한 것으로 보인다.

2) 일반적으로 미국 체제는 마땅히 그래야 하는 대로 작동하고 있다.

3) 미국 사회는 급진적으로 재구조화되어야 한다. (역)

4) 미국은 세계에서 가장 살기 좋은 나라다.

---

* 출처: Kay & Jost(2003).

5) 정책 대부분은 공동선을 위한 것이다.

6) 모두에게 부와 행복에 대한 공정한 기회가 있다.

7) 우리 사회는 해마다 더 나빠지고 있다. (역)

8) 사회는 보통 사람들이 받아 마땅한 것을 받게끔 되어 있다.

4. 젠더 체제 정당화 측정을 위한 설문지 항목(8, 9, 12장)*

1) 일반적으로 남성과 여성 사이의 관계는 공정하다.

2) 가족 내 노동의 분담은 일반적으로 마땅히 그래야 하는 대로 작동하고 있다.

3) 젠더 역할은 급진적으로 재구조화되어야 한다. (역)

4) 여성들에게, 미국은 세계에서 가장 살기 좋은 나라다.

5) 젠더 및 성에 따른 노동 분담 관련 정책 대부분은 공동선을 위한 것이다.

6) (남성 또는 여성) 모두에게 부와 행복에 대한 공정한 기회가 있다.

7) 사회에서 성차별주의는 해마다 더 나빠지고 있다. (역)

8) 사회는 보통 남성과 여성이 받아 마땅한 것을 받게끔 되어 있다.

5. 정치 체제 정당화 측정을 위한 설문지 항목(9장)**

1) 미국의 정치 체제는 최선의 체제다.

---

* 출처: Jost & Kay(2005).

** 이 척도는 조스트와 동료들(Jost et al., 2010)이 사용한 더 긴 척도의 축약형이다.

2) 견제와 균형의 체제는 정부의 어떤 부서도 비합리적이거나 불법적인 활동을 하지 못하도록 보증한다.
3) 우리나라에 진실로 민주적인 정치 체제를 만들려면 급진적인 변화가 있어야 한다. (역)
4) 특수한 이익 집단의 권력으로 인해 정치 체제에는 정당성이 부족하다.
5) 양당 선거 체제는 최선의 민주주의다.
6) 정치 체제는 불공정하고 믿을 수 없다. (역)

6. 레바논의 종파 분리 체제 정당화 측정을 위한 설문지 항목(12장)*

1) 나는 레바논의 종파 분리 정치 체제가 공정하다고 생각한다.
2) 종파 체제는 국가 내 모든 종파를 공정하고 정당하게 대표한다.
3) 종파 체제는 완전히 변화해야 한다. (역)
4) 종파 체제는 모든 종파의 권리 보전을 보장한다.
5) 종파 정치 체제는 여러 종파 집단들 사이에 부조화를 초래하기 때문에 문제가 있다. (역)
6) 레바논 대통령이 언제나 기독교 마론파(Maronite)인 것은 공정하고 정당하다.
7) 국회의장이 언제나 이슬람교 시아파인 것은 공정하고 정당하다.
8) 국무총리가 항상 이슬람교 수니파인 것은 공정하고 정당하다.

* 출처: Badaan et al.(2020).

감사의 글

이 책의 표지에 있는 것은 내 이름뿐이지만, 본문에서 언급한 내용은 거의 모두 특출한 재능을 지닌 수많은 사회과학자를 비롯한 학자들의 커다란 공동의 노력의 결과다. 그 시작은 마자린 바나지다. 나는 그녀를 비롯한 다른 모든 연구자에 대해 알고, 그들과 함께 일한 것에 감사한다. 그리고 이 책을 작업하는 동안 그들이 보낸 격려에도 진심으로 고마움을 전한다. 나는 Dominic Abrams, Vivienne Badaan, Julia Becker, Christopher Bratt, Rachel Calogero, Vangelis Chaikalis-Petritsis, Matthew Feinberg, Samual D. Gosling, Jasse Graham, Carlee Beth Hawkins, Erin P. Hennes, Orsolya Hunyady, Amy L. Johnson, Aaron C. Kay, Anesu Mandisoza, H. Hannah Nam, Brian Nosek, Danny Osborne, John Petrocelli, Robert Sapolsky, Steven J. Sherman, Jim Sidaniu, Chadly Stern, Tom R. Tyler, Jojanneke van der Toorn, Robb Willer, Carolyn Wilmuth에게 감사한다.

이 책에서 다양한 방식으로 연구를 소개한 더 많은 현재와 과거의 학생 및 방문 연구자에게도 감사의 말씀을 드린다. Flavio Azevedo,

Virginie Bonnot, Aleksandra Cichocka, Irina Feygina, Danille Gaucher, Erin Godfrey, Mark Hoffarth, Melanie Langer, Alison Ledgerwood, Ido Liviatan, Jaime Napier, Maria Giuseppina Pacilli, Lindsay Rankin, Joanna Sterling, Hulda Thorsid ottir, Cheryl Wakslak이 그들이다. 이들은—Vivienne, Erin. Anesu, Hannah, Chadly, Jojanneke와 함께—내가 뉴욕 대학에서 가르치고 일한 17년이 놀랍도록 보람 있는 경험이 되게끔 도와주었다.

이 책의 거친 초고—그리고 마지막에서 두 번째 수정 원고도—를 읽어준 첫 번째 사람은 지난 20년 동안 나의 가장 큰 지지자이자, 사랑하는 친구이자, 장인어른이신 헝가리 부다페스트의 에오트보시 로런드 대학(Eotvos Lorand University) 심리학과의 죄르지 후녀지 교수다. 나에 대한 그분의 믿음을 보여주는 한 가지 지표는 2003년 그가 나의 첫 논문 모음집을 헝가리어로 번역해 출판하기 위해 애쓰셨을 때로 거슬러 올라간다. 두 번째 유일한 영문판은 독자 여러분이 들고 있을 (아니면 아마 스크롤을 내리고 있을) 이 책이다. 죄르지는 두 원고 모두에 매우 유익한 조언을 해주었으며, 이는 (내가 걸음마를 시작할 때부터 카우보이 시절을 지날 때까지) 나의 가장 오랜 지지자 중 한 명인 사랑하는 친구이자 아버지인 신시내티 대학(University of Cincinnati) 철학과 교수 로렌스 조스트(Lawlence J. Jost)도 마찬가지다. 나는 내 삶에서 한 분이 아닌 두 분의 헌신적인 아버지가 계신 것을 크나큰 행운이라고 생각한다. 나는 지금까지 살아오는 동안 장 드 라퐁텐(Jean de La Fontaine)이 말했듯 "온 세상을 기쁘게 하는 것과 자신의 아버지를 기쁘게 하는 것은 불가능하다"는 것을 배웠다. 좋든 나쁘든 나는 보통 후자를 선택했다.

지금 내 연구실에 있는 학생들 또한 이 책에 실린 여러 글을 자세히 읽고 의논하는 보기 드문 관대함을 베풀어주었다. 그들은 내 생각을 더 분명하고 효과적으로 표현할 수 있도록 이 책을 편집하고 재구성하는 데 커다란 도움을 주었다. Vivienne Badaan, Dean Baltiansky, David Caicedo, Sarah Dimuccio, Shahrzad Goudarzi, Mark Hoffarth, Melanie Langer, Michelle Lee, Mao Mogami, Eduardo J. Rivera Pichardo, Benjamin Saunders, Jussi Valtonen이 그들이다. 특히 두 학생이 이 책의 원고를 준비하는 데 꼭 필요한 역할을 해주었다. Vivienne Badaan은 이전에 출판한 논문의 재출간을 위해 판권 허락을 모두 받아주었고, Dean Baltiansky는 서지 사항을 정리해주었다.

나의 가까운 친구 커티스 하딘(Curtis D. Hardin)은 30년 가까이 내 글에 대해 너그럽고 명민하게 조언해주었다. 나는 그의 우정과 조언에 언제까지나 감사한다. 그의 우정과 조언 둘 다 니커보커(Knickerbocker)에서의 식사처럼 값을 매길 수 없다. 또한 나는 대니 바르탈과 대니 오스본의 통찰력 있는 조언과 너무나 유익한 제안에 감사한다. 그리고 하버드 대학 출판부의 Andrew Kinney, Anne McGuire, Sharmila Sen, Olivia Woods를 비롯한 편집위원회에도 감사드린다.

나는 이 자리를 빌려 이전에 출판한 논문을 재출간할 수 있도록 허락해준 여러 출판사에 감사를 전하고, 이 책의 여러 장에서 소개한 내용의 원래 출처를 밝히고자 한다. 1장에서 인용한 내용은 다음에서 가져왔다.

- Jost, J. T., Sapolsky, R., & Nam, H. H. (2018). Speculations on the evolutionary origins of system justification. *Evolutionary Psychology,* April-June 2018, 1-21. http://journals.sagepub.com/doi/

full/10.1177/1474704918765432. Copyright © 2018 The Authors. 저자의 재사용은 Creative Commons Attribution-NonCommercial 4.0 License 내용을 준수하는 조건으로 허락함.

2장에서 인용한 내용은 다음에서 가져왔다.

- Jost, J. T., & Kay, A. C. (2010). Social justice: History, theory, and research. In S. T. Fiske, D. Gilbert, & G. Lindzey (Eds). *Handbook of social psychology* (5th edition, Vol. 2, pp. 1122~1165). Hoboken, NJ: Wiley. Copyright © 2010 John Wiley & Sons. 출판사의 허가를 받고 재수록.

3장에서 인용한 내용은 다음에서 가져왔다.

- Jost, J. T., & van der Toorn, J. (2012). System justification theory. In P. A. M. van Lange, A. W. Kruglanski, & E. T. Higgins (Eds). *Handbook of theories of social psychology* (Vol. 2, pp. 313~343). London: Sage. Copyright © 2012 SAGE Publications Ltd. 출판사의 허가를 받고 재수록.

4장에서 인용한 내용은 다음에서 가져왔다.

- Jost, J. T., & Banaji, M. R. (1994). The Role of stereotyping in system justification and the production of false consciousness.

British Journal of Social Psychology, 33, 1-27. Copyright © 1994 The British Psychology Society. John Wiley & Sons. 출판사의 허가를 받고 재수록.

- Jost, J. T. (1995). Negative illusions: Conceptual clarification and psychological evidence concerning false consciousness. *Political Psychology, 16,* 397-424. Copyright © 1995 International Society of Political Psychology. John Wiley & Sons. 출판사의 허가를 받고 재수록.

5장에서 인용한 내용은 다음에서 가져왔다.

- Jost, J. T., Banaji, M. R., & Nosek, B. A. (2004). A decade of system justification theory: Accumulated evidence of conscious and unconscious bolstering of the status quo. *Political Psychology, 25,* 881-919. Copyright © 2004 International Society of Political Psychology. John Wiley & Sons. 출판사의 허가를 받고 재수록.
- Jost, J. T., & Hunyady, O. (2003). The psychology of system justification and the palliative function of ideology. *European Review of Social Psychology, 13,* 111-153. Copyright © European Association of Social Psychology. 유럽사회심리학회의 대리인 Taylor & Francis Ltd.(http://www.tandfonline.com)의 허가를 받고 재수록.
- Jost, J. T. (2019). A quarter century of system justification theory: Questions, answers, criticisms, and societal applications. *British Journal of Social Psychology, 58,* 263-314. Copyright © 2019 The

British Psychology Society. John Wiley & Sons. 출판사의 허가를 받고 재수록.

6장에서 인용한 내용은 다음에서 가져왔다.

- van der Toorn, G., Feinber, M. Jost, J. T., Kay, A. C., Tyler, T. R., Willer, R., & Wilmuth, C. (2015). A sense of Powerlessness fosters system justification: Implications for the legitimation of authority, hierarchy, and government. *Political Psychology, 36,* 93-110. Copyright © International Society of Political Psychology. John Wiley & Sons. 출판사의 허가를 받고 재수록.
- van der Toorn, J., Tyler, T. R., & Jost, J. T. (2011). More than fair: Outcome dependence, system justification, and the perceived legitimacy of authority. *Journal of Experimental Social Psychology, 47,* 127-138. Copyright © Elsevier. 허가를 받고 재수록.

7장에서 인용한 내용은 다음에서 가져왔다.

- Kay, A. C., & Jost, J. T. (2003). Complementary justice: Effects of "poor but happy" and "poor but honest" stereotype exemplars on system justification and implicit activation of the justice motive. *Journal of Personality and Social Psychology, 85,* 823-837. Copyright © 2003 American Psychology Association. 허가를 받고 재수록.

- Kay, A. C., Jost, J. T., Mandisodza, A. N., Sherman, S. J., Petrocelli, J. V., & Johnson, A. L. (2007). Panglossian ideology in the service of system justification: How complementray stereotypes help us to rationalize inequality. In M. Zanna (Ed.), Advances in Experimental Social Psychology (Vol. 39, pp. 305~358). San Diego, CA: Academic Press. Copyright © 2007 Elsevier. 허가를 받고 재수록.

8장에서 인용한 내용은 다음에서 가져왔다.

- Jost, J. T., & Kay, A. C. (2005). Exposure to benevolent sexism and complementary gender stereotypes: Consequences for specific and diffuse forms of system justification. *Journal of Personality and Social Psychology, 88,* 498-509. Copyright © 2005 American Psychological Association. 허가를 받고 재수록.
- Calogero, R., & Jost, J. T. (2011). Self-subjugation among women: Exposure to sexist ideology, self-objectification, and the protective function of the need to avoid closure. *Journal of Personality and Social Psychology, 100,* 211-228. Copyright © 2011 American Psychological Association. 허가를 받고 재수록.

9장에서 인용한 내용은 다음에서 가져왔다.

- Jost, J. T., Hawkins, C. B., Nosek, B. A., Hennes, E. P., Stern, C., Gosling, S. D., & Graham, J. (2014). Belief in a just god (and a just society): A system justification perspective on religious ideology. *Journal of Theoretical and Philosophical Psychology, 34,* 56-81. Copyright © 2014 American Psychological Association. 허가를 받고 재수록.

10장에서 인용한 내용은 다음에서 가져왔다.

- Jost, J. T. (2015). Resistance to change: A social psychological perspective. *Social Research: An International Quarterly, 82.3,* 607-636. Copyright © The New School. 존스 홉킨스 대학 편집부의 허가를 받고 재수록.

11장에서 인용한 내용은 다음에서 가져왔다.

- Jost, J. T., Chaikalis-Petritsis, V., Abrams, D., Sidanius, J., van der Toorn, J., & Bratt, C. (2012). Why men (and women) do and don't rebel: Effects of system justification on willingness to protest. *Personality and Social Psychology Bulletin, 38,* 197-208. DOI: 10.1177/0146167211422544. Copyright © 2012 Society for Personality and Social Psychology Inc. 허가를 받고 재수록.
- Jost, J. T., Becker, J., Osborne, D., & Badaan, V. (2017). Missing in (collective) action: Ideology, system justification, and the motivational antecedents of protest behavior. *Current Directions in Psychological Science, 26,* 99-108. DOI: 10.1177/096372141769063.

Copyright © The Authors 2017. 허가를 받고 재수록.

- Osborne, D., Jost, J. T., Becker, J., Badaan, V., & Sibley, C. G. (2019). Protesting to challenge or defend the system? A system justification perspective on collective action. *European Journal of Social Psychology, 49,* 244-269. Copyright © 2018 John Wiley & Sons. 허가를 받고 재수록.

12장에서 인용한 내용은 다음에서 가져왔다.

- Jost, J. T. (2019). A quarter century of system justification theory: Questions, answers, criticisms, and societal applications. *British Journal of Social Psychology, 58,* 263-314. Copyright © 2019 The British Psychology Society. John Wiley & Sons. 출판사의 허가를 받고 재수록.
- Jost, J. T. (2017). Working class conservatism: A system justification perspective. *Current Opinion in Psychology, 18,* 73-78. Copyright © 2017 Elsevier. 허가를 받고 재수록.
- Jost, J. T., Sapolsky, R., & Nam, H. H. (2018). Speculations on the evolutionary origins of system justification. *Evolutionary Psychology,* April-June 2018, 1-21. http://journals.sagepub.com/doi/full/10.1177/1474704918765432. Copyright © 2018 The Authors. 저자의 재사용은 Creative Commons Attribution-NonCommercial 4.0 License 내용을 준수하는 조건으로 허락함.
- Jost, J. T., Badaan, V., Goudarzi, S., Hoffarth, M., & Mogami, M.

(2019). The future of system justification theory. *British Journal of Social Psychology, 58,* 382-392. Copyright © The British Psychological Society. John Wiley & Sons. 출판사의 허가를 받고 재수록.

또한 나는 앤 맥과이어의 부친께서 스타하노프 운동(Stakhanovite labor: 소련 노동자들의 목표 초과 달성 및 노동 생산성 향상 운동—옮긴이)이라고 알맞게 말씀했다고 전해준 데 대해 그녀에게 대단히 감사한다. 앤은 존경할 만한 성실함, 관대함, 양심으로 이 책 대부분을 교열하고 찾아보기를 정리해주었다.

마지막으로, 지금 우리 시대를 파고든 정치적 혼돈과 개인적 실망감에도 불구하고, 나의 삶을 아주 명확하고 분명하게 살 가치가 있는 것으로 만들어주는 세 사람이 있다. 이들은 내가 이 책을 바치는 사람들이기도 하다. 내가 1999년에 미친 듯이 사랑에 빠진 오르시 후녀지(Orsi Hunyady), 2008년에 내가 미친 듯이 사랑에 빠진 이바 후녀지 조스트(Eva Hunyady Jost), 2012년에 내가 미친 듯이 사랑에 빠진 사이먼 후녀지 조스트(Simone Hunyady Jost)가 그들이다. 나는 그들에게 수없이 많은 것에 대해 감사하지만, 내가 그들과 이야기하고, 생각하고, 놀고, 웃고, 안았어야 했을 때 이 책을 쓰도록 해준 것에도 감사한다.

주

02 사회 정의란 무엇인가

1. 이 장에서 문단을 분리하지 않고 인용한 아리스토텔레스의 모든 저술은 브로디와 로(Broadie & Rowe, 2002)의 책에서 인용했다.
2. 우리가 아리스토텔레스와 같이 선한 의도가 중요하다고 주장한다고 해서, 지옥으로 가는 길은 선한 의도로 포장되어 있다는 오랜 격언을 반드시 부정하는 것은 아니다. 이것이 정의의 주관적 개념과 객관적 개념을 구분해야 하는 이유다. 사람들은 자신의 행동이 정의를 실현하기 위한 것이라고 진심으로 믿는데, 사실은 그렇지 않을 수도 있다. 동시에 정의를 숙고할 때 의도를 고려하는 경우도 많다. 이것은 법에서 계획 살인을 악의적 사전 계획 없이 실수로 일어난 죽음의 경우보다 더 심각한 정의의 훼손으로 보는 이유다.
3. 데이비드 밀러(David Miller, 1999)의 관찰을 진지하게 받아들이면, 도덕적 직관 이론에 심각한 문제가 생긴다. 이 이론은 "사람들에게는 우호적 행동에 대해 승인의 기꺼운 감정을, 반대로 악과 악덕에 대해서는 불승인의 감정을 느끼게 하는 타고난 도덕적 감각이 있다"(Haidt, 2001, p. 816)고 가정한다. 이러한 입장에서는 정의와 도덕에 대한 사람들의 직관이 **틀릴** 수도 있는, 체제와 관련된 방식을 간과한다. 예를 들어, 어떤 사람들은 동성애 행동을 접했을 때 역겨운 반응을 경험하고, 따라서 이러한 행동이 부도덕하다고 생각할 수 있다(Haidt & Graham, 2007). 사회의 역사는 이러한 예시로 가득 차 있으며, 여기에는 지금은 도덕적 잘못으로 널리 그리고 적절하게 받아들여지고 있는 인종 간 관계에 대한 혐오 및 분노 표현도 포함된다.

4. 아리스토텔레스는 사람이 "자발적으로 불공정한 대우를 받"거나 그 또는 그녀 자신에 대해 불공정하게 행동할 수 있는 가능성을 배제했다(1135a15~1138b11). 따라서 그의 결론은 사람들이 부정의를 수용하거나 감내할 수 있다는(또는 허위의식을 가질 수 있다는) 생각과 대조되지만, 이는 아리스토텔레스가 공정한 행동과 불공정한 행동에는 비교적 공정하거나 불공정하게 행동하겠다는 의식적(자발적) 의도가 필요하다고 규정했기 때문이다. 〔그러나 그는 "우연한 정의(부정의)", 즉 개인들의 행동이 의도가 없는 상태에서 공정한(또는 불공정한) 결과로 이어진다는 개념도 제시했다.〕 사회 및 인지심리학에서 암묵적 동기를 발견하면서, 아리스토텔레스가 제시하지 않은 가능성이 생겨났다. 그러므로 허위의식(그리고 체제 정당화)에 대한 현재의 논의에서는 사람들이 완전히 의식하지 못하는 상태에서 사회 부정의를 지속시키는 인지적·동기적 요인으로 인해 움직일 수 있다고 가정한다.
5. 어떤 사람들은 심지어 정의 동기가 나치로 하여금 유대인, 가톨릭교도, 좌파, 집시 등을 박해하게 했다고 제안한다. 나는 이러한 주장은 최소한 우리가 했듯이 사회 정의의 개념을 규정하고, (a) 아리스토텔레스가 진정한 의도 또는 규준적인(즉, 도덕적으로 방어할 수 있고, 분리할 수 없고, 비이기적인) 정의 규준을 얻고자 하는 동기라고 한 것과 (b) 사실 정의에 대한 욕구가 아닌 다른 것으로 인해 동기화된 행동에 대한 사후 정당화로 이해하기 더 쉬운 것 사이의 차이를 인식한다면, 정당화 자체가 정의 관련 주제를 통해 이루어진다 해도 설득력이 없다고 생각한다.

03 체제 정당화 이론의 선행 연구, 주요 가정, 그리고 실제 적용의 가능성

1. 마르크스주의 전통에서는 주류 집단 구성원이 자기 이익과 **일관된** 거짓 믿음을 가질 수 있으며, 이것 또한 허위의식의 사례다(Lukács, 1971). 이러한 경우 사회심리학의 관점에서는, 이 믿음이 자기·집단·체제 정당화 욕구로 인해 **동기화되었는지** 불확실하기 때문에 가장 분명하고 덜 모호한 허위의식(그리고 체제 정당화 동기)의 예는 비주류 집단 구성원에게서 나온다. 이들은 현 사회 상태를 방어하고 강화하는 데 자기 또는 집단의 이익으로 동기화될 수 없기 때문이다.

05 체제 정당화의 심리학

1. 이 선거 연구의 결과는, 대학생들이 큰 폭의 등록금 인상(반갑지 않은 결과)과 큰 폭

의 등록금 인하(반가운 결과) 확률이 높아질수록 이를 합리화한다(그러나 소폭의 등록금 인상 및 인하에 대해서는 그렇지 않았다)는 후속 연구에서 개념적으로 재검증되었다. 이를 통해 '신 포도'와 '단 레몬' 합리화 형태의 존재를 지지하는 증거가 추가되었다.

2. 독자들은 우리가 어떻게 사람들이 정당한 설명과 정당하지 않은 설명을 구분하는데 실패한다는 이러한 결과를, 정당성 지각의 수준이 집단 간 관계의 양상에 영향을 미친다는 가설(H8)과 병치시킬 수 있는지 궁금해할 수 있다. 이는 귀인의 모호함이라는 개념을 바탕으로 정리할 수 있다. 체제 정당화 이론은 모호한 조건에서는 가설 4, 5와 같이 사람들이 현 상태의 정당성을 과장할 것이라고 예측한다. 그러나 상황이 의심의 여지 없이 정당하지 않다고 지각하는 조건에서는 가설 8과 같이 질적으로 다른 반응 양상이 나타나야 한다.
3. 비주류 집단 구성원이 스스로의 집단을 불유쾌하고 심지어 역겨운 단어 및 이미지와 관련지을 때가 많다는 사실은 열등감의 내면화에 대해 무언가 중요한 점을 드러내며, 외집단 선호가 지위 관련 차원에만 한정되지도 않고, 사회 정체성 이론가들이 주장해왔듯 반론할 수 없는 사회적 현실의 산물이나 자기 표상 전략도 아니라는 것을 시사한다.

07 '가난하지만 행복한'

1. 체제 정당화 이론과 일관되게 부자는 가난한 지각 대상자에 비해 더 지적이고, 열심히 일하고, 야심·능력·동기·책임감이 있고, 조직화되어 있고, 유창하며, 자기 확신이 있는 것으로 지각되었다(Kay et al., 2005도 참조).

09 공정한 신(그리고 공정한 사회)에 대한 믿음

1. 프란츠 파농은 《대지의 저주받은 사람들(The Wretched of the Earth)》(1963)에서 종교가 식민 지배 억압의 피해자들로 하여금 부정의를 감내하도록 유도한다는 것을 관찰했다. "식민주의자 부르주아들은 원주민을 조용하게 만드는 일에 필연적인 종교의 도움을 받는다. 반대쪽 빰을 갖다 대고, 침입자를 용서하고, 사람들이 침을 뱉고 모욕해도 움츠러들지 않은 모든 성인을 연구하고 본받을 예시로 추켜세운다" (p. 67).

12 체제 정당화 이론 이후 25년

1. 소득과 교육 수준은 이념 관련 변인에 대해 반대 효과를 나타낼 때가 많지만, 브란트(Brandt, 2013)는 사회 계급에 대한 이 두 가지 지표에 대해 같은 가설을 세웠다. 일반적으로 소득은 보수주의, 우익 성향과 양(+)의 상관관계가 있는 반면, 교육 수준은 음(-)의 상관관계가 있다(Napier & Jost, 2008a). 젠더의 경우, 여성은 보수주의의 한 측면으로서 전통주의를 지지할 확률이 남성보다 높지만, 보수주의의 반평등주의적 측면을 지지할 확률은 더 낮다(Eagly et al., 2004).
2. 장과 중(Zhang & Zhong, 2019)은 소득 및 교육 수준이 낮은 중국 성인들이 자녀를 더 이른 나이부터 더 많이 출산하며, 그로 인해 정부의 지원에 더 의존하기 때문에 중국 정부의 권위를 더 방어하고 정당화하는 경향이 있다는 증거를 제시했다. 또한 리와 동료들(Li et al., 2020)은 중국이라는 맥락에서 **객관적인** 사회경제적 지위가 낮은 경우 더 높은 체제 정당화와 관련이 있는 반면, **주관적인** 사회경제적 지위가 높은 경우에도 더 높은 체제 정당화와 관련이 있다고 보고했다.

참고문헌

Adorno, T. W. (1998). Television as ideology. In T. W. Adorno (Ed.), *Critical models: Interventions and catchwords* (pp. 59-70). New York: Columbia University Press. Originally published 1963.

Adorno, T. W., Frenkel-Brunswik, E., Levinson, D. J., & Sanford, R. N. (1950). *The authoritarian personality.* Oxford, UK: Harpers.

Allport, G. W. (1954). *The nature of prejudice.* Cambridge, MA: Addison Wesley. Reprinted 1979.

Allport, G. W. (1968). The historical background of modern social psychology. In G. Lindzey (Ed.), *Handbook of social psychology* (Vol. 1, pp. 3-56). Cambridge, MA: Addison-Wesley.

Altemeyer, B. (1981). *Right wing authoritarianism.* Winnipeg, Canada: University of Manitoba Press.

Altemeyer, B. (1998). The other "authoritarian personality." *Advances in Experimental Social Psychology, 30,* 47-92.

Amodio, D. M., Jost, J. T., Master, S. L., & Yee, C. M. (2007). Neurocognitive correlates of liberalism and conservatism. *Nature Neuroscience, 10,* 1246-1247.

Appiah, K. A. (2008). *Experiments in ethics.* Cambridge, MA: Harvard University Press.

Asch, S. E. (1959). A perspective on social psychology. In S. Koch (Ed.), *Psych-*

ology: A study of a science (Vol. 3, pp. 363-383). New York: McGraw-Hill.

Ashburn-Nardo, L., Knowles, M. L., & Monteith, M. J. (2003). Black Americans' implicit racial associations and their implications for intergroup judgment. *Social Cognition, 21,* 61-87.

Auden, W. H. (1977). *The English Auden: Poems, essays, and dramatic writings 1927-1930* (E. Mendelson, Ed.). London: Faber & Faber. Originally published 1939.

Axt, J. R., Moran, T., & Bar-Anan, Y. (2018). Simultaneous ingroup and outgroup favoritism in implicit social cognition. *Journal of Experimental Social Psychology, 79,* 275-289.

Aydin, N., Fischer, P., & Frey, D. (2010). Turning to God in the face of ostracism: Effects of social exclusion on religiousness. *Personality and Social Psychology Bulletin, 36,* 742-753.

Azevedo, F., Jost, J. T., & Rothmund, T. (2017). "Making America great again": System justification in the 2016 U.S. presidential election. *Translational Issues in Psychological Science, 3,* 231-240.

Badaan, V., Jost, J. T., Fernando, J., & Kashima, Y. (in press). Imagining better societies: A social psychological framework for the study of utopian thinking and collective action. *Social and Personality Psychology Compass.*

Badaan, V., Jost, J. T., Osborne, D., Sibley, C. G., Ungaretti, J., Etchezahar, E., & Hennes, E. (2018). Social protest and its discontents: A system justification perspective. *Contention: The Multidisciplinary Journal of Social Protest, 6,* 1-22.

Badaan, V., Richa, R., & Jost, J. T. (2020). Ideological justification of the sectarian political system in Lebanon. *Current Opinion in Psychology, 32,* 138-145.

Bahamondes-Correa, J. (2016). System justification's opposite effects on psychological wellbeing: Testing a moderated mediation model in a gay men and lesbian sample in Chile. *Journal of Homosexuality, 63,* 1537-1555.

Baldwin, J. (1965). The American dream and the American Negro. *New York*

Times, March 7.

Bamford, M. (2007). *How to win!* Minneapolis, MN: Stand Up Records.

Banaji, M. R., & Greenwald, A. G. (2013). *Blindspot: Hidden biases of good people.* New York: Delacorte Press.

Banfield, J. C., Kay, A. C., Cutright, K. M., Wu, E. C., & Fitzsimons, G. J. (2011). A person by situation account of motivated system defense. *Social Psychological and Personality Science, 2,* 212-219.

Bar-Tal, D. (2000). *Shared beliefs in a society: Social psychological analysis.* Thousand Oaks, CA: Sage.

Bar-Tal, D. (2013). *Intractable conflicts: Socio-psychological foundations and dynamics.* New York: Cambridge University Press.

Bartels, L. (2008). Do Americans care about inequality? In L. Bartels (Ed.), *Unequal democracy: The political economy of the new gilded age* (pp. 127-161). Princeton, NJ: Princeton University Press.

Batalha, L., Akrami, N., & Ekehammar, B. (2007). Outgroup favoritism: The role of power perception, gender, and conservatism. *Current Research in Social Psychology, 13,* 1-49.

Becker, E. (1973). *The denial of death.* New York: Free Press.

Becker, J. C. (2012). The system-stabilizing role of identity management strategies: Social creativity can undermine collective action for social change. *Journal of Personality and Social Psychology, 103,* 647-662.

Becker, J. C., & Wright, S. C. (2011). Yet another dark side of chivalry: Benevolent sexism undermines and hostile sexism motivates collective action for social change. *Journal of Personality and Social Psychology, 101,* 62-77.

Beinecke, F. (2015). How to unleash climate action: Values, politics, and the inevitability of the clean energy future. *Social Research: An International Quarterly, 82,* 713-724.

Beit-Hallahmi, B., & Argyle, M. (1997). *The psychology of religious behavior, belief, and experience.* London: Routledge.

Bem, S. L., & Bem, D. J. (1970). Case study of a nonconscious ideology: Training the woman to know her place. In D. J. Bem (Ed.), *Beliefs, attitudes, and human affairs* (pp. 89-99). Belmont, CA: Brooks/Cole.

Bénabou, R. (2008). Ideology. *Journal of the European Economic Association, 6,* 321-352.

Berger, P. L., & Luckmann, T. (1991). *The social construction of reality: A treatise in the sociology of knowledge.* New York: Penguin. Originally published 1966.

Bernard, P., Legrand, S., & Klein, O. (2018). From bodies to blame: Exposure to sexually objectifying media increases tolerance toward sexual harassment. *Psychology of Popular Media Culture, 7,* 99-112.

Bettelheim, B. (1943). Individual and mass behavior in extreme situations. *Journal of Abnormal and Social Psychology, 38,* 417-452.

Bettelheim, B., & Janowitz, M. (1964). *Social change and prejudice.* New York: Free Press.

Biko, S. (1978). *I write what I like* (A. Stubbs, Ed.). London: Heinemenn.

Biko, S. (1987). *No fears expressed* (M. W. Arnold, Ed.). Johannesburg, South Africa: Skotaville.

Birgegard, A., & Granqvist, P. (2004). The correspondence between attachment to parents and God: Three experiments using subliminal separation cues. *Personality and Social Psychology Bulletin, 30,* 1122-1135.

Bixter, M. T. (2015). Happiness, political orientation, and religiosity. *Personality and Individual Differences, 72,* 7-11.

Blanchar, J. C., & Eidelman, S. (2013). Perceived system longevity increases system justification and the legitimacy of inequality. *European Journal of Social Psychology, 43,* 238-245.

Blanton, H., George, G., & Crocker, J. (2001). Contexts of system justification and system evaluation: Exploring the social comparison strategies of the (not yet) contented female worker. *Group Processes & Intergroup Relations, 4,* 127-138.

Blasi, G., & Jost, J. T. (2006). System justification theory and research: Implications for law, legal advocacy, and social justice. *California Law Review, 94,* 1119-1168.

Bloom, P. (2005). Is God an accident? *The Atlantic,* December.

Borges, J. L. (1999). Kafka and his precursors. In E. Weinberger (Ed.), *Selected non-fictions.* New York: Penguin. Originally published 1951.

Bourdieu, P. (1986). *Outline of a theory of practice.* New York: Cambridge University Press. Originally published 1977.

Brandt, M. J. (2013). Do the disadvantaged legitimize the social system? A large-scale test of the status-legitimacy hypothesis. *Journal of Personality and Social Psychology, 104,* 765-785.

Brandt, M. J., & Reyna, C. (2010). The role of prejudice and the need for closure in religious fundamentalism. *Personality and Social Psychology Bulletin, 36,* 715-725.

Brescoll, V. L., Uhlmann, E. L., & Newman, G. E. (2013). The effects of system-justifying motives on endorsement of essentialist explanations for gender differences. *Journal of Personality and Social Psychology, 105,* 891-908.

Brewer, M. B. (2007). The importance of being we: Human nature and intergroup relations. *American Psychologist, 62,* 728-738.

Brewer, M. B., & Miller, N. (1996). *Intergroup relations.* Buckingham, UK: Open University Press.

Broadie, S. (2002). Philosophical introduction. In S. Broadie & C. Rowe (Eds.), *Aristotle. Neomachean ethics: Translation, introduction, and commentary* (pp. 9-91). New York: Oxford University Press.

Broadie, S., & Rowe, C. (Eds.) (2002). *Aristotle. Neomachean ethics: Translation, introduction, and commentary.* New York: Oxford University Press.

Brosnan, S. F. (2006). Nonhuman species' reactions to inequity and their implications for fairness. *Social Justice Research, 19,* 153-185.

Broverman, I., Vogel, S. R., Broverman, D. M., Clarkson, F. E., & Rosenkrantz,

P. S. (1972). Sex-role stereotypes: A current appraisal. *Journal of Social Issues, 28,* 59-78.

Brown, J. F. (1936). *Psychology of the social order.* New York: McGraw-Hill.

Brown, Roger (1986). *Social psychology* (2nd Ed.). New York: Free Press.

Brown, Rupert (2010). *Prejudice: Its social psychology* (2nd Ed.). Chicester, UK: Wiley.

Burke, E. (1987). Reflections on the revolution in France. In J. G. A. Pocock (Ed.), *Reflections on the revolution in France* (pp. 1-218). Indianapolis, IN: Hackett. Originally published 1790.

Burton, C. M., Plaks, J. E., & Peterson, J. B. (2015). Why do conservatives report being happier than liberals? The contribution of neuroticism. *Journal of Social and Political Psychology, 3,* 89-102.

Butz, S., Kieslich, P. J., & Bless, H. (2017). Why are conservatives happier than liberals? Comparing different explanations based on system justification, multiple group membership, and positive adjustment. *European Journal of Social Psychology, 47,* 362-372.

Calogero R. M. (2013). On objects and actions: Situating self-objectification in a system justification context. In S. Gervais (Ed.), *Nebraska motivation symposium: Perspectives on motivation* (Vol. 60, pp. 97-126). New York: Springer.

Calogero, R. M., & Jost, J. T. (2011). Self-subjugation among women: Exposure to sexist ideology, self-objectification, and the protective function of the need to avoid closure. *Journal of Personality and Social Psychology, 100,* 211-228.

Calogero, R. M., Tantleff-Dunn, S., & Thompson, J. K. (Eds.) (2011). *Self-objectification in women: Causes, consequences, and counteractions.* Washington, DC: American Psychological Association.

Cameron, J. E., & Nickerson, S. L. (2006). Predictors of protest among anti-globalization demonstrators. *Journal of Applied Social Psychology, 39,* 734-761.

Campbell, D. T., & LeVine, R. A. (1968). Ethnocentrism and intergroup relations. In R. P. Abelson, E. Aronson, W. J. McGuire, T. M. Newcomb, M. J. Rosenberg,

& P. H. Tannenbaum (Eds.), *Theories of cognitive consistency: A sourcebook* (pp. 551-564). Chicago: Rand McNally.

Campbell, T. H., & Kay, A. C. (2014). Solution aversion: On the relation between ideology and motivated disbelief. *Journal of Personality and Social Psychology, 107,* 809-824.

Capehart, L., & Milovanovic, D. (2007). *Social justice: Theories, issues, and movements.* New York: Rutgers University Press.

Caricati, L. (2017). Testing the status-legitimacy hypothesis: A multilevel modeling approach to the perception of legitimacy in income distribution in 36 nations. *Journal of Social Psychology, 157,* 532-540.

Carlsmith, K. M., & Darley, J. M. (2008). Psychological aspects of retributive justice. In M. P. Zanna (Ed.), *Advances in experimental social psychology* (pp. 193-236). San Diego, CA: Elsevier.

Carnes, N. & Lupu, N. (2017). It's time to bust the myth: Most Trump voters were not working class. *Washington Post,* June 5. https://www.washingtonpost.com/news/monkey-cage/wp/2017/06/05/its-time-to-bust-the-myth-most-trump-voters-were-not-working-class/.

Carvacho, H., Zick, A., Haye, A., González, R., Manzi, J., Kocik, C., & Bertl, M. (2013). On the relation between social class and prejudice: The roles of education, income, and ideological attitudes. *European Journal of Social Psychology, 43,* 272-285.

Cavafy, C. P. (1972). Growing in spirit. *Selected poems* (E. Keeley & P. Sherrard, Trans., p. 5). Princeton, NJ: Princeton University Press.

Chapleau, K. M., & Oswald, D. L. (2014). A system justification view of sexual violence: Legitimizing gender inequality and reduced moral outrage are connected to greater rape myth acceptance. *Journal of Trauma & Dissociation, 15,* 204-218.

Choma, B. L., Busseri, M. A., & Sadava, S. W. (2009). Liberal and conservative political ideologies: Different routes to happiness? *Journal of Research in*

Personality, 43, 502-505.

Choma, B. L., & Prusaczyk, E. (2018). The effects of system justifying beliefs on skin-tone surveillance, skin-color dissatisfaction, and skin-bleaching behavior. *Psychology of Women Quarterly, 42,* 162-177.

Cichocka, A., Górska, P., Jost, J. T., & Sutton, R. (2018). What inverted U can do for your country: A curvilinear relationship between confidence in the social system and political engagement. *Journal of Personality and Social Psychology, 115,* 883-902.

Cichocka, A. & Jost, J. T. (2014). Stripped of illusions? Exploring system justification processes in capitalist and post-Communist societies. *International Journal of Psychology, 49,* 6-29.

Cichocka, A., Winiewski, M., Bilewicz, M., Bukowski, M., & Jost, J. T. (2015). Complementary stereotyping of ethnic minorities predicts system justification in Poland. *Group Processes & Intergroup Relations, 18,* 788-800.

Coch, L., & French, J. R. P., Jr. (1948). Overcoming resistance to change. *Human Relations, 1,* 512-532.

Conway, M., Pizzamiglio, M. T., & Mount, L. (1996). Status, communality, and agency: Implications for stereotypes of gender and other groups. *Journal of Personality and Social Psychology, 71,* 25-38.

Cooley, C. H. (1964). *On social psychology.* Chicago: University of Chicago Press. Originally published 1902.

Correll, J., Park, B., Judd, C. M., & Wittenbrink, B. (2002). The police officer's dilemma: Using ethnicity to disambiguate potentially threatening individuals. *Journal of Personality and Social Psychology, 83,* 1314-1329.

Crandall, C. S. (1994). Prejudice against fat people: Ideology and self-interest. *Journal of Personality and Social Psychology, 66,* 882-894.

Crandall, C. S. (1995). Do parents discriminate against their heavyweight daughters? *Personality and Social Psychology Bulletin, 21,* 724-735.

Crandall, C. S., Eidelman, S., Skitka, L. J., & Morgan, G. S. (2009). Status quo framing increases support for torture. *Social Influence, 4,* 1-10.

Crosby, F. (1976). A model of egoistical relative deprivation. *Psychological Review, 83,* 85-113.

Crosby, F., Muehrer, P., & Loewenstein, G. (1986). Relative deprivation and explanation: Models and concepts. In J. M. Olson, C. P. Herman, & M. P. Zanna (Eds.), *Relative deprivation and social comparison: The Ontario symposium* (Vol. 4, pp. 17-32). Hillsdale, NJ: Erlbaum.

Cunningham, F. (1987). *Democratic theory and socialism.* Cambridge, UK: Cambridge University Press.

Cutright, K. M., Wu, E. C., Banfield, J. C., Kay, A. C., & Fitzsimons, G. J. (2011). When your world must be defended: Choosing products to justify the system. *Journal of Consumer Research, 38,* 62-77.

Czopp, A. M., Kay, A. C., & Cheryan, S. (2015). Positive stereotypes are pervasive and powerful. *Perspectives on Psychological Science, 10,* 451-463.

Dalbert, C. (2002). Beliefs in a just world as a buffer against anger. *Social Justice Research, 15,* 123-145.

Davidai, S., & Gilovich, T. (2015). Building a more mobile America—One income quintile at a time. *Perspectives on Psychological Science, 10,* 60-71.

Davies, J. C. (1962). Toward a theory of revolution. *American Sociological Review, 27,* 5-19.

Day, M. V., & Fiske, S. T. (2017). Movin' on up? How perceptions of social mobility affect our willingness to defend the system. *Social Psychological and Personality Science, 8,* 267-274.

Day, M. V., Kay, A. C., Holmes, J. G., & Napier, J. L. (2011). System justification and the defense of committed relationship ideology. *Journal of Personality and Social Psychology, 101,* 291-306.

de Beauvoir, S. (1989). *The second sex.* New York: Vintage Books. Originally published 1952.

de la Boétie, E. (2008). *The politics of obedience: Discourse of voluntary servitude.*

Auburn, AL: Ludwig von Mises Institute. Originally published 1548.

DeMoulin, S., Leyens, J. P., & Dovidio, J. F. (2009). Intergroup misunderstandings: Interactions and divergences in realities, goals, and strategies. In S. DeMoulin, J. P. Leyens, & J. F. Dovidio (Eds.), *Intergroup misunderstandings: Impact of divergent social realities* (pp. 1-20). New York: Psychology Press.

Désert, M., & Leyens, J. P. (2006). Social comparisons across cultures I: Gender stereotypes in high and low power distance cultures. In S. Guimond (Ed.), *Social comparison and social psychology: Understanding cognition, intergroup relations, and culture* (pp. 303-317). New York: Cambridge University Press.

Deutsch, M. (1985). *Distributive justice: A social-psychological perspective.* New Haven, CT: Yale University Press.

Deutsch, M. (2006). A framework for thinking about oppression and its change. *Social Justice Research, 19,* 7-41.

Devine, P. G. (1989). Stereotypes and prejudice: Their automatic and controlled components. *Journal of Personality and Social Psychology, 56,* 5-18.

Dickens, C. (1971). *The Christmas books, vol. 1 (A Christmas carol and the chimes).* London: Penguin Books. Originally published 1843.

Diekmann, K. A., Samuels, S. M., Ross, L., & Bazerman, M. H. (1997). Self-interest and fairness in problems of resource allocation: Allocators versus recipients. *Journal of Personality and Social Psychology, 72,* 1061-1074.

Dimdins, G., Sandgren, M., & Montgomery, H. (2016). Psychological variables underlying political orientations in an old and a new democracy: A comparative study between Sweden and Latvia. *Scandinavian Journal of Psychology, 57,* 437-445.

Dion, K. L., & Dion, K. K. (1987). Belief in a just world and physical attractiveness stereotyping. *Journal of Personality and Social Psychology, 52,* 775-780.

Doherty, K. (1998). A mind of her own: Effects of need for cognitive closure and gender on reactions to nonconformity. *Sex Roles, 38,* 801-819.

Dollard, J. (1937). *Caste and class in a southern town.* New Haven, CT: Yale

University Press.

Doob, L. W. (1964). *Patriotism and nationalism: Their psychological foundations.* New Haven, CT: Yale University Press.

Douglas, K. R. (2016). Barriers to social change: Neoliberalism and the justification of the status-quo among low-income African Americans. Master's thesis, University of Missouri, Kansas City. ProQuest. (Accession No. 10140924).

Dovidio, J. F., & Gaertner, S. L. (2004). Aversive racism. *Advances in Experimental Social Psychology, 36,* 4-56.

Drolet, C. E., & Drolet, A. M. (2019). Self-objectification, system justifying beliefs, and the rise of labiaplasty. *Social Justice Research, 32,* 318-348.

Du Bois, W. E. B. (1903). *The souls of black folk: Essays and sketches* (3rd Ed.). Chicago: A. C. McClurg & Company.

Duckitt, J., & Sibley, C. G. (2009). A dual process model of ideological attitudes and system justification. In J. T. Jost, A. C. Kay, & H. Thorisdottir (Eds.), *Social and psychological bases of ideology and system justification* (pp. 292-313). New York: Oxford University Press.

Durrheim, K., Jacobs, N., & Dixon, J. (2014). Explaining the paradoxical effects of intergroup contact: Paternalistic relations and system justification in domestic labour in South Africa. *International Journal of Intercultural Relations, 41,* 150-164.

Eagleton, T. (1991). *Ideology.* London: Verso.

Eagly, A. H., Diekman, A. B., Johannesen-Schmidt, M. C., & Koenig, A. M. (2004). Gender gaps in sociopolitical attitudes: A social psychological analysis. *Journal of Personality and Social Psychology, 87,* 796-816.

Eagly, A. H., & Kulesa, P. (1997). Attitudes, attitude structure, and resistance to change. In M. H. Bazerman, D. M. Messick, A. Tenbrunsel, & K. A. Wade-Benzoni (Eds.), *Environment, ethics, and behavior: The psychology of environmental valuation and degradation* (pp. 122-153). San Francisco: New Lexington Press.

Eagly, A. H., & Mladinic, A. (1994). Are people prejudiced against women? Some answers from research on attitudes, gender stereotypes, and judgments of competence. *European Review of Social Psychology, 5,* 1-35.

Eagly, A. H., Nater, C., Miller, D. I., Kaufmann, M., & Sczesny, S. (2019). Gender stereotypes have changed: A cross-temporal meta-analysis of US public opinion polls from 1946 to 2018. *American Psychologist.* Advance online publication. https://doi.org/10.1037/amp0000494.

Eagly, A. H., & Steffen, V. J. (1984). Gender stereotypes stem from the distribution of women and men into social roles. *Journal of Personality and Social Psychology, 46,* 735-754.

Eagly, A. H., & Steffen, V. J. (1986). Gender stereotypes, occupational roles, and beliefs about part-time employees. *Psychology of Women Quarterly, 10,* 252-262.

Egan, P. J., & Mullin, M. (2012). Turning personal experience into political attitudes: The effect of local weather on Americans' perceptions of global warming. *Journal of Politics, 74,* 796-809.

Eibach, R. P., Wilmot, M. O., & Libby, L. K. (2015). The system-justifying function of gratitude norms. *Social and Personality Psychology Compass, 9,* 348-358.

Eidelman, S., & Crandall, C. S. (2012). Bias in favor of the status quo. *Social and Personality Psychology Compass, 6,* 270-281.

Eidelman, S., Crandall, C. S., Goodman, J. A., & Blanchar, J. C. (2012). Low-effort thought promotes political conservatism. *Personality and Social Psychology Bulletin, 38,* 808-820.

Elbein, S. (2014). Jane Kleeb vs. the Keystone Pipeline. *New York Times Magazine,* May 16. http://nyti.ms/1ljEQWc.

Elias, N. (2000). *The civilizing process: Sociogenetic and psychogenetic investigations* (Revised Ed.). Oxford, UK: Blackwell. Originally published 1939.

Elias, N., & Scotson, J. L. (1994). *The established and the outsiders: A sociological enquiry into community problems.* London: Sage. Originally published 1965.

Elkins, S. (1967). Slavery and personality. In R. S. Lazarus & E. M. Opton Jr. (Eds.), *Personality* (pp. 395-420). Middlesex, UK: Penguin.

Elster, J. (1982). Belief, bias, and ideology. In M. Hollis & S. Lukes (Eds.), *Rationality and relativism* (pp. 123-148). Oxford, UK: Basil Blackwell.

Emerson, R. M. (1962). Power dependence relations. *American Sociological Review, 27,* 31-41.

Essien, I., Calanchini, J., & Degner, J. (in press). Moderators of intergroup evaluation in disadvantaged groups: A comprehensive test of predictions from system justification theory. *Journal of Personality and Social Psychology.*

Fanon, F. (1963). *The wretched of the earth* (C. Farrington, Trans.). New York: Grove.

Fehr, E., & Gintis, H. (2007). Human motivation and social cooperation: Experimental and analytical foundations. *Annual Review of Sociology, 33,* 43-66.

Feinberg, J. (1973). *Social philosophy.* Englewood Cliffs, NJ: Prentice Hall.

Feinberg, M., & Willer, R. (2011). Apocalypse soon? Dire messages reduce belief in global warming by contradicting just world beliefs. *Psychological Science, 22,* 34-38.

Feinberg, M., Willer, R., & Kovacheff, C. (2020). The activist's dilemma: Extreme protest actions reduce popular support for social movements. *Journal of Personality and Social Psychology*. Advance online publication. http://dx.doi.org/10.1037/pspi0000230.

Feinstein, J. S., Adolphs, R., Damasio, A., & Tranel, D. (2011). The human amygdala and the induction and experience of fear. *Current Biology, 21,* 34-38.

Fernando, J. W., Burden, N., Ferguson, A., Kashima, Y. (2018). Functions of utopia: How utopian thinking motivates societal engagement. *Personality and Social Psychology Bulletin, 44,* 779-792.

Festinger, L. (1957). *A theory of cognitive dissonance.* Stanford, CA: Stanford University Press.

Feygina, I., Jost, J. T., & Goldsmith, R. (2010). System justification, the denial of global warming, and the possibility of "system-sanctioned change." *Personality and Social Psychology Bulletin, 36,* 326-338.

Finnegan, W. (2000). A slave in New York. *The New Yorker,* January 24, p. 50.

Fiori, G. (1970). *Antonio Gramsci: Life of a revolutionary.* London: Verso.

Fiske, S. T. (1993). Controlling other people: The impact of power on stereotyping. *American Psychologist, 48,* 621-628.

Fiske, S. T., & Berdahl, J. L. (2007). Social power. In A. Kruglanski & E. T. Higgins (Eds.), *Social psychology: A handbook of basic principles* (pp. 678-692). New York: Oxford University Press.

Fiske, S. T., Cuddy, A. J., Glick, P., & Xu, J. (2002). A model of (often mixed) stereotype content: Competence and warmth respectively follow from perceived status and competition. *Journal of Personality and Social Psychology, 82,* 878-902.

Flanagan, O. (1991). *Varieties of moral personality: Ethics and psychological realism.* Cambridge, MA: Harvard University Press.

Flannery, K., & Marcus, J. (2012). *The creation of inequality: How our prehistoric ancestors set the stage for monarchy, slavery, and empire.* Cambridge, MA: Harvard University Press.

Forbes, G. B., Collinsworth, L. L., Jobe, R. L., Braun, K. D., & Wise, L. M. (2007). Sexism, hostility toward women, and endorsement of beauty ideals and practices: Are beauty ideals associated with oppressive beliefs? *Sex Roles, 56,* 265-273.

Frankena, W. K. (1962). The concept of social justice. In R. B. Brandt (Ed.), *Social justice* (pp. 1-29). Englewood Cliffs, NJ: Prentice Hall.

Frankfurt, H. G. (2015). *On inequality.* Princeton, NJ: Princeton University Press.

Fredrickson, B. L., & Roberts, T. (1997). Objectification theory: Toward understanding women's lived experiences and mental health risks. *Psychology of Women Quarterly, 21,* 173-206.

Fredrickson, G. M. (2002). *Racism: A short history.* Princeton, NJ: Princeton

University Press.

French, J. R. P., & Raven, B. (1959). The bases of social power. In D. Cartwright (Ed.), *Studies in social power* (pp. 150-167). Ann Arbor, MI: University of Michigan Press.

Friedman, R. S., & Sutton, B. (2013). Selling the war? System-justifying effects of commercial advertising on civilian casualty tolerance. *Political Psychology, 34,* 351-367.

Frohlich, N., & Oppenheimer, J. A. (1992). *Choosing justice: An experimental approach to ethical theory.* Berkeley: University of California Press.

Fromm, E. (1962). *Beyond the chains of illusion: My encounter with Marx and Freud.* New York: Simon and Schuster.

Fromm, E. (1994). *Escape from freedom.* New York: Owl. Originally published 1941.

Fromm, E. (2004). *The dogma of Christ: And other essays on religion, psychology, and culture.* New York: Holt. Originally published 1963.

Galinsky, A. D., Gruenfeld, D. H., & Magee, J. C. (2003). From power to action. *Journal of Personality and Social Psychology, 85,* 453-466.

Gardiner, S. M. (2011). *A perfect moral storm: The ethical tragedy of climate change.* New York: Oxford University Press.

Gaventa, J. (1980). *Power and powerlessness: Quiescence and rebellion in an Appalachian valley.* Urbana: University of Illinois Press.

Geis, F. L. (1993). Self-fulfilling prophecies: A social psychological view of gender. In A. E. Beall & R. J. Sternberg (Eds.), *Perspectives on the psychology of gender* (pp. 9-54). New York: Guilford.

Gest, J. (2016). *The new minority: White working class politics in an age of immigration and inequality.* New York: Oxford University Press.

Gilens, M. (1999). *Why Americans hate welfare.* Chicago: University of Chicago Press.

Glick, P. & Fiske, S. T. (2001). An ambivalent alliance: Hostile and benevolent sexism as complementary justifications for gender inequality. *American Psychologist, 56,* 109-118.

Godfrey, E. B., Santos, C. E., & Burson, E. (2019). For better or worse? System-justifying beliefs in sixth-grade predict trajectories of self-esteem and behavior across early adolescence. *Child Development, 90,* 180-195.

Godfrey, E. B., & Wolf, S. (2016). Developing critical consciousness or justifying the system? A qualitative analysis of attributions for poverty and wealth among low-income racial/ethnic minority and immigrant women. *Cultural Diversity and Ethnic Minority Psychology, 22,* 93-103.

Goudarzi, S., Pliskin, R., Jost, J. T., & Knowles, E. (2020). Economic system justification predicts muted emotional responses to inequality. *Nature Communications.* https://doi.org/10.1038/s41467-019-14193-z.

Graetz, M. J., & Shapiro, I. (2005). *Death by a thousand cuts: The fight over taxing inherited wealth.* Princeton, NJ: Princeton University Press.

Gramsci, A. (1971). *Selections from the prison notebooks.* New York: International Publishers.

Greenberg, J., Simon, L., Porteus, J., Pyszczynski, T., & Solomon, S. (1995). Evidence of a terror management function of cultural icons: The effects of mortality salience on the inappropriate use of cherished cultural symbols. *Personality and Social Psychology Bulletin, 21,* 1221-1228.

Greenwald, A. G. (1980). The totalitarian ego: Fabrication and revision of personal history. *American Psychologist, 35,* 603-618.

Griva, A.-M., & Chryssochoou, X. (2015). Debating globalization: Perceptions of the phenomenon based on political positioning and on ideological understandings of economy, culture, and the nation-state. *European Journal of Social Psychology, 45,* 880-895.

Gurin, P., Miller, A. H., & Gurin, G. (1980). Stratum identification and consciousness. *Social Psychology Quarterly, 43,* 30-47.

Gurr, T. R. (1970). *Why men rebel.* Princeton, NJ: Princeton University Press.

Habermas, J. (1975). *Legitimation crisis.* Boston: Beacon.

Habermas, J. (1989). *The new conservatism: Cultural criticism and the historians' debate.* Cambridge, MA: MIT Press.

Hafenbrädl, S., & Waeger, D. (2017). Ideology and the microfoundations of CSR: Why executives believe in the business case for CSR and how this affects their CSR engagements. *Academy of Management Journal, 60,* 1582-1606.

Hafer, C. L. (2000). Do innocent victims threaten the belief in a just world? Evidence from a modified Stroop task. *Journal of Personality and Social Psychology, 79,* 165-173.

Hafer, C. L., & Begue, L. (2005). Experimental research on just-world theory: Problems, developments, and future challenges. *Psychological Bulletin, 131,* 128-167.

Haidt, J. (2001). The emotional dog and its rational tail: A social intuitionist approach to moral judgment. *Psychological Review, 108,* 814-834.

Haidt, J. (2012). *The righteous mind: Why good people are divided by politics and religion.* New York: Vintage Press.

Haidt, J., & Graham, J. (2007). When morality opposes justice: Conservatives have moral intuitions that liberals may not recognize. *Social Justice Research, 20,* 98-116.

Haidt, J., & Graham, J. (2009). Planet of the Durkheimians, where community, authority, and sacredness are foundations of morality. In J. T. Jost, A. C. Kay, & H. Thorisdottir (Eds.), *Social and psychological bases of ideology and system justification* (pp. 371-401). New York: Oxford University Press.

Haines, E. L., & Jost, J. T. (2000). Placating the powerless: Effects of legitimate and illegitimate explanation on affect, memory, and stereotyping. *Social Justice Research, 13,* 219-236.

Harari, Y. N. (2015). *Sapiens: A brief history of humankind.* New York: Harper Collins.

Hardin, C. D., & Higgins, E. T. (1996). Shared reality: How social verification makes the subjective objective. In R. M. Sorrentino & T. E. Higgins (Eds.), *Handbook of motivation and cognition* (pp. 28-84). New York: Guilford.

Harding, J. F., & Sibley, C. G. (2013). The palliative function of system justification: Concurrent benefits versus longer-term costs to wellbeing. *Social Indicators Research, 113,* 401-418.

Hardisty, D. J., Johnson, E. J., & Weber, E. U. (2010). A dirty word or a dirty world? Attribute framing, political affiliation, and query theory. *Psychological Science, 21,* 86-92.

Hare, R. M. (1981). *Moral thinking: Its levels, method, and point.* New York: Oxford University Press.

Haslam, S. A., Turner, J. C., Oakes, P. J., McGarty, C., & Hayes, B. K. (1992). Context-dependent variation in social stereotyping 1: The effects of intergroup relations as mediated by social change and frame of reference. *European Journal of Social Psychology, 22,* 3-20.

Hässler, T., Shnabel, N., Ullrich, J., Arditti-Vogel, A., & SimanTov-Nachlieli, I. (2018). Individual differences in system justification predict power and morality-related needs in advantaged and disadvantaged groups in response to group disparity. *Group Processes & Intergroup Relations, 22,* 746-766.

Havel, V. (1991). The power of the powerless. In V. Havel (Ed.), *Open letters* (pp. 127-145). London: Faber. Originally published 1978.

Hayek, F. A. (1976). *Law, legislation, and liberty: Volume 2-The mirage of social justice.* Chicago: University of Chicago Press.

Hedges, C. (2002). *War is a force that gives us meaning.* New York: Anchor Books.

Hennes, E. P., Nam, H. H., Stern, C., & Jost, J. T. (2012). Not all ideologies are created equal: Epistemic, existential, and relational needs predict system-justifying attitudes. *Social Cognition, 30,* 669-688.

Hennes, E. P., Ruisch, B. C., Feygina, I., Monteiro, C. A., & Jost, J. T. (2016). Motivated recall in the service of the economic system: The case of anthropogenic climate change. *Journal of Experimental Psychology: General, 145,* 755-771.

Henry, P. J., & Saul, A. (2006). The development of system justification in the developing world. *Social Justice Research, 19,* 365-378.

Hewstone, M., & Ward, C. (1985). Ethnocentrism and causal attribution in Southeast Asia. *Journal of Personality and Social Psychology, 48,* 614-623.

Hill, M. E. (2002). Skin color and the perception of attractiveness among African Americans: Does gender make a difference? *Social Psychology Quarterly, 65,* 77-91.

Hinkle, S., & Brown, R. (1990). Intergroup comparisons and social identity: Some links and lacunae. In D. Abrams & M. A. Hogg (Eds.), *Social identity theory: Constructive and critical advances* (pp. 48-70). Hemel Hempstead, UK: Harvester.

Hirschman, A. O. (1970). *Exit, voice, and loyalty: Responses to decline in firms, organizations, and states.* Cambridge, MA: Harvard University Press.

Hochschild, J. L. (1981). *What's fair? American beliefs about distributive justice.* Cambridge, MA: Harvard University Press.

Hoffarth, M. R., & Jost, J. T. (2017). When ideology contradicts self-interest: Conservative opposition to same-sex marriage among sexual minorities—A commentary on Pinsof and Haselton (2016). *Psychological Science, 28,* 1521-1524.

Hoffman, C. & Hurst, N. (1990). Gender stereotypes: Perception or rationalization? *Journal of Personality and Social Psychology, 58,* 197-208.

Hofstadter, R. (1992). *Social Darwinism in American thought.* Boston: Beacon Press. Originally published 1944.

Hofstede, G. (2001). *Culture's consequences: International differences in work-related values* (2nd Ed.). Thousand Oaks, CA: Sage.

Hogg, M. A. (2005). Uncertainty, social identity, and ideology. In S. R. Thye & E. J. Lawler (Eds.), *Advances in group processes* (Vol. 22, pp. 203-229). San

Diego, CA: Elsevier.

Hogg, M. A., & Abrams, D. (1988). *Social identifications: A social psychology of intergroup relations and group processes.* London: Routledge.

Hogg, M. A., & Turner, J. C. (1987). Intergroup behaviour, self-stereotyping and the salience of social categories. *British Journal of Social Psychology, 26,* 325-340.

Hornsey, M. J., Spears, R., Cremers, I., & Hogg, M. A. (2003). Relations between high and low power groups: The importance of legitimacy. *Personality and Social Psychology Bulletin, 29,* 216-227.

Howard, J. A. (1984). Societal influences on attribution: Blaming some victims more than others. *Journal of Personality and Social Psychology, 47,* 494-505.

Huddy, L. (2004). Contrasting theoretical approaches to intergroup relations. *Political Psychology, 25,* 947-967.

Hughes, L. (2002). Slave on the block. In R. B. Miller (Ed.), *The collected works of Langston Hughes* (Vol. 15, The short stories, pp. 30-36). Columbia: University of Missouri Press. Originally published 1934.

Hussak, L. J., & Cimpian, A. (2015). An early-emerging explanatory heuristic promotes support for the status quo. *Journal of Personality and Social Psychology, 109,* 739-752.

Hunyady, G. (1998). *Stereotypes during the decline and fall of communism.* New York: Routledge.

Husami, Z. (1980). Marx on distributive justice. In M. Cohen, T. Nagel, & T. Scanlon (Eds.), *Marx, justice, and history* (pp. 42-79). Princeton, NJ: Princeton University Press. Originally published 1978.

Jackman, M. R. (1994). *The velvet glove: Paternalism and conflict in gender, class, and race relations.* Berkeley: University of California.

Janoff-Bulman, R. (1992). *Shattered assumptions: Toward a new psychology of trauma.* New York: Free Press.

Janoff-Bulman, R. (2007). Erroneous assumptions: Popular belief in the effectiveness of torture interrogation. *Peace and Conflict: Journal of Peace Psychology, 13,* 429-435.

Jetten, J., Haslam, S. A., & Barlow, F. K. (2012). Bringing back the system: One reason why conservatives are happier than liberals is that higher socioeconomic status gives them access to more group memberships. *Social Psychological and Personality Science, 4,* 6-13.

Johnson, C. (1982). *Revolutionary change* (2nd Ed.). Stanford, CA: Stanford. Originally published 1966.

Jolley, D., Douglas, K. M., & Sutton, R. M. (2018). Blaming a few bad apples to save a threatened barrel: The system-justifying function of conspiracy theories. *Political Psychology, 39,* 465-478.

Jones, H. B., Jr. (1997). The Protestant ethic: Weber's model and the empirical literature. *Human Relations, 50,* 757-778.

Jost, J. T. (1995). Negative illusions: Conceptual clarification and psychological evidence concerning false consciousness. *Political Psychology, 16,* 397-424.

Jost, J. T. (1997). An experimental replication of the depressed entitlement effect among women. *Psychology of Women Quarterly, 21,* 387-393.

Jost, J. T. (2001). Outgroup favoritism and the theory of system justification: An experimental paradigm for investigating the effects of socio-economic success on stereotype content. In G. Moskowitz (Ed.), *Cognitive social psychology: The Princeton symposium on the legacy and future of social cognition* (pp. 89-102). Hillsdale, NJ: Erlbaum.

Jost, J. T. (2006). The end of the end of ideology. *American Psychologist, 61,* 651-670.

Jost, J. T. (2017a). Ideological asymmetries and the essence of political psychology. *Political Psychology, 38,* 167-208.

Jost, J. T. (2017b). Working class conservatism: A system justification perspective. *Current Opinion in Psychology, 18,* 73-78.

Jost, J. T. (2019). A quarter century of system justification theory: Questions, answers, criticisms, and societal applications. *British Journal of Social Psychology, 58,* 263-314.

Jost, J. T., & Banaji, M. R. (1994). The role of stereotyping in system-justification and the production of false consciousness. *British Journal of Social Psychology, 33,* 1-27.

Jost, J. T., Banaji, M. R., & Nosek, B. A. (2004). A decade of system justification theory: Accumulated evidence of conscious and unconscious bolstering of the status quo. *Political Psychology, 25,* 881-919.

Jost, J. T., Becker, J., Osborne, D., & Badaan, V. (2017a). Missing in (collective) action: Ideology, system justification, and the motivational antecedents of two types of protest behavior. *Current Directions in Psychological Science, 26,* 99-108.

Jost, J. T., Blount, S., Pfeffer, J., & Hunyady, G. (2003a). Fair market ideology: Its cognitive-motivational underpinnings. In R. M. Kramer & B. M. Staw (Eds.), *Research in organizational behavior* (Vol. 25, pp. 53-91). Oxford, UK: Elsevier.

Jost, J. T., & Burgess, D. (2000). Attitudinal ambivalence and the conflict between group and system justification motives in low status groups. *Personality and Social Psychology Bulletin, 26,* 293-305.

Jost, J. T., Burgess, D., & Mosso, C. (2001). Conflicts of legitimation among self, group, and system: The integrative potential of system justification theory. In J. T. Jost & B. Major (Eds.), *The psychology of legitimacy: Emerging perspectives on ideology, justice, and intergroup relations* (pp. 363-388). New York: Cambridge University Press.

Jost, J. T., Chaikalis-Petritsis, V., Abrams, D., Sidanius, J., van der Toorn, J., & Bratt, C. (2012). Why men (and women) do and don't rebel: Effects of system justification on willingness to protest. *Personality and Social Psychology Bulletin, 38,* 197-208.

Jost, J. T., Glaser, J., Kruglanski, A. W., & Sulloway, F. (2003b). Political conservatism as motivated social cognition. *Psychological Bulletin, 129,* 339-375.

Jost, J. T., Hawkins, C. B., Nosek, B. A., Hennes, E. P., Stern, C., Gosling, S. D., & Graham, J. (2014a). Belief in a just God (and a just society): A system justification perspective on religious ideology. *Journal of Theoretical and Philosophical Psychology, 34,* 56-81.

Jost, J. T., & Hunyady, O. (2003). The psychology of system justification and the palliative function of ideology. *European Review of Social Psychology, 13,* 111-153.

Jost, J. T., & Hunyady, O. (2005). Antecedents and consequences of system-justifying ideologies. *Current Directions in Psychological Science, 14,* 260-265.

Jost, J. T., & Kay, A. C. (2005). Exposure to benevolent sexism and complementary gender stereotypes: Consequences for specific and diffuse forms of system justification. *Journal of Personality and Social Psychology, 88,* 498-509.

Jost, J. T., & Kay, A. C. (2010). Social justice: History, theory, and research. In S. T. Fiske, D. Gilbert, & G. Lindzey (Eds.), *Handbook of social psychology* (5th Ed., Vol. 2, pp. 1122-1165). New York: Wiley.

Jost, J. T., Kivetz, Y., Rubini, M., Guermandi, G., & Mosso, C. (2005). System-justifying functions of complementary regional and ethnic stereotypes: Cross-national evidence. *Social Justice Research, 18,* 305-333.

Jost, J. T., Langer, M., Badaan, V., Azevedo, F., Etchezahar, E., Ungaretti, J., & Hennes, E. P. (2017b). Ideology and the limits of self-interest: System justification motivation and conservative advantages in mass politics. *Translational Issues in Psychological Science, 3* (3), e1-e26.

Jost, J. T., Liviatan, I., van der Toorn, J., Ledgerwood, A., Mandisodza, A., & Nosek, B. A. (2010). System justification: How do we know it's motivated? In R. C. Bobocel, A. C. Kay, M. Zanna, & J. Olson (Eds.), *The psychology of justice and legitimacy: The Ontario symposium* (Vol. 11, pp. 173-203). Hillsdale, NJ: Erlbaum.

Jost, J. T., Noorbaloochi, S., & Van Bavel, J. J. (2014b). The "chicken-and-egg" problem in political neuroscience. *Behavioral and Brain Sciences, 37,* 317-318.

Jost, J. T., Nosek, B. A., & Gosling, S. D. (2008a). Ideology: Its resurgence in social, personality, and political psychology. *Perspectives on Psychological Science, 3,* 126-136.

Jost, J. T., Pelham, B. W., & Carvallo, M. R. (2002). Non-conscious forms of system justification: Implicit and behavioral preferences for higher status groups. *Journal of Experimental Social Psychology, 38,* 586-602.

Jost, J. T., Pelham, B. W., Sheldon, O., & Sullivan, B. N. (2003c). Social inequality and the reduction of ideological dissonance on behalf of the system: Evidence of enhanced system justification among the disadvantaged. *European Journal of Social Psychology, 33,* 13-36.

Jost, J. T., & Sidanius, J. (2004). Political psychology: An introduction. In J. T. Jost & J. Sidanius (Eds.), *Political psychology: Key readings* (pp. 1-21). New York: Taylor & Francis.

Jost, J. T., Stern, C., & Sterling, J. L. (2015). Ethos of conflict: A system justification perspective. In E. Halperin & K. Sharvit (Eds.), *The social psychology of intractable conflicts: Celebrating the legacy of Daniel Bar-Tal* (Vol. 1, pp. 47-59). New York: Springer.

Jost, J. T., & Thompson, E. P. (2000). Group-based dominance and opposition to equality as independent predictors of self-esteem, ethnocentrism, and social policy attitudes among African Americans and European Americans. *Journal of Experimental Social Psychology, 36,* 209-232.

Jost, J. T., & van der Toorn, J. (2012). System justification theory. In P. A. M. van Lange, A. W. Kruglanski, & E. T. Higgins (Eds.), *Handbook of theories of social psychology* (Vol. 2, pp. 313-343). London: Sage.

Jost, J. T., Wakslak, C. J., & Tyler, T. R. (2008b). System justification theory and the alleviation of emotional distress: Palliative effects of ideology in an arbitrary social hierarchy and in society. *Advances in Group Processes, 25,* 181-211.

Kahalon, R., Bareket, O., Vial, A. C., Sassenhagen, N., Becker, J. C., & Shnabel, N.

(2019). The Madonna-whore dichotomy is associated with patriarchy endorsement: Evidence from Israel, the United States, and Germany. *Psychology of Women Quarterly, 43,* 348-367.

Kahneman, D., Knetsch, J. L., & Thaler, R. H. (1991). Anomalies—the endowment effect, loss aversion, and status-quo bias. *Journal of Economic Perspectives, 5,* 193-206.

Kanai, R., Feilden, T., Firth, C., & Rees, G. (2011). Political orientations are correlated with brain structure in young adults. *Current Biology, 21,* 677-680.

Kandler, C., Bleidorn, W., & Riemann, R. (2012). Left or right? Sources of political orientation: The roles of genetic factors, cultural transmission, assortative mating, and personality. *Journal of Personality and Social Psychology, 102,* 633-645.

Kappen, D. M., & Branscombe, N. R. (2001). The effects of reasons given for ineligibility on perceived gender discrimination and feelings of injustice. *British Journal of Social Psychology, 40,* 295-313.

Katz, D., & Braly, K. (1935). Racial prejudice and racial stereotypes. *Journal of Abnormal and Social Psychology, 30,* 175-193.

Katz, I., & Hass, R. G. (1988). Racial ambivalence and American value conflict: Correlational and priming studies of dual cognitive structures. *Journal of Personality and Social Psychology, 55,* 893-905.

Kay, A. C., Czapliński, S., & Jost, J. T. (2009a). Left-right ideological differences in system justification following exposure to complementary versus noncomplementary stereotype exemplars. *European Journal of Social Psychology, 39,* 290-298.

Kay, A. C., Gaucher, D., Napier, J. L., Callan, M. J., & Laurin, K. (2008). God and the government: Testing a compensatory control mechanism for the support of external systems. *Journal of Personality and Social Psychology, 95,* 18-35.

Kay, A. C., Gaucher, D., Peach, J. M., Friesen, J., Laurin, K., Zanna, M., & Spencer, S. J. (2009b). Inequality, discrimination, and the power of the status quo: Direct evidence for a motivation to view what is as what should be. *Journal of Personality and Social Psychology, 97,* 421-434.

Kay, A. C., Jimenez, M. C., & Jost, J. T. (2002). Sour grapes, sweet lemons, and the anticipatory rationalization of the status quo. *Personality and Social Psychology Bulletin, 28,* 1300-1312.

Kay, A. C., & Jost, J. T. (2003). Complementary justice: Effects of "poor but happy" and "poor but honest" stereotype exemplars on system justification and implicit activation of the justice motive. *Journal of Personality and Social Psychology, 85,* 823-837.

Kay, A. C., Jost, J. T., & Young, S. (2005). Victim-derogation and victim-enhancement as alternate routes to system justification. *Psychological Science, 16,* 204-246.

Kelly, N. J., & Enns, P. K. (2010). Inequality and the dynamics of public opinion: The self-reinforcing link between economic inequality and mass preferences. *American Journal of Political Science, 54,* 855-870.

Keltner, D., Gruenfeld, D. H., & Anderson, C. (2003). Power, approach, and inhibition. *Psychological Review, 110,* 265-284.

Kilianski, S. E., & Rudman, L. A. (1998). Wanting it both ways: Do woman approve of benevolent sexism? *Sex Roles, 39,* 333-352.

Kinder, D. R., & Sears, D. O. (1985). Public opinion and political action. In G. Lindzey & E. Aronson (Eds.), *Handbook of social psychology* (3rd Ed., pp. 659-741). New York: Random House.

Kipnis, D. (1976). *The powerholders.* Chicago: University of Chicago Press.

Kluegel, J. R., & Smith, E. R. (1986). *Beliefs about inequality: Americans' views of what is and what ought to be.* New York: Aldine de Gruyter.

Kraus, M. W., & Tan, J. J. X. (2015). Americans overestimate social class mobility. *Journal of Experimental Social Psychology, 58,* 101-111.

Kraut, R. (2002). *Aristotle: Political philosophy.* New York: Oxford University Press.

Kray, L. J., Howland, L., Russell, A. G., & Jackman, L. M. (2017). The effects of implicit gender role theories on gender system justification: Fixed beliefs strengthen masculinity to preserve the status quo. *Journal of Personality and Social Psychology, 112,* 98-115.

Kruglanski, A. W. (2012). Lay epistemic theory. In P. A. M. Van Lange, A. W. Kruglanski, & E. T. Higgins (Eds.), *Handbook of theories of social psychology* (Vol. 1, pp. 201-223). London: Sage.

Kruglanski, A. W., Gelfand, M. J., Bélanger, J. J., Sheveland, A., Hetiarachchi, M., & Gunaratna, R. (2014). The psychology of radicalization and deradicalization: How significance quest impacts violent extremism. *Advances in Political Psychology, 35* (Suppl. 1), 69-93.

Kugler, M., Cooper, J., & Nosek, B. A. (2010). Group-based dominance and opposition to equality correspond to different psychological motives. *Social Justice Research, 23,* 117-155.

Kugler, M., Jost, J. T., & Noorbaloochi, S. (2014). Another look at moral foundations theory: Do authoritarianism and social dominance orientation explain liberal-conservative differences in "moral" intuitions? *Social Justice Research, 27,* 413-431.

Kumaran, D., Melo, H. L., & Duzel, E. (2012). The emergence and representation of knowledge about social and nonsocial hierarchies. *Neuron, 76,* 653-666.

Kuran, T. (1991). Now out of never: The element of surprise in the East European revolution of 1989. *World Politics, 44,* 7-48.

Lane, K. A., Mitchell, J. P., & Banaji, M. R. (2005). Me and my group: Cultural status can disrupt cognitive consistency. *Social Cognition, 23,* 353-386.

Lane, R. E. (1962). *Political ideology: Why the American common man believes what he does.* New York: Free Press.

Langer, M., Jost, J. T., Bonneau, R., Metzger, M., Noorbaloochi, S., & Penfold-Brown, D. (2019). Digital dissent: An analysis of the motivational contents of Tweets from an Occupy Wall Street demonstration. *Motivation Science, 5,* 14-34.

Lassila, K. (2016). Yale's first black student. *Yale Alumni Magazine.* November/December issue. https://yalealumnimagazine.com/articles/4390-james-pennington.

Lau, G. P., Kay, A. C., & Spencer, S. J. (2008). Loving those who justify inequality: The effects of system threat on attraction to women who embody benevolent sexist ideals. *Psychological Science, 19,* 20-21.

Laurin, K. (2018). Inaugurating rationalization: Three field studies find increased rationalization when anticipated realities become current. *Psychological Science, 29,* 483-495.

Laurin, K., Kay, A. C., & Fitzsimons, G. M. (2012). Divergent effects of activating thoughts of God on self-regulation. *Journal of Personality and Social Psychology, 102,* 4-21.

Laurin, K., Kay, A. C., & Shepherd, S. (2011). Self-stereotyping as a route to system justification. *Social Cognition, 29,* 360-375.

Laurin, K., Shepherd, S., & Kay, A. C. (2010). Restricted emigration, system inescapability, and defense of the status quo: System-justifying consequences of restricted exit opportunities. *Psychological Science, 21,* 1075-1082.

Leach, C. W., Spears, R., Branscombe, N. R., & Doosje, B. (2003). Malicious pleasure: Schadenfreude at the suffering of another group. *Journal of Personality and Social Psychology, 84,* 932-943.

Ledgerwood, A., Mandisodza, A., Jost, J. T., & Pohl, M. (2011). Working for the system: Motivated defense of meritocratic beliefs. *Social Cognition, 29,* 323-340.

Leiserowitz, A. A., Maibach, E. W., Roser-Renouf, C., Smith, N., & Dawson, E. (2012). Climategate, public opinion, and the loss of trust. *American Behavioral Scientist, 57,* 818-837.

Lerner, M. J. (1974). The justice motive: "Equity" and "parity" among children. *Journal of Personality and Social Psychology, 29,* 539-550.

Lerner, M. J. (1975). The justice motive of social behavior: Introduction. *Journal of Social Issues, 31,* 1-19.

Lerner, M. J. (1980). *The belief in a just world: A fundamental delusion.* New York: Plenum Press.

Lerner, M. J. (2003). The justice motive: Where social psychologists found it, how they lost it, and why they may not find it again. *Personality and Social Psychology Review, 7,* 388-399.

Levin, S., Sidanius, J., Rabinowitz, J. L., & Federico, C. (1998). Ethnic identity, legitimizing ideologies, and social status: A matter of ideological asymmetry. *Political Psychology, 19,* 373-404.

Leviston, Z., & Walker, I. (2014). *System legitimacy and support for climate change policy in Australia.* Paper presented at the Biennial Conference of the International Society of Justice Research, New York.

Lewin, K. (1947a). *Field theory in social science.* New York: Harper & Row.

Lewin, K. (1947b). Frontiers in group dynamics: Concept, method, and reality in social science; social equilibria and social change. *Human Relations, 1,* 5-41.

Lewin, K. (1948). *Resolving social conflicts.* New York: Harper & Row.

Li, W., Yang, Y., Wu, J., & Kou, Y. (2020). Testing the status-legitimacy hypothesis in China: Objective and subjective socioeconomic status divergently predict system justification. *Personality and Social Psychology Bulletin.* https://doi.org/10.1177/0146167219893997.

Lippmann, W. (1922). *Public opinion.* New York: MacMillan.

Liviatan, I., & Jost, J. T. (2014). A social-cognitive analysis of system justification goal striving. *Social Cognition, 32,* 95-129.

Lukács, G. (1971). *History and class consciousness.* Cambridge, MA: MIT Press. Originally published 1923.

Lukes, S. (2011). In defense of "false consciousness." *University of Chicago Legal Forum,* 19-28.

Luttig, M. (2013). The structure of inequality and Americans' attitudes toward redistribution. *Public Opinion Quarterly, 77,* 811-821.

Lynd, R. (1939). *Knowledge for what?* Princeton, NJ: Princeton University Press.

MacKinnon, C. A. (1989). *Toward a feminist theory of the state.* Cambridge, MA: Harvard University Press.

Magee, M. W., & Hardin, C. D. (2010). In defense of religion: Shared reality moderates the unconscious threat of evolution. *Social Cognition, 28,* 379-400.

Major, B. (1994). From social inequality to personal entitlement: The role of social comparisons, legitimacy appraisals, and group membership. *Advances in Experimental Social Psychology, 26,* 293-355.

Major, B., Gramzow, R. H., McCoy, S. K., Levin, S., Schmader, T., & Sidanius, J. (2002). Perceiving personal discrimination: The role of group status and legitimizing ideology. *Journal of Personality and Social Psychology, 82,* 269-282.

Mallett, R. K., Huntsinger, J. R., & Swim, J. K. (2011). The role of system-justification motivation, group status and system threat in directing support for hate crimes legislation. *Journal of Experimental Social Psychology, 47,* 384-390.

Mansbridge, J. (2005). Cracking through hegemonic ideology: The logic of formal justice. *Social Justice Research, 18,* 335-347.

Mansbridge, J., & Morris, A. (2001). *Oppositional consciousness: The subjective roots of social protest.* Chicago: University of Chicago Press.

Marcus, G. (2008). *Kluge.* Boston: Houghton Mifflin Company.

Marcuse, H. (1964). *One-dimensional man.* Boston: Beacon Press.

Marx, G. T. (1967). Religion: Opiate or inspiration of civil rights militancy among Negroes? *American Sociological Review, 32,* 64-72.

Marx, K., & Engels, F. (1964). Contribution to the critique of Hegel's philosophy of right, introduction. In *On religion* (R. Niebuhr, Trans.). Chico, CA: Scholar's Press. Originally published 1843.

Marx, K., & Engels, F. (1970). *The German ideology* (C. J. Arthur, Ed.). New York: International. Originally published 1846.

Mason, P. (1971). *Patterns of dominance.* London: Oxford University Press.

McCall, L. (2013). *The undeserving rich: American beliefs about inequality, opportunity, and redistribution.* New York: Cambridge University Press.

McCoy, S. K., & Major, B. (2007). Priming meritocracy and the psychological justification of inequality. *Journal of Experimental Social Psychology, 43,* 341-351.

McCright, A. M., & Dunlap, R. E. (2011). Cool dudes: The denial of climate change among conservative white males in the United States. *Global Environmental Change, 21,* 1163-1172.

McDougall, W. J. (1908). *An introduction to social psychology.* London: Methuen.

McGarty, C., Thomas, E. F., Lala, G., Smith, L. G., & Bliuc, A. M. (2014). New technologies, new identities, and the growth of mass opposition in the Arab Spring. *Political Psychology, 35,* 725-740.

McGuire, W. J. (1980). Interview with R. I. Evans (Ed.), *The making of social psychology: Discussions with creative contributors* (pp. 171-186). New York: Gardner.

McGuire, W. J. (1999). *Constructing social psychology: Creative and critical processes.* New York: Cambridge University Press.

McGuire, W. J., & McGuire, C. V. (1991). The content, structure, and operation of thought systems. *Advances in Social Cognition, IV,* 1-78.

McMurtry, J. (1978). *The structure of Marx's world-view.* Princeton, NJ: Princeton University Press.

Memmi, A. (1968). *Dominated man; Notes towards a portrait.* New York: Orion.

Mepham, J. (1972). The theory of ideology in capital. *Radical Philosophy, 2,* 12-19.

Meyerson, D. (1991). *False consciousness.* Oxford, UK: Clarendon Press.

Mijs, J. J. B. (2019). The paradox of inequality: Income inequality and belief in meritocracy go hand in hand. *Socio-Economic Review.* https://doi.org/10.1093/ser/mwy051.

Mill, J. S. (1910). *Utilitarianism, liberty and representation.* New York: E. P. Dutton. Originally published 1861.

Miller, David (1999). *Principles of social justice.* Cambridge, MA: Harvard University Press.

Miller, D. T. (1999). The norm of self-interest. *American Psychologist, 54,* 1-8.

Miller, D. T., & Porter, C. A. (1983). Self-blame in victims of violence. *Journal of Social Issues, 39,* 139-152.

Miller, D. T., & Ratner, R. K. (1998). The disparity between the actual and assumed power of self-interest. *Journal of Personality and Social Psychology, 74,* 53-62.

Miller, S., Kidd, G., Montalto, F., Gurian, P., Worrall, C., & Lewis, R. (2014). Contrasting perspectives regarding climate risks and adaptation strategies in the New York metropolitan area after Superstorm Sandy. *Journal of Extreme Events, 1,* 1-22.

Millet, K. (1970). *Sexual politics.* New York: Avon Books.

Mills, C. W. (1968). Letter to the new left. In C. I. Waxman (Ed.), *The end of ideology debate* (pp. 126-140). New York: Simon & Schuster. Originally published 1960.

Milojev, P., Greaves, L., Osborne, D., & Sibley, C. G. (2015). Stability and change in political conservatism following the global financial crisis. *Personality and Social Psychology Bulletin, 41,* 127-139.

Mirels, H. L., & Garrett, J. B. (1971). The Protestant ethic as a personality variable. *Journal of Consulting and Clinical Psychology, 36,* 40-44.

Mitchell, G., & Tetlock, P. E. (2009). Disentangling reasons and rationalizations: Exploring perceived fairness in hypothetical societies. In J. T. Jost, A. C. Kay, & H. Thorisdottir (Eds.), *Social and psychological bases of ideology and system justification* (pp. 126-158). New York: Oxford University Press.

Mitchell, G., Tetlock, P. E., Mellers, B. A., & Ordónez, L. D. (1993). Judgments of social justice: Compromises between equality and efficiency. *Journal of*

Personality and Social Psychology, 65, 629-639.

Mitchell, G., Tetlock, P. E., Newman, D. G., & Lerner, J. S. (2003). Experiments behind the veil: Structural influences on judgments of social justice. *Political Psychology, 24,* 519-547.

Molm, L. D., & Cook, K. S. (1995). Social exchange and exchange networks. In K. S. Cook, G. A. Fine, and J. S. House (Eds.), *Sociological perspectives on social psychology* (pp. 209-235). Boston: Allyn and Bacon.

Moore, B., Jr. (1978). *Injustice: The social bases of obedience and revolt.* White Plains, NY: M. E. Sharpe.

Moscovici, S. (1988). Notes towards a description of social representations. *European Journal of Social Psychology, 18,* 211-250.

Moshinsky, A., & Bar-Hillel, M. (2010). Loss aversion and status quo label bias. *Social Cognition, 28,* 191-204.

Mullen, B., Brown, R., & Smith, C. (1992). Ingroup bias as a function of salience, relevance, and status: An integration. *European Journal of Social Psychology, 22,* 103-122.

Nam, H. H., Jost, J. T., Kaggen, L., Campbell-Meiklejohn, D., & Van Bavel, J. J. (2018). Amygdala structure and the tendency to regard the social system as legitimate and desirable. *Nature Human Behaviour, 2,* 133-138.

Napier, J. L., & Jost, J. T. (2006). *The psychological bases of religiosity and political conservatism.* Talk presented at the meeting of the Society of Experimental Social Psychology, Philadelphia.

Napier, J. L., & Jost, J. T. (2008a). The anti-democratic personality revisited: A cross-national investigation of working class authoritarianism. *Journal of Social Issues, 64,* 595-617.

Napier, J. L., & Jost, J. T. (2008b). Why are conservatives happier than liberals? *Psychological Science, 19,* 565-572.

Newman, D. B., Schwarz, N., Graham, J., & Stone, A. A. (2019). Conservatives report greater meaning in life than liberals. *Social Psychological and*

Personality Science, 10, 494-503.

Newman, K. (2002). No shame: The view from the left bank. *American Journal of Sociology, 107,* 1577-1599.

Norenzayan, A., & Hansen, I. G. (2006). Belief in supernatural agents in the face of death. *Personality and Social Psychology Bulletin, 32,* 174-187.

Norton, M. I., & Ariely, D. (2011). Building a better America—One wealth quintile at a time. *Perspectives on Psychological Science, 6,* 9-12.

Nosek, B. A., Banaji, M. R., & Greenwald, A. G. (2002). Harvesting implicit group attitudes and beliefs from a demonstration website. *Group Dynamics, 6,* 101-115.

Okulicz-Kozaryn, A., Holmes, I. V., & Avery, D. R. (2014). The subjective well-being political paradox: Happy welfare states and unhappy liberals. *Journal of Applied Psychology, 99,* 1300-1308.

Onraet, E., Van Assche, J., Roets, A., Haesevoets, T., & Van Hiel, A. (2016). The happiness gap between conservatives and liberals depends on country-level threat: A worldwide multilevel study. *Social Psychological and Personality Science, 8,* 11-19.

Oreskes, N., & Conway, E. M. (2010). *Merchants of doubt.* New York: Bloomsbury.

Orwell, G. (1949). *Nineteen eighty-four.* London: Secker and Warburg.

Osborne, D., Jost, J. T., Becker, J., Badaan, V., & Sibley, C. G. (2019a). Protesting to challenge or defend the system? A system justification perspective on collective action. *European Journal of Social Psychology, 49,* 244-269.

Osborne, D., Sengupta, N. K., & Sibley, C. G. (2019b). System justification theory at 25: Evaluating a paradigm shift in psychology and looking towards the future. *British Journal of Social Psychology, 58,* 340-361.

Osborne, D., & Sibley, C. G. (2013). Through rose-colored glasses: System-justifying beliefs dampen the effects of relative deprivation on well-being and political mobilization. *Personality and Social Psychology Bulletin, 39,* 991-1004.

Osborne, D., Smith, H. J., & Huo, Y. J. (2012). More than a feeling: Discrete emotions mediate the relationship between relative deprivation and reactions to workplace furloughs. *Personality and Social Psychology Bulletin, 38,* 628-641.

Overbeck, J. R., Jost, J. T., Mosso, C. O., & Flizik, A. (2004). Resistant versus acquiescent responses to ingroup inferiority as a function of social dominance orientation in the USA and Italy. *Group Processes & Intergroup Relations, 7,* 35-54.

Owuamalam, C. K., Rubin, M., & Spears, R. (2018). Addressing evidential and theoretical inconsistencies in system-justification theory with a social identity model of system attitudes. *Current Directions in Psychological Science, 27,* 91-96.

Owuamalam, C. K., Rubin, M., & Spears, R. (2019). Revisiting 25 years of system motivation explanation for system justification from the perspective of social identity model of system attitudes. *British Journal of Social Psychology, 58,* 362-381.

Pacilli, M. G., Taurino, A., Jost, J. T., & van der Toorn, J. (2011). System justification, right-wing conservatism, and internalized homophobia: Gay and lesbian attitudes toward same-sex parenting in Italy. *Sex Roles, 65,* 580-595.

Papp, L. J., & Erchull, M. J. (2017). Objectification and system justification impact rape avoidance behaviors. *Sex Roles, 76,* 110-120.

Parfit, D. (1998). Equality and priority. In A. Mason (Ed.), *Ideals of equality* (pp. 1-20). Oxford, UK: Blackwell.

Pargament, K. I. (2002). The bitter and the sweet: An evaluation of the costs and benefits of religiousness. *Psychological Inquiry, 13,* 168-181.

Parkin, F. (1967). Working-class conservatives: A theory of political deviance. *British Journal of Sociology, 18,* 278-290.

Parkin, F. (1971). *Class inequality and political order.* New York: Praeger.

Parsons, T. (1963). Introduction. In M. Weber (Ed.), *The sociology of religion* (E. Fischoff, Trans.). Boston: Beacon Press. Originally published 1922.

Pelham, B. W., & Hetts, J. J. (2001). Underworked and overpaid: Elevated entitlement in men's self-pay. *Journal of Experimental Social Psychology, 37,* 93-103.

Pepitone, A. (1950). Motivational effects in social perception. *Human Relations, 3,* 57-76.

Pettigrew, T. F. (2002). Summing up: Relative deprivation as a key social psychological concept. In I. Walker & H. J. Smith (Eds.), *Relative deprivation: Specification, development, and integration* (pp. 351-373). New York: Cambridge University Press.

Pfeffer, J. (2010). After the financial meltdown, where's America's outrage? *CBS News,* September 9. https://www.cbsnews.com/news/after-the-financial-meltdown-wheres-americas-outrage.

Pittinsky, T. L. (2012). *Us plus them: Tapping the positive power of difference.* Boston: Harvard Business Review Press.

Pratto, F., Sidanius, J., Stallworth, L. M., & Malle, B. F. (1994). Social dominance orientation: A personality variable predicting social and political attitudes. *Journal of Personality and Social Psychology, 67,* 741-763.

Puwar, N. (2004). Thinking about making a difference. *British Journal of Politics and International Relations, 6,* 65-80.

Puzo, M. (1969). *The godfather.* New York: Fawcett Crest/Vintage.

Quinn, D. M., & Crocker, J. (1999). When ideology hurts: Effects of belief in the Protestant ethic and feeling overweight on the psychological well-being of women. *Journal of Personality and Social Psychology, 77,* 402-414.

Rand, A. (1992). *Atlas shrugged.* New York: Penguin. Originally published 1957.

Rankin, L. E., Jost, J. T., & Wakslak, C. J. (2009). System justification and the meaning of life: Are the existential benefits of ideology distributed unequally across racial groups? *Social Justice Research, 22,* 312-333.

Ratner, R. K., & Miller, D. T. (2001). The norm of self-interest and its effects on social action. *Journal of Personality and Social Psychology, 81,* 5-16.

Rawls, J. (1971). *A theory of justice.* Cambridge, MA: Harvard University Press.

Reicher, S. (2004). The context of social identity: Domination, resistance, and change. *Political Psychology, 25,* 921-945.

Reynolds, K. J., Jones, B. M., O'Brien, K., & Subasic, E. (2013). Theories of socio-political change and the dynamics of sub-group versus superordinate interests. *European Psychologist, 18,* 235-244.

Richerson, P., Baldini, R., Bell, A. V., Demps, K., Frost, K., Hillis, V., ... Zefferman, M. (2016). Cultural group selection plays an essential role in explaining human cooperation: A sketch of the evidence. *Behavioral and Brain Sciences, 39,* 1-68.

Richter, M., & König, C. J. (2017). Explaining individuals' justification of layoffs. *Journal of Applied Social Psychology, 47,* 331-346.

Rilke, R. M. (1984). *Letters to a young poet* (S. Mitchell, Trans.). New York: Random House.

Roberts, T-A., & Pennebaker, J. W. (1995). Gender differences in perceiving internal state: Toward a his-and-hers model of perceptual cue use. *Advances in Experimental Social Psychology, 27,* 143-175.

Rosen, M. (1996). *On voluntary servitude: False consciousness and the theory of ideology.* Cambridge, MA: Harvard University Press.

Ross, L. D., Amabile, T. M., & Steinmetz, J. L. (1977). Social roles, social control, and biases in social-perception processes. *Journal of Personality and Social Psychology, 35,* 485-494.

Ross, L. D., Lelkes, Y., & Russell, A. G. (2012). How Christians reconcile their personal political views and the teachings of their faith: Projection as a means of dissonance reduction. *Proceedings of the National Academy of Sciences, 109,* 3616-3622.

Rossi, P. H. & Berk, R. A. (1997). *Just punishments: Federal guidelines and public views.* New York: Walter De Gruyter.

Rubin, M., & Hewstone, M. (2004). Social identity, system justification, and social dominance: Commentary on Reicher, Jost et al., and Sidanius et al. *Political Psychology, 25,* 823-844.

Rudman, L. A. (2004). Sources of implicit attitudes. *Current Directions in Psychological Science, 13,* 79-82.

Rudman, L. A, Feinberg, J., & Fairchild, K. (2002). Minority members' implicit attitudes: Automatic ingroup bias as a function of group status. *Social Cognition, 20,* 294-320.

Rudman, L. A., McLean, M. C., & Bunzl, M. (2013). When truth is personally inconvenient, attitudes change: The impact of extreme weather on implicit support for green politicians and explicit climate-change beliefs. *Psychological Science, 24,* 2290-2296.

Rudman, L. A., Moss-Racusin, C. A., Phelan, J. E., & Nauts, S. (2012). Status incongruity and backlash effects: Defending the gender hierarchy motivates prejudice against female leaders. *Journal of Experimental Social Psychology, 48,* 165-179.

Rudman, L. A., & Saud, L. H. (2020). Justifying social inequalities: The role of social Darwinism. *Personality and Social Psychology Bulletin.* https://doi.org/10.1177/0146167219896924.

Rummel, R. J. (1997). *Death by government.* New Brunswick, NJ: Transaction Publishers.

Runciman, W. G. (1966). *Relative deprivation and social justice: A study of attitudes to social inequality in twentieth-century England.* Berkeley: University of California Press.

Russell, B. (1995). The superior virtue of the oppressed. In B. Russell (Ed.), *Unpopular essays* (pp. 69-75). New York: Routledge. Originally published 1950.

Ryan, W. (1976). *Blaming the victim* (Revised, updated edition). New York: Vintage.

Sampson, E. E. (1983). *Justice and the critique of pure psychology.* New York:

Plenum.

Sandel, M. J. (1998). *Liberalism and the limits of justice* (2nd Ed.). New York: Cambridge University Press.

Saroglou, V. (2002). Religion and the five factors of personality: A meta-analytic review. *Personality and Individual Differences, 32,* 15-25.

Saunders, B. A., Scaturro, C., Guarino, C., & Kelly, E. (2017). Contending with catcalling: The role of system-justifying beliefs and ambivalent sexism in predicting women's coping experiences with (and men's attributions for) stranger harassment. *Current Psychology, 36,* 324-338.

Saunders, J. (1972). Class, color, and prejudice: A Brazilian counterpoint. In E. Q. Campbell (Ed.), *Racial tensions and national identity* (pp. 141-165). Nashville, TN: Vanderbilt University Press.

Schlenker, B. R., Chambers, J. R., & Le, B. M. (2012). Conservatives are happier than liberals, but why? Political ideology, personality, and life satisfaction. *Journal of Research in Personality, 46,* 127-146.

Schwinger, T. (1986). The need principle of distributive justice. In H. W. Bierhoff, R. L. Cohen, & J. Greenberg (Eds.), *Justice in social relations* (pp. 211-226). New York: Plenum.

Scott, J. (1990). *Domination and the arts of resistance.* New Haven, CT: Yale University Press.

Sears, D. O., & Funk, C. L. (1991). The role of self-interest in social and political attitudes. *Advances in Experimental Social Psychology, 24,* 1-91.

Sedgwick, S. (2008). *Kant's groundwork of the metaphysics of morals: An introduction.* New York: Cambridge University Press.

Sen, A. (1979). The welfare basis of real income comparisons. *Journal of Economic Literature, 17,* 1-45.

Sen, A. (2001). *Development as freedom.* New York: Oxford University Press.

Sengupta, N. K., Greaves, L. M., Osborne, D., & Sibley, C. G. (2017). The sigh of the oppressed: The palliative effects of ideology are stronger for people living in highly unequal neighbourhoods. *British Journal of Social Psychology, 56,* 437-454.

Sengupta, N. K., Osborne, D., & Sibley, C. G. (2015). The status-legitimacy hypothesis revisited: Ethnic-group differences in general and dimension-specific legitimacy. *British Journal of Social Psychology, 54,* 324-340.

Shapiro, I. (2003). *The moral foundations of politics.* New Haven, CT: Yale University Press.

Sherif, M. (1936). *The psychology of social norms.* New York: Harper & Brothers. Reprinted 1966.

Sidanius, J., & Kurzban, R. (2013). Toward an evolutionarily informed political psychology. In L. Huddy, D. O. Sears, & J. S. Levy (Eds.), *Oxford handbook of political psychology* (2nd Ed., pp. 205-236). New York: Oxford University Press.

Sidanius, J., Levin, S., Federico, C., & Pratto, F. (2001). Legitimizing ideologies: The social dominance approach. In J. T. Jost & B. Major (Eds.), *The psychology of legitimacy: Emerging perspectives on ideology, justice, and intergroup relations* (pp. 307-331). New York: Cambridge University Press.

Sidanius, J., & Pratto, F. (1993). The inevitability of oppression and the dynamics of social dominance. In P. Sniderman, P. E. Tetlock, & E. G. Carmines (Eds.), *Prejudice, politics, and the American dilemma* (pp. 173-211). Stanford, CA: Stanford University Press.

Sidanius, J., & Pratto, F. (2001). *Social dominance: An intergroup theory of social hierarchy and oppression.* Cambridge, UK: Cambridge University Press.

Sidanius, J., Pratto, F., Van Laar, C., & Levin, S. (2004). Social dominance theory: Its agenda and method. *Political Psychology, 25,* 845-880.

Simon, B., & Klandermans, B. (2001). Politicized collective identity: A social psychological analysis. *American Psychologist, 56,* 319-331.

Skrypnek, B. J., & Snyder, M. (1982). On the self-perpetuating nature of stereotypes about women and men. *Journal of Experimental Social Psychology,*

18, 277-291.

Smith, M. B., Bruner, J. S., & White, R. W. (1956). *Opinions and personality.* New York: John Wiley & Sons.

Sniderman, P. M., Crosby, G., & Howell, W. (2000). The politics of race. In D. O. Sears, J. Sidanius, & L. Bobo (Eds.), *Racialized politics: The debate about racism in America* (pp. 236-279). Chicago: University of Chicago Press.

Sniderman, P. M., & Piazza, T. L. (1995). *The scar of race.* Cambridge, MA: Harvard University Press.

Snyder, T. (2017). *On tyranny: Twenty lessons from the twentieth century.* New York: Tim Duggan Books.

Solak, N., Jost, J. T., Sümer, N., & Clore, G. L. (2012). Rage against the machine: The case for system-level emotions. *Social and Personality Psychology Compass, 6,* 674-690.

Spears, R., Jetten, J., & Doosje, B. (2001). The (il)legitimacy of ingroup bias: From social reality to social resistance. In J. T. Jost & B. Major (Eds.), *The psychology of legitimacy: Emerging perspectives on ideology, justice, and intergroup relations* (pp. 332-362). New York: Cambridge University Press.

Spears, R., & Manstead, A. S. R. (1989). The social context of stereotyping and differentiation. *European Journal of Social Psychology, 19,* 101-121.

Spickard, P. R. (1992). The illogic of American racial categories. In M. P. P. Root (Ed.), *Racially mixed people in America* (pp. 12-23). Newbury Park, CA: Sage.

Stacey, B. G., & Green, R. T. (1971). Working-class conservatism: A review and an empirical study. *British Journal of Clinical Psychology, 10,* 10-26.

Stangor, C., Sechrist, G. B., & Jost, J. T. (2001). Changing racial beliefs by providing consensus information. *Personality and Social Psychology Bulletin, 27,* 486-496.

Steele, C. M. (1997). A threat in the air: How stereotypes shape intellectual identity and performance. *American Psychologist, 52,* 613-629.

Stone, W. F., & Finison, L. J. (1980). The social psychology of J. F. Brown: Radical field theory. *Journal of Mind and Behavior, 1,* 73-84.

Stouffer, S. A., Suchman, E. A., Devinney, L. C., Star, S. A., & Williams, R. M., Jr. (1949). *The American soldier: Adjustment during army life (Studies in social psychology in World War II, Vol. 1).* Princeton, NJ: Princeton University Press.

Suppes, A., Napier, J. L., & van der Toorn, J. (2019). The palliative effects of system justification on the health and happiness of lesbian, gay, bisexual, and transgender individuals. *Personality and Social Psychology Bulletin, 45,* 372-388.

Swim, J. K., Hyers, L. L., Cohen, L. L., & Ferguson, M. J. (2001). Everyday sexism: Evidence for its incidence, nature, and psychological impact from three daily diary studies. *Journal of Social Issues, 57,* 31-53.

Tajfel, H. (1970). Aspects of national and ethnic loyalty. *Social Science Information, 9,* 119-144.

Tajfel, H. (1981). *Human groups and social categories.* Cambridge, UK: Cambridge University Press.

Tajfel, H., & Turner, J. C. (1986). The social identity theory of intergroup behavior. In S. Worchel & W. G. Austin (Eds.), *The psychology of intergroup relations* (pp. 7-24). Chicago: Nelson-Hall.

Tausch, N., Becker, J. C., Spears, R., Christ, O., Saab, R., Singh, P., & Siddiqui, R. N. (2011). Explaining radical group behavior: Developing emotion and efficacy routes to normative and nonnormative collective action. *Journal of Personality and Social Psychology, 101,* 129-148.

Tesser, A., Martin L. L., & Cornell, D. P. (1996). On the substitutability of self-protective mechanisms. In P. Gollwitzer & J. Bargh (Eds.), *The psychology of action: Linking cognition and motivation to behavior* (pp. 48-68). New York: Guilford Press.

Tormala, Z. L., & Petty, R. E. (2004). Source credibility and attitude certainty: A metacognitive analysis of resistance to persuasion. *Journal of Consumer Psychology, 14,* 427-442.

Toynbee, A. J. (1947). *A study of history.* Oxford, UK: Oxford University Press.

Toynbee, A. J. (1976). *The Toynbee-Ikeda dialogue: Man himself must choose* (R. L. Gage, Trans.). Tokyo: Kodansha International.

Trump, K. S. (2018). Income inequality influences perceptions of legitimate income differences. *British Journal of Political Science, 48,* 929-952.

Turner, D. (1991). Religion: Illusions and liberation. In T. Carver (Ed.), *The Cambridge companion to Marx* (pp. 320-337). New York: Cambridge University Press.

Turner, J. C., & Brown, R. (1978). Social status, cognitive alternatives, and intergroup relations. In H. Tajfel (Ed.), *Differentiation between social groups.* London: Academic Press.

Turner, J. C., & Reynolds, K. (2003). Why social dominance theory has been falsified. *British Journal of Social Psychology, 42,* 199-206.

Tyler, T. R. (2006). *Why people obey the law* (2nd Ed.). Princeton, NJ: Princeton University Press.

Tyler, T. R., & McGraw, K. M. (1986). Ideology and the interpretation of personal experience: Procedural justice and political quiescence. *Journal of Social Issues, 42,* 115-128.

Tyler, T. R., & Sears, D. O. (1977). Coming to like obnoxious people when we must live with them. *Journal of Personality and Social Psychology, 35,* 200-211.

Uhlmann, E., Dasgupta, N., Elgueta, A., Greenwald, A. G., & Swanson, J. (2002). Subgroup prejudice based on skin color among Hispanics in the United States and Latin America. *Social Cognition, 20,* 198-225.

Ullrich, J. & Cohrs, J. C. (2007). Terrorism salience increases system justification: Experimental evidence. *Social Justice Research, 20,* 117-139.

Vail, K. E., Rothschild, Z. K., Weise, D. R., Solomon, S., Pyszczynski, T., & Greenberg, J. (2010). A terror management analysis of the psychological functions of religion. *Personality and Social Psychology Review, 14,* 84-94.

Vainio, A., Mäkiniemi, J.-P., & Paloniemi, R. (2014). System justification and the perception of food risks. *Group Processes & Intergroup Relations, 17,* 509-523.

van der Toorn, J., Feinberg, M., Jost, J. T., Kay, A. C., Tyler, T. R., Willer, R., & Wilmuth, C. (2015). A sense of powerlessness fosters system justification: Implications for the legitimation of authority, hierarchy, and government. *Political Psychology, 36,* 93-110.

van der Toorn, J., Jost, J. T., & Loffredo, B. (2017). Conservative ideological shift among adolescents in response to system threat. *Zeitschrift für Psychologie, 225,* 357-362.

van der Toorn, J., Nail, P., Liviatan, I., & Jost, J. T. (2014). My country, right or wrong: Does activating system justification motivation eliminate the liberal-conservative gap in patriotism? *Journal of Experimental Social Psychology, 54,* 50-60.

van der Toorn, J., Tyler, T. R., & Jost, J. T. (2011). More than fair: Outcome dependence, system justification, and the perceived legitimacy of authority figures. *Journal of Experimental Social Psychology, 47,* 127-138.

van Knippenberg, A. F. M. (1984). Intergroup differences in group perceptions. In H. Tajfel (Ed.), *The social dimension: European developments in social psychology* (Vol. 2, pp. 560-578). Cambridge, UK: Cambridge University Press.

van Zomeren, M., Postmes, T., & Spears, R. (2008). Towards an integrative social identity model of collective action: A quantitative research synthesis of three socio-psychological perspectives. *Psychological Bulletin, 134,* 504-535.

Vargas-Salfate, S. (2017). The palliative function of hostile sexism among high and low-status Chilean students. *Frontiers in Psychology, 8,* 1733.

Veblen, T. (1899). *The theory of the leisure class: An economic study of institutions.* New York: Huebsch.

Veyne, P. (1992). *Bread and circuses: Historical sociology and political pluralism.* London: Penguin. Originally published 1976.

Vlastos, G. (1962). Justice and equality. In R. B. Brandt (Ed.), *Social justice* (pp. 31-72). Englewood Cliffs, NJ: Prentice Hall.

Voltaire, F. (1759). *Candide, or optimism.* Retrieved from http://en.wikisource.org/wiki/Candide.

Wakslak, C. J., Jost, J. T., & Bauer, P. (2011). Spreading rationalization: Increased support for large-scale and small-scale social systems following system threat. *Social Cognition, 29,* 288-302.

Wakslak, C. J., Jost, J. T., Tyler, T. R., & Chen, E. (2007). Moral outrage mediates the dampening effect of system justification on support for redistributive social policies. *Psychological Science, 18,* 267-274.

Wallerstein, I., & Starr, P. (1971). *The university crisis reader: The liberal university under attack* (Vol. 1). New York: Random House.

Walster, E., Berscheid, E., & Walster, G. W. (1973). New directions in equity research. *Journal of Personality and Social Psychology, 25,* 151-176.

Walzer, M. (1983). *Spheres of justice.* New York: Basic Books.

Watts, J., Sheehan, O., Atkinson, Q. D., Bulbulia, J., & Gray, R. D. (2016). Ritual human sacrifice promoted and sustained the evolution of stratified societies. *Nature, 532,* 228-231.

Weber, M. (1963). *The sociology of religion* (E. Fischoff, Trans.). Boston: Beacon Press. Originally published 1922.

Wiederkehr, V., Bonnot, V., Krauth-Gruber, S., & Darnon, C. (2015). Belief in school meritocracy as a system-justifying tool for low status students. *Frontiers in Psychology, 6,* 1-10.

Wildavsky, A. (1991). *The rise of radical egalitarianism.* Washington, DC: American University Press.

Willer, R. (2009). No atheists in foxholes: Motivated reasoning and religious belief. In J. T. Jost, A. C. Kay, & H. Thorisdottir (Eds.), *Social and psychological bases of ideology and system justification* (pp. 241-264). New York: Oxford University Press.

Williams, J. (2017). *White working class: Overcoming class cluelessness in America.* Boston: Harvard Business Review Press.

Wilson, E. O. (2012). *The social conquest of earth.* New York: Liveright.

Winterich, K. P., & Zhang, Y. (2014). Accepting inequality deters responsibility: How power distance decreases charitable behavior. *Journal of Consumer Research, 41,* 274-293.

Wojcik, S. P., Hovasapian, A., Graham, J., Motyl, M., & Ditto, P. H. (2015). Conservatives report, but liberals display, greater happiness. *Science, 347,* 1243-1246.

Wolff, J. (2002). *Why read Marx today?* Oxford, UK: Oxford University Press.

Wollstonecraft, M. (1958). A vindication of the rights of women. In J. Todd & M. Butler (Eds.), *The works of Mary Wollstonecraft.* London: William Pickering and Chatow. Originally published 1792.

Wood, A. W. (1988). Ideology, false consciousness, and social illusion. In B. P. McLaughlin & A. O. Rorty (Eds.) *Perspectives on self-deception* (pp. 207-227). Berkeley: University of California Press.

Wright, E. O., Levine, A., & Sober, E. (1992). *Reconstructing Marxism.* London: Verso.

Wright, S. C., Taylor, D. M., & Moghaddam, F. M. (1990). Responding to membership in a disadvantaged group: From acceptance to collective protest. *Journal of Personality and Social Psychology, 58,* 994-1003.

Yeung, A. W. Y., Kay, A. C., & Peach, J. M. (2014). Anti-feminist backlash: The role of system justification in the rejection of feminism. *Group Processes & Intergroup Relations, 17,* 474-484.

Zhang, J., & Zhong, Z. (2019). Life history and system justification: Higher individual fertility and lower provincial life expectancy correlate with stronger pro-government attitudes in China. *Political Psychology, 40,* 355-373.

Zinn, H. (2002). *Disobedience and democracy: Nine fallacies on law and order.* Cambridge, MA: South End Press. Originally published 1968.

Zmigrod, L., Rentfrow, P. J., & Robbins, T. W. (2018). Cognitive underpinnings of nationalistic ideology in the context of Brexit. *Proceedings of the National Academy of Sciences, 115,* e4532-e4540.

찾아보기